Money,
Morals,
and
Manners

The Culture of the
French and the American
Upper-Middle Class

Michèle Lamont

金钱、道德和做派

法国和美国中上阶层的文化

［加］米歇尔·拉蒙 — 著
谢天 — 译 珍栎 — 校译

浙江人民出版社

MONEY, MORALS, AND MANNERS: The Culture of the French and the American Upper-Middle Class by Michèle Lamont
Licensed by The University of Chicago Press, Chicago, Illinois, U.S.A.
© 1992 by The University of Chicago. All rights reserved.

浙江省版权局
著作权合同登记章
图字：11-2021-013号

图书在版编目(CIP)数据

金钱、道德和做派 /（加）米歇尔·拉蒙著；谢天译. — 杭州：浙江人民出版社，2024.7
ISBN 978-7-213-11455-7

Ⅰ.①金… Ⅱ.①米… ②谢… Ⅲ.①文化社会学-研究 Ⅳ.①G05

中国国家版本馆CIP数据核字（2024）第079483号

金钱、道德和做派

JINQIAN DAODE HE ZUOPAI

[加]米歇尔·拉蒙 著　谢天 译　珍栎 校译

出版发行：浙江人民出版社（杭州市环城北路177号 邮编 310006）
　　　　　市场部电话：(0571)85061682　85176516
责任编辑：周思逸
特约策划：周问韬
责任校对：马　玉
责任印务：程　琳
封面设计：林　林
电脑制版：杭州兴邦电子印务有限公司
印　　刷：浙江新华印刷技术有限公司
开　　本：880毫米×1230毫米　1/32　　印　张：15.25
字　　数：312千字
版　　次：2024年7月第1版　　　　　印　次：2024年7月第1次印刷
书　　号：ISBN 978-7-213-11455-7
定　　价：88.00元

如发现印装质量问题，影响阅读，请与市场部联系调换。

献给我的父母——雅克和妮农

中文版序言

自《金钱、道德和做派：法国和美国中上阶层的文化》（芝加哥大学出版社，1992年）英文版问世以来，已经过去了三十余年。我很高兴这本书继续被广泛阅读和引用（尤其是在美国、加拿大、英国，以及西欧的其他国家）。最近，中国的一家出版商跟随其他出版商的脚步，终于将此书介绍给了该国的广大读者。

这是一个很好的契机，因为中国对文化社会学的兴趣一直在增加，部分归功于中国社会学家和美国社会学家的努力，如徐斌（Bin Xu）及其同事2019年在《文化社会学》（*Cultural Sociology*）杂志上发表了《中国的文化社会学：一个新兴领域的发展轨迹和动态》（The Cultural Sociology of China: Trajectory and Dynamics of a Burgeoning Field）*。之后是我的同事雷雅雯（Ya-Wen Lei）所作的努力，她在2017年发表的获奖著作《有争议的公共领域》（*The Contentious Public Sphere*）建立在尤尔

---

* Bin Xu, Licheng Qian, and Weirong Guo. 2019. "The Cultural Sociology of China: Trajectory and Dynamics of a Burgeoning Field." *Cultural Sociology* 13(4): 387-410.

根·哈贝马斯（Jürgen Habermas）的研究基础之上，但超越了后者。此外，我与艾米·曾（Amy Tsang）共同主持出版了《中国社会学杂志》(Chinese Journal of Sociology)的一期特刊，题为"文化社会学与中国"(Cultural Sociology and China)（可免费获取在线信息）*。

该特刊的目标是，通过对中美的文化社会学专家的采访，更新中国受欧美文化社会学影响的，以中国为中心的研究的知识。我们希望提高文化社会学作为一个分支学科在中国的知名度并推动其发展，促进全球文化社会学和中国社会学之间的双向对话。最后，我们还强调了欧美在这一领域的关键进展，以说明当代中国的文化社会学理论和学术可能与欧美的研究相互补充和丰富。

我们希望，这些努力有助于进一步激发中国公众对有关美国及更多国家文化现象的系统实证社会学研究的兴趣，不仅是对《金钱、道德和做派》这本书的兴趣，而且包括对更多其他专著的兴趣。

在过去的四十年里，这一发展不仅出现在文化社会学领域，还出现在关于不平等的研究、经济社会学、组织社会学、教育社会学、政治社会学和社会学理论等邻近领域。这种变化表现在"框架""叙事""身份认同""符号边界"和"制度"等文化概念日益在多个研究领域里被使用，包括有关贫困的

---

* Lamont, Michèle and Tsang, Amy. 2018. "Cultural Sociology and China" special issue. *Chinese Journal of Sociology* 5(15). Available at: https://www.springeropen.com/collections/csac.

研究，这些概念的组合改变了贫困研究。[*]因而，这些共生领域领军者的学术研究如今经常与文化社会学对话，不仅与皮埃尔·布迪厄（Pierre Bourdieu）对话，还与许多资深的和事业正当午的学者对话。

20世纪70年代末和80年代初，在皮埃尔·布迪厄的指导下，我在巴黎攻读了社会学博士学位。1983年我转到斯坦福大学从事博士后研究，立即对探究布迪厄的一些关键思想是否适用于美国的环境产生了兴趣。其成果是《文化资本：理论最新发展中的暗指、分歧与起落》（Cultural Capital: Allusions, Gaps and Glissandos in Recent Theoretical Developments），这是我在1988年与安妮特·拉鲁（Annette Lareau）合著的一篇论文，它设定了一项研究议程，挑战布迪厄的框架，但也将其扩展到北美的背景之下。[†]不久后便是《金钱、道德和做派》的出版，它研究归纳了生活在印第安纳波利斯、纽约市、巴黎和克莱蒙费朗的专业人士和经理人所重视的高等地位信号（high-status-signals），以此确定与道德和其他类型的高等地位信号相比，个人对高雅文化熟悉程度的相对重要性，并对美国文化中心和文化中心周边地区的样本与法国样本进行了比较。我的目的是，

---

[*] 参见 Lamont, Michèle, Stefan Beljean, and Matthew Clair. 2014. "What is missing? Cultural processes and causal pathways to inequality." *Socio-Economic Review* 12(3): 573-608. 以及 Small, Mario L., David J. Harding, and Michèle Lamont. 2010. "Introduction: Reconsidering Culture and Poverty." *The Annals of the American Academy of Political and Social Science* 629(1): 6-27。

[†] Lamont, Michèle, and Annette Lareau. 1988. "Cultural Capital: Allusions, Gaps and Glissandos in Recent Theoretical Developments." *Sociological Theory* 6(2): 153-168.

评估布迪厄关于高雅文化在法国资产阶级世界中的中心地位的假设是否不仅适用于（巴黎之外的）整个法国，而且适用于更具平民主义（populist）传统的社会，诸如美国。读者将在接下来的篇章中发现对这些问题的回答，以及更多的研究结果。

我感谢珍栎女士、谢天女士所做的翻译工作，并且对浙江人民出版社发起这个项目表示由衷的谢意。我期待未来有机会与中国读者一起讨论《金钱、道德和做派》这本书涉及的有趣话题。

哈佛大学社会学教授
米歇尔·拉蒙

目录

致　谢　　1

致读者　　9

序　言
全貌速览：人物素描　　11

第一章
研究的问题与阶段　　29

第二章
诚实的重要性：道德边界的关键　　59

第三章
成功、金钱与权力的世界：社会经济边界的关键　　115

第四章
精雅吾友圈：文化边界的关键　　153

第五章
解读跨国差异　　　　　　　　　　211

第六章
阶层内部边界的本质　　　　　　　239

第七章
影响、贡献与未解之题　　　　　　273

附录一
对法国和美国中上阶层的调查　　　301

附录二
研究的地点　　　　　　　　　　　315

附录三
研究程序　　　　　　　　　　　　329

附录四
受访者在文化、道德和社会经济维度上的得分　　341

注　释　　　　　　　　　　　　　　351

参考文献　　　　　　　　　　　　　427

索　引　　　　　　　　　　　　　　451

致　谢

在开展本研究的这些年里，我欠的人情数不胜数。首先，我必须感谢接受访谈的近两百位男士和女士，他们在百忙之中抽出了至少两小时来与我分享个人的私密感受和思想。我希望他们会发现，我没有辜负他们的信任，而且，他们能在以下经过社会学处理的信息中辨认出自己的声音。

其次，我要感谢为本研究提供经济赞助、使之最后成书的各个机构：礼来基金会（Lilly Endowment）为这项研究提供了主要的资金，美国国家科学基金会（National Science Foundation）和美国社会学协会（American Sociological Association）在1987年为本书前身的一项试点研究提供了一笔小额赠款，普林斯顿大学人文与社会科学研究委员会（University Committee on Research in the Humanities and Social Sciences）、威廉·哈勒姆·塔克纪念基金（William Hallum Tuck' 12 Memorial Fund）、区域研究理事会（Council on Regional Studies）、伍德罗·威尔逊学院（Woodrow Wilson School）的国际研究中心（Center of International Studies）以及该校的社会学系都对本研究提供了支持。我还要特别感谢区域研究理事会会长埃兹拉·苏莱曼（Ezra

Suleiman）、国际研究中心的主任亨利·毕南（Henry Bienen），以及社会学系主任马尔温·布雷斯勒（Marvin Bressler）——他在本研究资金紧缺的关键时刻提供了帮助。

再次，我要向西摩·马丁·利普塞特（Seymour Martin Lipset）表示衷心的感谢。1983年我从巴黎来到斯坦福大学，他从各方面为我提供了极大的帮助。那时我刚完成一篇博士论文，内容是探讨社会科学的兴盛与人文学科的式微。当我在纠误过程中学习用英文写作，并初步开始熟悉美国社会和社会学领域的时候，西摩热爱并全身心投入工作的职业精神，以及他给予我的支持，对我来说是非常宝贵的。他在比较社会学方面的著述对我的智性发展过程产生了特殊的影响。

在项目的抽样、电话访谈和转录阶段，有一支非常称职的研究助理团队参与其中，担负起了落实项目的大部分重任。其中，来自印第安纳大学伯明顿校区的理查德·亚当斯（Richard Adams）和帕梅拉·布拉博伊（Pamela Braboy）参与了印第安纳波利斯的调研；来自普林斯顿大学的利比·施韦伯（Libby Schweber）、凯·索奇（Kei Sochi）、伊冯娜·弗吉尔斯（Yvonne Veugeers）和纽约大学的朱迪斯·达尔瓦斯（Judith Darvas）参与了纽约近郊的调研；来自巴黎第五大学的居伊·康皮翁（Guy Campion）、朱莉·施特利（Julie Cheatley）、艾蒂安·利索特（Etienne Lisotte）和马里奥·瓦雄（Mario Vachon）参与了巴黎近郊的调研；克莱蒙费朗第一大学的阿琳·肖佛罗（Aline Chiofolo）参与了克莱蒙费朗的调研。在普林斯顿，莱拉·赫桑（Laila Ahsan）、雷蒙德·阿瑟诺（Raymonde Arsenault）、凡达拉·古普塔（Vandala Gupta）、莉萨·罗奇（Lisa Roche）、利比·施韦伯和劳伦斯·泰博（Laurence Thébault）抄录了访谈记录，而拉斐尔·艾伦（Raphael Allen）、特里·博伊丘克（Terry Boychuk）、蒂莫西·多德（Timothy Dowd）、吉尔·麦肯南（Gil McKennan）、朗达·帕特森（Rhonda Patterson）和弗兰克·斯莫尔（Frank Small）在计算机操作或项目收尾阶段为我提供了很多帮助。

  本项目的组织过程十分复杂，只有在法国和美国当地朋友的帮助之下才得以完成。以下诸位在研究的各个阶段帮我解决了特定的组织问题：巴黎第七大学的皮埃尔·安萨尔（Pierre Ansart）、巴黎的法国国家科学研究中心（Centre National de Recherche Scientifique, Paris）的阿兰·布瓦耶（Alain Boyer）、印第安纳大学的唐娜·埃德（Donna Eder）、巴黎第一（索邦）大学的丹尼尔·盖克西（Daniel Gaxie）、纽约市立大学研究生中心（CUNY Graduate Center）的朱迪斯·哈金斯·巴尔夫（Judith Huggins Balfe）和纽约大学的詹姆斯·贾斯珀（James Jasper）。在奔波途中，几位"当地"朋友邀请我在他们的家里客居几日乃至几周，他们包括印第安纳波利斯的沃伦·麦凯勒（Warren McKellar）和朱莉·麦凯勒（Julie McKellar）；印第安纳州伯明顿的兰迪和苏珊·霍德森（Randy & Susan Hodson）夫妇；新泽西州萨米特的李·哈金斯夫人（Mrs. Lee Huggins）；曼哈顿的薇拉和阿里斯蒂德·佐尔伯格（Vera & Aristide Zolberg）夫妇；巴黎的热纳维耶芙·蕾迪（Geneviève Lédée），以及克莱蒙费朗的皮特雷（Pitelet）一家。印第安纳大学社会研究所（The Institute for Social Research）为本项目提供了电话设备。最后需要提到的是，克莱蒙费朗市的"公共关系经纪人"科琳娜·赛朗日（Corinne Sérange），以及奥弗涅-利穆桑管理总署（Direction Générale Auvergne-Limousin）接待委员会（Comité d'Accueil）的地区主管罗杰-保罗·卡多特（Roger-Paul Cardot），也对本研究提供了特殊的帮助。

在原稿的写作过程中，我有幸向不同的听众阐述过我的观点。正是通过与他们的交流，我得以深化自己的论点。每一位听众都为此项研究作出了贡献。他们来自康奈尔大学社会学系，纽约的社会研究新学院（New School for Social Research），宾夕法尼亚大学和纽约市立大学研究生中心，芝加哥大学文化讲习班（Culture Workshop of the University of Chicago），密歇根大学社会转型研究中心（Center for the Study for Social Transformation），加利福尼亚大学欧文分校人文学院，康科迪亚大学传播学研究协会（Communication Studies consortium），蒙特利尔大学，魁北克大学蒙特利尔分校，巴黎第一（索邦）大学马克斯·韦伯研讨会，以及在各类专业会议和论坛上接触到的听众。我想感谢那些慷慨向我提出邀请的人士：米切尔·阿博拉菲亚（Mitchell Abolafia）、史蒂文·布林特（Steven Brint）、威廉·巴克斯顿（William Buxton）、米歇尔·多布里（Michel Dobry）、丹尼尔·盖克西、温迪·格里斯沃尔德（Wendy Griswold）、大卫·哈利（David Halle）、伊丽莎白·朗（Elizabeth Long）、埃娃·莫拉夫斯卡（Ewa Morawska）、维克托·尼（Victor Nee）、安德烈亚·普雷斯（Andrea Press）、保罗·拉比诺（Paul Rabinow）、巴里·施瓦茨（Barry Schwartz）、艾伦·沃尔夫（Alan Wolfe）和薇拉·佐尔伯格。

在我的普林斯顿同事和高级研究院的成员中，有些人参与了1989—1990年关于文化、宗教和社会的梅隆学术讨论会（Mellon Colloquium）或1988—1989年的社会学教授研讨组，他们给予我智识上的碰撞，对本研究颇有助益。在此特别要感谢吉恩·伯恩斯（Gene Burns）、米格尔·森特诺（Miguel Centeno）、娜塔莉·泽蒙·戴维斯（Natalie Zemon Davis）、马泰斯·卡尔敏（Matthijs Kalmijn）、苏珊娜·凯勒（Suzanne Keller）、萨拉·麦克拉纳汉（Sara McLanahan）、埃娃·莫拉夫斯卡、雪莉·奥特纳（Sherry Ortner）、马克·施奈德（Mark Schneider）、玛格丽特·萨默斯（Margaret Somers）、乔治·托马斯（George Thomas）、R. 斯蒂芬·沃纳（R. Stephen Warner）、罗伯特·伍斯诺（Robert Wuthnow）和维维安娜·泽利泽（Viviana Zelizer）。同时还要感谢罗伯特·达恩顿（Robert Darnton）邀请我加入欧洲文化研究项目，并让我有机会在一个美好的环境中开展教学。与我一起工作的普林斯顿研究生，以及参与文化和知识研讨会或当代社会理论研讨会的人士，也为本书贡献了一份力量。我感谢所有的这30位学人，但尤其要感谢拉斐尔·艾伦、马修·周（Matthew Chew）、蒂莫西·多德、马修·劳森（Matthew Lawson）、约翰·施马尔茨鲍尔（John Schmalzbauer）、利比·施韦伯、杰克·维格勒斯（Jack Veugelers）、莫琳·沃勒（Maureen Waller）、丹尼尔·韦伯（Daniel Weber）和玛莎·威滕（Marsha Witten），感谢他们倾注的热情和智慧。

还有多位社会科学家慷慨地抽出了宝贵的时间，对本书初稿的全文或某些章节提出意见，或是为对本书感兴趣的大学出版社撰写书评。他们之中包括贝内特·伯杰（Bennett Berger）、米格尔·森特诺、兰德尔·柯林斯（Randall Collins）、刘易斯·科泽（Lewis Coser）、保罗·迪马乔（Paul DiMaggio）、普莉希拉·弗格森（Priscilla Ferguson）、马塞尔·富尼耶（Marcel Fournier）、温迪·格里斯沃尔德、约瑟夫·古斯菲尔德（Joseph Gusfield）、詹姆斯·贾斯珀、西摩·马丁·利普塞特、约翰·迈耶（John Meyer）、保罗·拉比诺、巴里·施瓦茨、埃兹拉·苏莱曼、埃尔韦·瓦雷纳（Hervé Varenne）、艾伦·沃尔夫、伊维塔·泽鲁巴维尔（Eviatar Zerubavel）和维维安娜·泽利泽。在此真诚地向各位致以谢意。安·斯威德勒（Ann Swidler）在项目开展的早期就让我领悟到了诚信在美国的重要性。约翰·迈耶的一些论文帮我重塑了论点的核心内容。弗兰克·多宾（Frank Dobbin）、安妮特·拉鲁和罗伯特·伍斯诺为本书的初稿提供了非常详细的评论。特别感谢杰弗里·亚历山大（Jeffrey Alexander）、兰德尔·柯林斯、娜塔莉·泽蒙·戴维斯、保罗·迪马乔、温迪·格里斯沃尔德、约瑟夫·古斯菲尔德、西摩·马丁·利普塞特、巴里·施瓦茨、比尔·休厄尔（Bill Sewell）、维维安娜·泽利泽，以及"道德与社会"系列丛书非常聪明的编辑艾伦·沃尔夫。对于各位在重要时刻为本项目提供的支持，我不胜感激。

最后需要提及的是，芝加哥大学出版社的道格·米切尔

（Doug Mitchell）再次证明了他当之无愧的声誉。该社的莉拉·温伯格（Lila Weinberg）和薇姬·威尔逊-施瓦茨（Vicky Wilson-Schwartz）为本书做了出色的编校工作。在普林斯顿，布兰奇·安德森（Blanche Anderson）、唐娜·德弗兰西斯科（Donna DeFrancisco）和辛迪·吉布森（Cindy Gibson）不仅得体地承担了文秘和行政工作，还友好地提供了日常的女性关怀。

我将最私密的谢意放在最后。特别感谢那些在本书撰写过程中极力以友爱充实着我生活的人们：日娃、安妮特、凯茜、本和我的妹妹娜塔丽。最后，我很难用言语来表达对我的伴侣兼杰出的同事弗兰克·多宾的深厚情感。他慷慨的善心支撑着我度过了这段冒险历程，他的智慧和敏锐始终激励着我。他虽未帮助我打字，但承担了一半以上的家务。感谢你们为我付出的一切。

致读者

本书对法国和美国中上阶层（upper-middle class）成员如何定义"值得尊敬的人"进行了比较研究，并通过观察两国社会广泛的文化和结构特征，解释了这些定义中最重要的跨国差异。本研究主要基于对160名专业人士（professionals）、经理人（managers）和商人（businessmen）进行的访谈，他们均为受过大学教育的白人男性，分别居住在印第安纳波利斯、纽约、巴黎和克莱蒙费朗及其周边地区。我通过分析符号边界（symbolic boundaries），将这些人对"值得尊敬的人"所作的相互矛盾的定义进行了比较，亦即探究受访者们使用的标签里隐含的纯粹的定义。这些标签被用于抽象地或具体地描述那些他们不想与之交往的人、他们认为比自己优越的或低下的人，以及会令他们产生敌意、同情或冷漠心理的人。因而，本研究分析了印第安纳波利斯人、纽约人、巴黎人和克莱蒙费朗人对于宗教、诚信、低道德标准、世界主义（cosmopolitanism）、高雅文化、金钱、权力等要素的相对重视程度。

本书开篇是对我访谈过的一些中上阶层男性的描述。序言中给出了我所描述现象的结构，以及排他的含义。只有在阅读了后续章节之后，读者才能完全理解这些描述是如何在社会学的视角下呈现出新意义的。

第一章介绍了本研究涉及的理论问题。第二、第三、第四章探讨了法国和美国的专业人士、经理人和商人在文化方面的差异。第五、第六章解释了这些差异。第六章还比较了不同类型群体之间的文化差异。譬如学者和商人之间，社会阶层中向上流动者和向下流动者之间，以及第一代中上阶层成员和多代属于中上阶层的人之间的文化对比。最后一章汇总并进一步探讨本书的理论贡献。虽然这项研究适当地解决了社会学的一些问题，并主要是为社会科学家撰写的，但某些非学界人士对此也会很感兴趣，因为他们希望更好地了解一个未被充分研究的群体的文化，即占据着社会阶梯顶端、在塑造男女同胞的生活以及各自社会的特征方面拥有相当大权力的那个群体的文化。

序言 全貌速览：人物素描

基于此，我断定生命的意义是最紧迫的问题。

——阿尔贝·加缪

"文化修养"*是一个必要条件

坐在四壁挂满艺术品的巴黎工作室里,迪迪埃·奥库尔轻松地谈论着自己。他的穿着彰显出了个性。这位前卫的建筑学教授非常详尽地讲述了他的身份、朋友和工作。他以普鲁斯特式的口吻浪漫地重塑了自己的家族史,其中充满了典故;他将自己家族的殖民地时代印记演绎为具有异国情调的迷人故事,借助怀旧的细节将资产阶级生活中的精致礼仪娓娓道来。他在聊天的同时塑造着自身形象。[1] 他的身份嵌入了从安迪·沃霍尔(Andy Warhol)、拉伯雷(Rabelais)和特吕弗(Truffaut)等大师那里借来的形象。关于他自己、他的艺术以及艺术在其生活中的总体作用,迪迪埃有一套理论。在访谈过程中,他的电话响个不停,学生们时而上门递交素描作业,和他共进午餐的老友一直在楼下等着我们结束访谈。

在这种环境中,一切事物都经过精心拣选以传达某种信息,亦即某种心境。迪迪埃解释说,创造力给了他力量:"我相信世界上存在着一种人性,它不仅与物质力量有关,也与非理性有关,这类似于超人的概念,尼采超人说,其核心在于宗教的或创造性的自我超越。我相信艺术家们不惜一切代价的求

---

* 原文为"cultural sophistication"。具有文化修养的人,见多识广、阅历丰富、通情达理,适应力很强,知道如何从容应对各种环境和文化背景不同的人,并且了解文化、时尚和其他有利于社会交往的事情。——校译者注

索,这是超越纯物质的更高层次的反映。"[2]他蔑视那些生活在纯粹物质价值世界中的人,尤其看不起那类一到夏天就开车去海边度假的法国凡夫俗子(*Français moyen*)。迪迪埃描述说,作为他的朋友,最重要的是有艺术天赋、富有想象力、能激发智慧并充满活力。在这一点上,精雅(refinement)[*]是十分关键的:

> 我喜欢的精雅,从某种意义上说,是思维方式的巧妙缜密、存在方式的敏锐。我真的是很喜欢那些在审美品位、行为举止、自我展示和思维方式上达到精雅境界的人。而想象力(正是)生命活动中最崇高的维度。

迪迪埃还喜欢有距离感的人。"这是精雅和贵族理想的一部分,你看,'贵族'(aristos-cratos)这个词由'aristos'和'cratos'组成,'cratos'的意思是'顶尖的'。[†]我喜欢这个定义。距离意味着对他人的尊重。"他对善良体贴、笃信宗教、消息灵通(well-informed)的人无动于衷,而对那些被他视为愚蠢、粗俗、生活无聊和缺乏想象力的人不屑一顾。[3]最后,迪迪埃形容自己是一个自命不凡和自我本位的人,并宣称生活中最重要的不是金钱而是尊严。

---

[*] 即精致文雅。——编者注
[†] "aristos"本义为"the best"(顶尖的),"cratos"本义为"power"(权力)。原文中迪迪埃的解释疑有误。——校译者注

约翰·布鲁姆是一位经济学家，住在新泽西州的萨米特——纽约近郊的一个高档社区。与迪迪埃不同，约翰不认为自己在审美方面很谙练。在他的豪华宅邸里，雅致的英国乡村风格装饰"98.99%得归功于我的妻子"。古董家具是她的传家之宝，华贵窗帘的面料是她从曼哈顿上东区的一家店里购买的。他的妻子身材曼妙，为我们端来了非凡农庄（Pepperidge Farm）的曲奇饼和杏仁味咖啡。

约翰曾在美国电话电报公司（AT&T）工作，当公司政治令他感到"精疲力竭"之后，他转为每日通勤到曼哈顿的一家咨询公司上班。他生活在竞争激烈的职场，同侪尊重是这个世界的游戏规则，"当我接到不请自来的电话，或是业务伙伴主动向他人推荐了我，那是最令我愉快的。我的自尊心需要这些。在很大程度上，这是一种渴望，一种需求，去感受我所做的事，相信自己干得很出色，其他人也认为我做得很好，这是一种对外界认可无休止的追求"。同侪对约翰能力的尊重赋予了他生活的意义，而他的生活几乎完全是围绕着工作而构建的。工作使他能够保持"高品质的生活方式"。

约翰明确地用充满求知欲来定义自己："我绝对是那种会把自己包装成知识分子的人。"他很享受"知识化"的过程。他与人的友谊建立在广泛话题的交流上。"我注重的是尝试回答关于人生的某些基本问题。人生的目的是什么？目的是发展你的心智，你的思维过程，你对事物的反思能力。只有这样，对我来说，我才感觉到自己的存在是有意义的，不平庸的。"约翰试图使自己超越变幻莫测的商业世界，而智力活动正是达到这一目标的手段。它帮助他保持精神上的活力，并使他从单调乏味的日常苦差中获得某种解脱。

约翰爽快地承认，他在才智上有优越感，排斥那些"看起来智力不如我发达，不像我这样具有天生的求知欲或广泛兴趣的人。在社交场合，假如我和一个看起来智商比我低很多的人打交道，而他斗胆跟我唱反调，我大概是完全不会对他宽容或客气的"。在约翰与人交往的模式中，"友善"和"体谅"是无关紧要的。

同侪尊重和才智并不是约翰用来衡量成功的唯一标准："在社交场合，我也会感到低人一等。假使遇到一个人，一眼看上去就拥有一切——容貌英俊，服饰考究，知识渊博，口才一流，周游了世界且功成名就——我便会觉得自惭形秽，望尘莫及。"约翰所看重的成功形象是由一些流行杂志，诸如《时尚先生》(Esquire)、《M.》、《智族》(G.Q.)等，灌输给美国中上阶层的。这些需要大量物质资源才能营造出的形象，体现了约翰心目中理想类型的可感知特征。

与迪迪埃不同，约翰既重视才智，也重视世俗的成功。从他面对更成功人士时感到自卑这点上可以看出，他的文化价值标准结合了社会的标准。他对中上阶层认知的边界是围绕着文化和社会经济的双重标准构建的。[4]

卢·泰勒四十来岁，身材高大，举止斯文，是一位传统的绅士。他住在印第安纳波利斯，是一所高校的行政人员。他出身于美国中西部的一个根基雄厚的家庭，家族中有三代是长老会牧师和神学家。他小的时候常在星期天听叔伯们围着餐桌谈论学术问题，"关于上帝，他们曾有精彩的辩论，我觉得那真是妙不可言，我感到着迷……上神学院似乎是我的唯一选择。"卢获得了博士学位，因为"高等学位对我来说很重要……使我能够自信地跟其他聪明人交往"。他先是在西海岸一座城市的贫民区做了几年长老会牧师，然后在印第安纳波利斯的一所学院找到了一份工作。

卢生活在一个长老会的世界里，在那里，人们温和地表达感受，措辞谨慎得体，很少有冲突。他说自己跟所有人都相处得很融洽，"我妻子说，假如有谁不能和我相处，那只能说明他的状态不佳"。卢的工作要求他同各类社群打交道，而他觉得这是自己的长项。他具有团队精神，大家都很信任他。

像约翰一样，卢更感兴趣的是那些观察世界方式与众不同的人，他们"试图找出其他方法来理解正在发生的事情"。他将自己的朋友定义为精雅人士，因为"他们博览群书，敏于体察苦难，会谨慎地选择表达想法的方式——他们尽可能诚实，但也会考虑到听众的感受"。他们有文化，而且对这个世界保持着开放的心态。由于老朋友们都住得很远，卢感到十分孤独，然而"结交新朋友太耗费精力"。与此同时，他的生活变得越来越以家庭为中心。尽管他并不满意这种状态，但又想不出替代的方案，因而他有种被困住的感觉。

卢认为自己比那些从事无聊工作的人，尤其是体力劳动者要优越，他说："我庆幸自己没在从事那类工作……但他们的收入也许比我高。所以，在这种情况下，我也不知道该如何区分优劣。"然而,他觉得自己比不上那些"拥有更多"的人。最近他与一家保险公司的总裁会面,"在市中心的那间大办公室里,我感到不太舒服。因为这家伙拥有那么多。我一直在想:为什么他有这一切而我却没有?这反映出我的什么问题呢?"

与迪迪埃不同,但跟约翰相似,卢并不质疑世俗的成功与评估优越性的标准之间存在相关性。但像迪迪埃和约翰一样,他将超验的意义归于另一种现实:"在生活中,有一种'存在'的维度,它超脱于我赚取的大笔钱财,让我感到内心的满足……因为我参与了超越自我的、具有终极价值的事情,我获得了满足感。"卢的一位邻居的生活则缺乏这种维度的意义。"我们那个邻居,一辈子都在食品行业打拼。他虽然是个好人、好邻居,但头脑简单,每天最关心的就是下一笔订单来自何处,你明白吧,纯粹是为了谋生……他现在正盼着退休呢,好有更多属于自己的时间。"

上述三个人的生活空间风格迥异:一个是在巴黎城边一栋古旧建筑中的艺术工作室,一个是在曼哈顿摩天大楼里毫无个性的格子间办公室,另一个则是在印第安纳波利斯的弥漫着蜂蜡气味的老学院。他们都是白人、中年、受过大学教育的专业人士。他们属于中上阶层,在法国和美国仅占人口的10%—15%。这个阶层的成员拥有大多数人渴望的东西,也是大多数人希冀成为的对象。[5]他们的生活被大众媒体和广告行业塑造成其他人效仿的模式。他们通过构思、建议、雇用、提拔、评判、选择和分配，对各类事件、产品和大众施加影响力。

迪迪埃、约翰和卢的相似之处在于，他们都践行**文化排他主义**（cultural exclusivism）。文化标准，诸如才智、精雅、求知欲和审美能力等，是他们每天评估自我和他人的决定性准绳。这三个人不大关心道德标准，在定义"值得尊敬的人"时，他们将"诚实"和"利他"置于次要地位，仅有少数情况例外。高校的行政人员（卢）和经济学家（约翰）所持的文化排他主义无可否认地同社会经济排他主义相辅相成，正如他们重视世俗的成功表明的。这两位也较少有文化达尔文主义倾向，在文化上比较宽容，不太喜欢按照某种文化"存在之链"（chain of being）来对人进行排序。相比之下，那位建筑学教授对差异表现出极大的不宽容。他将文化修养视为建立人际关系的必要条件。

道德故事

保罗·安德森住在印第安纳波利斯的一栋牧场式宅邸里。他是美国国防部财务中心的一名高级执行官，工作地点在哈里森堡。他已婚，有两个儿子。自从孩子们上学以来，他的妻子一直在做兼职接待员。保罗跑马拉松，很有竞争力。他出身于一个"勤奋的家庭"，凭自身努力在专业阶梯上不断升迁，如今备受同事们的尊敬。"我非常信赖他人。我总是跟所有人建立愉悦的关系，秘书、行政人员、我手下的主管，等等。我认为,现在确实有相当多的人会支持我,或选择我作为他们非常看重的人。"

保罗提到某些同事,那些"极具进取心、一心向上爬的人……他们可能树敌很多,但支持者寥寥。(他们的付出)只是为了自己,不关照下属,不以人为本"。他定义自己是跟他们截然相反的人。保罗自称没有什么宏大的抱负:"我有一个理论,无论你的成功程度如何,最终都得转化为幸福。因而,倘若你足够聪明,无论你处于什么水平,你都会感到幸福,那么你就已经实现了你所能企及的目标,而且不管怎么样,你都将会得到更多。"

安德森一家在他们的教会中非常活跃:"我们跟朋友和关心家庭、注重互助的人们在一起,会感到幸福和满足。这是一个非常暖心的教会社群。"他对所谓精雅的、有艺术气质和见多识广的人不感兴趣。虔诚、勤劳和体贴的品质更重要。因此,保罗非常厌恶道德水准低下的人。他的自卑感主要与宗教信仰,尤其是与宗教事务的知识有关:"倘若非要说出令我自叹不如的一群人,那么就包括我们教会中的那些既博学又虔诚的人。当然,我不是指那些狂热的信徒,而是具有充足的知识、能够在主日学校课堂上回答问题的人……每当这种时刻,我就会提醒自己:现在不要开口,否则就显得太无知可笑了。"

米歇尔·杜普伊斯住在巴黎西郊的凡尔赛。他的大公寓俯瞰着城堡前的一条美丽的"林荫大道"。他从祖母那里继承了一个家具厂，生意最红火时曾雇了上千名工人。米歇尔在深厚的人文主义传统中长大，并接受了耶稣会会士的教育，他将自己的人生使命定义为帮助员工充分发展自我、成为完整的个体。他在评估自己的成功时，不仅考量经济层面，而且考量人道主义和人际关系的层面。他解释说："有些人从19岁就加入了我们，从最底层干起，同公司一起成长，现在担任了重要职务。对我来说，这正是最重要的，公司能够帮助一些人完善自我……我们的目标不是赚钱而是做些有意义的事……你知道罗杰斯，卡尔·罗杰斯（Carl Rogers）*吗？嗯，我的目标是成为'某个人'，并帮助其他人实现自我……这意味着你在自我发展，你对自己和他人都感觉良好。大家共赢。"

像许多信奉天主教的资产阶级夫妇一样[†]，米歇尔和太太玛丽埃特育有八个孩子，他们都已结婚并开启了忙碌的职业生涯。他们积极参与凡尔赛的天主教组织。玛丽埃特讲授教义问答课。在过去的十年里，他俩一道加入了圣母联盟（Ligue Notre-Dame），这是一个夫妻同窗、分享宗教信仰和家庭生活的组织。米歇尔的个人偶像包括安托万·德·圣-埃克苏佩里（Antoine de St-Exupéry）和皮埃尔神父（l'abbé Pierre），后者是类似特蕾莎修女的法国慈善业典范。多年来，米歇尔还参与了精英商业协会的工作，该会的宗旨是促进资本主义的人性化。

---

* 卡尔·罗杰斯（1902—1987），美国心理学家，心理学中人本主义方法（以当事人为中心的方法）的创始人之一。——校译者注

† 此话大概是指天主教不赞成节育并反对堕胎，故生育率较高。——校译者注

杜普伊斯一家喜欢和朋友们聚会，共饮美酒。家里常有客人过来吃饭，他们的餐桌能轻松地坐下15个人。米歇尔喜欢那些"忠于本性的人，他们不会试图伪装自己，或是装作对没兴趣的事情感兴趣。我们更喜欢自然随性、活出自我的人。当然，还有那些喜欢分享一顿可口晚餐、共度愉快时光的人"。米歇尔也像保罗·安德森一样厌恶那些总想出人头地的家伙。他们只考虑金钱，为了晋升不择手段，"但不管怎么说，那类人一般对我们也不太感兴趣"。

威利·帕西诺是第一代中上阶层成员。他的父母从意大利移民到宾夕法尼亚州，在煤矿工作。威利足球踢得不错，靠体育奖学金上了大学，并从美国中西部一所大学的法学院毕业。他现在是新泽西州的一名劳动仲裁员。谈到中西部，他说："那个地方最大的资产就是那里的人，真挚坦诚，脚踏实地，心口如一，衣着得体，我喜欢那种氛围。"在东部则是另一番情形，"你会遇到伪君子……那种虚张声势、自欺欺人的家伙。这类人读书不多，文化修养不怎么样，也没有多少世俗的经验，却矫揉造作，摆出一副自命不凡的架势，但你一眼就能把他看穿了"。

威利将他的朋友描述为："真实的人；有些是工人，有些是律师，有些是工会官员。但他们都必须'真'，也就是真诚，并有和我一样的价值观：重视家庭，尊重他人，还有就是襟怀坦荡，富有同情心。"威利的朋友都是诚实的人，"我们当中没有谁信口胡言。我讨厌坐论八卦，说些无聊的废话……不厌其烦地显摆自己的成就,以及去过哪些地方,比方说(模仿女性声音):'我去了瑞士,有人邀请我去参加那场婚礼,但愿你能看到那个场面哟!我们正要回请那对新人呢。我有没有跟你说过我们看的那场演出?你知道门票是多少钱吗?'我就受不了听人说'你知道要花多少钱吗?',他们非要告诉你花了多少。假如我喜欢什么,我就是喜欢。我知道什么叫贵,什么叫便宜。不要一个劲地讲你在做什么、花了多少钱!我从不向朋友们吹嘘。他们喜欢我这个人,真实的我——威利·帕西诺。我这个人就是要么一拍即合,要么一拍两散;要么尊重你,要么不尊重,我不会模棱两可"。

威利不是一位虔诚的教徒。他是一个爱家的男人。他为自己的儿子们感到骄傲,并帮侄子们支付了大学学费:现在,帕西诺家族中有好几个人成了专业人士。

上述三位也有共同的特点。与前一组相比,他们不大看重文化修养。对他们来说,更重要的是道德品质:诚实、尊重他人、慈善仁爱、具有平等精神。"如何做人"比世俗的成功更重要。他们反对根据收入、声望或休闲活动内容来评判他人。简而言之,他们都不喜欢削尖脑袋往上爬的人。他们对"值得尊敬的人"之定义关乎道德而不是文化原则。

世俗的世界

克雷格·尼尔对世俗的物质财富更感兴趣。他在长岛拥有一家汽车租赁公司。在他的住宅后面，毗邻后院，有一条运河，夏天他把游艇停在河边。他将厨房全部重新装修了，耗资不菲。克雷格和我坐在看上去很昂贵的现代皮革沙发上。爪子脏兮兮的卷毛狗在奶油色地毯上跑来跑去。

克雷格感到沮丧，住在这个地方的开销太大了。"这给人带来很大的压力，因为你必须保持这种谋生手段和生活方式。"但他认为自己非常成功，因为"在经济上我做得很好，在物质上我过得相当不错，我的生活达到了令我满意和舒适的水平，我称之为舒适的水平"。当让他说出一个值得尊敬的人，他提到了李·艾柯卡（Lee Lacocca）："他是一个从无到有、自我奋斗的成功者，工程学专业毕业后加入福特汽车公司，看看他今天的位置，这个了不起的家伙。我想说，优秀的人很多，但我就是给你举一个突出的例子，这才称得上是一个成功者。毫无疑问，我非常钦佩他。"

对克雷格来说，成功是一切的关键，"我喜欢的是有进取心的人，实干家，每天早上起来都抱着乐观的心态，并不懈地努力直至成功"。因此他坦承，"相比那种极其有动力、极其成功、高度进取的人，我自叹不如"。不过，克雷格觉得自己远胜于另一类人，他们"每周工作40小时，就说'行了，我干了40小时,我就想每年挣个5万、10万美元的,因为我干满40个小时了'"。

克雷格不愿意同失败者交往,"那些自卑的、不思进取的人,不愿为家庭付出很多努力,也不想为自己做得更好"。他看不上空想家,而比较喜欢头脑冷静的人,这类人"能看到问题的两面,权衡利弊,并根据自己的经验作出决断,他会说'老天,尽管我支持,但我也许应该说不,因为,看看这个'。而且会前思后想,对得失作出考量"。

克雷格说他非常崇尚物质财富:"我是一名物质主义者,因为这是唯一能证明自身成就的标志。这种感觉就像'哇,你从一个两居室房子搬到了一个三居室房子,又从三居室搬到了四居室,地产从四分之一英亩*扩大到半英亩'。你明白我的意思吗?你对任何事能够施加的唯一影响力,就是你比别人强多少:你今年买了二手车还是新车?你的孩子是上垫底高中还是拔尖高中?她是去好大学还是烂大学?所以,是的,物质的东西对我来说非常重要,我通过这些来评判自己干得好不好。用其他方法是无法判断的。"

查尔斯·迪图尔也以这种世俗的成功为乐事。他是法国中部重要城市克莱蒙费朗一家大型医院的院长。他的秘书带着权威的口气对来电和访客进行筛选,我等了两个小时才跟这位精力充沛的人谈上话。

---

* 英美面积单位,1英亩约为4046.86平方米。——编者注

迪图尔先生衡量成功的标准不是金钱而是权力："我觉得，我们很难说自己不喜欢权力。要是真不喜欢，我们就不会在这个位置上了。我相信生活中有两类人：一类是天生的发号施令者，另一类是受命服从者。我们属于喜欢权力的一类，因为权力也赋予人独立性。"在这种情况下，毫不奇怪，迪图尔先生很轻易地承认自己有"等级观念"，他尊重上级，并期待下级对他的尊重。他说自己无法忍受嘲讽。

这位院长是当地精英圈的佼佼者。他与市长和其他显要人物一起参加7月14日法国国庆节游行。人们总是有事向他求助。他像当地其他"名人"一样，养成了"人情往来"，也就是回礼的习惯。他觉得和警察局局长谈话比和一个普通警察谈话更自在："当你肩负一定的责任时，你的想法就会不同，如果不改变想法，你就会遇到问题。跟普通警察可以聊聊打猎和钓鱼，但我既不打猎也不钓鱼。"

作为小店主的儿子，迪图尔先生的社会地位相对有了很大的提升。他为工作牺牲了家庭（与妻子分居）和社交生活（没有朋友，只有职场熟人）。他喜欢的是工作勤奋、有竞争力、务实、有能力的人。他对那些精雅的、循规蹈矩的、笃信宗教和友善和气的人没什么感觉。正如他所说，"你看，我把一切都归结为我的职业"。

马特·霍华德令我联想起做汽车租赁生意的克雷格·尼尔。马特是印第安纳波利斯的房地产开发商，他赚了很多钱，也赔过不少。他是赌徒、"暴发户"，还曾是个花花公子。几年前结婚后，他变成了一个顾家男人，但仍然是个精明商人。他最亲密的朋友是个"把52岁当28岁过的人，你明白我的意思，非常有钱、酷爱运动，参加铁人三项赛之类的那种男人。他依旧过着潇洒的生活，经常旅行，很有女人缘。他看上去不像52岁，通常只跟二三十岁的女性约会"。马特像克雷格一样，生活在一个看重成功的世界。当被问及成功给他带来了什么时，马特的回答与克雷格如出一辙："很多钱，这是成功的回报。让我们面对现实，大多数男人都想说'我成功了，我已经有所成就了'，以此来建立自信。可是见鬼，你怎么给成功打分呢？就是根据你赚了多少钱来打分。"令人不解的是，马特感觉自己不如那些在父母帮助下成功的人："我必须靠自身努力挣得一切。可这家伙赚得盆满钵满，而且是有人放在银盘子上端给他的。我本不该觉得低他一等，但还是免不了会往那方面想。"

上述三个人物在不同程度上都生活在这个世俗的世界里。他们划分等级的标准不是围绕着文化特征和道德品质，而是基于世俗的成功和社会地位的各种考量，尽管他们的边界感（sense of boundary）有时会包含多种主题。房地产开发商和汽车租赁业老板以金钱作为衡量成功的标准，医院管理者看重权力和影响力。而这位院长与他人相处的方式明显地受到对方阶级地位的影响，无论对方是面包师、普通警察还是警察局局长。

我所描述的第一组人更倾向于看重文化和才智品质，对世俗的成功的重视程度相对较低；第二组人是道德承载者，他们强烈地反对将阶级或社会地位与人际关系评估联系起来。这三类人并存于世，但从另一个意义上说，他们又生活在不同的世界之中，并且在很大程度上以彼此的反面来定义自己。他们评估自己和他人的方式，亦即用来划分可取和不可取的性格特质、优等人和劣等人之间的边界，戏剧性地反映了在法、美两国中上阶层中占主导地位的分类体系。我试图探究的正是这种分类体系。

第一章　研究的问题与阶段

没有关怀,没有同情,他们无耻地在我的四周筑起了丑陋的高墙。

——C.P.卡瓦菲

第一章　研究的问题与阶段

问题与方法

人们是如何获得那些极其重要的专业资源（如高薪工作、有趣的任务和晋升机会）的呢？学位、资历和经验固然必不可少，但导师的扶持、同事关系网和非正式培训也相当重要。能否获得这些非正式资源，在很大程度上取决于是否（跟拥有这些资源的人）共享一种被看重的文化风格。事实上，有研究表明，经理人青睐在文化上与之相近的下属。而且，企业成功部分地取决于在文化上保持和谐，营造让其他经理人感觉"舒服"的共事环境，而非提倡"特立独行"。[1]

本研究探讨了中上阶层用以定义受重视的文化风格的文化类别。这一课题格外重要，因为在发达的工业社会中，中上阶层往往掌控着许多重要资源的分配。此外，大众媒体和广告业不断地将中上阶层文化当作样板来灌输给其他阶层的成员，[2] 其他人要么热衷于向中上阶层文化看齐，要么刻意地反其道而行之来彰显自己的身份。[3] 虽然中上阶层文化在美国和其他地方具有重要影响力，也有不少关于抵制主流文化的文章发表，但这些文章对这个问题罕有深入细致的考察。[4]

在此，我们主要讨论的问题是，人们用于定义或区分"值得尊敬"和"不值得尊敬"之人的标准的性质。也就是说，人们到底如何区分"他们自己人"和"他们不喜欢的人"。为了搞清这些评判标准，我详细考察了人们所用的符号边界

(symbolic boundaries), 亦即个体用于划定各类人身份的边界, 以及高等地位信号——这是我们评估差异的关键。更具体地说, 通过分析地位评估所依据的标准和符号边界本身的特征(譬如其严格程度), 对确认 "'我们'优于'他们'" 的不同方式作出比较。这将有助于建立一种更完善的、立体的观察社会地位的视角, 发现各种地位维度在不同背景下的显著特点。同时, 也将帮助我们理解社群和社会阶层在不同文化中的差异。通过比较法、美两国中上阶层成员的文化, 我们将看到, 纽约人往往对美国中西部人的眼界狭隘表示不屑; 法国人时常批评美国清教徒的伦理道德; 商人鄙视智性主义(intellectualism); 社会和文化专业人士谴责拜金主义和商业逐利, 等等, 这些均可被视为一种普遍现象的具体实例[即划界工作(boundary work)], 而非民族特征、政治态度、地域主义等不具可比性因素的表现。[5] 利用这里提供的框架, 有可能将偏见与刻板印象视为一种基本社会过程的副产品, 这一过程是超越个体的, 由人们可支配的文化资源以及他们所处的结构性环境所决定的。

本书采用比较法来研究中上阶层的文化, 假设文化之相异, 即与己不同的人和事的冲击, 会使人们自身看重的文化特征更为显著。[6] 我的分析结果是基于160次半开放式访谈得出的, 访谈对象为随机分层抽样的、受过大学教育的男性, 包括住在印第安纳波利斯、纽约、巴黎、克莱蒙费朗及其周边地区的专业人士、经理人以及商人。克莱蒙费朗是法国中央高原(Massif Central)农业地区的一座大城市, 与印第安纳波利斯没有多大区别（有关两者的比较请参阅附录二）。我将研究重点放在法国和美国的原因是，我作为加拿大魁北克省人，既是这两种文化的局外人，又对它们的内在有所了解，我分别在这两个国家居住过四年和五年，这些访谈正是在那段时间里进行的。不仅如此，正如我将在下面谈到的，这两个国家的文化或多或少表现出的不同形式特征，在一些重要的理论议题上给了我们很多的启示。

我之所以选择中上阶层的**白人男性**成员，是因为这些人依旧占据着职场中的绝大多数重要职位，并更倾向于施加"守门者"的影响力。[7]不过，为了探究在划界工作中的性别差异，我还访谈了纽约市郊的15位女性专业人士、经理人和商人。在本书的结尾，我将简要探讨性别差异问题，当然，要得出明确的结论尚须做更多的访谈。未来的研究还应包括对中上阶层中的白人和日益增长的少数族裔之间划界工作的差异研究。[8]

专家们认为，展示"有教养的品性"（cultivated disposition），亦即文化资本（cultural capital），是中上阶层最看重的文化特质之一。社会学家皮埃尔·布迪厄在关于法国文化的开拓性研究中指出，最重要的是，"统治阶层"的成员拥有独特的品位和生活方式，它们作为身份的标志，有助于融入这一群体。这些品位在很大程度上取决于良好的教养和充分掌握高雅文化的能力。布迪厄认为，人生早期未在具有这种审美倾向的环境中受过熏陶的那些人，是不容易融入高地位群体的，因为他们往往因其文化风格的不同而受到排斥。[9]

在美国，对精英文化再生产感兴趣的社会学家们，也强调了教育和职业成就与良好的教养和熟悉高雅文化（即文化资本）之间的关系。[10]与此题相关的大量调研数据可以部分解释人们对精雅和高雅文化的关注程度。尽管此类研究对我们了解文化对社会不平等再生产（reproduction of inequality）的影响颇有帮助，但它通过采用调查问卷中的分析类别，先验地定义了哪些地位信号（status signals）是最受重视的。[11]与之相反，采用开放式提问的方式，则可由受访者自己来定义哪些高等地位信号对于他们是最重要的。正如前面的人物素描所呈现的，这些信号在不同的人群中跨度很大，比如，从真实诚信跨越到争强好胜，乃至物质上的成功。

尽管近年来对此类研究的呼声渐高，但迄今为止，尚未有人尝试去评估各种高等地位信号在中上阶层文化中的相对显著性。[12]本研究试图通过分析受访者采用的纯粹的标准来填补这一学术空白。受访者依据这些标准抽象地或具体地描述比自己"强"或"差"的人，以及不想与之结交的人。正如凯·埃里克森（Kai Erikson）指出的，只有当群体内的成员反复维护它时，边界才得以存在。[13]据此，我列出了中上阶层成员感知和评估他人的文化分类，强调了哪些差异处于他们感知地图（maps of perception）的*中心*，以及哪些差异是被他们*忽略不计*的。因而我的研究目的是，揭示中上阶层对他们获取的有关他人的"原始数据"进行处理（即选择和分档）的思维结构。

在项目的初始，我打算研究法、美两国中上阶层成员划定文化边界的方式差异。[14]然而我很快就发现，受访的个人用于评估高等地位的信号往往与道德水准、社会经济地位和文化素养有关。不仅如此，大部分信号至少涉及上述的一条；其中有些信号，如自我实现（self-actualization），同时被视为道德高尚、强烈的成功导向和文化修养的证明。因此，我的研究重点关注下列三个标准，或者说是符号边界的三种类型：

道德边界（Moral boundaries）是基于道德品格而划定的，这类边界的核心是诚实、正直、具有职业道德和为他人着想。当保罗·安德森解释为何觉得自己比道德低下的人要优越，并批评那些不先为他人着想的同事时，他就划出了自己的道德边界。同样，当米歇尔·杜普伊斯谈到自己反感那些汲汲营营、缺乏诚信的人，这就是他的道德边界。

社会经济边界（Socioeconomic boundaries）是基于人们的财富、权力或职业上的成功所表明的社会地位而划定的。克雷格·尼尔解释说，金钱是衡量自身成功与否的标准，他自认为比那些平庸之辈优越，据此划定了他的边界。查尔斯·迪图尔通过强调自己的朋友都是当地精英圈中颇具影响力的人物，也划出了类似的边界。

文化边界（Cultural boundaries）是基于教育、才智、礼仪、品位和掌握高雅文化的程度而划定的。用"精雅的"来描述自己所有的朋友，即在划定文化边界。当迪迪埃和约翰·布鲁姆表示对智商不如自己高、文化修养不如自己的人抱有优越感时，他们就划出了这种边界。

此项研究最重要的贡献在于，它能够丰富当前我们对心理地图（mental maps）和划界工作的理解。同时亦可通过研究符号边界（即用于评估地位的标准），为不同国家、阶层的文化差异之研究提供更深入的解读。不过，本研究的主要实证发现同这两国中的三种边界类型的相对显著性有关，它们是根据个人访谈、文献调研以及划界工作的量化对比揭示出来的。首先，我阐明，在法、美两国，对高等地位信号的社会学研究几乎完全集中于文化边界，尤其是用于划分文化边界的一小部分文化信号，然而证据表明，法国中上阶层成员依据道德和社会经济地位划定边界同依据文化地位划定边界相比，两种划界方式的使用频率几乎是相同的。第二，如上所述，虽然社会学家们经常认为，在美国，文化资本是排斥他人的主要基础，但我收集到的数据显示，相对于文化边界而言，美国中上阶层成员更强调社会经济边界和道德边界；而在法国，道德边界和文化边界比社会经济边界显得更重要。同时，数据表明，两国在这个问题上的差异正在缩小：社会经济边界均变得日益重要，而文化边界似乎在美国（或许也在法国）逐渐淡化。

本书讨论了我的研究发现对马克思主义、结构主义和理性选择理论的元理论假设（metatheoretical assumptions）的可能影响。这些理论的核心是人性本体论模型，它假设人类在分析上首先考虑社会经济资源（以及边界或地位），而不是其他类型的资源，我尤其对此提出了疑问。本书还分析了我的研究成果对于皮埃尔·布迪厄的理论可能产生哪些影响，这位法国社会学家的工作代表着当今文化社会学和文化人类学中最具影响力的一股思潮。我的研究数据表明，布迪厄在强调文化边界和社会经济边界的同时，严重低估了道德边界的重要性。此外，布迪厄的权力场域（power field）理论中的关键假设同我的数据相矛盾。我将在前几章中简要阐述有关的批评，然后在书的结尾作出归纳和总结。

本研究还力图完成三件额外的任务。其一，通过具体说明受访者是否以及在何种条件下会划出制造阶级差别（阶级再生产）的边界，来厘清符号边界和社会不平等再生产之间的关系。其二，为不同群体之间的划界工作差异提供多种因素的解释。其三，在解释群体之间划界工作差异的过程中，记录法国、美国中上阶层*内部*划界工作的变化。

为了研究符号边界对社会不平等再生产的潜在影响，我会讨论它们的形式特征或结构，即它们在多大程度上被一个群体严格地定义并广泛应用。通过对比法国和美国的个案，我将展现，在美国，基于受教育程度、才智水平、精雅和世界主义而划定的边界，即文化边界，要比在法国宽松得多。[15]这直接影响到文化在每个国家造成不平等的方式，因为它关系到边界是否会导致等级化和排他现象，而不仅是区分人与人之异同。我们需要将符号边界视为产生不平等的一种必要的非充分条件，而不是假设它直接导致排他现象。而排他现象本身，则应被视为定义自我身份过程中经常产生的非预期效应。

在这一背景下，值得提示的是，此项研究或许可以补允新涂尔干主义者（Neo-Durkheimian），绝大多数是美国学者，关于符号边界的论述。这类文章倾向于关注社会控制，并将所有的符号边界都预设为道德边界，[16]从而忽略了分析不同边界之间的差异。[17]新涂尔干主义学术传统还着眼于用符号边界来分析文化符码（cultural codes）。[18]除了极少数例外，新涂尔干主义者很少关注符号边界在群体的形成和在不平等再生产过程中所起的潜在作用。[19]它还忽视了研究**群体**在界定自我身份、意识形态和地位的过程中是如何同其他群体划出边界的。本研究将把关注文化符码的新涂尔干主义理论文献与关注阶级文化和社会不平等问题的法国文献结合起来。

　　基于对比数据，本研究指出，人们划定的符号边界的内容，尤其是道德、社会经济和文化这三种边界的相对显著性，会因个人所能接触到的文化资源及所处的结构条件而异。文化资源包括国家的历史传统（譬如"美国主义"*的核心价值观：平等主义、个人主义与个人成就），以及由各种文化生产和传播部门（教育体系、大众媒体）所提供的资源；而近因和远因结构条件包括中上阶层的市场地位，以及他们所生活的社会的一般结构特征。虽然许多社会科学研究者解释了个人因其利益、资源（或资本）的规模及构成，或其群体结构而维护的那些文化体系的特征，[20]但需要通过观察"文化供给侧"，亦即为划界工作而提供给个人的文化资源，来对这些因素作出补充。正如新制度主义（neo-institutional）理论家及其他研究者指出的，个体并不是完全根据自身经验来划定边界的，他们也会依赖那些具有规则地位的价值特征的一般定义，并借用所处社会

---

* 原文为"Americanism"，指对美国传统、制度和理想的依恋或忠诚。包括爱国主义、宗教宽容、正义的自由、无畏的勇气、诚实的正直、对美国命运的坚定信念等。——校译者注

第一章　研究的问题与阶段　　39

提供给他们的总的文化剧目（cultural repertories）*。[21]

最后，本书还关注到不同类型的受访者之间符号边界的变化。首先，我评估了文化标准在掌握不同文化资源（即对高雅文化有不平等的获得权）的群体中的相对重要性。[22]我对住在"文化中心"（巴黎和纽约近郊）的受访者和住在"文化中心周边地区"（印第安纳波利斯和克莱蒙费朗）的受访者作了比较，发现地区之间的差异很小。其次，通过对比向上流动者和向下流动者，以及对比家庭几代都属于中上阶层的人和进入中上阶层的第一代人，我分析了边界工作是如何随着个人的社会轨迹（social trajectory）而变化的。我发现，社会轨迹对高等地位信号的定义有显著的影响。再次，我通过知识分子与非知识界人士的对照，以及社会和文化领域的专业人士（艺术家、社会工作者、心理学家、教师和记者等）与商业相关人士的对照，比较了市场地位和人与经济理性的关系对划界工作的影响。西摩·马丁·利普塞特的早期研究表明，知识分子，更普遍地说，社会和文化专业人士，比营利型劳动者（for-profit workers）†在政治上更具自由主义倾向。本研究对他的理论有所扩展，我发现，这种态度取向的差异延伸到了边界工作之中[23]，而且国民文化（national culture）对这些差异起到了强化作用。举例说，法国的营利型劳动者比美国的对照组更

---

* 文化剧目、文化工具箱（Culture as Toolkit）理论认为，文化对于行动的影响，并非通过提供行动所指向的最终价值，而是通过形成习惯、技能和风格的一整套"剧目"或"工具箱"，使人们能够从中建构"行动的策略"。——编者注

† 指在以营利为目的部门和行业工作的人。——校译者注

重视文化边界,而美国社会和文化专业人士的社会经济边界取向比法国对照组更为明显。我将在下文讨论基于这些重要发现得出的政治洞察。

尽管此项研究考察的样本仅限于狭窄的职业类别,但为理解国民文化提供了一个基础。在可能的情况下,我将检验全国调查得出的证据,对中上阶层受访者的特征与法国和美国总体人口的特征进行比较。我们将看到,关于道德、文化和社会经济这三种边界的相对重要性,我的发现往往与有关法国和美国国民性的研究结果相一致,[24]并符合经典的法、美两国文化比较,诸如利普塞特的《第一个新兴国家》(The First New Nation)和托克维尔(Tocqueville)的《论美国的民主》(Democracy in America)等。[25]关于国民性的现有研究大多倾向于忽视国民文化内部的多样性,并且从心理而非社会的角度来解释差异。正由于符号边界在本质上是超个体的并在群体中存在差异,因而,作为分析工具,它使我们得以避免上述问题,并增强对国民文化差异的理解。此外,最新的对比研究聚焦于结构性现象,即经济和政治现象。关注符号边界可以重新激发人们对恰当的文化比较工作和比较分层研究的兴趣,迄今为止,后一类研究倾向于分析社会地位的转移,而不是地位体系的广泛特征。[26]

值得注意的是,在检验法国和美国中上阶层的边界模式的过程中,我间接地记录并解释了两国在高雅文化和物质主义的相对重要性方面的差异。比如,我指出,美国的文化平等主义强化了反智主义并产生了各种形式的逆向文化排他(reverse cultural exclusion），而法国的物质主义则由于该社会的低地理流动性特征而被削弱了。这些主题的探索仅限于帮助我们理解边界模式，同时使用跨文化比较来代替实验室。

边界和身份认同占据了最近的后结构主义、后现代主义和女权主义辩论话题的中心。这三种思潮都关注人们对世界的理解（meaning）在合法化差异及不平等问题中所起的作用。[27]这些著述同德里达（Derrida）的思路一致，或许在不知不觉中也符合W. I. 托马斯（W. I. Thomas）的经典社会学理论，它们将人们对世界的理解和身份概念化为复数的、"分散的"和以关系方式定义的，亦即通过变换边界来定义的，这同其他具有自身意义的理解是不同的。或者说，这两位学者关注的是现实定义的碎片化，以及不同群体（种族、阶层、性别）如何独立地促成不连贯的文化符码波动。[28]与之类似，我也分析了边界的多义性，亦即不同身份（种族、阶层、宗教、性别、受教育程度或道德品质）的相对显著性。然而，后结构主义、后现代主义、女权主义的理论文章倾向于将注意力集中于种族、阶级和性别边界呈现出的权力与文化之间的交集，我则还关注一些更为分散的特征，诸如道德水准、精雅和世界主义。此外，我详细说明了差异产生不平等的条件，后结构主义者和解构主义者往往忽视了这一任务。我还指出，通过研究不同群体划定的符号边界的差异，有可能更好地理解这些群体之间互动的性质。例如，我们将社会和文化专业人士同营利型劳动者进行比较时，就会观察到这一点。

现在，我将讨论符号边界本身的性质以及它们运作的一些机制。这是必要的，因为尽管社会学文献经常提及符号边界，却鲜有相关的系统研究。

边界的运作

符号边界是我们用来对物、人、事，甚至时间和空间进行分类的概念区分。在此，我仅关注人们在自己和他人之间划定的主观边界。我不关注其他类型的抽象边界结构，诸如空间和时间边界，也不涉及由贫民区、私人俱乐部、职场中的种族或性别隔离，或是社团活动的制度化所显现的客观社会边界。宗教、科学、家庭、军队等特定机构复制客观边界的制度性机制也不在我考虑的范围之内。

我们从埃米尔·涂尔干（Emile Durkheim）和格奥尔格·齐美尔（Georg Simmel）那里了解到，符号边界的前提是容纳（可取的人）和排斥（可憎的、不纯粹的人）。[29]它们还意味着第三种情况：灰色地带——由令人们无动于衷的要素组成。根据伊维塔·泽鲁巴维尔的说法，这个模型可用两个摆成甜甜圈形状的同心圆来表示：第一个圆的内部代表被欣赏和包容的元素；第二个圆的内部代表我们漠不关心但能够包容的元素；而第二个圆之外是不能包容和被排斥的元素。[30]

那些被我们的边界排除在外的人，是我们拒绝与之交往甚至恶意相向的人，我们以一种确保"你明白我比你强很多"的态度来公开标明这种社交距离。采用的方式有时是（用印第安纳波利斯的一位信息提供者的话来说），"矜持、沉默、不真正公开地讨论问题，或表现出非常正式的礼貌，意味着我跟你没多大关系、没时间理你或对你没有用处。我试图以这种方式发出信号，你明白的……手很少动，身体也保持克制"。排他行为会给排他者带来厌恶、不适和尴尬的体验，而被排斥者会感到势利、疏远和冷漠。

疏远行为同所谓"友好行为"或包容行为形成对比。以友好的方式待人接物（法语称être sympa）会让他人感到"舒服"，这在美国中上阶层文化中尤为重要，信任是容纳的标志。[31]这意味着引人注目地摘掉"面具"，作为"人类"而进行互动——"套近乎"。容纳是通过一系列日常行为来实现的，诸如"调情，赞美，奉承，致敬，相互介绍，接纳新成员，首次亮相仪式，交换礼物和秘密，提拔或选举担任高职，获取某人的信任，一同跳舞、用餐和游玩，通信，爱抚，做爱……（也就是说，特意设计的活动或作出的姿态），以此让人们觉得他们有自由和特权加入受到高度重视的社交活动中"。[32]

通过在广泛群体中的必要参与，我们都在不断地参与竞争性边界的生产和再现，它发生在我们给他人贴标签时，或是加入具有共同信仰的社群时，共同信仰使主体间对现实的具体定义成为真实的存在。事实上，我们经常通过专业团体、社会阶层、族裔（ethnic）和种族（racial）群体*，或是以社区居民的

---

* 原文为"ethnic and racial groups"，"ethnic"和"racial"一般都表示"种族的"，"ethnic"侧重后天的文化特征差异；而"racial"侧重先天的生物特征差异，如肤色差异。此处分别译为"族裔"和"种族"以作区分。——编者注

角色来开展划界工作。

有些群体比其他群体更有可能制造出有影响力的边界。自第二次世界大战以来，族裔的标签效应随着其自身身份的削弱而降低了。[33] 随着特定阶级的物质和文化生活轮廓被打破，阶级划分也变得不那么显著了。[34] 从另一方面来说，虽然社会阶层、族裔和宗教社会化*对婚姻选择的影响在减弱，但教育同质婚配（educational homogamy）却在增加。[35] 总体来说，受过大学教育的人群（包括本研究定义的中上阶层）持续地在各个领域的文化实践和态度上表现出高度的相似性。[36] 大学文凭仍然是到达高级职业地位的最佳预测因素，这一事实表明，受过高等教育的人群在自身和他者之间建立起的边界是格外显著的。[37] 同其他边界（如族裔之间的边界）相比，这种边界可能更为永久，更难跨越，而且更少被抵制。这种边界也更有可能在不同环境中存在，也就是说，它可以从社区带入工作场所，反之亦然。由此，我们再次看到以系统方式研究受过高等教育的人群所制造的边界的重要性。

那么，边界是用什么原料制造的呢？如韦伯（Weber）指出的，任何特征均可被解释为污染因子。[38] 然而，边界很少是从无到有地制造的。它们通常存在于情景互动之前，并由可用的文化资源，以及空间、地理和社会结构的约束来决定，即由我们可能接触到的特定人群来决定。事实上，大部分边界"与公众对行为的评价和符合社会规范的程度有关，而不是与假设

---

* 指个人学习和内化宗教信仰、态度、价值观和行为的过程。——校译者注

的内心状态有关"。[39]我们往往简单地认为这些边界是理所当然的,并不假思索地使用它们。[40]

但我们为什么要划定边界呢?划界工作是构筑自我的过程中固有的一部分,在我们尝试定义自己是谁的时候,边界便会浮现:我们不断地推测与他人的相似性和差异性,间接地产生了类型化系统(typification systems)。由此我们定义内在的自我和他人的特性,以关系的方式来确定身份。[41]通过造成差异,我们既表明了自己的身份,也建立了安全感、尊严感和荣誉感;[42]我们日常活动的很大一部分都是为了避免蒙羞,并通过我们群体的边界巡逻(border patrol)来保持积极的自我认同。[43]从更宏观的社会学角度看,划界工作通过加强集体规范来恢复社群内的秩序,因为边界提供了一种在环境中培养组织和秩序的总体意识的途径。

划界工作也是培养集体意识的一种方式;基于共享的情感、对神圣和凡俗的相似观念,以及对符号违规者的类似反应,建立起人与人的紧密关系。[44]从更一般的意义上说,边界构成了一个规则体系,通过影响哪些人一起参与哪些社会行动来引导互动。因此,它们也将人分为不同的阶层、工作群体、专业、性别和种族。由此可见,边界不仅形成不同的群体,而且潜在地造成不平等,因为它们是个体获取地位、垄断资源、避免威胁或使其社会优势合法化的重要手段,这些优势通常涉及优越的生活方式、习惯、人品或能力。[45]

需要指出的是,通过记录各类群体使用符号边界的不同,我证实了不同群体之间潜在排他结构的差异。换言之,对受访者在描述朋友和产生自卑感或优越感时采用的评判标准,我理解为反映了他或她在自然环境中所调动的一般心理地图和边界,以及主观边界——它只是有可能导致形成客观边界,即实际上将他人排除在团体、机构等圈子之外。为了简洁起见,我将不加区分地使用划界工作和排他(exclusion)这两个概念。请读者知悉,与其说以下章节专注于社会不平等问题,不如说是关于容纳和创建社群的研究,这两个过程是同时发生的。

须做更多的考察才能清楚地了解本研究的局限性。事实上,我们仍然忽略了一些问题,譬如,人们在访谈情境中划定的边界在多大程度上能够确切地对应在实际生活中划定的主观边界?这些边界能否揭示出高等地位信号中哪些是最明显的?或者说,在特定互动中哪些特征最为突出?这些边界是高等地位信号的全部范围还是仅为其中的一部分?此外,尚须做更多的研究,以了解这些边界是受访者针对"自己人"(中上阶层中的其他人)划定的还是针对其他社会阶层的人划定的,以及这些边界揭示的是内心深处根深蒂固的分类还是仅在访谈中流于表面的自我展现。此外,这些边界在日常互动中总是显著的,还是仅在不确定和模糊情境下才凸显出来?这也是有待研究的问题。目前,鉴于我们普遍缺乏对划界工作的认识,出于启发的目的,似乎有理由作出这一假设:访谈过程中出现的边界表明了受访者的心理地图中最直接突出的类别,因而,我们也希望它们是最核心的类别。即使情境因素会造成扭曲,这些边界也不太可能完全脱离受访者的基本心理地图;[46]基于下文所述的原因，我确信访谈者已将情境因素的影响降至最低了。

最后，我想再次强调，我访谈的很多人掌握着相当大的权力。有的带领十几个人的团队，有的则管理着成百上千名员工。有些是影响一代代学子未来的教授，另一些是社会工作者、博物馆馆长、神父（牧师）、心理学家、财务顾问、律师或医生，他们给出的建议和作出的决定会深刻地影响人们的生活。还有一些受访者，作为科学家、首席执行官、银行高管或学术机构管理者，在工作中掌管着巨额资金的流向。这些人通过构思、建议、雇用、提拔、评判、选择和分配等无数种方式构建着他人的生活。[47]因此，他们对适当文化风格的定义间接地影响了许多普通劳动者的机会。这些定义因其在塑造人们生活中起到的核心作用，可被视为现代社会中权力运作的不可或缺的组成部分。[48]这就是仔细研究这些人所划定的符号边界的重要性所在。

第二、第三、第四章分别勾勒出美国和法国的道德边界、社会经济边界和文化边界（因变量）的内容全貌，记录这三种边界在不同地点的相对显著性。首先讨论道德边界，因为它在这两个国家都很重要。同时，我分析了在不同国家背景下这些边界相互作用的性质，并通过实证回答了它们之间的相对独立性问题。例如，我们将会看到，法国人经常在划定文化边界的同时划定社会经济边界，而美国人常常让文化边界隶属于道德边界。考虑到文化中心和文化中心周边地区的差异，第五章在各个访谈地点内比较了这些边界的重要性。该章也解释了划界工作的国家差异，考察了可获得的文化剧目，以及受访者所能体验到的近因或远因结构条件。第六章力求探讨边界模式的成因。通过分析道德、社会经济和文化这三种边界在与经济理性关系不同的群体中的重要性，证明了划界工作随着个体所处的近因结构条件而变化。最后一章讨论了本研究涉及的更广泛的理论意涵。现在，我将简要地描述本研究采用的方法论。附录三对研究程序有更详细的描述。

研究步骤

本研究是基于四组、每组40位受访者的调研展开的。他们是居住在印第安纳波利斯、纽约、巴黎和克莱蒙费朗市内或近郊的社会中上阶层男性。巴黎和纽约近郊的参与者是从九个不同的社区中抽取的。在纽约近郊，我选取了新泽西北部和长岛的居民。在巴黎近郊，我的受访者有些居住在笃信天主教的凡尔赛，也有些住在富裕程度稍低的北郊。[49]

考虑到本研究的目的，我将中上阶层定义为受过高等教育的专业人士、经理人和商人。[50]专业人士也包括半专业人士，诸如社会工作者、图书管理员、中小学教师等。经理人群体包括执行高管、中层管理者和公共与非营利部门中的行政人员。商人包括自雇者和各种规模企业的老板。

本研究采用职业和受教育程度来描述样本，既为避免中上阶层的字面含义，也为避免对不同社会结构中预先定义的抽象阶层进行比较：法国和美国的牙医或神父（牧师）的心理地图比定义不清的中上阶层的心理地图更易界定。因此，我比较了四个不同地点的职业群体，样本由具有相似职业和教育水平的人组成。[51]聚焦于职业是合理的，因为这是中上阶层男性身份的一个中心维度。[52]

我的目标不是从职业或工作条件的角度来比较法国和美国的专业人士或经理人，因为两国受访者的工作条件是不同的。[53]相反，我关注的是那些个体，他们拥有共同的分类体系以区分圈内人和圈外人，并通过共同的词汇和符号创造一种共同的身份。共享这些分类体系的受访者可被视为同一符号社群的成员，即使他们没有直接的交往，或工作环境的差异很大。[54]

受访者是从中产或中上阶层居住的郊区和小区的电话簿中随机抽取的，采用这种做法是为了避免一头扎进某种特定的中上阶层亚文化。我们根据简短的电话访谈获取了人口统计信息，从而得知受访者是否有时间、是否符合条件。最终的受访者是从既有时间且合格的参与者名单中挑选出来的，以尽可能同其他样本中的受访者在职业、地位和教育水平上相匹配。[55]我对男性和女性人群采用了相同的抽样程序。

表1按职业、年龄和地点列出了男性受访者。他们被分为两组：一组是在营利部门、公共与非营利部门工作的文化和社会专业人士，以及国家雇用的营利型劳动者；另一组是薪金制的和自雇的营利型劳动者（在第六章讨论不同职业群体的划界工作差异时将陈述这种分类的理论基础）。受访者的教育水平和收入信息将在附录一中展示。

这些数据是通过半定向型访谈（semidirected interviews）

表1 不同地区和职业类别男性受访者的职业和年龄

巴黎近郊	年龄（岁）	克莱蒙费朗	年龄（岁）	印第安纳波利斯	年龄（岁）	纽约近郊	年龄（岁）
\multicolumn{8}{c}{文化和社会专业人士（各行业）；营利性职业；营利与非营利部门}
公立学校管理者	50	公立学校管理者	50	公立学校管理者	45	公立学校管理者	58
高校行政人员	57	高校行政人员	41	高校行政人员	49	高校行政人员	50
音乐教师	41	音乐教师	55	音乐教师	54	地球科学教师	46
神父	43	神父	55	长老会牧师	59	长老会牧师	51
博物馆馆长	53	博物馆馆长	41	博物馆馆长	42	博物馆馆长	44
艺术家	42	艺术家	43	艺术家	37	艺术家	48
科学教授	46	电子学教授	50	物理学教授	51	科学教授	53
建筑学教授	31	社会工作教授	41	医药学教授	51	社会工作教授	49
文学教授	57	哲学教授	48	人权专家	41	神学教授	57
社会工作者	35	田径教练	37	娱乐业专业人士	51	娱乐业专业人士	33
外交官	55	公务员	41	员工助理	43	公务员	58
计算机专家	33	公务员	41	计算机专家	39	计算机专家	34
会计学教授	39	记者	53	会计师（公共部门）	44	经济学家	52
人力资源顾问	38	物理学家	35	医药研究者	34	人力资源顾问	41
心理学家	44	心理学家	53	心理学家	46	心理学家	50
医院管理者	60	医院会计总监	36	人事服务经理	46	医院会计总监	39
安全监察员	43	安全监察员	36	法官	40	劳动仲裁员	47
建筑设计师（公共部门）	59	急救医务人员	40	银行审员（公共部门）	36	统计研究员	46
人力资源顾问	34	牙医▲	55	科研人员	35	应用科学研究员	42
牙医▲	46	医生▲	48	研究科学家	36	计算机研究者	36
医生▲							
平均年龄	45	平均年龄	45	平均年龄	44	平均年龄	47

第一章　研究的问题与阶段　　51

续表

巴黎近郊	年龄（岁）	克莱蒙费朗	年龄（岁）	印第安纳波利斯	年龄（岁）	纽约近郊	年龄（岁）
			营利型职业（私营部门）				
会计师	57	会计师	33	会计师	30	投资顾问	31
会计师	40	会计师	57	首席财务官	48	首席财务官	56
律师	39	律师	42	律师	32	律师	34
银行家	45	银行家	49	银行家	37	律师	42
投资银行家	40	银行家	34	银行家	43	银行家	44
保险经纪人	45	保险经纪人	53	保险公司副总裁	54	银行家	59
建筑设计师▲	46	建筑设计师▲	31	建筑设计师▲	47	保险公司总裁	44
公司律师	36	财务顾问	45	公司律师	37	海关报关员	57
商业管理专家	46	工厂经理	34	工厂经理	32	公司律师	41
制造业高级主管	58	制造业高级主管	50	市场营销主管	32	工厂设备经理	40
计算机工程师	51	计算机市场营销主管	58	计算机市场营销专家	45	市场营销主管	45
保险公司主管	42	汽车经销商主管	53	二手车经销商	57	计算机专家	52
会计师	37	会计师	43	股票经纪人	39	汽车租赁公司所有者	45
电力工程师	42	化学工程师	49	房地产开发商	57	计算机软件开发者	46
律师	47	财务顾问	53	房地产经纪人	44	房地产经纪人	53
工程公司所有者	47	建筑设计师▲	43	建筑设计师▲	58	机床经纪人	51
印刷公司所有者	56	勘测公司所有者	45	林业员	44	广播电台老板	35
市场营销主管	55	化学工程师	53	数据经理	59	基金经理	49
旅游公司主管	43	旅游公司主管	42	职业招聘员	55	经销商	46
平均年龄	47	平均年龄	39	平均年龄	52	平均年龄	55
					45		46

▲公私部门混合职业

的方式采集的。与问卷相比，这种方法能够更好地研究符号边界，因为它能让受访者描述自己的评价标准，并且能将研究者引向最恰当的分析范畴。同时，半定向型访谈能使我们通过关注划界工作中纯粹的隐含标准来推断受访者是如何划界的；因为人们极少公开自己的排他心理，所以这是一个重要的方法优势。

采用半定向型访谈还有额外的有利之处：比如，它们有助于更细致地了解受访者的世界观。它也不像参与式观察那么耗时。这是一个重要的考量因素，因为这项研究的比较视角需要调查几个不同的群体。然而，访谈方式迫使人们聚焦于分类体系的外缘，而忽视更细微的行为类型，后者只能通过观察才能发现。由于该研究还利用了行为数据，即访谈后做的民族志记录和休闲活动问卷，这一缺陷部分地得到了弥补。此外，由于符号边界通常主要产生在话语层面——作为主观符号边界的一种影响，划界工作具体化为制度性歧视，故而，访谈中产生的数据也可被解释为行为数据，尤其是考虑到受访者不知道符号边界是一种社会现象的存在，因为人们倾向于从表面上来看待自己采用的纯粹的标准。

访谈计划是为深入挖掘符号边界而制订的。我旨在努力获取受访者在描述优于和劣于自己的人时所用的全部标签。因而，我要求受访者分别具象地和抽象地描述他们不愿与之交往的人，感觉比自己优越或自卑的人，那些会引起他们敌意或同情的人，以及令他们无动于衷的人。此外，我让他们描述一些同事和熟人的优缺点，将这些描述作为他们心理地图的模板。[56]我还要求他们谈谈对其工作场合中最受重视的文化特征的感知。最后，为了确定受访者对高等地位信号的定义，我尝试再现他们的育儿观。[57]在这一过程中，我常常要求受访者明确表述他们的标准，并引导我更好地理解他们的文化类别或对现实定义的体系。

每个访谈持续约两小时，它们是保密的并被录音。访谈在受访者选择的时间和地点进行，可能是在工作场所、花园或咖啡馆，或在我受邀参加的家庭聚餐之前。为了确保更好的可比性，我亲自访谈了所有这些人。我的外国人身份成为一大优势，因为人们不清楚我对其文化的熟悉程度，所以更倾向于解释他们想当然的假设。我将在下一节详细说明这一点。

访谈经历

做定性研究的社会学家们对采用访谈技术收集的信息的性质和意义已有认真的反思。许多人认为，受访者的答案直接受到他们认为的访谈者自身价值观及其对"正确答案"之定义的影响。[58]因此，受访者很容易"构建"自己的身份和观点，从而模仿或区别于他们所感受到的访谈者的身份及观点。譬如在本案中，印第安纳波利斯某工厂的一位经理或许夸大了他对高雅文化的兴趣，因为访谈者跟普林斯顿大学（顶尖的常春藤学校）有关。或者，这位工厂经理可能会强烈声明他跟任何文化都完全不同，以此来维护自己的身份。从这个角度来看，访谈只会产生访谈者和受访者身份之间的一个互动模板，或者一个不应赋予额外含义的原始"文本"。尽管如此，社会科学家仍然确信访谈可以产生有价值且文本内容丰富的数据，他们设计出了各种技术来最大限度地减少"失真"，并继续进行非常有趣和重要的定性研究。

在一定程度上，本研究控制的条件将这种失真效应降到了最低。一方面，作为访谈者，我试图保持一种模糊的职业和文化身份。另一方面，由于这项研究的目的是挖掘高等地位文化信号，我将受访者表达自我身份时的戏剧化方式解读为可能反映了他们对高等地位文化信号的定义。为了理解这两点，需要提供一些背景信息。

1. 从项目中的第一次接触开始，我就试图以一种模糊的**专业**身份出现在受访者面前。他们收到一封用普林斯顿大学信笺写的信，这封信通知他们是被随机抽取参与该项目的。这封信由我亲笔签名，信中提到我的身份（助理教授），并告知将有研究助理同他们联系，收集初步信息并安排见面。访谈当天，我开着一辆旧的标致504（在法国则是一辆租来的小型雷诺5）驶入他们的车道。我，一名30岁出头的女士，会轻松地跟他们开始交谈。[59]许多人感到困惑，可能因为他们预想中的大学教授是个做派中规中矩的中年人。相反，他们见到了一个衣着不起眼的女士，几乎没有"学者范儿"，说话有时还会犯语法错误。这一点，再加上所要求的非正式访谈环境，与普林斯顿大学教授通常具有的高雅文化形象格格不入。因而，在见面后的几分钟内，受访的中年男子往往会询问我就是"那位"教授还是研究助理。美国的一些受访者和法国的许多受访者并不清楚"助理教授"到底是什么头衔,更增加了他们的疑心。其他有些人一直等到访谈结束才试图弄清我的身份。但也有人怀疑我是个骗子,有几个人要求我出示证件,克莱蒙费朗的一位律师写信给我的系主任以查证我的确是在普林斯顿工作。[60]

2. 我以一种模糊的**文化**身份来面对受访者。这部分是由于我作为一个在法国和美国都生活了几年的魁北克人,说两种语言都带有口音,但均不易被辨别。美国人通常不愿意询问我是哪里人,要么假定我是法国人,要么害怕突出一个归因特征会引起对我的冒犯;此外,在印第安纳波利斯,许多人显然不习惯跟外国人交谈。为了让受访者感到自在,我有时会透露自己的出身。大多数受访者都意识到我有点外国人的味道,但又不是很确定,这使我可以就一些不言而喻的概念向他们提问,比方说,*虚伪*(phony)具体指什么。这是本土研究者不能轻易做到的。但同时,我对美国中上阶层文化的熟悉程度也为我提供了足够的背景信息,以领会微妙的文化差异,并以富有成效的方式来调查受访者。[61]

法国人对我的文化身份的反应也显示出一些重复的和典型的特征。大多数参与者以为我对法国社会知之甚少。其中很多人并不知道我在法国生活过好几年,而且是在一个有法国文化背景、说法语的家庭长大的,与这些受访者分享很多自身的文化包袱。我的轻微加拿大口音通常不为人注意,或被当作美国口音。与之前提到的一样,受访者无法判断我是否是外国人,或在多大程度上是外国人。他们往往在访谈结束时还不知道究竟在跟谁交谈,直到我最终对他们说出自己的身份。我相信,为了使受访者所进行的"印象管理"(impression management)去语境化,这种模糊性是至关重要的。

3. 此外,因为本研究旨在挖掘高等地位文化信号,我将受访者定义自我的方式解释为反映了他们对高地位文化信号的定义。在此,受访者的"印象管理"不是问题:假如他想给访谈者留下一个好印象,那就更妙了,因为我正是要寻找他在这种场合发出的那类信号。

在印第安纳波利斯访谈的过程中,我去了很多地方,譬如,大湖环绕的林场中的一座乡间别墅;印第安纳国家银行大楼的第23层;一位艺术家的波希米亚风格宅邸,里面堆满了画作、旧书和雕塑,还有几只老猫;一家饮料厂,大量的工人在干活,噪声震耳欲聋;我还造访了郊区的许多牧场式住宅,家里养着宠物犬,车道旁放着孩子们的脚踏车。我访谈的人中,有的小心翼翼地维持自己辛苦挣来的中产阶级(middle class)地位;有的"准备就绪";还有一些人,带有美国中西部人的那种情感特征,有时会坦率地告诉我,他们正在经历一场中年危机。他们的中产阶级价值观在受到最严重威胁的时刻愈加彰显。大部分受访者都很合作、很友好,并渴望参与这个项目。

在纽约近郊的访谈则是另一番体验。从一开始,负责联系受访者的研究助理就注意到,人们大多对这件事怀有疑心,并对有关他们的种族或受教育水平的提问做出了强烈反应,这是我们在印第安纳波利斯从未遇到的难题。显而易见,被联系到的人对地位问题更为敏感,我们跟他们接触也不大容易。许多人都提到,两小时的访谈时间太过漫长。

这些访谈也把我带到了不同的地点:纽约市立大学的北校区,那里的大多数学生是黑人或西班牙裔;坐落在卡内基音乐厅和纽约硬石咖啡馆旁的一座写字楼的第22层;韦斯特切斯特县哈德逊河岸边的一家医院。我遇到了从布鲁克林搬到郊区的犹太人,来自布朗克斯的爱尔兰人,以及优雅矜持的白人盎格鲁-撒克逊新教徒*。我参观了位于新泽西郊区的贝尔实验室(Bell Labs)办公地;普天寿保险公司(Prudential)的大型开放式办公场所令我印象深刻,雇员的私人空间仅用可移动屏障来界定。我还走进了一些依照《乡村生活》(Country Living)杂志的创意布置的宅邸,里面装饰着时尚印花布、诱饵鸭和其他雅皮士物品。

与美国受访者相比,法国人对访谈的态度可能更随意一些,他们更常迟到,或者索性忘记了我们的约会。有几个人坚持在中午进行访谈,并请我吃午饭;他们不愿意在家中(神圣的避风港)接受访谈。这些中上阶层男性往往比美国的同类人更难联系上,因为他们的妻子或秘书经常仔细地筛查来电。

法国受访者的室内陈设与美国的明显不同,仿制的17世纪家具取代了美国的乡村风格。墙上挂的原创艺术作品和精心抛光的桌面上展示的现代"物件"并不鲜见。秘书们毫无怨言

---

* 原文为"WASPs",即White Anglo-Saxon Protestants。——译者注

地给我们端来咖啡（在美国的访谈中，我们曾两次遇到公开表示不愿提供这项服务的情况）。一些法国受访者的风格相当优雅，他们本身的气场很强，古龙水的淡香往往更增强了这种效果。与在美国的访谈相比，同法国人的互动没有那么明确地被定义为"专业的"访谈。

至于住宅，法国受访者较少居住在独户房屋，住公寓的明显更为普遍，即使在最富有的人中亦是如此。家具也不那么标准化。访谈场所包括刻板传统的银行办公室、艺术家的工作室、古老城堡的巴洛克式房间、心理学家的咨询室和一所名牌学校的意大利式花园，还有一位平庸会计师的乏味小隔间。相比在美国的访谈场所，这里周边环境的多样性更为显著。

与美国和巴黎的受访者相比，克莱蒙费朗人对自己的看法往往逊色得多。他们描述自己的生活时几乎没有浪漫主义色彩，也很少修饰，他们明显不像巴黎人那么爱说俏皮话，对访谈也更加认真。与印第安纳波利斯的受访者不同，他们没有试图努力让我相信克莱蒙费朗并非"文化落后"。相反，他们时常为自己的身份、为作为沉静稳重的奥弗涅人而感到自豪。这与巴黎人的浮夸形成了鲜明对比。他们的严肃风格常常反映在居所和办公室的装潢上，它们往往朴素而实用。这个地方的访谈环境差异较小，但仍有很大的跨度，从俯瞰克莱蒙费朗的山中豪华别墅，到一所小学；从面向沙马利耶尔温泉浴场的咖啡馆，到布满尘埃的古老博物馆，乃至当地报社嘈杂的办公室。

上述这些地点，为我理解受访者及其在访谈中的反应提供了必不可少的背景。现在，我们准备探讨问题的核心。

第二章 诚实的重要性：道德边界的关键

诚实是最好的政策。

——乔治·华盛顿

第二章　诚实的重要性：道德边界的关键

弗朗索瓦·雷诺是一名医生，50岁出头，身材略微发福但仍不失英俊。他住在克莱蒙费朗附近乡村的一座豪华别墅里。伴着阵阵虫鸣和花园里的喷泉声，我们在俯瞰周围群山的露台上开始了访谈。雷诺医生总结了他的一生，说自己工作一直非常勤勉。而如今，他用更多时间来做自己真正喜欢的事，比如阅读有关技术创新和计算机的文章。他将职业生涯和个人生活分得很清楚，将大部分时间都花在为家庭奉献的妻子和已成年的孩子们身上。当然，友谊对他来说也非常重要。他这样向我描述他喜欢的那类人：

>我喜欢人单纯朴素。我不在乎他们的社会地位。戴有色眼镜看人是不对的。我认识各个阶层的人。有的人没上过什么学，但非常聪明，他们会带给你一些不一样的东西……我喜欢诚实的人，还有说到做到的人……以及那种不会向你索取的人，以基督徒的方式对待他人、真挚诚实的人。诚实是谁都能拥有的品质，你不需要变得富有来做到诚实。我还喜欢那些慷慨大方、乐于助人、聪明善良、有幽默感的人。(诚实意味着)尊重他人。要懂得，在你面前的是一个人……我不喜欢那些总想艳惊四座，依仗他们的头衔而自我膨胀的人。我觉得他们缺乏慈悲与爱。他

[24]

们除了自己谁也不喜欢。

本章的主要目的是探究雷诺医生这类人如何运用道德标准来评估他人。我透过几个互补的视角，审视了法国和美国中上阶层男性用于评估他人道德状况的各种标准。具体而言，我比较了受访者用来区分"诚实"者和"不诚实"者的各种标签，研究了在两国职场中受重视的性格特质，并且讨论了宗教信仰和志愿服务作为高等地位道德信号所起的作用。虽然有些颇有影响力的书，例如《心灵的习性》（Habits of the Heart），一直在哀叹美国道德的衰落，但我发现，道德在美国中上阶层男性文化中依然是非常重要的。[1]

"虚伪者"、钻营者、混蛋及其他道德污染类型

霍华德·贝克尔（Howard Becker）和欧文·戈夫曼（Erving Goffman）对于越轨者（deviants）和局外人（outsiders）的研究，深化了我们对道德规则的理解。[2] 跟从他们的脚步，我们也可以通过观察法、美两国受访者在描述"不诚实者"时所调用的标签，来逆向揭示诚实的概念，从而理解道德边界。美国人采用了三个界限相当明确的污名标签："虚伪者"（phony）、"钻营者"（social climber）和"道德低下者"（low-morals）。而在法国，受访者倾向于将诚实者的反面定义为"心智不诚实"或"混蛋"（法语为 salaud，英语可译为"bastard"）。

第二章 诚实的重要性：道德边界的关键

在位于曼哈顿北部韦斯特切斯特县的一所俯瞰哈德逊河的大型现代化医院里，我会见了约翰·贝利，一个悠哉的顾家男人。他50岁上下，是该医院的首席财务官，手下约有75个人。在我们探究他对人的好恶时，他不断地提到"虚伪"这个类型。因而我问他所说的"虚伪"的含义是什么，以及他是如何识别出那类人的。他说：

> 我想到一个例子：我以前的老板。我过去和他关系不错，但他总爱问我："你好吗？你妻子好吗？你的孩子好吗？"而且看上去总是发自内心的，知道吧？他说这话的时候并不是真的在乎，那都是表演，你懂吧？老实说，我宁愿别人不要问我这些，假如并不是出于真正的关心。

当我问约翰他是怎么知道他老板是虚情假意的，他说：

> 我知道，是因为我和他共事了七年。我们去参加会议，或专业人士聚会时，就是这样，我坐在他旁边，他会悄悄地指着一个人问我："这家伙是谁？"我告诉他那个人的名字，他就会上前跟那个人打招呼，那番动作仿佛是见到了失散多年的兄弟，可他刚才连人家的名字都不知道呢。我不觉得他是发自内心的……我喜欢人们做自己。跟朋友在一起时，我不需要装腔作势，假装是个什么人。我就是我。

虚伪者纯粹是美国人特有的类别,在法语中找不到恰当的同义词。[3]约翰·贝利和其他人反复用它来描述那些不真诚的人,那些假装自己知道得特别多,或者冒充自己特别能干的人,还有那些空虚肤浅、凡事只看外表的人。他们"做事完全不靠谱",试图表演给人看。相反,不虚伪的人"诚实,不会'装腔作势',他们努力工作,而且不会试图欺骗公众"(印第安纳波利斯的某位信息提供者)。简而言之,非虚伪者是实干家,不"吹牛皮"。他就是他自己,"要么接受,要么拒绝"。他如约交付产品,根据行为判断他人,并始终保持底线。公开透明是他的座右铭。新泽西州劳动仲裁员威利·帕西诺,还有序言中提到的印第安纳波利斯高管保罗·安德森,都很鄙视虚伪者。同时,他们也贬斥钻营者。

同虚伪者一样,**钻营者**经常遭人贬斥,因其对待下属的方式和向上爬的手段而受到非议。有抱负是很好的,但他做得太过分了。这种人通过操控周围环境来加速自己的职业发展。保罗·安德森说得最为形象:钻营者是"非常有侵略性,欲望很强的人……他们可能树敌众多,支持者寥寥。(他们参与其中)只是为了自己,而不会关心下属和以人为本"。也很少考虑到家人的情感需求,因为他们将自己的野心凌驾于一切之上。

虚伪者和钻营者都不遵循人际交往的君子之道(Golden Rule)。他们咄咄逼人又善于操纵,他们肆无忌惮的野心常常威胁到其他人,因而其他人常对他们划出强硬的边界。谴责钻营者的人真的有一种道德优越感。他们兴致勃勃地讲述一些同事爬得极快又跌得很惨的事例。那些以个人重大牺牲为代价

第二章　诚实的重要性：道德边界的关键

（比如导致心理健康问题、离婚或与孩子疏远）来实现阶层流动的人被视为负面例子，在美国中西部人们的眼里尤其如是。事实上，一些中西部人将纽约这个地方同趋炎附势、婚姻破裂和道德低下画了等号，将这些贬义词汇集在一个包罗万象的污名类别之中。通过这种方式，他们确认了作为符号社群的参与者所遵循的共同生活准则。

对于美国中上阶层男性来说，不诚实者还包括*道德低下类型*。在告诉我他觉得自己比谁优越时，印第安纳波利斯的一位即将退休的专业顾问唐·布鲁姆给出了他对"道德低下类型"的定义：

> 好吧，我得先说明，我不相信平等。我相信上帝创造了我们所有不同的个体。但我觉得我比不工作的人要优越，那些人觉得全世界都欠他们的。而且，比起那些思想不纯粹、身体不纯洁的人，还有那些以不道德或非法手段获得某些东西的人，我觉得自己要好很多。

和许多美国人一样，唐·布鲁姆通过对职业操守、法律和十诫的服从来判定道德污点，而且他特别注意第十诫，即"不可觊觎邻居的妻子"。总的来说，美国的平等主义可能使人们不大愿意承认自己有优越感，但我的受访者非常迅速地确认自己对说谎、欺骗和不守法的人，即*道德低下*的人，抱有优越感。[4]

那么，我的法国受访者所使用的污名类型与上述有什么不同呢？虽然法国人也明显不喜欢钻营的和不真诚的人，但他们却很少将性行为作为区分"自己人"和"外人"的标准。关于美国人与法国人对于诚实（和道德）观念的差别，我是从一位敏锐的知识分子身上发现的，他叫丹尼·霍米埃，在巴黎近郊的一所公立高中教文学。我在巴黎市政厅的一个咖啡馆角落里和他会面。他喝了三杯开胃酒，在餐厅的午间嘈杂声中，他向我解释说：

> 对我来说，道德不在你的大腿之间，而是在别处。犹太－基督教（Judeo-Christian）认为道德问题首先是性的问题，这种教育是错误的……一个人的本质不是由他的身体层面来定义的……美国总统有1个、2个、3个或10个情妇，对我来说完全无所谓，他是否喜欢小男孩，是同性恋还是双性恋，跟我没关系，我只要求他在这上面别花太多的时间……从这个层面来看，美国发生的事似乎让人难以忍受。那完全是个金钱至上的社会，然而，当一个总统候选人和他的秘书乱搞，就这点事，对人们来说却像世界末日一样。

这位文学教授所提倡的诚实定义与这种所谓美国方式形成了鲜明对比：

> 对我来说，普遍意义上的诚实，心智上的诚实，物质上的诚实，对自己的诚实，对他人的诚实（是最重要的）。

诚实之中蕴含着荣誉。(诚实的人)是一个复杂的概念。它的内涵肯定不仅仅是说你不该偷窃邻居的东西。

显然，丹尼·霍米埃本人并不大关心放荡和越轨的性行为。他的立场反映出一个更普遍的趋势：一项跨国调查显示，有31%的法国受访者认为，第十诫中"不可觊觎邻居的妻子"的禁忌已经过时了，而仅有5%的美国受访者持这种观点。[5]在这种背景之下，我们访谈中出现的情况就不足为奇了：有三位法国受访者，未被问及就主动谈起自己的婚外恋，两位法国受访者坦承自己是双性恋，[6]而没有任何一位美国受访者主动提供这类的信息。[7]

在访谈中，少数法国受访者公开表示不接受犹太-基督教的道德观念。比如卢克·杜普伊，一位年近60岁、矮小秃顶、以组织高管培训课程为业的男士，明确表示反对传统的诚实观。我们访谈的地点是在他的公寓，该公寓俯瞰着圣日耳曼昂莱的一个公园。他将诚实描述为别无选择的人才会遵循的规则：

> 诚实的人让我发笑。这个词本身就有点蠢："诚实，他是个老实人。"我认为，假如人们诚实，那是因为他们不得不那样。当我诚实的时候，是因为我不敢不诚实。说真的，我倒想不诚实……我觉得能偷东西挺了不起的，撒谎也是。毫无疑问，我自己也撒谎，所以我很清楚这一点。

29　开场白中提到的巴黎建筑学教授迪迪埃也表达了类似的愤世嫉俗态度：

> 诚实对我来说很重要，但这是从一个非常、非常普遍的意义上讲的，也就是说，首要的是保持心智上的诚实。（这）完全不是，我是说*完全不是*，金钱意义上的诚实，（因为）每个成功的人在某种程度上都是不诚实的，而且我觉得这游戏很公平。我想说，金钱游戏就是一种不诚实的游戏。每个人都知道是这么回事，每个人都得接受它。而且说到底，我觉得这游戏规则运行得并不太糟糕。

迪迪埃用现实的考量证实了这么说的合理性：

> 从某种意义上说，我个人觉得不诚实不是什么问题。我不想伤害他人，但是……只要目的正当，采用的手段便无可厚非。如果你想赚钱，你就要从别人那里得到。做一个商人就有点像做小偷。你花10法郎买一块手表，然后20法郎卖掉。就这样，你从别人的钱包里拿走了10法郎。这不就是不诚实吗！……游戏规则就是如此，所以让我们一起玩吧！[8]

卢克·杜普伊和迪迪埃都质疑犹太-基督教的诚实观，他们认为只要目的正当，可以不择手段，传统意义上的"诚实"是小资产阶级的特性（亦即缺乏勇气、才华和气派）。同类研究也发现，当受访者被要求对23种品质的可取性进行排名时，只有35%的法国人将"诚实"排在首位，美国人中的这一比例为57%。此外，当被问及23个负面性格特征中哪一个最差时，20%的法国人选择了"狡诈"，而有31%的美国人作出同样的选择。此外，法国人中只有6%将"道德低下"视为最糟糕的品质，而美国人中的这一比例为20%。[9]这些发现也反映在一项跨国调查中，该调查询问受访者十诫是否仍适用于他们的生活。结果显示，只有45%的法国男性专业人士、经理人和商人认为这些诫律适用于自己，而在同类的美国人中，这一比例为80%。[10]

我们访谈的文学教师丹尼·霍米埃，作为巴黎的一名知识分子，在解释诚实的含义时提到了诚实男人（honnêtes hommes）的概念，即巴尔扎克小说中经常出现的**卢梭式**人物，这是许多法国受访者认同的。在17世纪，诚实男人的概念所描述的是都市中懂得充分把握生活的、彬彬有礼的绅士。他是很好的伙伴，因为他博览群书，但无须寒窗苦读，他能毫不费力、不引人注目地汲取文化知识。他精巧的头脑里装满了广博却往往是肤浅的知识。而且，这种诚实男人通常性情活泼、四处留香。[11]在这种文化背景下，诚实（honnête）与前文提到的**虚伪**有着完全不同的含义，它具有文化修养的内涵（参见第四章）。但诚实男人的概念也关乎"心智上的诚实……对自己诚实……荣誉的概念"（丹尼·霍米埃）。心智诚实是法国中上阶层道德话语的精髓，它是一个有趣的概念。

在探讨这一概念的含义时，克莱蒙费朗的物理学家朱利安对我说，要想做到心智诚实，你必须"始终和自己保持一致，不为自己所做和所说的感到羞耻。不为自己与他人的关系感到羞耻。要对自己负责"。对其他人来说，心智诚实意味着"诚实地面对自己的想法。能够为了你相信的想法牺牲物质利益。拒绝和你鄙视的人打交道。拒绝拍别人的马屁……无论对方是什么头衔，也不在其面前贬低（你）自己"（克莱蒙费朗某汽车经销商经理）。它意味着拒绝"卑躬屈膝地服从上司"（克莱蒙费朗某记者）。此外，心智诚实还蕴含"一种荣誉感，道德上的严谨：当你想说'不'时，不要说'是'；永远忠于你心中所想。在任何情况下都要对自己的生活负责"（克莱蒙费朗某律师）。这些引述表明，心智诚实并不是最重要的才智问题，因为它与忠实于自己有关。这一概念与提倡适应环境的实用主义道德观背道而驰。这些引述还表明，人们常常注意到的一类"爱争论的法国人"（这将在第三章中讨论）[12]对权威的缺乏尊重是同维护自尊和荣誉等重要问题相关的。在美国，人们也强调个人的真实性，但表述方式不同。美国人也会谈到对自己的诚实，谈到人有义务为自己作出道德选择，"做你自己"，但这些是源于个人主义的传统，而不是更具拉丁文化含义的荣誉观。[13]

　　法国人列举的第二个重要的污名类型是混蛋。这个标签用于指代那些心智不诚实者，这种人随时可以采用政治压迫手段，必要时还会明目张胆地行不义之事，以牺牲他人的利益来换取自己的利益。这类人没有任何群体或阶级团结意识，他们揭发同学、拖欠工人工资、破坏罢工，随时可以为个人利益而背叛朋友。正如巴黎的一位银行家所理解的那样，混蛋认为自己的金钱赋予了他无限的权利和权力，因而可以任意对待谦顺的人。在压力之下他会妥协和屈服。与钻营者相比，他不一定有压倒性的野心，他只是毫无原则且不讲团结。换句话说，在政治上或人道上他都是不正确的。在某种程度上，对于法国人来说，这种广泛传播的社会道德主义似乎取代了美国人的那种更清教徒式的道德主义。

正直诚实，即使外部压力不断增加，也要坚持自己的信念——这种观念在法国的后纳粹时代，亦即我的受访者们所成长的时代，尤其鲜明强烈：最近的历史经验表明，缺乏政治脊梁可能会导致严重的后果。在这种背景下，政治立场常被用作衡量道德品质的标尺：人们通过反抗压迫和普遍的权力来彰显自己的道德地位。在许多法国受访者所属的这个年龄组中，强大的社会主义传统和存在主义的影响强化了这样一种观念，即政治立场能够揭示道德品质。[14]

正如西摩·马丁·利普塞特所指出的，美国人也喜欢质疑权威，尤其是政治权威。[15]然而，我们将在本章下一节中发现，美国受访者的这种倾向以及"做自己"的文化紧迫感比法国的受访者要温和些，因为美国人重视团队合作、灵活性和冲突规避。此外，美国人不会将政治立场视为道德自我表达的一种重要方式，这显然与法国人不同。这一点可能也反映在美国人普遍的政治冷漠上：法国选民参加国民议会选举的投票率明显高于类似时期美国国会选举的投票率。[16]美国人不太重视政治立场，更倾向于将其理解为个人偏好和利益的反映，而非更广泛意义上的阶级或道德立场。另一方面，这种对个人利益的关注意味着一种文化模式，即将市场机制理解为一种根据才能和努力来分配资源的合乎道德的方式。[17]

由此我们看到，法国和美国的受访者都经常划定道德边界，但使用的标准不同：美国人更倾向于排斥虚伪、钻营和道德低下的人。与法国人形成鲜明对比的是，他们特别重视十诫，而且更明确地将滥交与道德不洁联系在一起。法国人对犹太-基督教的道德观念不那么敏感。至少在话语层面上，他们经常排斥的是混蛋和缺乏个人操守（personal integrity）的人。他们也反对钻营和虚伪，但不如美国人那么强烈。最后一点是，他们更倾向于将政治态度视为衡量道德品质的一个模板。因此，在被问及高等地位信号时，法国和美国的受访者都会强调道德品质，这跟他们为区分"自己人"和"外人"而动用的特定道德信号无关。通过在四个地点对道德边界的显著性进行定量评估，道德类别的重要性也得到了证实。

按照附录三中描述的流程，我在三个5分量表上给每一位受访者打分定位，分别涉及道德边界、文化边界和社会经济边界。根据受访者对一系列问题的回答进行排名，这些问题涉及人们所欣赏的朋友身上的品质、育儿观，以及同他人相比时产生的自卑感或优越感。通过将每次访谈作为一个整体进行分析，并对同一地点的和跨地点的、相似的和不同的人进行比较，我得出了最终的排名结果。[18]由于很难精确地量化判断之间的差异，这个排名只是近似值，但它仍然提供了各类符号边界的重要性和跨国差异程度的有用信息。

受访者在道德量表上的排名表明，法国和美国受访者对道德地位信号的重视程度与对文化信号和社会经济地位信号的重视程度大致相等，[19]而且这两个群体在划界工作中基本上同样强调道德。[20]因此，道德意识在当代美国，或至少在有影响力的中上阶层中仍十分突出，这是与眼下流行的说法相反的。我们将看到，道德品质在美国的工作场所中是一种重要的资源，而且，道德边界与社会经济地位是相对独立的，因为，在某一维度上排名靠前不一定在另一维度上也能名列前茅。

本书的结论将表明，上面一节中提出的证据与马克思主义和结构主义的观点相矛盾。根据他们的定义，经济资源及其延伸出来的社会经济地位及边界比其他类型的资源（或地位）更受重视。而我们看到的是，许多受访者对那些把提高社会地位置于人性和道德考量之上的人持严厉的批评态度。在近期的社会科学文献中，尤其是在理性选择和文化资本理论家的眼中，道德品质的重要性普遍被低估了。在最后一章中我将论证，文化资本理论采用了狭义的道德定义，使之成为特定群体的特权领域，并将道德视为一种辅助资源，纳入社会经济成就之中。

职场中的道德品质

我们都知道，在中上阶层男性的生活中，工作占据着极其重要的地位。与蓝领工人相比，这些人基本不会为了"下班后"的人生而活——工作是他们发展、表达和评价自己的手段。[21]在访谈中,与我交谈的男性强调了他们从职业生活中获得的乐趣。当被要求描述一个值得钦佩的人时,他们通常会谈到某个具有特殊专业能力或才干的人。这些中上阶层人士十分重视职业发展。有些人认为缺乏专业机会是非常糟糕的,大多数人将有晋升机会视为理想工作的特征之一。

这些人分配资源、评估绩效以及与下属互动的方式,极易受到他们划定边界及判定他人价值的方式的影响,即使他们格外努力地仅基于工作绩效来做决策。他们的边界概念通常可以决定工人能否有一个开明的工作环境,以及是否有机会获得关键的在职非正式培训。因此,要想了解哪些规范通过界定人们的生活和限制他们的机会来充当权力关系的媒介,探索中上阶层工作环境中最受重视的性格特征是至关重要的。

通过调查受访者眼中最成功的同事、其公司内部看重的特质以及他们在招聘和提拔时所关注的品质,我们识别出了这些特征。我还调查了受访者最不喜欢的同事类型,以及他们直接面对上司和客户时采取的"印象管理"方式。根据他们的回答,我重新构建出我称之为合法人格类型的要素,这些要素定义了在中上阶层劳动者的价值体系中占主导地位的完美行为方式。这里仅描述了这些人格类型中最显著的并能揭示道德特征的方面。我所做的分析更多地着眼于为大型组织工作的人而非自雇者所看重的性格特质,因为前者的同质性更强、规模更大,而后者的成员可能有较多的自由而不去遵从周围的高等地位信号。

正如罗莎贝斯·坎特（Rosabeth Kanter）在《公司男女》（*Men and Women of the Corporation*，第63页）中所指出的那样，信任是在忠诚和服从的基础上获得的，它在不确定性很高的工作环境中是一种重要的调节机制。信任促成了事业，使人们能够以富有成效的方式一起工作而无须时刻小心提防，并让人们能够在这一过程中感到放松并享受乐趣。[22]我们如何与他人打交道，是直截了当还是婉转迂回，精明强干还是软弱无能，慷慨大方还是自私自利，遵守规则还是变化无常，这左右着他人如何定位我们的道德品质以及是否愿意给予信任。但话又说回来，人们在初次相遇时，道德品质很难清晰地展现，必须得从其他外部信号中推断出来。因为对同一种情况总有不止一种貌似合理的定义，所以正如坎特指出的，判断他人"纯粹"或"不纯粹"取决于同性社交特征的展现。因此，工作风格、生活方式、性格、外貌、自我展现方式、互动行为和总体做派的投射都很重要。懂得如何解读和表达信任是在一个组织中如鱼得水和获得晋升机会的关键。[23]虽然坎特确实指出了这一点，但她仅强调了有限的一些表面特征，而未系统地记录高等地位信号的内容和符号边界的动态特征。换句话说，本研究关注的是更广泛的现象，她研究的仅是广泛现象的具体表现。

那么，信任是如何表达的呢？从中上阶层重视的美德中，我们可以初窥门径。专门研究维多利亚时代中期专业人士的伯顿·布莱德施泰因（Burton Bledstein）认为，这些美德包括有志向、可靠、自立、自律、爱国，以及履行公民职责。对于更关注企业家的马克斯·韦伯来说，关键的美德是那些影响与他人做生意的能力：清醒、勇气、毅力、胆识、真诚、克制、自控、谦逊，以及长远规划。[24]另一方面，《心灵的习性》一书的作者认为，自力更生和个人主义是中产阶级的主要美德，而埃尔韦·瓦雷纳则在这些美德的基础上增加了"社群意识"（community-mindedness）（或顺从主义）。[25]

这些对理想品质的描述在多大程度上与我的美国受访者们相符呢？尽管我的调查聚焦于在工作场所，尤其是大型组织中所重视的美德，人们还是发现了明显的重叠。这些人为我描绘的画面围绕着诚实展开，而诚实似乎是借由一些其他特征来解读的。比如，据纽约的一位计算机研究者丹尼斯·威尔逊的说法，"（诚实）或许可以跟类似付出、不自负、直率、理性、谦逊、不油滑等特质联系起来"。我发现，美国人认为诚实体现在与人为善、冲突规避、团队导向和具有灵活性。另一方面，道德品质是通过能力和职业道德来体现的，而能力和职业道德本身与竞争力、活力、韧性、长远规划和适当的雄心有关。但是，一个人的野心如果太大，就会变成**钻营者**。反之，没有抱负，人就成了**窝囊废**。在思考这些性格特质在法国职场中扮演的角色之前，我们需要逐一对它们进行分析。

美国职场中的与人为善、冲突规避和团队合作

在《道德困境》（*Moral Mazes*）一书中，罗伯特·杰克考尔（Robert Jackall）写道，对于美国公司高管来说，重要的是"让其他管理者感到舒适放松，这在一个不确定的世界中是

至关重要的美德,并且与其他人建立一种随和的、可预测的熟悉感,这种熟悉感来自分享世界如何运作的公认框架"(第56页)。从我的访谈中可以看到,可靠和可预测性似乎主要通过展现诚实来传达。诚实这一文化特质在此又成为招聘活动讨论的核心。举例说,当被问及自己的招聘标准时,纽约的一位医院管理者约翰·贝利说:"诚实和直率是我所看重的,我希望人们对我诚实,对我坦诚,如果他们做错了什么,我得知道。"卢·菲舍尔表达了同样的观点。他是纽约一家大型国际咨询公司的首席财务官,该公司在全球范围内都有商务合作。(我们的访谈时而被来自巴西的电话打断。)卢说他喜欢任用"努力工作、性情随和的人,他们会对我说出自己的想法,而不担心我会反对他们……这些是我对(手下的)这两百来号人的最大要求"。但同样地,因为诚实不是自发地显露出来的,必须用其他信号来估测它,所以,与人为善、冲突规避、团队导向和具有灵活性等性格特质便显得非常重要了。

在美国的工作场所中,与人为善是融入团队的关键,因为让人们感觉舒服是至关重要的。一个人的友善表现为开朗、随和,"关心他人,并通过做事跟进他人动态来表现(你)对人的真正关切"(纽约某工厂经理)。如果不明显地表示友好,就有可能被人贴上冷酷、强势和无情等标签(即类似于"钻营者")。在有些环境中,中立或不参与可被解读为蔑视他人或有意拒绝交往的表现,因而摆在台面上的友好姿态格外重要。事实上,由于可预测性在大型组织中至关重要,高管和专业人士对于跟他们不同的人采取完全不予理会的方式来规避冲突。[26]

这种规避对于获得值得信赖的声誉很有必要。公开的冲突或许会导致孤立，因为这个人可能会被贴上惹是生非的标签。故而毫不奇怪，美国的受访者在谈到职场冲突时往往面露难色，而且经常习惯性地坚称与所有同事"相处融洽"。正像印第安纳波利斯的一位年轻的信息提供者所解释的："就算我不喜欢你，你也感觉不到有什么异样。"这种对冲突的厌恶经常扩展到私人关系领域。例如，纽约一位广播电台老板（他可能不是典型的）解读道：

> 我不愿意跟那些无论我提起或谈论什么，他们都持反对意见的人打交道。我对朋友的感觉和定义是愿意倾听并支持我的人。如果他们觉得我走错了方向，他们会尽量以一种非常、非常委婉的方式告诉我，而不是对我疾言厉色。我不喜欢别人把他们的意见强加于我。

在这种背景下，"语调柔和"和"平和稳重"的特质备受赞誉。比如，印第安纳波利斯的一位悠闲自在的银行副总谈到他最喜欢的同事时说："他的叙述方式和我的一样。感觉就像是，当负面消息出现时，你永远感觉不出那是负面消息。他会采用建设性的说法，并下意识地注意措辞。"平和稳重意味着"行中庸之道，不走极端，有能力处理生活的各个方面，而不会在任何特殊情况下失去冷静的头脑"（印第安纳波利斯某会计师）。这一特点与脚踏实地和实用主义相关，亦即避免谈论没有实际意义的理论问题。除了冲突规避，印度安纳波利斯人似乎比纽约人更看重谦逊与谈吐温雅的特质。

冲突规避的倾向会导致排斥那些被认为过于进取的人，而将"团队成员"容纳进来。这就是大卫·哈特在联邦储备银行工作时不得不"改变自己"的原因。他是纽约的一位年轻有为、向上流动的数据经理。他说：

> （我必须学着）不那么激进，不那么咄咄逼人，在与一位高级经理建立关系时做个倾听者。他会直截了当地批评我，而我会努力吸收他的意见。（他告诉我）不要那么激进，那样很容易吓到或威胁到别人，尤其是顶头上司。如果你比别人早一步得出答案，那会让他们感到非常不舒服。我学会了让其他人因为解决问题而邀功，也学会了如何成为团队的一员。有时候你的功劳没得到承认……从我个人的角度看，这么做的好处是你不会被别人讨厌。如果你是个被讨厌的人，我猜你也不会成功。

为了让其他人感觉舒服，大卫必须学会展示自己的团队精神，这同与人为善并行不悖。[27] 乔·科恩更详细地解释了他是如何做到这一点的。具有"犹太移民背景"的乔在一家大型跨国公司内获得晋升，现在出任工厂的设施经理。作为进入中上阶层的第一代，他工作勤奋，管理着90名下属。为此，他试图建立一个充满"关怀"的工作环境。他带着浓重的新泽西口音解释道：

> 在圣诞节，我邀请（公司同人）到家里来，平时也偶尔请他们出去吃午饭……我一直和那些工人们一起打高尔夫球，15年前我是他们的顶头上司时就跟他们一起打球，如今仍然如此。也就是说，我想让每个人都知道，我的职位和我们共事的方式无关……我和每个人沟通时，都让他们知道我永远是那个团队合作者，我不会有别的想法，而且对什么事都很谦逊。（为什么？）因为如果身份对调，我也想那样被人对待。你说里根为什么那么受欢迎？他走进人群，然后说："虽然我是总统了，但我还是那个老家伙，你们好吗？"……如果你总是不去和你的下属一起工作，远远地坐在那把椅子上，你不走进基层、去他们的工作区，那么当你需要创意时，需要他们的帮助时，他们只会说："那家伙是谁啊？"……在大多数情况下，你能感受到人们的痛点。我会走进店里问雷的妻子怎么样了，因为我知道她的腰有点毛病。他会告诉我她的近况，我们的关系就是这样。他们希望我关心这些。这就是我的工作。

这样做的目的是以淡化权力差距来最大限度地在工作场所中把同事团结在一起。友好相处的态度有助于实现这一目标：

> 你知道，如果你处在我的位置上，重要的不是你工作有多努力，而是你工作得多聪明。我需要向人们表现我对他们的关心，而且是发自内心的，不是逢场作戏。祝福别

人度过愉快的周末很重要,我会在每个节假日给他们写个祝愿卡:"按照传统,我要祝您和您的家人度过一个快乐和安全的复活节,尽情享受假期吧!"……感恩节、圣诞节等,都是这样。我刚刚给90个人写了信:"春天来了,这是我们工人最易受伤的季节,所以请大家时刻牢记,无论在公司还是在家中,都要注意安全,我们不想看到你们受伤。"我签上自己的名字,然后寄给每个人。这就是所谓大事作于细。

按照这些思路,过于自命不凡和冷漠无情的老板常被说成"日子不好过"。他们不该沉迷于自恋,而是应该"将自我(ego)引导到一些富有成效的事情上,譬如完成工作、更高效地利用时间、更深入地了解工作"(纽约某基金经理)。职位再高也不能认为霸道态度是正当的,因为无论你是谁,"关心体贴"都具有更高的价值。[28]因此,尤其是在美国中西部地区,职业上的成功只有与谦逊或至少在形式上注重平等有关,才等同于道德纯洁。[29]一位50多岁的商人、印第安纳波利斯精英阶层的成员,解释了他为什么很尊重自己的朋友:

(他们)毫不自以为是。我认为他们在公司里的地位都相当高,担负着重要职务。但这对他们来说并不重要,至少不显得那么了不起。

团队导向不仅表现为与人为善、谦逊和平等主义,还体现在灵活性上，这对实现职业流动是至关重要的。正如之前提到的纽约经济学家约翰·布鲁姆所说：

39　　大多数有意实现职业上的成功的经理都是由于他们头脑灵活而被提拔的，（尤其是）如果你（被）视为一个善于合作的、灵活的人，不会制造麻烦，不难共事。因而很容易进入这样一种模式，你知道团队路线是什么，也就是领导喜欢什么、不喜欢什么。

换句话说，

不灵活的人真的很被人看不起。独行侠可能会单枪匹马地做一些事，但我觉得这些事不会受到重视。我认为，我们更重视群体互动来解决问题，而不是个人独自解决问题（印第安纳波利斯某公立学校行政人员）。

虽然美国中上阶层文化仍保留着高度的个人主义，但也关注他人，而且，随着绝大多数中上阶层的工作场所日益变为大型官僚机构，独行侠在职场上已经行不通了。在某种程度上，文化所要求的灵活性使得美国中上阶层男性很难将个人操守放在首位，而这一点对法国人来说至关重要（起码在话语层面上）。事实上，有人最终可能会采取实用主义的道德取向，因为他们要使自己的信念适应实际情况。约翰·谢尔曼就是这样做的，他是一位资深的抵押贷款银行家，一生中大部分时间都在华尔街工作，他形容自己是个精明果断的人，不会轻易被冒犯：

（做一个唯命是从的人）总是让我觉得很压抑。有时我能做到，有时不行。如果这样做能有助于我达到目标，并使我管理的部门正常运转，我就会去采取必要的行动，使工作顺利进行……我觉得，你得做你认为必须做的事，而且你要有自己的标准。[30]

达到一个人的道德标准往往会受到环境因素的制约。不仅如此，维护道德标准可能经常会与冲突规避和团队导向的压力相冲突。根据这些观察，诚实的谈话可被解读为对道德纯洁重要性的仪式性重申，并且表明公开的反道德立场是禁忌。这种谈话也许还传达出一种戈夫曼所说的"印象管理"或"前台工作"（front stage work），目的是在不确定和不断变化的环境中重申信任。

空谈不如实干：美国职场中的能力、进取心、竞争力和道德纯洁

能力在美国职场上是最受重视的，与诚实同等重要。事实上，有些美国人甚至认为能力是防止不诚实的保证，它似乎具有内在的净化作用。比如，印第安纳波利斯的一位男士，在联邦公务员系统勤恳工作了二十多年，他将舞弄权术与无能联系起来。他认为胜任工作和朴实谦逊的人是无能、钻营和政治操

纵者的反面：

> 我倾向于尊重那些我认为能够胜任工作的人。我觉得他们不是出于其他不可告人的动机，对削尖脑袋往上爬不感兴趣，我想这就是我所钦佩的人吧……我就喜欢那些技术能力强、确实能解决问题的人。我更愿意和那些工作效率高的人共事，而不是那些不干实事、操纵他人并为自己邀功的人……估计很多人都是这么感觉的吧。

美国受访者经常将自己与无能划清界限，其激烈程度只有法国人对愚蠢的抨击能够与之匹敌。华尔街的老银行家约翰·谢尔曼举例说明了这一点，他带着占据道德制高点的口吻谈起对法国人的看法：

> 我对法国人的尊敬程度不是太高。我曾在北约的空军部门服役，那里有一群法国官兵，他们实在是太差劲了。他们衣冠不整，而且全是懦夫。在保证生存所需的专业技术知识方面，他们总是需要补课。他们向来做不好自己分内的工作。如果某个人是飞行中尉，他绝对不是个优秀的飞行员。假如他在领航，那他可能会迷路。如果他做机械师，飞机就有可能坠毁。我是说，大概就是这么一种可以想见的结果。

正如马克斯·韦伯所预期的那样，严格的职业操守一直被

第二章 诚实的重要性：道德边界的关键

视作道德纯洁的保证，至少对美国中上阶层男性而言是如此。工作勤奋和胜任其职等同于道德优越，尤其是如果它们能带来职业上的成功的话，便更是如此。这同另一种普遍的信念密切相关，即权力应当由职能决定并建立在称职的基础之上。[31]

在这种能力的文化要求背景之下，对于美国本土人士来说，懂得如何表明自己将适当的职业道德并倾向于"采取行动解决问题"内化于心，是至关重要的，[32]尤其是考虑到，能力和诚实一样，一般不会自发地显露出来。这里最关键的信号特征是进取心、竞争力和活力，以及韧性和长远规划的能力。

进取心（ambition）指的是能够利用人生的所有机会，并将每次经历都视为实现这一目标的手段。许多美国受访者将进取心及与之相关的勤奋精神视为道德品质的核心部分，无论这种进取心是出于发展自我还是超越他人的愿望。确实，在最受鄙视的人群中占据主要位置的就是那些靠吃福利为生和"认为世界欠他们一份生计的人"（印第安纳波利斯某信息提供者）。街头流浪者是负面的例子，那些被视为胸无大志的人（比如，看门人、垃圾清洁工等）也属于这一类。懒惰被谴责为一个人可能具有的最可鄙的品性之一，而自我导向（self-directedness）是有进取心者的一个主要特征：一个人不应"坐等天上掉馅饼"，而应去"实现自身的价值"。[33]

进取心体现在有**竞争意识**（competitive attitude），争上游、夺"第一"。约翰·特纳曾是大学篮球队队员，如今在印第安纳波利斯担任工厂经理，他生动地讲述了自己的"竞争精神"是如何表现在个人生活和职业生涯中的：

我想在职业领域中拔尖，我还想成为基督教青年会周六篮球比赛场上最出色的球员……站在顶峰的感觉总是特别棒。我一直努力做到最好。这样能让你心里有一股劲儿，让你保持活力，保持优势。你会不断地推动自己……（最棒的人就是）能够实现所有的目标，能够管理好员工，率领他们超常发挥。我不会到此止步（做手势），因为这是我们理应达到的。我想要走得更远（做手势）。

这种竞争意识在工作中表现出来：

我不仅把自己和其他工厂经理相比，（还将我的工人和其他工人做对比）。不管他们是否意识到，他们都在和其他工厂竞争。我们不能只比别人略胜一筹，而是要让别人一败涂地……我们要遥遥领先。我召开工厂会议，告诉工人们："看到了吗，这是我们的位置，这是他们的位置。大家加油干，让他们瞧瞧谁是最棒的。"

竞争渗透于美国中上阶层生活的方方面面，甚至渗透到孩子们的世界之中：家长们经常付出相当大的经济牺牲和努力，让孩子进入"最好的学校"，不仅是大学，在小学和高中阶段也是这样。在纽约近郊高档社区斯卡斯代尔工作的一位科学老师解释道："（父母们）都是成功人士，希望孩子像他们自己一样出类拔萃。如果孩子不知何故表现不佳，那就是对父母的一种反映，多少有损于他们自己。所以，他们的孩子必须要表现好，他们会时刻掌控这一点。如果出现了表现不佳的情况，他们会及时采取措施，使孩子们至少看上去还不错。"

有几位受访者试图通过区分各种彼此相对的等级化竞争原则，使这种激烈的竞争显得比较人性化。一位爱好收集微型火车的应用科学工程师向我这样解释道：

> 我经常在微型火车展上遇到我工作单位的那个看门人，他能识别所有火车的种类、制造年份，以及每件火车模型的价值，我就会想"哎呀！我还真不知道这些"。这种时候你就不如人家了，也就是说身份反过来了。这都取决于具体场合……我可能擅长打网球，而他是个出色的歌手。一切就都平衡了。

通过这种等级制度的变换，至少可以在象征层面上保持一种平等。表现上的差异可用先天优势之外的其他因素来解释：在某一领域表现出色，取决于个人如何"投资"自己的时间。正如印第安纳波利斯的那位工厂经理所解释的，"这关系到训练、背景和兴趣。我的竞争意识非常强，同时我也觉得自己是一个平等主义者，我能很好地平衡这两点"。如果美国人如此竭尽全力地维护平等主义信条，那肯定是因为他们将之与道德纯洁联系在了一起，连同美国公民宗教的其他组成部分。[34]

活力（Dynamism）也是能力的一种表征。我的受访者常常坦承自己比不上那些更有活力、"影响力"更大的人。比如，一位信奉原教旨主义的长老会牧师这样形容他所钦佩的一位同事:"我会称他为真正大功率的人。他精力充沛,他的生活方式就像施乐公司(Xerox)的总裁一样。他跟加利福尼亚和纽约通电话,同时做很多事,又要上国家电视台,又要跟电视制作人会面。"自我导向和进取心一样,都是活力的核心要素。

最后,**韧性**(resiliency)和**长远规划的能力**(long-term planning)也受到高度重视。韧性,即坚持不懈,用于区分具有强烈职业道德的人和其他人。靠自我奋斗起家的人反复给我讲他们的故事,强调成功来自他们的韧性和努力。以下是这些受访者的典型叙述:

> 我一直非常勤奋,从大学本科,甚至从高中开始,一路奋斗上来。我的家庭并不富裕。所以我有动力去拼搏……一切都靠刻苦工作,从23年前进入现在的公司的那一刻起,我就做好了抓住成功机会的准备。假如我失败了,那是我自身的问题(纽约某首席财务官)。

长远规划的能力与理性对待生活的能力有关,这是能力的另一个维度。比如纽约的一位机床经销商,坐在他的豪华客厅里谈起摩托帮的成员,他说:"就个人而言,他们并不坏,但他们的背景跟我不同,人生观和愿景不同……这类人中很多喜欢今朝有酒今朝醉,过'月光'的生活。那不是我的生活方式,假如我有选择的话。"

因而,我们再次看到,道德品质在美国工作场所中非常重要,它不是通过个人操守的指标来考量的,而是通过诚实、能力和强烈的职业道德进行评估的。而我们将在下面谈到，虽然法国职场也重视道德品质，但无论是由于天主教还是社会主义的启示，人们对道德品质的评估主要是基于个人对人文主义传统的认同。

法国职场中的职业道德、竞争力、能力与聪明才智

研究表明，与美国人相比，法国人在总体上不那么以工作为重。[35]这些跨国差异反映在我的法国受访者对工作的态度上。虽然有些人像美国的对照组一样以工作为中心，埋头苦干，但明显还有一小部分人（主要是巴黎人）对工作持反对态度：[36]他们要么嘲笑那些工作狂，认为聪明人应该尽可能少工作（巴黎某博物馆馆长、某工程公司老板和某心理学家）；要么认为"努力工作的人"是"缺乏想象力的软柿子"（克莱蒙费朗某工程师），或者是"商务舱的听差""傻瓜，自讨苦吃、受人剥削的可怜虫"（巴黎某工程师和某科学教师）。从人力资源管理顾问卢克·杜普伊的身上我们可以看到反工作伦理的缩影，本章前面引用过他反对犹太-基督教道德的观点。他说：

> 我们都受到这样或那样的剥削。这意味着我尽可能少卖力，这在我看来是和资本主义最匹配的工作态度……因为在我们生活的这个制度中，就该这么做……我感觉我在这方面很能顺应环境。

在20世纪80年代，法国重新振兴了企业家精神及相关美德，法国人与美国人在工作方面的文化差异正在缩小。[37]尽管有这些变化，但我的访谈结果显示，在将与工作有关的文化特征与道德纯洁相联系（或拒绝联系）的方式上，这两国人存在着明显的差异。在理解工作能力与道德纯洁之间的关系时也是如此。事实上，总体而言，法国受访者并不像美国人那样将能力视为道德纯洁的重要标志。

在法国的访谈开始不久，我就意识到了受访者对能力的重视程度较低的情况。风度优雅的西蒙·杜托瓦是巴黎一家小银行的董事，管理着上百名员工，他向我解释说：

> 有很多无能的人在我这里工作，我该拿他们怎么办呢？没有办法。我没那么铁腕。我基本上是一个和事佬……如果花的是我个人的钱，我可受不了看着这些无能的家伙无所事事，还挣这么多钱。那将会很难接受。但现实情况是，他们并不真正令我感到困扰。我没有采取什么行动来把他们撵走。

对于银行家杜托瓦来说，无能的人的"污染性"没有大到需要不惜一切代价来将其铲除。大环境对效率的要求，如精益运营的管理目标，似乎不足以迫使这位银行家采取行动。显然，他并不觉得这种消极态度反映了他本身的无能。虽然在美国无疑也能找到杜托瓦这样的人，但我的美国受访者跟杜托瓦形成了强烈的对比。他们会极力强调自己是"非常坚决果断的人"，将这种特质视为道德（和职业）纯洁的保证，同时也发出拒绝向任何降低效率的做法妥协的信号。[38]杜托瓦的态度似乎表明，同美国相比，法国对无能的污名化程度要低得多。

然而，应该指出，在拿破仑式技术官僚政治的故乡，也有相当数量的受访者同美国人一样，不厌其烦地为能力正名。那些在"大学校"（grandes écoles）*接受过教育的人尤其如此，其中包括高级公务员和私营部门（private-sector）的高管。[39]这个群体的成员通过了竞争非常激烈的入学考试，这项成就让他们确信自己卓越超群。[40]他们凭借"严谨、精确的思维，丰富的知识和对规则的尊重"（克莱蒙费朗某医院管理者），凭借在巴黎综合理工学院（Ecole Polytechnique）等顶尖学府学到的"方法论"（巴黎某保险公司副总裁），或者更通俗地说，凭借领导才能，或是心理或情感的适应力（巴黎某高校行政），来证明自己的权威。私营部门的高管，尤其是那些大型跨国公司的高管，也和美国的同行一样强调活力、责任和效率，以及现代商业技术官僚的其他基本美德。[41]

然而，能力和诚实一样，其内涵在法国和美国的语境中并不相同。正如埃兹拉·苏莱曼在《法国精英》（Elites in France）一书中描述的那样，法国精英学校的毕业生所接受的教育更看重**通用能力**（gcncral compctcncc），而非狭义领域的**专业知识**（specialized expertise）。这些学校教给学生如何整合信息并快速解决大量的问题。[42]在这种背景下，成功的条件与

---

* 法国大革命期间的产物，被拿破仑支持和倡导，为培养各领域专业人才而设立，也被认为是真正培养精英的地方。通过竞争激烈的考试过程录取学生，毕业生中有很大一部分在法国政界、商界、学界担任高级职位。——校译者注

美国人所强调的掌握实际技能的关系不大（这将在第四章中展开讨论）[43]，更多的是关乎分析能力的发展，这一点反过来又取决于大量阅读、善于表达和多才多艺，简而言之，取决于一个人到底有多"聪明"（第183页）。这些学校提供的教育为广泛的职位选择敞开了大门，它们的毕业生在公共部门和私营部门均备受青睐，并且可以指望担任政治家、银行家、实业家、教授或国际公务员等要职。在这里，技术官僚与技术知识是分离的，因为权威与专业知识之间并不挂钩。[44]

有证据表明，这种通才模式在某种程度上也渗透到了法国中上阶层的工作环境中。[45]事实上，那些重视综合能力的精英们往往控制着二流专业人士和管理人员的招聘和晋升。在这种背景下，许多受访者对那些所受教育过于狭窄（即只受过"培训"）的同事评价甚低，认为他们缺乏多面性，或是完全按照实用主义做事，这些人"只打眼前的算盘……（他们）总是以长期利益为代价换取短期利益……如果你想走得更远一些，并且做一些大事，就必须要有理想主义的目标"（巴黎某工程师）。这种对通用能力的关注表明，与道德边界不同，文化边界在法国职场中发挥的作用比在美国职场中更大，因为对一个人通用能力的评估受其总体文化水平、语言能力、举止做派和品位风格的影响。我们将在第四章中探讨法国人划界工作的特点。

有趣的是，就法国职场中对能力的重视程度而言，这种强调似乎不像在美国那样普遍地渗透到中上阶层文化之中。事实上，它对受访者个人生活的重要性通常低于其职业生活的重要

第二章 诚实的重要性：道德边界的关键

性，很少有人像美国人那样因为自己掌握了各种技术而感到骄傲（比如汽车和家用电器修理、房地产买卖、棒球数据统计和计算机操作，等等）。相反，当谈到现代技术时，法国人经常造作地吹嘘自己是多么低能。在雄性竞争中，实际业绩和技术能力并不那么重要，更多地是通过语言能力的对决来展示每个人的智慧和综合文化水准。

对于能力和职业道德的这些态度，影响了法国受访者对其他地位信号的看法。比如，贬低竞争力的法国受访者比美国受访者要多得多。这类人认为，竞争力意味着"打败他人而使自己成为最好"，这不符合重要的人文价值观。让·德特里尔正是持这种看法的一个人。他是一位身材颀长、气质优雅的外交官，我在巴黎奥赛码头（Quai D'Orsay）的一间路易十六风格的办公室里访谈了他。他是这样表述的：

> 野心有好有坏。一种是因为想追求某种工作目标，想要个人成长，这是很好的。但是另一种野心，仅仅是为了超过别人，仅仅为了获得领先的快感，这是不好的，因为这不是人活着的目的。人生的目的是个人成长和赢得他人的尊重。

只有三名法国受访者公开赞扬竞争力是一种美德，他们是巴黎的一位会计师、克莱蒙费朗的一位勘测师和米其林公司的一位高管。他们的态度在某种程度上与前文提到的约翰·特纳（喜欢打篮球的工厂经理）类似。法国人跟典型的美国受访者相比，即使是在最严格的考试中百战百胜的精英学校毕业生，对自己的竞争本能也讳莫如深。显然，竞争力在法国受访者生活中的作用并不像在许多美国中上阶层男性生活中那么重要。最近的一项调查显示出竞争力的重要性较低的情况，55%的法国私营部门中层管理者和雇员表示，如果职业发生改变，他们更倾向于去当公务员（在受过高等教育的人中这个数字占36%）。相比之下，只有31%的人表示愿意成为自雇职业者。另一项调查发现，当被问及"如果您的孩子要选择职业，您会建议他干什么"，50%的人赞成当公务员，只有28%的人青睐私营部门。[46]这些结果确实揭示出人们拒绝竞争的倾向，优先选择公共部门的一个主要原因就是公务员有晋升和工作的保障。

与美国的对照组相比，法国人不大关注职业道德、能力和竞争力，对此可能存在几种解释。第一种，有人可能认为，这些差异与法国国民性格的鲜明特征有关。在20世纪50年代和60年代初即有人提出这种文化主义的解释，它常在方法论和理论层面受到批评。[47]第二种解释可在马克斯·韦伯的《新教伦理与资本主义精神》（*The Protestant Ethic and the Spirit of Capitalism*）一书中找到。他认为这些差异有宗教渊源，天主教徒非常重视超脱俗世，以追求更高的精神和智力目标，因而，他们不像新教徒那样将工作视为救赎的手段。这种解释，在最近一项有关宗教信仰与成就之联系的详尽研究中也受到了批驳。[48]此外还有比较令人满意的第三种解释，它着眼于职业流动条件和工作保障机制，发现法国专业人士和管理者比美国

第二章　诚实的重要性：道德边界的关键

的同行有更好的工作保障。研究表明，由于社会对雇主裁员施加了巨大压力，法国人通常有相当大的工作保障。[49]他们的竞争往往受到许多垄断做法的限制，尤其是对*自由职业者*来说。[50]此外，他们的晋升，尤其是在私营部门，通常取决于学历（即就读的学校）和在公司的资历，这两者跟绩效是同等重要的。[51]在公共部门，精英的职业流动性取决于他获得"提名"的能力，这主要是通过动用精英学校校友的社会网络来实现的。在中层管理者中，升迁机会与其说是由工作绩效决定，不如说更多的是由职称（即级别）和国家考试制度决定。克莱蒙费朗一家国有企业的一名安全管理人员描述了这种情况：

> 工作是我放在末位的事，因为我知道没有多大的发展前途。基于这种情况，我不会做什么努力。（工作环境）真的是没有活力，这是所有为国家工作的人存在的问题。人们不会，或者说极少因工作出色而获得奖励，更多的是根据你的工作类型、你的身份：在某个地方写着呢，如果你从事这种或那种工作，晋升是这么一种步骤，人们是这么进步的，就是这样。你不需要充满活力和展现自己，像在美国那样。我们常听说，在美国，才华横溢的人会获得奖励……

所有这些条件，都强烈地促使法国的专业人士和经理人的生活在某种程度上更脱离市场机制。事实上，晋升与绩效的关系并不那么密切，能否升迁更多地取决于在科层结构中获得的特权，无论是高层还是中层。[52]因此，很多法国受访者对自身职业的态度似乎都不大积极。例如："从今天算起，五年之后，您希望自己在职场中处于什么位置？"对于这个问题，许多人回答说，"也就是现在这样吧"，或者"我说了不算"。显然，他们之中很少有人将自己的职业生涯当作一项事业来经营。

爱争论的法国人：法国职场中的团队合作、社交能力、冲突规避和实用主义

法国人不像美国人那么重视与人为善、团队导向以及冲突规避之类的信号。相反，他们高度重视资产阶级文化中必不可少的一种人文主义。

30年前，米歇尔·克罗齐耶（Michel Crozier）在《科层现象》（The Bureaucratic Phenomenon）一书中提出，团队导向与法国的组织文化背道而驰：法国人倾向于采用正式规则而不是非正式规则，从而避免面对面的跨层级关系。他们也倾向于抵制参与和依赖个人关系，以此来保护自己免受被认为不值得信任的上司的伤害，从而保持自己的自主权。按照克罗齐耶的说法，这套系统与团队合作无法相容，因为它限制了各个级别之间的关系，据称这种关系会助长任人唯亲的风气（第215页）。此外，不同阶层为了级别、地位和特权而争斗，导致人们关系冷漠并缺乏集体精神。由于级别之间缺乏沟通反馈，团队合作也受到限制。另一方面，那些身居要职者在与下属的关系上总是保持着一种距离和庄重风度。

克罗齐耶描述的这种现象有些过时了。[53]自从他在20世纪

第二章　诚实的重要性：道德边界的关键

50年代中期开展研究以来，许多变化发生了。随着各种组织更加注重发挥"质量圈"（quality circles，负责绩效横向控制）的作用，更加强调灵活性、协商、谈判和员工参与福利，团队合作变得流行起来。[54]然而，阻碍团队合作的几种心态依然存在。例如，根据欧洲价值观研究项目（European values）[*]和使徒应用研究中心（CARA）[†]的调查结果，69%的美国专业人士、经理人和商人认为，即使员工不同意上级的指示，他们也应遵照执行，然而只有23%的法国人持这种观点；此外，24%的美国人表示在执行命令之前需确认它是否适当，而63%的法国人觉得需要这么做。这些数据显示，法国人对灵活性和与同事合作抱有强烈的抵制心理，并再次证明他们对个人操守的重视，而个人操守同心智诚实相关。[55]

尽管如此，在我对法国人进行的访谈中，受访者对团队合作还是有所强调的，虽然比在美国的访谈中要少。私营部门的雇员更倾向于重视这一品质，尤其是在参与国际市场竞争的大公司（汤普森、IBM、米其林、霍尼韦尔·布尔等）工作的人。在这些地方，装腔作势和以自我为中心的人会受到不留情面的批评。实际上，"团队合作"在法国一般被理解为忠于公司内部持久的个性化关系网，以及忠于公司本身及其传统。我访谈的一位巴黎保险公司高管的评论点出了这一普遍风气的要素：

---

[*] 于1981年启动的长期研究计划，旨在记录欧洲人民对"基本人类价值观"的看法，为全欧洲公民的思想、信仰、偏好、态度、价值观和意见提供了见解。——校译者注
[†] 位于美国华盛顿的一家调研机构，英文全称为Center for Applied Research in the Apostolate。——译者注

> 这是一个有着古老文明的国家。尊重人，以及一定程度上的形式主义很重要……要想让一个人成为管理团队的一员，你必须考虑到一个非常复杂的关系网。个人关系很重要……我们不仅受市场的左右，它还是一个双边关系网……相比之下，科层结构不那么重要。[56]

公共部门的情况略有不同。关于法国公务员系统内部各层级之间的冲突和缺乏沟通，已有很多文章。[57]我的访谈在一定程度上证实了这一点。以下是巴黎的一位科学教师的描述——这可能与美国学校中普遍存在的情况类似：

> 一位教师一旦当上了中学校长，他就成了人们的公敌。其他教师不会记得他们曾经是同事，一起喝过酒，聊过天。他们不会说"我们之中的一个人成功了，也许他能较好地理解我们"，反而会对他很不信任，因为他们觉得这个人现在站到对立面去了。

在这种环境中，冲突显然是无法避免的，受访者们大谈特谈他们在工作中的对头，非常坦诚地表示不愿跟那些人和平共处，这很难同美国盛行的冲突规避态度相比。显然，他们不认为消除分歧的能力同自己的道德价值有关。相反，他们觉得道德价值是通过个人操守来衡量的，而坚持个人操守与灵活性背道而驰。克莱蒙费朗的一位50岁的受访者解释了他在工作中的态度：

我不会轻易被人同化，至少我的个性没法磨灭：我不会改变我对人的定义以及对人的基本品质的看法。要让我虚伪做作，去拍马屁，我做不到。永远也做不到。这对我来说毫无价值，因为我绝对做不来……表达真实的自我是最重要的，包括你的失败，你自己有点搞笑的那面，你矛盾的那面。你必须展现真实的你，坦坦荡荡地生活。没有什么比戴着面具活着更糟糕的了。

虽然有些美国受访者可能也不愿意与宿敌和解，但他们很少在访谈中表达这种感受，因为他们担心这会"给自己带来不利的影响"（印第安纳波利斯某信息提供者）。总的来说，在法国，个人操守似乎仍是一种比冲突规避更准确的道德价值标志。[58]

如果把美国人欣赏的其他品质放在法国的背景之下，情况是怎样的呢？首先来看"友善"。若是将它诠释为"亲近"，我的受访者并不重视它，因为他们认为这是工人阶级文化而不是资产阶级文化的特征。按照布迪厄的说法，对于工人阶级来说，"亲近是……最绝对的认可形式，是消除一切距离，一种敞开的信任，一种对等关系。而对于回避这种关系的其他人（资产阶级）来说，亲近是一种不得体的冒犯"。[59]在这种背景下，在中上阶层圈子中维护同事关系与其说是表现友好，不如说是尊重礼节和明显的个人情面，也就是说，可能不表示出具体的关心，而只是在圣诞节交换小礼物，5月1日铃兰节互送鲜花，共进午餐，下班后请喝一杯之类。当然，情况也不尽如此，尤其是在最年轻的受访者中，轻松、随意和友好的交往也很重要。

社交能力对于自雇的专业人士尤为重要，他们常常要与固定客户建立私人关系。就牙医来说，这意味着要花时间与患者聊天并设身处地了解他们。就会计师来说，这意味着要以恰好在附近为借口去登门拜访客户。巴黎的一位律师总结了这种情况，他说客户希望与他建立的关系和跟神父或医生之间的关系没有什么不同，"他们来找的是这个特定的律师，而不是任何一个律师的办公室。他们想要得到个人关注……（我）花时间跟他们面对面地交谈是很重要的。你要和他们建立非常私人的关系。"这种人与人的接触在美国同样重要，但是，专业性的外表往往抵消了个人层面的内容。[60]

克莱蒙费朗人和巴黎人对其他品质的重视程度不同。事实上，访谈表明，克莱蒙费朗人的观点在许多方面更接近于印第安纳波利斯人而不是巴黎人，他们比巴黎人更欣赏朴素、实用主义、勤奋和克制（即谦逊，正如一位受访者说的，"要权力，而非荣耀"），而巴黎人往往更看重活力和才华。米其林公司总裁弗朗索瓦·米其林（François Michelin）阐释了这两个地方人的相似之处。米其林是一位堪称楷模的人，众所周知，他"摒弃一切浮华奢侈品，无视头衔和装饰"，同他的高管们一样，他"过着谨慎、勤勉的生活……不看重所有无用的等级制度，也不去强化那些必要的层级"。为了提高效率，权力级差被最小化了。[61]米其林的这种性格可能也会受到印第安纳波利斯的大多数受访者的尊敬，从这两地人之间的相似性中，我们可能会发现其农业根源的共同影响：事实上，这两地的大量受访者只是第一代或第二代的城市居民。我们知道，在农业社会中，成功的关键是节俭、勤奋和坚韧，而不是昙花一现的才华。

到目前为止我们看到，与在美国相比，坚定的忠实和正直在法国受到高度评价，而与人为善和冲突规避的品质不大受重视。这些行为轨迹可以由两国的工作变动频率和劳动力市场结构的差异来解释。首先，美国人不那么强调对公司的忠诚度，因为在这个国家，职业流动是成功的一个条件。中上阶层的人致力于职业规划，这往往需要与公司和同事分离。[62]实际上，法国工程师的大部分职业生涯会在同一家公司中度过，而美国的对照组在20年的职业生涯中雇主的中位数多达四个。[63]同时，冲突规避在法国不那么受重视，部分原因可能是我访谈的法国人比美国的对照组有更多的职业安全感，而且晋升更受保障。[64]最后这几个因素有利于个人操守的评估而非道德实用主义。另一方面，与法国人相比，美国中上阶层更重视友善关系并夸耀团队精神，是因为美国人要经历更多的职业流动，这要求他们与很多人互动，学会不断地释放出值得信赖的信号。这对于降低美国组织中的高度不确定性至关重要，尤其是考虑到许多美国专业人士和管理者是全国劳动力市场的一部分，而法国的对照组不仅很少更换雇主，他们的地理位置也非常稳定，因为大多数招聘都是面向本地劳动力市场的。[65]美国职场中的权力下放也使得友善关系和冲突规避愈显重要。相比之下，在法国，由于权力更为集中，团队合作在工作中发挥的核心作用较小。[66]

美国职场中许多最重要的道德品质,若放在法国职场就不太有效或者根本不起作用。在此,有必要转向基督教人文主义传统的角度来识别法国职场所重视的道德品质。

序言中提到的加工厂老板米歇尔·杜普伊斯是人文主义传统的典型代表,我记得他说,他的人生目标不是赚钱,而是帮助他的员工实现自我价值。当被问及他所钦佩的商界人士时,杜普伊斯强调的是那些人的内在之美(精神财富和富有同情心),以及他们的人性渴望(渴望真诚的人际关系)。他并不是唯一一个采用这种标准的人:住在巴黎西郊(主要是凡尔赛)的8名受访者和9名克莱蒙费朗人都遵循了相同的模式。其中不少人就读于私立天主教学校,融入了法国的人文主义亚文化。有几位接受了主张道德、文化和才智并行发展的耶稣会士教育。正如克莱蒙费朗的一位律师所解释的,对于这些耶稣会士来说,"教育意味着塑造一个完整的人"。

在这种人文主义文化中,人们的道德价值取决于他们能否证明自己坚持原则、信仰坚定且真理至上(巴黎某公立学校行政人员、某工厂高管,克莱蒙费朗某牙医),以及是否具有强烈的社会正义感(巴黎某企业管理专家)。同样受到重视的还有对他人的开放态度和一种给予的能力。人文主义者经常批判物质主义者和按照自私自利方式生活的人(如年轻的钻营者)。[67]

在我许多受访者的成长过程中,人格主义(Personalist)学派产生了巨大影响,使这种人文主义传统得到改良,尤其看重有深厚社会、历史和地理根基的人，以此来反对日益匿名化的大众社会、自恋和享乐的个人主义，以及资本主义固有的异化和竞争。[68]这并不奇怪，因为许多认同人文主义的人都属于法国信奉天主教的老资产阶级，其亚文化主要是由其成员在大家庭关系网中的归属感决定的，包括对家族中流传多代的家具和物品、公寓套房和乡村宅邸的依恋，以及他们的责任感、对习俗的尊重和对传统的热爱，宗教只是其中的一个方面。我们将在第六章中看到，传统的信奉天主教的资产阶级在一定程度上用人文主义来定义自己的身份，以区别于中上阶层的新成员。这种人文主义文化在政治右翼和私营部门劳动者中也很常见，而且对工作场所有很大的影响。[69]

相对于刚才描述的天主教人文主义群体而言，那种受社会主义和无神论启发的人文主义群体也在中上阶层有一众追随者，主要由公共部门的劳动者构成。这些世俗的人文主义者，同信奉天主教的对照组一样，重视人的充分发展，并且反对资本主义，因为它导致人类的剥削和异化。故而他们经常根据是否助长政治和经济压迫来衡量他人的道德水准。他们批评资本家在本质上不道德，而且在择友时会考虑其政治态度，他们给右翼分子下的定义就是混蛋。他们赞成工人自我管理，以此来对抗社会固有的异化。[70]这进一步证实了道德边界在法国职场中的重要地位。如果说，在美国，遵守十诫、与人为善、职业道德和能力是受到高度重视的道德地位信号，那么在法国，个人操守、政治取向和人文主义更为重要。此外，对待宗教信仰和志愿服务的态度也为我们提供了关于道德地位信号的其他视角，因为许多人将这些态度直接与道德联系在一起。

宗教场景

从历史上看，法国和美国的许多有关政治、阶级、地区或族裔的冲突都是围绕宗教展开的。[71]例如，法国的反君主制度者和共和势力在传统上就是反教权的，而老资产阶级又借助天主教人文主义将自己与新晋资产阶级（*bourgeoisie de promotion*）区分开来。在美国，宗教分歧一直是自由派和保守派之间、本土白人清教徒和南欧天主教移民之间，以及堕胎争议中的支持者和反对者之间冲突的载体。[72]显然，即便宗教在传统上，尤其是在美国，一直是"私人"事务，它也总是在群体冲突中被鼓动起来。[73]然而，这并不意味着它在符号边界划定中的作用非常突出。

在《经济与社会》（*Economy and Society*）一书中，马克斯·韦伯曾经预言，随着资本主义的发展，宗教和族裔身份将失去其重要性，因为市场关系促进了超越传统的群体成员身份的交流。[74]假如说这个预言尚未完全实现（我们正见证着穆斯林和基督教原教旨主义卷土重来），它与我们访谈得到的结果在很大程度上是一致的。除了几个明显的例外，在描述不愿与之交往的人群类型时，我的受访者很少提及宗教信仰。[75]他们常常明确地将道德品质与宗教态度区分开来，指出有时在高度宗教化圈子里遇到的虚伪。然而，在这两个国家，我也同一些划定强烈宗教边界的人有过交谈,他们认同美国新教原教旨主义或法国信奉天主教的资产阶级文化。我将依次讨论这些群体。

法国信奉天主教的传统资产阶级中的一些成员经常会基于宗教倾向而采取非常排他(或封闭)的做法。举例说,他们之中有些人会出于明确的宗教原因,将孩子送到私立教会学校。有些人根据自己的宗教信仰选择朋友,并且几乎将全部空闲时间都投入宗教组织(如圣母联盟)的活动中去。当问到他们觉得自己不如谁时,答案里不会冒出资本主义的偶像,而是会提到像亚西西的圣方济各那样的圣者——"一个同时拥有真理、智慧和本源之爱的人,因为那是我的楷模,我在这方面的差距还很大"(克莱蒙费朗某记者)。

在美国,那些非常虔诚的人,大部分是原教旨主义基督徒,也依据宗教信仰来划定非常严格的道德边界。比方说,他们也拒绝和宗教信仰不坚定者或非基督徒交往,纽约的一位牧师对此解释道:

> 我和妻子一直非常谨慎地只同基督徒交往。我们所有的社会关系都是和教徒建立的,并不是说我们不喜欢其他人,这只是一种优先考虑。我发觉我和非基督徒的共同之处越来越少……比如,我们不愿意去人们喝酒的地方,于是,98%的聚会就不宜参加了。

这些原教旨主义者,以及访谈中遇到的一位基督教科学派信徒和其他几个人，自认为比那些不够虔诚的人要优越。他们确信自己在等级化上"遥遥领先"，而那些被判定为次等的人往往对这种等级化的存在毫无所知。重要的是，法国受访者不谈论道德标准（关于饮酒、婚姻忠诚等）的优越性，而是谈论"人性"和仁慈方面的优越性。美国原教旨主义者认为，学习圣经教义是获得成功和赢得他人尊重的关键。正如其中一位所说："（目标）是认识上帝。如果（我们的孩子）能够做到这一点，那么当他们进入这个商业化的世界，其余的一切都能适得其所。他们会具有高尚的道德，以此见称于世，并受到他人的尊重。"

道德边界对美国原教旨主义者来说尤其重要，因为根据R.斯蒂芬·沃纳的说法，作为原教旨主义者不仅意味着捍卫宗教立场，而且意味着捍卫传统的价值观，如家庭生活、邻里关系、社区意识和基督教生活方式，并反对物质主义、个人主义和精英主义，以及世俗人文主义和往往与新阶级（New Class）联系在一起的世界主义。[76]对他们来说，生活方式是至关重要的道德选择标准。因此，原教旨主义者可能会通过积极参与家庭生活来表明自己的道德标准，法国信奉天主教的资产阶级的成员也是如此。

假如说只有少数美国人认同原教旨主义亚文化，那么作为一种社会机构的教会显然能对更多的受访者产生强大的影响。事实上，教会为受访者们及其家庭提供了一个社区，一个他们在其中拥有身份和声誉的社会矩阵，而对法国受访者来说，这种情况并不常见。印第安纳波利斯的一位居民描述了教会的这一功能：

> 我们的大部分社交生活，我们做的很多事情，实际上都是围绕着我们的教会。孩子们一直在上主日学校。我们有个阿尔法俱乐部，是为小孩子们组织的团体，他们在周三下午去那里玩游戏，做各种各样的事。迪恩现在上高中四年级了，他曾在阿尔法俱乐部担任初级执事，这是我们教会授予的一种荣誉，每年只有三个孩子被选中。

参与教会活动传达出一种受人尊敬、道德良好和值得信赖的信号。"做好人"和"做基督徒"之间有一种隐含的联系，它强化了中上阶层文化与圈外人的边界，特别是在印第安纳波利斯，那里较富裕的北部社区规模相对较小，因而匿名性更弱。[77]

在法国和美国，无神论者也建立了以宗教为基础的道德边界，只不过是以相反的方式。其中有些人说，强烈笃信宗教的人对世界的理解与他们截然相反，对此他们感到很不舒服。几位法国受访者表示，他们鄙视传统的信奉天主教的资产阶级，因为他们认为，这些人在知识和文化上狭隘、复古、以精英自居。他们还批判这些人固守私立天主教教育，并支持在纳粹占领期间与维希政府合作的教会。在这种背景下，强烈的宗教信仰可能会被视为一种负面特质和在职场中的一种障碍。

这两个国民群体的受访者均包含数量可观的少数虔信宗教者（两组里的人数大致相同）。事实上，只有22%的美国受访者和18%的法国受访者表示自己相当经常或频繁地参加宗教活动，分别有23%和28%的人表示自己非常喜欢此类活动。[78]也有少数受访者表现出强烈的反宗教态度。14%的美国受访者表示自己不喜欢或非常不喜欢去教堂，12%的法国人也是如此。巴黎和克莱蒙费朗分别有20%和37%的受访者宣称自己是不可知论者或无神论者，而在印第安纳波利斯和纽约地区的受访者中，这一比例分别只有8%和5%。[79]除此之外，美国的许多受访者自称"不是很虔诚"，这或许意味着他们不是坚定的信徒，或者仅说明他们没有非常积极地参与宗教生活。这些调查结果，以及有更多的法国受访者不参与教会活动的事实使我相信，将宗教信仰视为一种道德地位信号的法国人比美国人略少。[80]

总而言之，除了少数例外，法国和美国的受访者在讨论道德纯洁时都很少提及宗教，这显然是将道德品质与宗教态度分割开了。虽然大多数人并不关心其他人的宗教态度，但有一小部分无神论者对极度虔诚者划定了明显的边界。此外，少数受访者依据宗教取向划定了严格的边界。这在我访谈的少数美国原教旨主义者和传统法国天主教徒中尤为凸显，对他们来说，宗教信仰主宰着整个生活方式，包括强烈的家庭取向。另一方面，作为核心机构的教会影响着更多的美国受访者，因为教会为他们提供了一个社区。总的来说，宗教信仰在印第安纳波利斯似乎比在其他地方更为重要，尽管巴黎富裕近郊的受访者中也有大量笃信者。

志愿服务

即使志愿服务同利他主义和关怀能联系到一起,在道德品质的讨论中却很少凸显。[81]不过,美国受访者比法国受访者更倾向于将志愿服务视为道德品质的反映,并由此将它当作一种高等地位的信号。事实上,我访谈的很多法国人在思考志愿服务问题时,采用了与美国人截然不同的框架。巴黎的建筑学教授迪迪埃·奥库尔在某种程度上代表了这个群体。他说:

> 我与人类的关系不是我与大众的关系,而是我与个人创造的关系。我从不投票,不加入协会,不参与任何活动,从不捐款。如果我在地铁里给人钱,不会是因为可怜穷人。我从不施舍给无家可归的人。我不是慈善家。但是,如果我听到一位音乐家演奏出美妙的音乐,我会付钱,因为我欣赏他做的事。我不喜欢慈善活动,因为那完全是蛊惑人心。有人从中牟利。

类似的还有一些法国受访者,出于政治原因而反对慈善捐赠。他们认为,慈善捐赠会让穷人依赖于富人心血来潮的赠予度日。正如克莱蒙费朗的一位哲学教授所说的:

> 只要有一个人还在捐钱,社会正义就不会实现。接受

> 慈善是一种侮辱……那些残疾人，盲人，他们的未来不应该同个人的慈善行为挂钩。（我宁愿）要一个不以营利和剥削第三世界为基础的政治制度……搞慈善活动有点悖谬，它跟基督教教义中的慈善无关，跟爱他人也无关。

在这里，对残疾人和其他弱势群体的支持被认为是应由国家承担的责任。这些人有权获得帮助，但不应被迫依赖于个人的圣母心。因此，很少有法国受访者将志愿服务视为道德品质的有效指标。

美国的受访者，尤其是印第安纳波利斯人，与法国受访者形成了鲜明对比：有好几个人表示十分坚信捐赠的重要性。这可能会促使他们将利他主义视作一种高等地位信号。梅塔钦的一位人力管理顾问强调了志愿服务的重要性，并描述了他试图向孩子们传达的价值观：

> 大斋节期间我们是很忙的。我们攒钱送给穷人。每天晚上我们都在桌子上摆一个碗，然后放一些钱进去。这是留给穷人的。当孩子们拿到零花钱时，他们应该花一部分，存一部分，捐一部分。几乎每个星期天，我们都会出去把钱放到捐款箱里。我们没有完全做到捐出收入的 10%，每年可能也就捐了 8.5% 吧，但我们尽力了……我们试图教导（孩子们）向一些慈善机构捐款，让他们意识到我们自己正是这样在做。

没有任何一位法国受访者表达了类似形式的利他主义。相反，他们似乎通过支持强大福利体系的意愿来显示同情心，[82]而美国人更多地是通过慈善仁爱来表达爱心，在某些情况下，这些慈善仁爱是与保守的政治立场结合在一起的。

正如我们的朋友亚历克西·德·托克维尔在《论美国的民主》一书中所描述的那样，参与志愿组织是美国人感知自己与社会之间关系的一个重要内容。除了可能提供内在的满足感，志愿组织往往成为精英可以"回馈"社会的一种媒介。[83]志愿服务还提供了在社区内获得尊重并建立个人声誉的舞台，同时构成当地精英社交的一部分（在法国，其他机构似乎在发挥这些作用方面更为重要。）最后，正如祖斯曼（Zussman）在《中产阶级的机制》（*Mechanics of the Middle Class*）一书中所解释的，对于具有高度地理流动性的中上阶层成员来说，参加志愿组织是建立人脉的重要渠道。许多公司都制定了鼓励员工参与当地组织的政策，借此来保持公司与社区之间的良好关系。然而，有些作者指出，对美国人来说，道德义务适用的人群越来越有限，他们是由共同血统、族裔和宗教或毗邻居住地来定义的，因为"社区"即等同于"像我们这样的人"。[84]

在志愿服务的话题上，访谈揭示出的跨文化模式与我们所了解的法国人和美国人对慈善活动的总体态度相一致。法国的志愿组织比美国的要薄弱。[85]实际上，法国人志愿工作的总小时数仅相当于就业人口全职工作时间的1%，而在美国为3%。[86]欧洲价值观研究项目和使徒应用研究中心的调查结果也表明，美国的专业人士和经理人比法国对照组更多地参与此类活动（比例分别是45%和9%）。[87]

结　论

本章的内容表明，在法、美两国中，尽管最突出的道德维度有很大的差异，但道德边界基本上是同等重要的。值得再提的是，美国人更倾向于拒绝虚伪者、钻营者和道德低下者。不同于法国人，他们特别注重犹太-基督教的道德定义。而在另一方面，法国人往往排斥缺乏个人操守和没有团结意识的人，至少在话语层面上是这样。他们更倾向于将左翼政治态度视为道德品质的模板。

在这两个国家，道德地位也可以通过在职场中的态度来解读。虽然罗莎贝斯·坎特指出了同质性（homophily）在美国公司中的重要性，但她没有系统地研究职场中备受重视的高等地位信号。本研究记录了这些信号。我发现，对与我交谈的美国男士来说，表现出与人为善、团队精神和规避冲突是非常重要的。许多受访者重视能力、职业道德及与此相关的品质，譬如竞争力、活力、自我导向、适应性和长远规划。相比之下，在法国的职场，进取心和竞争力不那么重要。一般来说，法国人较少地将强烈的工作导向视作道德品质的模板。他们对通用能力的重视胜于专业技能，而且不像美国人那样强调冲突规避。无论是出于天主教还是社会主义的启示，他们倾向于从参与人文主义传统的程度来推断道德纯洁。总体来看，和大多数美国受访者一样，法国人将道德品质同宗教信仰区分开了，很少在讨论道德纯洁时涉及宗教信仰。关于志愿服务也是类似的模式，美国人偏重于强调慈善仁爱，法国人则更倾向于根据一个人是否愿意支持强大的福利制度来推断其道德品质。

虽然贝拉（Bellah）等社会学家认为道德在美国社会中正逐渐失去重要性，但本章清楚地表明，道德边界在美国中上阶层文化的话语层面上仍然非常突出。不过，在美国，道德是由敬业、谦逊、诚恳和坦率来界定的，较少关乎社群主义（communalism）。在接下来的章节中，我们将探讨道德边界如何与文化边界和社会经济边界相契合，以及在这两国中每个边界如何相互独立。鉴于美国人对文化和社会平等主义的重视，我们还将分析道德在美国职场中的作用是否比在法国更重要。

第三章 成功、金钱与权力的世界：社会经济边界的关键

啊！金钱，可怕的金钱，玷污并吞噬一切。

——爱弥尔·左拉

不平等的世界

在新泽西州萨米特镇的豪宅里,约翰·克雷格抱怨说自己的生活负担太重了。他感到厌恶,再也忍受不了了。他讨厌他的工作,讨厌他的老板,讨厌和他一起工作的人。这位中年男子渴望过更有意义的生活。他在同一家公司担任了20年的高级营销主管,现在老板想安插女婿而把他排挤到了一边。这引发了一场危机。这是关乎自尊心的问题。他的老板非常自负,喜欢自我炫耀。约翰想做出改变,但需要考虑到很多社会压力:

> 跟着社会的节奏去赚很多钱,让我感到疲惫不堪。我们住在一个高收入的城镇。我受到大房子和高级生活方式的诱惑……但现在我日益意识到什么对我来说是重要的。有些人永远不会意识到这一点……他们忽视了真正重要的事,他们工作,工作,工作,工作,赚更多的钱,掌握更多的权力,拥有更多的东西;有些人从中感到快乐,有些人则不然,但他们被困住了。(因为)自尊心,他们被困住了。他们的价值观或自尊感就是大房子、头衔、梅赛德斯-奔驰带来的。很多人都认为这些东西就等于一个人的成功。我们现在居住的社区盛产有这种想法的人。我想说,我老婆也被这种想法俘获了。真正重要的东西其实不

是皮草大衣、劳力士手表和钻戒……（这里的人们想知道的是）你从哪来、在哪上学、现在做什么工作之类。还有就是，你为谁工作，赚多少钱，住在城里的哪个区。典型的城北区综合征。

约翰所在的世界里充满了受他人左右、信奉世俗的成功的人。和约翰一样，这些人"混得相当不错"，过着高品质的生活。他们深度参与当地的乡村俱乐部、公民和政治团体及商会。而约翰现已厌倦了这一切。他质疑追求世俗的成功所要付出的牺牲，不得不承受的巨大精神压力，以及妻子想要"保持这种生活方式"给他带来的负担。为了重新定义对自己来说什么是重要的，他在读《少有人走的路》（*The Road Less Travelled*）这本书。访谈中还有另外几位正经历着危机的中上阶层男性，他们在描述自己的疑虑和不如意时，经常表露出社会经济排他，这有助于我了解这类排他者的想法。[1]

划定道德边界的人将道德品质视为个人价值的象征，而划定社会经济边界的人则根据社会地位来判断一个人是否值得交往，这种社会地位是通过职业声望、种族、财务状况、阶级背景、权力和在有名望的社交圈中的知名度来解读的。这类划定社会经济边界的人通常会在某些人面前感到自愧不如，譬如那些"非常成功、极其进取的人"（纽约某汽车租赁公司所有者），抑或是"显然非常有钱，职位更高，简单说就是高居社会阶梯顶层的那类人"（印第安纳波利斯某员工助理）。他们可能还会嫉妒那些"大获成功且势不可当"的人（巴黎某银行家)。[2]正如约翰·克雷格所解释的那样,这些人通过外部身份信号来判断人的价值,诸如"你从哪来、在哪上学、现在做什么工作,你在哪里工作,能赚多少钱,住在哪里",以及"你有没有本事获得成功"。[3]他们不喜欢跟失败者交往,基本上依据"混得好坏"来筛选朋友;他们描述这些朋友是富有的专业人士和商人[4]——"对其他人在面子上也能过得去,但不想与之为伍"(纽约某公司律师)。简而言之,划定社会经济边界的人被成功所吸引。在纽约做房地产经纪人的一个"暴发户"解释说:"我比较愿意跟比我更成功的人打交道……我跟他们共事,参与政治活动;我有很多朋友都是比我厉害的大人物,我喜欢和他们交往……成功孕育更多的成功,这是水到渠成的,所以我一直在成功者的周围徘徊。"[5]

那些划定鲜明社会经济边界的人沉迷于职业上的成功,这是根据职业发展的曲线和速度来衡量的。成功赋予他们自我价值感、心理幸福感和个人满足感;正如克莱蒙费朗的一位企业家所说:"(成功)是自我的充分实现。"在这些人眼中,世俗的成功是获得内心平静的唯一途径,不够成功的人是"焦虑、嫉妒、有怨气的"(克莱蒙费朗某会计师)。他们认为,金钱是一个人的能力和吸引力的关键信号,而居住地点和汽车款式等外部属性则是成功的指标。对他们来说,金钱是一切的关键,包括社会认可和进入圈子的资格。[6]

第二章的内容显示,竞争力、进取心和韧性可被视作道德纯洁的证明,在这种情况下,成功人士受人钦佩,因为他们的成功反映出这些道德品质的内化。而在本章中,我关注的是另外某些人，他们崇拜成功者不是出于道德原因，而是出于纯粹的社会经济原因，也就是说，他们崇拜的是在社会经济等级中得体地占据优势的精英成员。换句话说，我关注的是那些最典型的社会经济排他者，他们看重成功本身带来的社会地位。

尽管社会学家往往倾向于假定有一些先赋特质（ascribed characteristics），如性别、种族和族裔在制造社会封闭中起主导作用，[7]或倾向于假定物质评价标准（即收入、耐用消费品所有权）在确定社会地位中起主导作用，[8]但本章的目的之一是试图评估哪些评判标准在确定社会经济地位时最为突出，至少在访谈的背景之下。[9]同时，与社会认同（social identity）的其他方面相比，我分析了阶级的相对显著性。[10]对于理性选择理论，以及其他假定经济资源在定义上比其他资源更重要的思路而言，这里出现的重要跨国差异产生了重大的概念后果。我们将在第七章讨论这些可能的影响。

对于很多受访者来说，高等社会经济地位信号是唯一真正重要的地位信号：我们对受访者在道德、文化和社会经济维度上的排名进行的定量比较表明，总体而言，社会经济边界比文化边界或道德边界略为重要。[11]不过，与法国相比，在美国，社会经济边界要明显得多。[12]此外，除了少数例外，法国人，尤其是巴黎人，极少谈及对更富有或更成功的人感到自愧不如。事实上，在法国，受访者往往对我探问他们的"成功"程度感到不大自在。他们几乎从不把自己的朋友描述为"成功者"，这个概念本身在法语中听起来很粗俗（正如巴黎的一位牙医指出的："那太做作了。"）。[13]他们也很少将极度追求成功的人视为榜样，正如一位年轻而充满活力的巴黎投资银行家所说：

> 我真的不妒羡那些人。即使他们经常做出令人印象深刻的壮举，我还是觉得他们很受限，并不快乐。我认为他们挺可悲的，因为他们觉得自己是——我不想用"世界的主宰"这个词，这么说吧，他们觉得自己不可阻挡，掌握着真理……然而，如果从地球的角度来看，他们是如此之渺小。我觉得他们完全是荒谬的，这几乎是我的一种生理反应。而这是自相矛盾的，因为他们往往非常成功。

相比之下，我访谈的美国男性更易描述自己不如那些很富有、有权势和成功的人。例如，当被要求描述自己羡慕的人时，美国人提到唐纳德·特朗普（Donald Trump）和李·艾柯卡（Lee Iacocca）的概率更大，而法国人倾向于提到伯纳德·塔皮耶（Bernard Tapie）。当被要求描述他们感觉无所谓的那些品质时，有17名克莱蒙费朗人和19名巴黎人选择了"成功"，对比之下只有9名纽约人和4名印第安纳波利斯人选择了这一项。此前的研究表明，在美国，这种对成功的焦虑不仅限于中上阶层。[14]

下面我将讨论关于社会经济边界本身的内容，并探究各类受访者群体最重视的高等社会经济地位的信号。如果说，在法国，成功本身是被淡化的，那么，权力和社会背景等特定的社会定位基础则受到高度的重视。[15]

金钱的铁律

总体而言,法国人显然不像美国人那么以金钱为导向。事实上,在欧洲价值观研究项目和使徒应用研究中心的调查访谈的中上阶层法国人中,有93%认为,如果人们不那么重视金钱,这将是一件好事,而这一比例在美国是68%。这种观念无疑会左右人们根据收入划分符号边界的可能性。事实上,在我的受访者中,68%的巴黎人表示,在评价他人时,富裕不是他们关心的一个特征,相比之下,57%的克莱蒙费朗人、51%的纽约人和41%的印第安纳波利斯人持有这一观点。[16]

维维安娜·泽利泽等人指出,金钱远不止是有简单的功利价值,还具有广泛的意义。[17]事实上,法国人对金钱抱有一种矛盾的态度,而美国人将其视为掌控和自由的重要手段。这影响到金钱作为高等社会经济地位信号可能发挥的作用。因此,有必要详细讨论这些不同的含义。

我发现了法国人看待金钱的四种不同模式。其一,相当重要的一组受访者认为金钱本质上是肮脏的。其二,地位稳固的传统资产阶级认为,金钱是维持社会地位的手段,而不是改善社会地位的工具。其三是较小的一个群体,主要集中于克莱蒙费朗,他们更信奉物质主义,尽管有一定的禁欲主义倾向。最后一组则认为,金钱是他们向上流动的象征和奖励,是赖以取得更高社会地位的手段。

第三章 成功、金钱与权力的世界：社会经济边界的关键

对我访谈的很多法国人来说，金钱不值得追求，因为它会使生活失去神圣的内涵，给生活注入纯粹工具性的而非内在的价值。因此，在这些人看来，金钱不应被视为最终的职业目标。正如克莱蒙费朗的一位成功的建筑设计师所说："审美、创意、帮助他人过得更好才是真正有吸引力的方面。生活的目标根本不是赚钱，而是达到个人内心的满足。"

对另外一些人来说，金钱象征着与客户和机构之间的一种尴尬且世俗的关系。从巴黎一位律师的例子中可以看出这一点，他无法忍受不得不向客户收费的想法。此人是第二章中提到过的那种资产阶级人文主义者。他有六个孩子，有一幢19世纪的大宅子亟待修缮，他说：

> 我不好意思向人收费。收费给人办案这事……我不知道该怎么说，我宁可免费做。向人要钱让我感觉很不舒服。我总怕要得太多，让人为难。但是我分析自己的这种状况，也知道这么想挺糊涂的，毕竟我提供了一项应该付费的服务。我对钱爱不起来。

另一位律师——他工作的目的是支持个人的爱好（导演前卫剧），还有一家汽车经销商的经理，对金钱问题都有这种同感，他们承认自己对以发财致富为目标的人很难产生钦佩之情。用那位经理的话说，"对他们完全不感冒"。其他很多人，比如巴黎的那位文学教授解释说，自己选择少赚点钱从而获得更多的自由，"我更喜欢赚我愿意赚的钱，享受自由，而不是

赚两倍的钱却不得不听命和屈从"。在巴黎，持这种反物质主义态度的人比克莱蒙费朗的人要多，这就解释了为什么总体而言，人们发现社会经济边界在首都比在省会城市要弱一些（见本章注释12）。

这种对金钱的消极态度可能与天主教无视世俗社会的"未雨绸缪"心理有关，这在我遇到的美国人中非常罕见。极少数认同这种态度的人也未完全否认金钱的重要性。更典型的是，他们强调自我实现和人际关系在生活中的地位，而不像法国人那样经常蔑视金钱。

第二类法国受访者虽然更注重物质享受，但也没有根据收入来划分社会经济边界。他们看待金钱的态度往往与19世纪的土地资产阶级类似，也就是说，金钱是保持"体面而舒适"生活方式的一种手段（克莱蒙费朗某医院会计总监）。在巴黎，对很多男人来说，"体面而舒适"的生活意味着能够经常下餐馆、去剧院和参加各种文化活动，[18]经常在城里的家中或周末在乡村别墅里做东，招待众多亲朋好友，而且还要有能力支撑乡村别墅本身的开销。简而言之，金钱是再现传统资产阶级生活方式的一种手段。它是一种**维持**社会身份的方式，而不是提高一个人的社会地位和显示消费档次升级的信号。因此，我们也就不会感到惊讶，在这些资产阶级的圈子里，"挣来的"钱受到贬低，受人钦羡的是遗产，即积累的财富（法语为 *patrimoine*，尤其是继承的财富，包括体现家族历史的房地产、艺术品和家具）。正如巴黎的一位人力资源顾问所说，"我们过去拥有它们，我们一直拥有它们，我们的子孙后代将继续拥有

第三章　成功、金钱与权力的世界：社会经济边界的关键

它们"。[19]这些资产者很少谈论价格和交易（"君子不言银两"）。他们淡化商业关系，似乎考虑金钱与他们的"贵族身份"相矛盾，亦即不符合他们对无私和无偿的崇高赞赏。而在美国受访者之中，没有人表现出这种态度。[20]

法国的许多受访者对金钱持有矛盾心理并不奇怪，因为法国资产阶级的一些成员在经济上是走下坡路的，但仍保持着较高的社会地位，这主要是因为他们的家族世代属于中上阶层，他们在文化上仍属于这一群体，并能接触到巨大且资源丰富的社会关系网。我们将在第六章中讨论这类向下流动的个体。

第三类法国受访者比他们的大多数同胞更注重金钱。这个群体主要集中在克莱蒙费朗，诸如奥弗涅人，他们是克莱蒙费朗所在大区的居民，以精明能干的商人而闻名。他们将积累财富视为自己生活的主要动力。他们向我谈到邻居的经济地位，以及自己对让积累的财富增值的兴趣。像美国人一样，他们认为赚钱是通向自由的途径。一位向上攀升的工程师表达了这样的观点。他的父亲是个贫穷的农民，他自己在米其林工作，对此感到非常自豪。他最大的爱好是炒股：

> 消费者被人主导，而投资者希望占据主导地位。消费者是贫民区里的人质，即使这是个金笼子。投资者之所以能占主导，是因为他有主动权。消费者是受害者。一边是想干大事的人；另一边是一味承受和忍耐的人，被制约和被操纵。

相比之下，那些持反物质主义价值观的人将赚钱的动力视为一种约束，因为想要赚钱，就得适应某个组织的文化和规范，从而失去人的个性和完整人格。

最后一类是法国受访者中很小的一个群体，其中大多数是第一代中上阶层成员，他们崇尚消费主义，也就是不仅想赚钱，而且将花钱视作向上流动的象征和奖励。这些人公开谈论别墅、豪车和其他自己能负担得起的消费品。然而，即便在最后这组中，也没有人将一个人的价值等同于他的收入。我们会看到，这第四类人常常因其物质主义而受到传统资产阶级的排斥，迫使他们采取后者对金钱的态度。这类"上升的资产阶级"与美国的对照组不同，似乎尚未完全发展出一种独特而合法的文化，并被强迫模仿旧资产阶级的准则。

法国人对待金钱的矛盾态度和美国中上阶层成员最常表达的积极态度形成了鲜明对比。对于美国中上阶层来说，金钱首先意味着自由、掌控感和安全保障，这些要素显然受到个人收入水平的制约。在这一前提下，与法国受访者相比，美国人将金钱本身作为社会经济边界的基础更为突出，这并不奇怪。

将自由与掌控感联系起来的第一位美国受访者是纽约的一位年轻而有权势的基金经理，他的年收入约20万美元，住在河滨镇。在他的漂亮宅邸的露台上，我对他进行了访谈。他这样阐述了自己的观点：

> 我喜欢掌握控制权……我想做让自己快乐的事，不想被人牵着鼻子走、被逼到角落里。（我的工作）不是那种

能实现自我的工作。我在这儿干的确就是为了追求财富。财富给我自由，使我可以做我想做的事，去我想去的地方。我从来不擅长做预算。假如我愿意的话，我希望赚上足够的钱，五年后就退休。对我来说，金钱意味着自由。很多人对我说"你太看重钱了"。我不过是实话实说而已。如果这份工作赚不到钱，我一个月都不会待下去。

在这里，自由意味着能够定期去佛蒙特州的滑雪胜地过周末，或是能够在富人区购买豪宅。对另一些人来说，自由只是意味着能在安全社区买得起房子，孩子们可以在那里上好学校，少有机会接触毒品及其他真实或想象的社会罪恶，房地产还可能增值。自由或许也意味着将财富积累到足以退休，或是能够变为自雇者。在美国人对成功的定义中，成为自雇者的梦想比法国人要强烈得多。

对于这类美国男士而言，金钱还能提供某种已逐渐成为职业成功象征和回报的所谓"舒适程度"。这种舒适程度是依照一个人能支付得起的物品价值来衡量的，包括汽车、房产、旅行、电子设备等。孩子的芭蕾课、钢琴课、网球班和电脑训练营，以及成年人的工作时间与打高尔夫球或享受其他休闲活动的比例，也是衡量的内容。由于"舒适程度"反映了成功的程度，因而许多人都陷入了无止境的消费旋涡。[21]纽约的一位年收入超过10万美元的软件开发者对此表述得最为精确："我发现自己总在憧憬最新款的汽车、最新款的衣服，想去最美的度假胜地……尽管我可以理性、明智地排斥这些诱惑，但我还是想要这些东西。我知道它们并不能使我快乐，但我还是想买新车，最新的音响设备……有太多我想要却尚未拥有的东西。"印第安纳波利斯的一位中年长老会牧师也将金钱作为衡量"职业"成功的标准，他对这种无限的欲望颇有共鸣且语出惊人：

> 假如我告诉你财务上的成功不重要，那我肯定没说实话。它当然重要……它一向标志着我在教会机构里的成功水平。因为要想判断或了解一位长老会牧师有多成功，财富，也就是他赚了多少钱，是很关键的。我几乎一直在同社会压力抗争，尤其是广告和娱乐，它们反复强调金钱和用金钱购买的东西是生活中最重要的……电视在节目、新闻和广告里所描绘的就是……有那么多你本该能买的东西、你本该能享受的事。我对此感到厌烦……但随着时间的推移，（它）就会让人觉得自己真的是业绩平平。在我生长的文化环境中，毫无疑问，成功受人崇拜。成功几乎一直被定义为专业上的成功或物质财富的积累。

与灵魂救赎无关的价值观在很大程度上决定了这位长老会牧师从工作中获得的成就感。我们将在第六章中看到，他的观点表明了这样一个事实，即在美国，社会经济边界甚至可以用来评估明显属于非经济性质的活动，因为大众媒体已经将以"舒适程度"为核心的成功观念植入人心。[22]所以，总体来说，美国人经常根据收入来划定社会经济边界，这并不奇怪。在法国，人们很少将高收入同自由相联系，更多的是同丧失个人操守相联系，而且，与其说高收入与"成功"有关，不如说它更多地是与否定工作的内在价值有关。[23]

高收入水平作为美国受访者的社会经济地位信号的重要性，可以通过下列事实来解释：由于美国的福利制度功能不如法国发达，金钱对他们及家人的生活质量来说更为重要。事实上，美国的教育质量不如法国那么划一，因为它的学校更完全地依赖地方税收，并间接地取决于当地的房地产价格。[24]此外，医疗保健和儿童保育都由美国中产阶级私人支付。大学教育非常昂贵，大多数美国中上阶层成员将毕生积蓄的相当一部分花在孩子的教育上。这个因素尤为重要，因为高等教育是中上阶层再生产的核心。相比之下，在法国，高等教育费用较低，而且因为中小学在财政上由中央政府支持和控制，各个社区之间的教育质量往往比较一致。医疗保健和儿童保育都是免费的或费用很低。

收入作为美国人的社会经济地位信号，其重要性还有一个事实作为支撑：职业上的成功的衡量标准更多地是参考收入水平而不是被提升到有名望的职位。总的来说，市场原则对职业报酬的分配影响更大，这强化了金钱作为一种通用交换媒介的作用，其他的因素，譬如担任要职，则影响较小。

权力、名望和荣耀：法国人对成功的定义

假如说法国人对金钱的重视程度不如美国人高，他们似乎

更公开地表达对权力的兴趣。有一位人力资源顾问，其工作是帮助法国高管化解组织内部的冲突，向我们揭示了权力对于法国人的吸引力：

> 法国的大多数商界人士最感兴趣的是权力。我认为这种对权力的爱好是法国人的性格特点。法国商人崇尚权力，喜欢权力胜过金钱，这并不是说他不爱钱，而是爱权力胜过一切。可以肯定的是，一个法国商界人士宁愿破产也不愿失去他所拥有的影响力……权力更能令人精神振奋。对权力的信仰是如此有趣、浪漫和激动人心……金钱的概念并不能取代情感、快乐和堂吉诃德式的幻想。更有趣的是相信你是老板，你有领导魅力。这令人快活。这与情感有关，与激情，与浪漫主义有关。它带给你快乐和刺激。增长的指数基金能给你带来什么感觉呢？掌控一切才是更令人兴奋的。

银行家杜托瓦也有类似的描述，他对比了法国和美国的商界人士，生动地谈到权力和金钱在这两个群体中所起的作用。

> 我缺乏金钱意识。我不是一台"赚钱机器"。这是典型的法国人。法国男人喜欢谈天论地……追求个人成长……有很强的社会责任感。他想要获得权力……但说到商业，说到金钱，你可以从政治演讲、大众媒体中看到，我们则对这些没什么感觉……法国人都有点像我这样。在

法国，主流人生哲学或文化远不止是金钱，而是我很强大，我有权力，我有人脉，我在公司里说了算，我在巴黎的小圈子里很有名，我过着很好的生活。我认为，我们这里90%的经理都满足于此。相比之下，（美国的）经理脑子里装的就是利润，买进，卖出，炒谁的鱿鱼……（法国的）经理想要的是权力，而不是金钱或商业利润。[25]

这两个人所描绘的痴迷权力的法国高管形象，体现在本书开头提到的医院院长查尔斯·迪图尔身上。当被问及是否喜欢权力时，他说：

> 我认为，我们不可能说自己不喜欢权力。要是真不喜欢，就不会坐在这里了。我相信生活中有两种人：生来指挥人的和生来服从于人的。我属于喜欢权力的人。权力也带来独立性……权力意味着你可以做决定，当指挥，这让我们感觉更好。

同样，一位讲求实际的高校行政人员也谈到自己对权力的欲望，作为一名高级公务员，他行使着"对事件、人和职位的真正权力"，这赋予了他"真正的存在感，找到了人生的意义或目的"；还有一位保险公司主管描述总裁在公司里掌控一切、说一不二的权力，这很令他着迷。对这些人来说，权力和荣耀往往是一体的，是一枚硬币的两面，因为权力赋予了他们一种伟大并有威望的感觉。权力受到人们的高度重视，因此更有可能被用来划定边界。

私营部门和公共部门的管理者均沉浸于这种以权力为中心的文化,国家精英首先是一群经过挑选的技术官僚,对他们来说,有权力和声望的职位是衡量成功的标准,即使是顶级的商界人物,在许多方面也从属于他们。[26]这种对权力的迷恋可能与军事领导的传统有关,这种传统至今在法国"大学校"的教育项目中仍有一定的影响力。这些学校过去常常培养学生形成一种浪漫的领导观,因而他们自视为有魅力的行动者,能够赢得下属的忠诚。他们必须"学会如何施行惩罚""学会服务和指挥""通过(自己的)行为方式赢得下属的情感共鸣""直视下属的眼睛",并"通过(自己的)思想和意志的力量给他们以深刻的印象"。此外,还应"给人一种身体强健的感觉",这可以通过做体操和体育运动来实现。简而言之,他们应当具备"作为军官的刚健品格:坦率、直面现实、勇气、坚韧和敬业精神"。[27]

权力的魅力可能也与法国传统企业的结构有关。传统企业"权力集中……(它的)层级和运营模块之间界限分明,(而且)基层管理方式保守而谨慎"。[28]在这里,管理人员接受管理组织的培训,"其主要关注点(是)等级制度、领导力、权力划分和工作纪律"。[29]这远不同于更为民主的人力管理模式,如Z理论和"质量圈"(即一种日本式协助决策的工作团队,在美国很流行)。但正如吕克·博尔坦斯基(Luc Boltanski)在《干部》(Les cadres)一书中所展示的那样,在过去的三十年里,传统的"人际关系"管理方式显著地向更具参与性的管理方式转变。年轻一代的管理者对权力的关注不如老一代人明显。他们之中的很多人说，他们对权力感兴趣只因这是自身独立的条件。其他一些持激进的或社会主义观点的人则公开批评威权模式，并支持工人自我管理的理念。

悖论的是，在此背景下，法国人赋予权威的合法性反而比美国人要低。例如，安德烈·洛朗（André Laurent）发现，与许多其他工业社会的经理人相比，法国人更有可能相信"经理人的动力是获得权力，而不是实现工作目标"（持这种观点的法国人占56%，美国人占36%）。[30]据欧洲价值观研究项目和使徒应用研究中心的调查，26%的法国中上阶层受访者表示增强对权威的尊重对社会有害，这并不令人意外。只有7%的美国人持同样的观点。

我们从组织研究中可以了解到，美国企业的经理人也有意巩固自己的权力，他们经常参与公司政治、决定职业成败的忠诚链和扩大影响力的零和博弈。[31]然而，与法国人相比，他们不太会公开谈论自己的权力欲，而更可能强调团队合作。纽约的一位首席财务官的态度正是如此，他手下有200人：

> 我不会从"拥有权力"的意义上来理解权力。我认为在我们的职业生活中，我们是作为一个群体，一个团队来发挥力量的。如果我是一个老板，我不一定比职级低很多的人更有权力。我觉得权力取决于你所做的事，而不是来自业务等级制度。我坚信，我的想法与你所描述的（即"拥有权力"）完全不同。

印第安纳波利斯的一位保险公司副总也持这种观点。他温文尔雅，也颇具威严，有近千人在其领导下工作。我在一座大厦顶层的巨大办公室里跟他会面，他说：

> 我从来不会把自己同工作混为一谈。我行使权力是因为这是我的责任，我接受了这个责任。我并不占有这种权力。它不是源于我自身的。在很大程度上可以说，它是让别人能够行使权力的权力。我只是碰巧承担了其他人要求我去做、我也同意去做的任务……权力并没有让我变得更好。它不会让我有任何不同。它只是把我放在了一个需要承担各种责任的位置上。

我们可以看到，一些美国人不厌其烦地解释，他们并不认为自己天生比他人优秀，并且将权力视为一种组织的先决要求，将之与领导魅力或个人权力分割开来，仿佛这后一种权力形式是不合法的，或者是公开表达权力观念会让人背上污名。正如祖斯曼所指出的，美国中上阶层男性认为权力不是一种约束他人的手段，而是一种帮助他人完成工作的资源。他所访谈的一些工程师认为，他们的老板与其说是在行使权力，不如说是在提供帮助。对他们来说，专业能力确保了权威的合理使用。[32]但是，这并不意味着美国人很少根据权力来划定社会经济边界。像李·艾柯卡这样的人受到钦佩不仅是因其经济上的成功，也因其拥有的权力。然而，美国人与法国人的不同之处或许在于，他们可能更倾向于拒绝那些没有道德纯洁感（即平等主义)、公开谋取私利而且自我膨胀的权贵人物。这可能是一种在象征层面上维持平等的方式，以平衡美国社会高度竞争的本质。

核心圈内的差别

有声望的团体和协会的会员资格构成了第三种标准，它超越了金钱和权力，社会经济边界常常以此为基础来划定。归属于这类团体和协会提供了有关社会经济地位的信息，在一定程度上，它表明一个人的收入达到了一定水平，享受着与之相匹配的生活方式，而且已被"合适的人们"所接纳。印第安纳波利斯的一位律师在谈论他的熟人时，描述了根据这种会员资格来划分社会经济边界的人：

> 那些人在选择朋友时，倾向于考虑对方是否加入了伍德斯托克乡间俱乐部或海军陆战队乡间俱乐部，以及他们的收入状况。对我们这些经济和社会阶层较低的人，他们一般都会避而远之……他们是根据物质财富、做事是否符合规矩、文化上是否正统、是否归属于正确的党派来判断人的。黑人被排除在这个圈子之外。他们不会允许自己的姐妹跟犹太人约会，因为他们是虔诚的基督徒、地道的白人盎格鲁－撒克逊新教徒。

关于将有声望的组织的成员资格作为一个划界标准的频率，我们的访谈没有揭示出明显的跨国差异。然而，与纽约人和巴黎人相比，印第安纳波利斯和克莱蒙费朗两地的受访者似乎对此类组织的投资略多。印第安纳波利斯人对这些组织在其生活中的重要性作了特别详细的描述，这些组织既为当地精英提供了互动舞台，也为社交整合提供了一条途径。印第安波利斯的一位知情人士解释如下：

> （新搬来的人）可通过教会或银行认识很多人。银行信贷员可以帮助你，把你带到适当的场合。通过商会你可以了解谁值得交往、谁不值得。不能急于求成……到了商会里，你给这个帮帮忙，给那个搭把手，参加各种集资活动……不可能刚来就要当老大……那不合套路。他们会观察你，不会因为喜欢你的发型就立马认可你。

另一位信息提供者也用类似的措辞描述了这种情况：

> （当你刚搬到一个地方时）必须得花点心思。你得加入俱乐部，加入教会。我的妻子是女青年会*团体的成员，这帮了我们大忙。（人们之所以加入团体），是因为他们或许有政治上的诉求。女士们喜欢担任这样那样的辅助机构的主席。能成为教会里的高级督导员是莫大的荣耀。我曾

---

* 通常由有闲妇女组成，是开展慈善活动的组织。——编者注

是初级督导员。我的妻子非常虔诚，在教会里一直很活跃……我们这个州属于圣经带*，教徒很多，加入教会也是一种社交活动。我们恰好是圣公会教徒。你知道，他们举办派对，你去结交朋友。我的妻子现在正忙着祭坛公会的事。

教会、商会、政党组织、印第安纳州两所知名学府（印第安纳大学和普渡大学）的校友会等，均为当地精英活动的舞台。人们可以服务于各种各样的委员会，诸如"印第安纳波利斯体育馆建造筹资委员会、市中心委员会、纪念碑圈圣诞装饰委员会，还有医院和商业董事会，等等"。如此数量众多的组织关乎这样一个事实，那就是印第安纳波利斯小到足以让精英组成一个自觉的社区，将自己和整个城市视为一体。正如当地精英中的一位房地产经纪人所言，"社区的成败直接影响到你和你的生活"。中上阶层的人"不像纽约市的人那样选择离开，搬到郊区去住"，而是一直留守在此，并"给镇上投资"（印第安纳波利斯某营销主管）。[33]这在一定程度上解释了，为什么依据高地位群体成员身份来划定社会经济边界的倾向在印第安纳波利斯比在纽约更突出。相比来说，纽约人给"社区"赋予的含义似乎比较狭窄，它与群体生活的关系不大，而更多地是与共同保护房地产价值有关。访谈中有一位年轻的房主，是纽约的一位机床销售员，当被问及是否关心社区时，他是这样

---

* 多指美国南部，俗称保守派根据地。在该地区，保守的新教徒在社会和政治中发挥着重要作用，日常行事以《圣经》作为基本准则，各教派的教堂出席率普遍高于全国平均水平。——校译者注

说的：

> 我真的很关心。如果别人不管好自己的东西，把垃圾扔得到处都是，我会特别烦……我希望这个地方看起来赏心悦目。当然我也希望能在周末出城散心，而不是把所有的积蓄都花在房子上。那些不维护好自家房子的人是目光短浅的。

在聊到同一话题时，有些纽约人似乎更多地是从经济成本和自身利益的角度，而不是从共有的身份角度，来评价他们的社区。正如一位广播电台老板所说：

> 在新普罗维登斯，你可以不受政治的影响，利用这里提供的一切便利……我可以隐居在此。一英里[*]外就有购物中心，离纽约市也不远，税收很低，服务却很好。我在这里有煤气供暖，还有市供自来水。

在匿名社区的环境中，收入水平似乎是划定社会经济边界的主要依据，高地位圈子发挥的作用日益减少。然而，如第二章所示，纽约的一些受访者确实也开始参与宗教或其他组织的活动，为他们的家人提供一个社区环境，并以此来抵御强烈的孤立感。[34]

---

[*] 英美长度单位，1英里约等于1.61公里。——编者注

克莱蒙费朗与印第安纳波利斯的情况相近,上流圈子在这些社区中扮演着类似的角色。在这两个地方,当地精英群体相对较小,社会网络非常紧密。许多受访者表示,他们认识"镇上的每个人"。正如克莱蒙费朗的一位律师所说,他的家族已有好几代生活在这里了:

> 这些圈子总是相互关联的。你不需要认识很多人,(而且你)总会遇见同样的人……我们受邀参与某些事情,我们没有拒绝,因为人家发出了邀请。我们先是参加扶轮社的活动,逐渐地变成了骨干。从此,我们一家就被接纳了,我们要代表俱乐部做这做那,然后你会发现不同的圈子,里面有我们已经认识的人。很快你就会发现,你知道每个人都是谁了。

与人口较分散的地区相比,在这种紧密交织的社会网络中,高等地位组织的成员身份对社会经济地位评估的影响可能更大。[35]事实上,克莱蒙费朗人特别重视参与"名人"互动的行政和政治委员会。[36]他们倾向于高度认同自己所在的城镇,尽管跟邻居很少来往。[37]然而,与印第安纳波利斯的精英相比,克莱蒙费朗的精英似乎不那么开放,种族融合受到了相对排他的旧式资产阶级家族的限制。社交俱乐部和兄弟会组织本身不太重要,其部分原因可能是法国社会的地理流动性较低,而家庭稳定性较高(法国的离婚比例为六分之一,在美国则为三分之一)。

最后,值得注意的是,在克莱蒙费朗及巴黎,人们非常重视社会和家庭关系（人脉），它在获得工作及各类资源方面发挥着至关重要的作用，因为裙带关系广泛存在，而且在许多方面是法国行政系统的构成特征。有好几位受访者提到，时常有人求他们帮忙，或是回报他人的恩惠。[38]我访谈的一位酒店经理提供了一个例子（我们的谈话被蔬菜店老板来的电话打断了好几次）：

> 我的家族中有一位高级公务员，是我的一个叔叔。人人都知道我有这个关系。人们托我帮忙递话找他办事。比如说超速罚单，或者更严重的事。我还负责当地一所专业学校的入学考试评分。人们会找我帮他们的孩子进那所学校，因为他们知道我是管评分的。我真的很喜欢帮助别人。这是我的天性。

高等地位的协会，尤其是法国"大学校"的校友会，在界定支持网络和裙带关系方面起着重要作用。美国的校友会也扮演着同样的角色。

阶级、种族、性别和族裔

当美国人被问及自卑感和优越感时，除了少数例外，他们几乎从不提及阶级、种族、性别和族裔。即使谈到这些社会经济地位和先赋特质，他们在很大程度上只是间接地提及，即通常归因于特定群体的品质。举例说,他们可能会用"住在市中心的懒汉"(印第安纳波利斯某人力服务经理)来表达对下层阶级(包括中下层黑人或西班牙裔)的厌恶。然而,明确地解释关于种族、阶级或性别排斥的委婉表达是相当危险的,因为根据定义,这些概念通常是模棱两可的。

让我们先来探讨阶级和职业的概念。一般来说,美国男性受访者淡化自己和他人身份维度的重要性。[39]例如,他们往往否认自己的精英地位,自称为"普通人"(ordinary Joes),尽管他们可能拥有非凡的职场权力和成功。[40]总体而言,他们顺应的似乎是一种平等主义和普世主义(universalism)的社会规范,根据这一规范,在与他人互动时明确地将阶级[41]或职业作为一种考量是不具有合法性的。[42]因此,一些人强调,他们认为所有类型的工作在象征意义上都是平等的。纽约顶级学区斯卡斯代尔的一位科学教师在暑期里做各种其他工作,他解释说:"我有生以来从未觉得任何工作是低人一等的。我做过很多、很多不同的工作,我认为没有,绝对没有任何工作是我不屑于做的。工作就是工作,只要你付出的是诚实的劳动。"

在与员工的关系中,这种平等主义也得到了强调:许多受访者认为,期望得到下属的尊重并不合法。印第安纳波利斯的一位工厂经理对他专制的老板很不满,他说:"我会给他干活,我会尽我所能,但如果要我对他言听计从,那就拉倒吧。"与此相对应,法国社会学家发现,美国的经理人对服从(即忠诚和依赖感)的重视程度没有法国的对照组高。[43]印第安纳波利斯一家跨国公司的首席财务官总结道:"我认为,我跟任何与我对话的人都是平等的。在我的生活方式中，我从不自视高人一等，这一点至关重要。我不在乎他们是什么样的人，因为这不由我来评判。"我们在访谈中发现，这种对阶级和职业差异的明确否认，与基于金钱和成功而划定社会经济边界的突出性相比，似乎是一种套话，而且事实上，当被调查时，受访者们坦承，他们不如那些比自己更成功或更富有的人，而优于不如自己成功或富有的人。

考虑到美国社会普遍存在的高度种族歧视，在讨论优越感和自卑感时，美国受访者对种族差异的缄默尤其耐人寻味。我们的受访者在划定社会经济边界时，不仅明显淡化了种族因素，阶级和民族因素也被淡化了。对于这种现象存在着多种解释。第一种解释是，这些因素对择友的影响或许已经强烈到让受访者认为是不言而喻的，因而相关的特征在话语层面没有凸显出来。[44]事实上，受访者的参照范围似乎主要是由他们经常接触的人组成，最有可能是像他们一样的中层和中上阶层白人。[45]他们基本上忽视自己很少接触的人，即那些被模糊地归为"其他人"的人。[46]因此，他们的谈话似乎只集中在分类体系的较精细类别，而忽略了圈子的外缘。[47]

第二种解释是，有种族偏见的受访者意识到自己的态度不符合我们这个时代的普世精神，在访谈中可能会进行自我审查。或者，受访者可能的确是思想开放的人：从大多数指标来看，大学教育与包容度呈正相关关系。[48]此外，由于许多受访者在大型组织中工作，他们可能认识各种各样的人，这种情况往往会产生更大的包容度。[49]最后一点，在谈及自卑感和优越感时，族裔和阶级差异不突出的部分原因可能是，精英组织会员资格的重要性在美国呈下降趋势。[50]

有趣的是，男性在探讨自卑感和优越感时从未提及女性，而女性专业人士和管理者们经常谈到男性。[51]这一发现支持了这样一种观点，即对符号边界的不同体验取决于个体站在天平的哪一端。[52]这也使我相信，在访谈中，少数族裔成员比白人更有可能在讨论自卑感和优越感时指出种族和族裔特性，因为这些特质在他们的身份中更突出。[53]相同的机制或许也可以解释，为什么白人往往认为黑人夸大了所处环境中普遍存在的种族主义程度，但黑人却体验到来自许多方面的歧视。[54]关于被排斥者和排斥者对同样的符号边界产生不同感知的机制，我们尚须进行更多的实证研究。

与美国人相比，法国受访者虽然不愿意根据收入差异来划定社会经济边界，但他们很容易用职业、阶级或阶级背景来区分自己人和其他人。这应和了这样一个事实：法国人普遍比美国人更有阶级身份意识。[55]我们将在第六章中看到，有些人公开蔑视那些声望低的职业，比如警察、小店主和肉铺老板。他们也更可能自视为精英成员。在一次访谈中，那位讨厌收费的巴黎律师非常明确地表达了这种精英主义倾向。他讲述自己是如何抚养孩子的：

> 我们试图让孩子们明白，他们是特权阶级的一员：他们有机会习得某种文化……我认为，成为精英意味着要负责任，因为精英拥有知识和文化素养。他们在这个世界上

是带着使命,发挥作用的……我们对那些没有多少优势的人负有责任,让他们成为自由的人,比最初更自由。对我来说,这就是作为精英的意义所在。

这种阶级差异的意识也延伸到受访者对自身阶级地位的看法。在描述他们的个人社会轨迹时,法国人比美国人更可能强调结构性因素对其流动性[56]的限制。[57]这使我们相信,阶级作为法国中上阶层成员身份的一个维度,可能比对美国的同类人来说更为显著。

我在法国进行访谈时,虽然由阿拉伯工人融入法国社会而引起的关于移民和公民身份的辩论正处于高潮,但有趣的是,受访男士中只有两位在谈论自卑感和优越感时提到了种族。与美国的情况相同,在讨论高等地位信号时,种族和族裔因素均不突出。与这两个社会中无处不在的种族和族裔歧视相比,这种不显著性表明了研究客观边界如何从主观边界产生的重要性。更需要注意的是各种阶层与少数族裔和种族的关系间接地产生制度歧视的过程,包括我的受访者所表现出的对族裔和种族差异的明显忽视或漠视。同样,与我交谈的人们所划定的主观边界可能只反映他们在中上阶层内部划定边界的信息,并不能解释跨阶级的排他过程。遗憾的是,对这些问题的探索,正如对少数族裔和种族的成员如何与中上阶层白人男性划界的问题,超出了我的研究范围。

反社会经济边界

我的几位受访者这样批评某种人:"他们觉得自己比你更是个男人,因为他们更富有……他们试图贬低你,因为他们有鼓鼓的钱囊,有名车、豪宅和高档服装。"(克莱蒙费朗某哲学教授)他们还批评那些沉迷于"名利场"的人(纽约长老会牧师),以及只关心个人地位和声望的人。换言之,他们反对那些划定社会经济边界而忽视生活中道德层面的人。这表明,符号边界也能以消极或相反的方式运作。

菲利普·巴克斯顿是印第安纳波利斯的礼来制药公司(Lilly Pharmaceutical Company)的一位科学家,他是个典型的"反社会经济排他者"(antisocioeconomic excluder)。他解释说,他喜欢自己的邻居,因为他们在谈话中从不提及社会地位:

> 我喜欢他们的诚实。这些人不会装腔作势。你知道的,你可以径自过去和他们一起喝啤酒,聊足球,做各种各样的事,干什么都行。没有拿腔拿调,不讲什么排名。而(我不喜欢的那些人)根据你做的工作,你在社会上的地位,赚多少钱,是什么样的人来决定和你建立什么样的关系。人跟人最好是平心静气地聊天,了解彼此。你的职业是什么无关紧要。人和人之间的关系应该只跟人品有关,跟感情、价值观有关。职业应该是次要的,那只是为

了维持生计。

菲利普的妻子简对此表示同意。她说：

> 我们当时在这里住了可能有一年了，（邻居）还没问过我们"你是做什么的？"，我们也不知道唐做什么工作，在哪儿上班，唐也不知道菲尔在哪儿工作……住了很长一段时间我们还不知道邻居的职业，我们不在乎。这样真是挺好的，我们就坐在院子里一起喝啤酒、聊天。我们从不谈钱。菲尔从不谈论他的工作。从来都不是里根式的（市场竞争）：先看彼此的头衔，然后再决定说什么话。让我们抛弃那些虚浮的东西，做个真实的人吧！在我儿子的学校里，似乎很多人都热衷于竞争，非常注重排名。他们问"你做什么工作？""你家孩子参加了多少项运动？"，还有，"他有哪些课外活动？"。这真是令人头痛，我实在不喜欢。

许多人谴责那些根据社会经济因素择友的人，他们的成功使之偏离了"真正的"人类价值观。印第安纳波利斯的受访者经常表示，他们出于道德的原因而反对划定社会经济边界。对一些印第安纳波利斯人来说，世俗的成功似乎需要伴随谦逊和平等主义，才能证明其纯粹（见下文的本章注释64）。这一观点在谈到美国东部人的时候尤为明显，印第安纳波利斯的许多居民强烈地批评被他们视为钻营者的纽约人，"粗鲁、冷漠、

第三章 成功、金钱与权力的世界：社会经济边界的关键 147

无情——跟你做生意时挺好，但若挡了他的道就另当别论了"（印第安纳波利斯某员工助理）。一些人对美国东部人普遍感到失望，因为他们过度关注"你在哪里上的预科，你的家族有什么人脉，你爬到阶梯的哪一层了"（印第安纳波利斯某心理学家）。总体来说，印第安纳波利斯人在反对纽约的社会经济排他的同时，强调美国中西部人的道德优势，就像纽约人在批评印第安纳波利斯人文化落后的同时强调自己的世界主义一样（见第四章）。[58]另一方面，两地的受访者都对法国人划出了反社会经济的边界，他们认为法国人过于精英主义和阶级导向，并将这些态度与法国的封建历史联系起来。

总体而言，与美国人相比，法国人划定反社会经济边界的态度略强。[59]他们还经常针对美国公民划定反社会经济边界，认为美国人过于物质主义和成功导向。[60]正如这位拥有2000多名员工的高管所言：

> 美国是少数几个我不想生活在那里的国家之一。它是个冷漠的地方，那里的人很无趣。他们只对汽车和房子的大小感兴趣。在美国，除了钱，没有多少其他东西。我宁愿住在墨西哥。

同样，凡尔赛一位富有的牙医说：

> 美国人太注重外表了。他们只对成功感兴趣，对银行里有多少钱，对汽车和社会地位感兴趣。我认为这一切都

非常肤浅……美国人疲于奔命地追求他理想中的房子和汽车，我觉得他错过了很多重要的东西。他没有什么生活。对很多事情视而不见，这真的很可悲……他错过了很多人，很多比拥有大房子、豪车和珠宝首饰更有意思的东西。[61]

正如我们将在第四章中看到的那样，法国人划定反社会经济边界的反美主义往往是在文化的而非道德排他的掩护下表达的。然而，这种反美主义在过去几年中变得不大盛行了。事实上，最近的一项调查显示，在1984年，法国人中有44%对美国持积极看法，15%持消极看法。[62]如今，这种反美主义主要局限于知识精英中的某些群体。[63]

关于法国人的反美主义，以及美国人认为法国人过于精英主义的相关调查结果表明，不同群体之间划界工作模式的差异或许可用来部分地解释地方主义的、种族中心主义的甚至种族主义的情绪。事实上，这两国人彼此的负面反应背后的原因与本研究记录的划界工作的差异相对应。譬如，尽管法国受访者在划界工作中很少强调金钱，他们却批评美国人过于物质主义。因此，边界模式的差异也许有助于更好地解释地方主义情绪和民族中心主义观点，我们可以将这些观点与不同群体的共享文化剧目的差异联系起来，而不是与个人的心理倾向、道德缺失或无知相联系。

结 论

我们在本章中看到，社会经济边界对许多受访者来说很重要，但对法国人不如对美国人重要；就文化中心和文化中心周边地区的居民来说，其重要性基本相同。正如两国的受访者在评估道德地位时会强调道德的不同方面，他们在评估社会经济地位时看重的信号也不同，法国人更看重权力，而美国人更看重成功和财富。

分析不同群体采用的符号边界类型之间的特定组合有助于我们了解每个地方的文化景观。譬如，有证据表明，与法国相比，美国的道德边界和社会经济边界之间的独立性较低：对于美国人，尤其是对那些比纽约人更具道德边界意识的印第安纳波利斯人来说，[64] 只有同时保持道德纯洁，社会经济成功才值得称赞。[65] 因而，倘若美国人非常重视与成功相关的性格特质，如进取心、活力、良好的职业道德和竞争力等，可能是由于这些性格特质同时被视作道德纯洁和社会经济纯粹的信号，因而受到双重的尊敬。相比之下，在法国，道德地位似乎不是直接从社会地位中解读而来的。[66] 因而，在世俗层面上不够"成功"的法国人或许更有个人价值感，而那些"成功"的法国人对自己的社会地位可能不那么自以为是或具有精英感，他们对社会福利计划的支持产生了重要的政治后果。另一方面，与法国相比，在美国，社会经济地位可能更容易转化为道德地位。只有通过区分这三种边界，比较分析它们的动力学特性，才可能得出这样的结论。

在美国，关于社会经济边界重要性的社会共识可能比对文化边界和道德边界的共识更为普遍。研究表明，美国工薪阶层在定义成功时通常强调物质上的成就。[67]然而，对于中上阶层强调的信号对其他阶层影响程度的跨国差异，我们需要做更多的研究。这可能将提供有用的信息，以了解下层和中下层对于中上阶层的文化自主程度，以及阶层间动态的跨国差异。

我们在第二章中指出，过去十年中，在法国，企业家精神变得日益受欢迎。国家层面的趋势表明，随着法国和美国社会分化程度的降低，社会经济边界的影响力在两国社会中可能会越来越大。社会经济地位日益重要的原因在于，它比道德或文化地位更易得到体现：我们每天消费的耐用品提供了我们在收入规模上所处地位的即时信息。相比之下，文化层次和道德水准（在更大程度上）只能随着时间的推移而作出判断。在文化和道德状况评估方面，社会网络获得的信息提供了重要的便利性。在地理流动性增加的情况下，社会经济边界可能变得更重要。在文化中心，由人口规模造成的匿名关系更普遍，社会经济边界的影响力尤其可能增大。[68]

对法国和美国社会经济边界的内容分析，让我们重新思考两国人对彼此的印象。根据大西洋此岸盛行的普遍观点，法国人比美国人更精英主义。而从上文中可以看到，实际情况是比较矛盾的：在某些方面，法国人不像美国人那么关心社会地位，尤其是经济上的成功。因而可以说他们不那么精英主义。然而，在话语层面，美国人不太会根据社会背景或职业来划定社会经济边界。虽然法国人对过度看重成功和财富的人持严厉的批判态度，但他们更倾向于排斥没有适当背景或正统职业的非精英人士。因此，如果说法国人在某些方面更具社会经济排他性，那么美国人则在另一些方面更排他。与其按流行的分类将法国人描述得比美国人更精英主义，社会科学家需要理清社会经济排他现象的各个维度，以获得更详细、更具体的跨国差异图景。

应当注意的是，本书中关于美国人更强调成功、成就和物质财富的调查结果与许多关于美国国民性的文献是一致的。事实上，类似利普塞特的《第一个新兴国家》和托克维尔的《论美国的民主》等经典著作都指出了这些相同的特点。利普塞特还讨论了美国的普世主义和平等主义，对我们的受访者来说，表现为这样一个事实：美国人几乎从不按阶级划定边界。

从本章发现的社会经济划界模式中，我们可以看出法国和美国国民文化模式的重要差异。虽然有关国民性的研究因其本质主义（essentialism）倾向而受到批评，然而目前的研究表明，已被确定的差异是结构性的或超越个体层面的，因为它们同样与主观符号边界相关。特定的国民性可被理解为符号边界的特定形式，以及历史上形成的国民文化剧目，社会成员均或多或少地利用着这些资源。当我们考察法国和美国中上阶层在高雅文化、精雅、才智和世界主义领域的划界工作时，这种模式中的鲜明国民差异也会显现出来。

第四章 精雅吾友圈：文化边界的关键

我们全部的尊严感就在于思想。

——帕斯卡

排斥平庸市侩的人

朱利安·拉斐特出生于尼斯，是一位年轻的科学家，正在研究克莱蒙费朗周围的火山。他的父母都是心理学家，且终身为法国共产党激进分子。他离开尼斯去波尔多攻读研究生，之后在克莱蒙费朗工作了六年。他看上去有点像朋克，但很有风度。

与本书开篇提到的迪迪埃、约翰和卢一样，朱利安非常重视生活的审美层面。他对那些文化见识短浅的科学家同事表现出极大的蔑视。他容易感到无聊，对品位差的人毫无耐心。朱利安择友十分谨慎，因为他需要跟朋友有心智上的共鸣，并能畅谈政治话题。他无法想象和右翼分子成为朋友。这也是他与顶头上司处不好关系的部分原因，他将其描述为跟自己完全不同的人：这位科研主管热衷于金钱，喜欢看轻歌剧和商业大片，而且"对艺术文化一窍不通"。

朱利安感觉自己比某些人优越，诸如那些"一天不落地看电视"的人，随波逐流、"从来没有政治立场的人，三句话不离钱的人，还有那些每到八月就去海边度假的人，两年换一次车的人……他们不会独立思考，对电影、唱片、戏剧、展览永远没有自己的见解。他们从不表达观点，甚至害怕说出自己的想法"。

朱利安是文化排他者的一个理想型范例。像他这样的人，通常基于才智水平、受教育程度、世界主义和精雅程度来评估人的地位。他们在这些方面感觉到优越,看不起那些"眼界狭隘、连报纸都懒得看的人,……除了孩子的事和自己的高尔夫球赛,一无所知"(印第安纳波利斯某律师),那些"在才智上跟我不对等"或者"未充分发挥自身才智"的人(印第安纳波利斯某数据经理),还有那些"不动脑子,从不自我提问……满足于眼前的一切,对什么都盲目接受的低能儿"(克莱蒙费朗某哲学教授)。与朱利安一样,在讨论他们欣赏的朋友的品质时,这些人较少提及为人诚实或世俗上的成功,而是更多地谈到有趣的灵魂、世界主义的眼界和精雅的品位。他们欣赏能够激发自己的求知欲和创造力的事物,甚至可以将成功定义为"保持智性的活力"(印第安纳波利斯某计算机专家)。

访谈表明,文化因素是两国高等地位信号定义的核心。然而,从受访者在文化维度上的定量排名可以看出,与法国人相比,文化边界对美国男性受访者来说重要性稍低。[1]当被要求在23个性格特质中选出自己最看重的品质时,他们的选择反映了这种差异。有24%的法国人和6%的美国人认为才智优越是列表中最重要的性格特质;类似的结果还有,22%的法国人和仅6%的美国人将思想狭隘视为最负面的个人性格特质之一。最后,有52%的美国人将世界主义描述为一种让他们无动于衷的性格特质,而这类法国人只占30%。这一调查结果有重要意义,因为在研究美国文化资本的文献中,高等文化地位信号被视为美国中上阶层文化的核心。[2]我的数据表明,对此种观点尚须进行细致的分析,毕竟有相当多的美国专业人士和经理人

第四章 精雅吾友圈：文化边界的关键

都以较为批判的眼光来看待智性主义、世界主义及其他高等文化地位信号。

本章的前半部分探讨法国和美国中上阶层成员如何定义才智水平、自我实现和文化修养，以及他们在谈论地位评估时如何运用这些维度。与前几章一样，我们将指出两国中上阶层成员使用高等文化地位信号的重要差异，例如，这两个群体以不同的标准评估才智和文化修养程度，同时，美国人比法国人更强调自我实现。我们还将看到，大多数人所运用的高等文化地位信号比文献中最初提出的范围要广得多。事实上，虽然有关文化资本的研究大多强调语言能力、掌握高雅文化和展示有教养品格的重要性，但访谈结果表明，受教育水平、才智和自我实现也在文化地位评估中发挥着关键作用。

在本章的后半部分，通过比较法国和美国各自的优势和知识分子亚文化的差异来分析两国文化边界的特点。数据表明，法国的知识分子亚文化比美国的更有凝聚力，这进一步证明了文化边界在法国的重要性。此外，两国的文化边界具有不同的形式结构：法国人运用的边界更稳定、更普遍、更等级化，而美国人运用的边界较弱。美国人比法国人拥有更广泛的文化剧目，他们在文化上更宽容，更多地表现出文化自由放任（cultural laissez-faire），因为他们对"好"品位和"差"品位的区分不那么具体，而是比较模糊和不稳定的。这印证了文化边界在美国语境中的重要性较低。它还表明，两国的文化边界在形式和内容上都有所不同。因而，如最后一章将指出的，相比法国人，美国人在话语层面上划定的文化边界较少可能转化为客观的社会经济边界。但是,首先我要探讨这两国人划定文化边界的信号类型。

文化排他、才华、专业知识及其他形式的才智表现

鉴于大学教育和专业知识在确定中上阶层成员身份中的重要性,因而并不奇怪,受教育水平和才智的差异是两国受访者在划定文化边界时最常见的两个基点。事实上,有很多人,甚至包括那些并不自认具有文化修养的人,当谈到希望结交什么类型的人时,都很看重才智。他们一再将自己的朋友和最喜欢的同事描述为既聪明又能激发思考的人。他们这样描述自己感兴趣的人:"具有一定知识水平"的人(纽约某律师);"善于思考,或者说试图去认真、严谨、有逻辑地持续思考的人。他们优于那些思维不连贯或拒绝思考的人"(巴黎某文学教授)。这些群体也很重视高等教育,正如有关教育和地位获得研究的大量文献所指出的,高等教育是获得中上阶层地位最重要的门槛,无论是从工作机会还是从融入社交圈[3]的角度来说都是如此。[4]

我访谈的法国人似乎特别关心才智,他们反复申明自己很难容忍愚蠢。同样,他们谴责愚蠢(*la bêtise*)的强烈程度,只有美国人对无能的抨击可与之匹敌。如凡尔赛的商业管理专家路易·杜邦所说,愚蠢是最严重的罪行,远比不诚实更甚:

第四章 精雅吾友圈：文化边界的关键

> 思考问题并试图找到解决方案，是生活中最大的乐趣之一……现实中存在的平庸和愚蠢程度令人惊愕。我更愿意和狡猾的聪明人打交道，因为至少我们能够相互理解。倘若他们不诚实，那不是我的问题。一个蠢货才真让我无可奈何。

本章前面提到的物理学家朱利安·拉斐特也认同这一观点。对于朱利安来说，不诚实的人不像思想狭隘的人那么糟糕，因为"和不诚实的人仍有可能进行交流。有可能把他带回正确的方向。而面对思想狭隘的人，你真是束手无策"。这种明确将文化标准置于道德标准之上的观点，美国的受访者中没有一个人表达过。

法国受访者对才智的格外关注也反映在对英雄和榜样的描述中：伟大的知识分子，如雷蒙·阿隆（Raymond Aron）、雅克·阿塔利（Jacques Attali）、让-保罗·萨特（Jean-Paul Satre）均占据了一席之地。受访者中的一位，克莱蒙费朗的博物馆馆长雅克·孟德尔，表达了一种普遍的感受，他承认经常这样作自我评估："那些智识水平在严格意义上超越我的人，令我感到自己很渺小……因为我觉得他们在我试图取得成功的领域获得了成功。"归根结底，对于这些人来说，智力成果才是最卓越的成就，远远超出了金钱和它所能带来的世俗的成功。法国社会的一些特征反映了这种信念。仅举一个例子，法国的许多政要都撰写过严肃的政治论文；他们非常有兴趣在智识方面受到尊重，并从参与巴黎的知识分子生活中获得声望。[5]

我的法国和美国受访者通过截然不同的文化范畴来理解人的才智（正如同他们理解诚实的方式）。法国人强调要有一种批判意识，这被视为衡量一个人分析能力的标准。他们还通过智力玩笑、抽象能力、口才和语言规范来解读才智。相比之下，我们看到美国人主要关注的是实际能力。正因如此，他们主要将专业知识视为才智的体现，非常重视"了解事实"，最重要的是了解"相关的"，即有用的事实。我将在下文中依次讨论这些跨国差异。

在法国的笛卡儿主义传统中，知识来源于系统地怀疑假设和公认真理的能力。无论个人付出多少代价与努力，最重要的是，获取知识需要具有质疑权威及寻求真理的能力。因此，拥有才智的标志是有批判意识和一定的智性诚实，即"不循规蹈矩，有能力理解各种情况并表达个人观点，同时与一切社会从众行为保持距离"（巴黎某社会工作者）。[6]粗鲁型的人是不可能具有批判意识的，他们不"仔细分辨自己的思想，不思考；只是在道德上保护自己。他们自以为无事不知，无事不晓"（巴黎某律师）。在大西洋此岸，笛卡儿怀疑论可能被视为具有过度批判倾向或是缺乏灵活性的象征，美国的受访者很少谈及批判意识，除了一向与欧洲智识遗产联系紧密的少数犹太人。

这种批判意识的重要性及其所暗示的对心灵生活的魅力（和普罗米修斯精神），部分是由精英高中的毕业考试（baccalauréat）所要求的哲学教育功底支撑的。私立天主教高中（相当大比例的中上阶层子女去那里就读）都非常强调哲学思维训练。[7]这种环境间接地鼓励学生们将修辞学当作一种智力游戏，在其中展现自己的机智、灵活和敏捷；推理能力，包括抽象能力、表达能力以及阅读的广度都至关重要。[8]另一方面，掌握事实则不受重视，因为学生们学习的是如何在理论基础上建立复杂的论点。建筑学教授迪迪埃·奥库尔的态度体现了人们对求实精神（factualism）的普遍反应。当被问及消息灵通对他来说是否重要时，他答道："我完全不关心这个。时事是无关紧要、转瞬即逝的知识流动。"

有这样一句名言："法语是最精确的语言"（What is not clear is not French）。法国的知识分子传统非常强调思维和表达的清晰性，这被视为才智的进一步标志。一位受访者（巴黎某人力资源顾问）在描述"句子之间的平衡，注意选择词汇及其确切定义，以及它们蕴含的基本思想"的重要性时，简直到达了抒情的巅峰。在另一个场合，一位受访者对我说："糟糕的语法暴露出思想的粗鄙。"有不少人指出我的调查问卷中有一个拼写错误，显示他们是法语的忠实信徒。[9]在谈及才智为何物时，两国受访者的语气也戏剧性地突出了相互竞争的概念：美国人的回答往往简短而中肯，而法国人尤其是巴黎人的回答，明显地更长、更复杂、更富有细节和自我反思的评论。

法国教师运用的评价标准反映了这些不同才智信号的重要性。事实上，演讲风格、口音和措辞等方面，对各级学生的表现评估均有很大影响。对语言的娴熟掌握是被社会推定为才华出众者的关键，尤其是考虑到法国的教育体系没有采用国家标准化的能力倾向测试（aptitude tests）。[10]

这种对口才的强调也扩展到了专业互动领域，法国人在职场中经常唇枪舌剑，就像美国人每天都通过展现业绩来竞争一样。因而，口才这门以智取胜的技艺被锤炼得炉火纯青。[11]此类竞争形式也有其弊端。巴黎的一位老外交官向我描述了其行政部门里的精英同僚，他们毕业于著名的法国国立行政学院（Ecole Nationale d'Administration）。他不大看得上这些人，因为：

> 他们并不是什么都懂，但就是有本事在不懂的情况下侃侃而谈。这真让我感觉不舒服。你让他们应对一件事，对此他们一无所知，但也能不懂装懂地发表一番意见。

在这种环境下，要想成为被社会推定的才华出众者，其关键并不一定是拥有专业知识。[12]我们发现，即使在工程学院里，专业能力也并未获得高度重视。那些最负盛名的学校引以为傲的是向学生提供一种通用的分析方法，一套理论工具，使他们能够游刃有余地应对一系列的问题。[13]近年来，高等教育机构发生了许多变化，引入了强调专业化的课程。然而，笛卡儿式的智识传统似乎依旧影响着法国人理解和感知才智的文化范畴。例如，在法国的工作场所，文化资源，譬如抽象而不失优雅地表达自我的能力，对成功至关重要。文化边界本身在社会不平等的再生产中起到了重要作用。这些高等地位信号在一定程度上取代了美国职场中诚实、友善和冲突规避所占据的地位，使得文化在整体上比道德更能决定成就的高低。由于法国职场高度重视的道德人文主义与人文主义文化本身（或曰文化地位信号）是不可分割的，这一点得到了加强。

法国人用于定义才智的范畴与美国人的范畴形成了鲜明对照，后者主要是围绕实践知识和对事实的掌握来组织的。我们看到，美国人钦佩能力。因而他们将才智解读为以合乎逻辑、清晰可行（不必讲究优雅）的方式呈现、组织和分析具体事实的能力。这种求实精神在美国人谈及自卑感的时候出现过，以长岛的汽车租赁商克雷格·尼尔的表述为例：

> 那些触及我的知识盲区的人让我感觉不舒服。比方说，如果我坐下来跟股票经纪人长时间交谈，我多半会感到不自在，因为我对股票业务一无所知。如果有人和我坐下来讨论建筑设计，我也会坐立不安，因为我对建筑设计一窍不通。

专业知识既能打开边界，又能关闭边界。事实上，它一方面可以用来显示优越感，从而让其他人"感到不自在"；另一方面，我的美国受访者常常将他们觉得有趣的人定义为掌握"丰富的信息"；这些人"不一定发人深省，但一定会令人振奋；他们了解自己做的事，去过的地方，见过的人，懂得如何融入社会"（纽约某环境专家）。在这里，用以区分"自己人"和"其他人"的界限不再是批判意识和得体的谈吐，而是掌握关于世界的广泛信息。正如印第安纳波利斯的一位招聘专家向我们解释的：

> 我受不了那些不谙世事，对历史、地理或时事一窍不通的人。我甚至都不要求他们对体育运动有很多了解。但一个人假如在其他方面知之甚少，懂点体育也会很有帮助……我有一个好朋友，是我的邻居，他对体育不感冒，去年在看 I.U.（印第安纳大学）全国冠军赛时居然睡着了。但我仍然喜欢他，因为他关注时事，而且熟知历史。这就在三个，或者说四个领域里占了两个。

美国受访者的阅读类型也揭示了美国中上阶层文化对专业知识的欣赏。与法国人相比，他们对杂志和行业出版物更感兴趣，这能帮助他们随时了解自己专业领域的最新发展，并据此作出明智的购买决定。纽约的一位娱乐业专业人士的阅读品位很有代表性："（我）喜欢阅读……体育杂志、服装目录和房产目录；你知道，就是关于住宅、房地产、抵押贷款之类的小册子。有时为了消遣，我也会读纪实文学或自传。"常被提及的出版物还包括《消费者报告》(*Consumer Reports*)、《汽车与司机》(*Car and Driver*)、《体育画报》(*Sports Illustrated*) 和各种计算机杂志、专业杂志和时事杂志。约翰·克雷格——上一章中提到的纽约那个疲惫不堪的市场营销专家，当谈到他妻子的读书时机和动力时，也为我们勾画出了很多人的阅读习惯："只有当受到什么事情的激发，或是需要查找资料时，她才会读书。比如最近我岳母重病卧床，正在接受临终关怀，她就开始阅读相关的书，了解临终关怀到底是怎么回事。"访谈结束后进行的一项关于如何打发闲暇时间的问卷调查显示，法国的受访者比美国的更倾向于将自己定义为经常读书的人（有72%克莱蒙费朗人认为自己经常阅读，巴黎人有77%，而在纽约人中这一比例为44%，在印第安纳波利斯人中为58%）。[14]

这种对信息的欣赏有时会与对知识的量化追求挂钩，即强调阅读书籍和已知事实的数量。举例说，畅销杂志《读者文摘》(*Reader's Digest*),《危险边缘》(Jeopardy) 之类的益智问答电视节目，《智力棋盘》(Trivial Pursuit) 等派对游戏，都表明追求量化知识和求实精神是很受欢迎的。当然，也有相当多的美国人并不参与这些，但它仍是美国文化景观的一个鲜明特征，这是法国所不具有的；[15]法国人的那种注重抽象和措辞的方式对美国人来说意义甚微。[16]

我在上文中提到过，美国受访者对才智的看法也比法国人更实际。举例而言，当你问及美国人心目中的英雄和榜样时，他们提到的"伟人"更有可能是某位杰出的企业家（如王博士*）而非纯粹的知识分子（如让-保罗·萨特）。然而，我们将在下文中看到，不同职业的人在这方面有着重大差异。

印第安纳波利斯人和纽约人重视实用型才智的原因可能与这样的一个事实有关，即他们普遍地更看重成功，而且经常将成功解释为有能力充分利用头脑的优势。印第安纳波利斯的一

---

* 王安（1920—1990），生于上海，美籍华人科学家、企业家。1948年取得哈佛大学应用物理学博士学位；1951年创办电脑公司，名为王安实验室（Wang Laboratories）；1986年获美国总统自由奖章。——编者注

位脚踏实地的房地产经纪人这样评论某些聪明人：

> 他们也许掌握了一些书本知识，可一旦涉及那些我认为非常简单的实际判断时，他们就会得出荒谬的结论。在商业世界，做事绝对是凭常识。它没有什么秘诀，也不深奥，不是非要有物理学家的头脑才能成为商人。

在这种情况下，才智被视为是"识别机会、抓住机会、利用机会并使之发挥作用的能力。而其他人处于同样的时间、地点和环境，却错失了一切机会"（印第安纳波利斯某房地产开发商）。

这种实用型才智观显示出美国人划定文化边界的方式与法国人的不同。法国人认为在料理日常生活方面的低能是可以接受的，如上文所述，法国男人甚至会炫耀自己在处理被认为平庸的事务时笨拙无能，而美国人对这类无能之辈更为挑剔。当然，我也确实遇到过一些欣赏知识本身的美国人，但即使是这类人，也普遍重视在日常生活中的能力和对实用知识的掌握。

法国人和美国人之才智观的主要不同，还体现在这两个群体彼此谈论对方的方式上。银行家杜托瓦和经常到美国出差的工程师路易·杜福尔概括了很多差异。在提到法国人对口才的酷爱时，杜托瓦先生解释道：

> 法国经理人的才智可以轻而易举地远超美国经理

人……无论是从文化、信息、教育和分析能力的层面来说，还是从他们的广博兴趣来说……他们无疑要聪明得多。但若想成功，光是聪明、精雅和有教养是不够的。你还得务实，得知道你为什么要开会，要作出哪些决定，为什么以及如何去做。法国人不明白这一点。他们太爱夸夸其谈。他们对权力有一种渴望，并试图通过修辞来满足这种渴望。谁的谈吐最优雅，谁掌握法语最娴熟，谁说了算，谁就赢了。因而，对我们法国人来说，更聪明、更有教养是非常重要的。

杜福尔先生也认同这些观点，他觉得美国专业人士过于专业化，而且兴趣过于狭窄：

> 我认识的美国人除了工作和日常生活，对任何事情都不感兴趣……（当）他们出国时，当他们来到法国，他们最感兴趣的是刻板印象中的（法国生活）。（他们的兴趣）不是很多样化，而且很肤浅……他们爱拍照，以此证明自己亲眼见过埃菲尔铁塔。他们对（社会）差异不是很好奇。（他们和我们之间）也存在一些积极的差异。比如，他们对工作中的人际关系（和冲突）不太在意。他们对职业生活的意义有着更严肃的理解。他们的效率要高得多。

法国职场中的那些被社会推定的才华品质，在美国职场中可能毫无用处。在法国职场中，口才、综合能力、批判意识和强大的抽象能力非常关键；在美国职场中，求实精神、注重效率、专业知识和实用主义更为重要。

自我实现

如果说法国人似乎特别强调知识分子风格，那么相比之下，美国人则更看重自我实现。[17]印第安纳波利斯的计算机专家鲍勃·威尔逊娶了一位音乐家，他的生活非常忙碌，在运动场和艺术圈中都能看到他的身影。他在谈到成功的概念时，生动地说明了自我实现的含义：

> 我生活的大部分时间都被各种活动占满了……所以对于那些正在实现梦想的人，我是很欣赏的。那些无所事事的人……在我眼中没有地位。我更喜欢跟那些追求自我实现的人相处，我认为成功是一种能够找到值得解决的问题并解决它的能力。我46岁了，我想成为惠普的首席信息官，我有三幢房子，年收入48.7万美元，两个孩子，一条狗和一辆法拉利。这类生活，你懂的，对我来说算不上成功。而且，有可能在六个月后（我的生活）就会改变。我可能会发现一些绝对能点燃我求知欲的东西。我必须如饥似渴地追求，到那时再回头看我目前的成功，可能就不过是围绕着解决某个问题，可能是一件非常具体的事情，比如完成某个目标。所以我想，保持思想的活跃或许是我对

成功的真正定义。

对鲍勃来说，自我实现代表着"做事"并"成功地"做事，他将这一概念与求知欲和智力活跃联系在一起。普遍而言，自我实现在这两个国家都受到重视，它被等同于才智或求知欲。正如一位信息提供者所说：

（那些不努力实现自我的人）不具备真正的求知欲。我发现他们对什么事都不投入，他们没有任何热情。我觉得这些人不太可取。我试图保留对他人的评判，直至对某人有所了解，你懂我的意思吗？也就是搞清楚他的才智跟我的相当还是更胜一筹。对于没有求知欲的人，我往往不予理睬。

不思自我实现的人被逐出圈外，因为他们沉迷于被动而平庸的休闲活动，尤其是爱看电视。确实，自我实现者中很少有人会很赞赏看电视这种消遣。印第安纳波利斯一位睿智的医学教授这样表达了他们的观点：

我觉得大多数情景喜剧都很愚蠢。有奖竞赛节目是对人智力的侮辱。我对体育运动毫无兴趣。我从不看体育比赛。我不觉得它有什么意义……反正我是真没看出它有多大的价值。

一般来说，自我实现者会参与积极且有组织的活动，他们的长期目标是最大限度地发挥自身潜力：他们下棋、学乐器、锻炼、节食、去博物馆，参加PTA*、拯救雨林，选修各种课程，等等。同样，他们也将自己的朋友描述为热爱生活的人，他们会给自己提出问题，有好奇心，还会"仅出于好玩儿而自己打造家具，买房子并翻新它，对各种各样的主题感兴趣并如饥似渴地阅读"（克莱蒙费朗某财务顾问）。正如印第安纳波利斯的一位英俊的雅皮士单身律师所述：

> 那些安于平庸的人对我没有吸引力。真的，我对他们一点也不感兴趣……你懂的，我指的就是那些不想提升自己、不想改善思维方式的人。出于某种原因，无论是社会学的、心理学的还是经济学的原因，他们一般都会陷入一种循规蹈矩的生活，这实在是太、太、太无聊了……我不想和那些无所事事、坐在烟雾缭绕的酒吧里的人交往。

美国的这些中上阶层成员高度重视任何可被视作自我实现信号的活动。尤其是节食和锻炼，有些人说，他们对那些身体状况差的人会产生优越感。比如纽约的一位公务员解释道：

> 我喜欢在身体上和精神上都能照管好自己的人，那些

---

* 家长和教师协会（parent-teacher association）的缩写，其宗旨是家长和教师共同商议与孩子教育相关的重要决定或组织活动。——译者注

第四章　精雅吾友圈：文化边界的关键

与众不同的人。我有一位木匠朋友，他56岁退休之后开始坚持跑步……没人真愿意和那种放任自己身材走样的人做朋友。我在某种程度上倾向于同情弱者，但他也必须是个自爱的人。[18]

在许多方面，这种对自我实现的关注可被视为美国中上阶层的**标记**：这个群体拥有参与许多文化和体育活动所需的经济资源。有关闲暇时间和育儿观的研究表明，在关注自我实现的人群中，社会经济地位较高的人比例超高。[19]一项针对不同社会职业群体的休闲活动模式研究发现，虽然专业人士和经理人大约仅占美国人口的15%，但在对"国际化"活动和自我充实（定义为提供激发才智、获得独特的和创造性成就的机会）感兴趣的人当中，38%是经理人或专业人士，而在蓝领工人、文秘和白领技术工人中所占比例分别为10%和25%，剩下的是家庭主妇和学生组的占比。[20]同样，社会经济地位较高的人看电视的时间也较少。[21]此外，与工人阶级相比，中上阶层人士认为，将某种求知欲、探索的兴趣和自我实现的需要传递给他们的孩子是更重要的事。[22]

当人们将自我实现作为一种高等地位信号来强调时，便可能同时划定了文化边界、道德边界和社会经济边界，将自我实现等同于展示道德品质的证明，并且是具有取得社会成功的"正确"品格。自我实现在美国中上阶层文化中的核心地位可以解释为：它能间接地标志一个人在道德、文化和社会经济等级制度中的高级地位。

排他的文化圈："差品位"的个案

参与调查的法国人和美国人均强调文化修养，但他们对此的定义有所不同，法国人强调精雅和人文主义文化，而美国人更关注科学文化，较少关注世界主义。

基于文化修养而划界在法国是一种相当普遍的现象。事实上，我的很多法国受访者在这方面都跟让·德拉图尔类似。德拉图尔是一位50岁的、风度极为优雅的杰出高管，毕业于法国国立行政学院；他住在巴黎北部的讷伊区，妻子是位社会科学家。他将自己欣赏的男人类型描述为有教养的绅士：

> 这类人非常重视文化，他们的人生视野是开阔的，绝对不是从电视里看来的……我受不了那些没文化的人。我去别人家的第一件事就是看他们的书架。如果他们没有藏书，我就觉得他们缺少文化。他们也许非常擅长做自己的工作，但缺乏一些极其重要的东西。

德拉图尔解释说，他非常不喜欢粗俗。粗俗是精雅的对立面，其标志是：

> 缺乏智慧、探求和个性。粗俗使一切形式的情感和人类价值观变得含混不清……这是最可怕的失败，因为你没

有任何办法来反对它。你不能和它理论。它存在着，对此你无能为力。如果说人生有一件大事是我们必须去做的，如果说我们有一项使命，那就是努力做到诚实，而且不粗俗。

与让·德拉图尔一样，划定文化边界的法国人经常将自己定义为同主流文化和法国凡夫俗子的生活方式相对立。法国凡夫俗子的品位、活动、生活和做事方式跟他们截然不同："房子在郊区，开雷诺21，每周工作39个小时，有妻子在家守候，夏天去海边度假，冬天去滑雪，晚上8点半准时看电视。"法国凡夫俗子是社会的受害者，过着漫画式的生活。因而跟这类人保持距离很重要。本书开头引用的建筑学教授迪迪埃·奥库尔强烈建议远离庸众：

> 我可以告诉你我跟中产阶级有多大的不同。首先，我讨厌夏天去海边度假。我无法忍受那个。他们都去海滩，但我去别处。我去僻静的乡间。其次，他们会买独立家庭式住宅，我可受不了。我喜欢生活在世界的中心。我需要享受巴黎的文化。就汽车而言，我不喜欢和所有人拥有同样的汽车。所以我的生活安排截然不同，我乘地铁。我有一辆20世纪60年代的敞篷车，只在周末开。别人开得很快；可我开得很慢，因为它是辆古董车。一切都不一样，因为我就是与众不同。我还拒绝某些生活方式。比方说我没有电视机，只听广播。

克莱蒙费朗的一位年轻律师菲利普·德居伊与迪迪埃一样，他的大多数朋友具有文化修养。他以此为傲，更重要的是想向他们学习；他需要这些人来激发自己的兴趣，跟他们讨论政治、艺术和文化，交换书籍，分享对电影或展览的观感。

对于菲利普来说，生活的审美维度极其重要。例如，他非常关注自己生活的外在环境，因为这表达了他的个性。他对所做的事，读书或购物，都是精心研究的。他解释说，他对"每件事，每件我感兴趣的事"都有明确的观点。"我知道我对（里根的）星球大战的看法，以及对各种事情的看法。"的确，他能够详细论述他喜欢的作家、建筑和电影的类型。他鄙视那些无法创造自己的生活方式而不得不随波逐流、循规蹈矩的人。

精雅是像菲利普*这样的*文化排他者奉行的核心价值。这类人通常将他们的朋友描述为精雅之士。这关乎"他们的做派、言谈和掌握的词汇。这种精雅不仅从做派上体现出来，（也通过）才智来衡量……（他们）懂得如何将事情做得恰到好处"（巴黎某公司律师）。他们将精雅定义为一种微妙的存在，"一种生活方式，但又不止于此。它是你真正发现（某人）的心灵和头脑之处。它以优雅而完美的存在方式为前提"（克莱蒙费朗某记者）。他们还将精雅等同于审慎，这意味着"避免混淆不同的人和事，不妨碍他人，不强迫自己"（克莱蒙费朗某律师）。精雅还意味着"在思想上避免粗俗或简单化；

（在政治上）不将法国大革命200周年与进步*混为一谈；在宗教上不将一神论与宗教混为一谈；在情感上不将激情与情感丰富相提并论。你看，它就是笨钝的反义词"（巴黎某人力资源顾问）。

精雅的人会避免让自己难堪。他从不丢面子。他伫立在社会规范的顶端，他知道书信如何开头；他知道用什么头衔称呼上级；他知道发起谈话的恰当时机。他有灵敏无误的社交触角，懂得"不要做太多，不要做太少，说话适可而止"（巴黎某神父）；如何"（不）唐突地互动，还有，（不要）以为你得不停地谈论自己"（巴黎某建筑公司老板）。

拒绝做法国凡夫俗子意味着远离"普遍的"品位，即中产阶级和工人阶级的一般品位。事实上，法国人经常赞扬对"普通"或"粗俗"行为或价值观的改进，这构成了一种委婉的社会经济边界，即以文化为幌子而非凭借社会经济差异来与其他阶级保持距离的方式。[23] 的确，正如托斯丹·凡勃伦（Thorstein Veblen）和W. 劳埃德·沃纳（W. Lloyd Warner）在很久以前即已指出的，以品位和生活方式为基础进行区分和以阶级背景为基础进行区分并无二致。

那些划定鲜明文化边界的法国受访者对明确定义的文化准则有着敏锐的意识，并恪守这些准则，无条件地遵循资产阶级文化的行为规范。克莱蒙费朗的一位牙医描述了这个资产阶级

---

* 进步主义（progressivism）认为，通过政治行动改善人类社会是可能的。作为一种政治运动，进步主义寻求通过基于科学、技术、经济发展和社会组织的所谓进步的社会改革来改善人类状况。——校译者注

世界的某些特征：

> （女人们）穿白衬衫搭配爱马仕围巾，下雨的话，她们会穿蓝色雨衣和风帽……地道的（资产阶级）完全围绕着……该做的事和不该做的事、该做好的事和不需要做好的事而生活。比如说，你应该在周日去看望家人，在这个场合你必须打领带……女人不会买紧身衣服……我和妻子都接受了这类价值观，但我们把它们整合、消化了，并对我们想做的事采取了相对合理的做法。相比之下，很多人完全吸收了这一切，他们不想摆脱这种生活方式。

在这个资产阶级世界里，正如这位牙医所说，每件事都有它的规矩。什么时候应该使用您（*vous*）而不是你（*tu*）？能否一眼看出鱼刀和奶酪刀的区别？当然，那些熟谙资产阶级文化的人可以故意表现出差品位。然而，只有存心调侃的差品位才是可被接受的。

这种资产阶级世界深深根植于相应的传统及"文化遗产，即普遍认为的法国古典文化"之中，它"较少关注20世纪六七十年代的现代文化——在谈论古典时，我指的是古代作家和古代语言"（巴黎某社会工作者）。这个世界也重视"对普世主义的某种关注，接触外国人和外国语言的品位，对旅行的爱好"（巴黎某社会工作者）。此外，在这个资产阶级世界的亦即法国中上阶层的大部分人中，人文主义文化受到高度重视。一个人必须牢固地扎根于过去和当代的文化之中，包括音乐和文学，并且对国家和国际层面的经济政治问题有着敏锐的认识。这些特质被视为文明人的精髓，并影响到在职场中的口碑。的确，一个缺乏口才和一般文化素养的粗俗乡巴佬，无视优雅互动和自我表达的规矩，看问题跟法国凡夫俗子的观点如出一辙，既无原创性也无个性，他是不太可能被社会推定为令人印象深刻且未来可期的人。

传统上，法国的教育体系在这种普遍的人文主义文化扩散中发挥了重要作用，或用一位巴黎公立学校管理人员的话来说，教育体系发挥的作用是"打好基础，引入文化，……以及尽可能地（教育学生）如何成为一个真正的人"。然而，这种对文化的关注并没有像人们想象的那样广泛地存在于大众之中，1988年进行的一项调查表明，只有9%的法国人每年听一场以上的古典音乐会，而且只有10%—15%的人去公共图书馆、观赏戏剧、演奏乐器，或参与类似的文化活动。[24]另一方面，76%的法国人从未观看过舞蹈表演，71%的人从未听过古典音乐会，分别有55%和51%的人从未观看过戏剧表演或艺术展览。[25]因而，非常热衷参与高雅文化的人仍然是法国社会的少数群体。

看重义化修养的美国人与法国对照组相比是怎样的呢？具有文化排他的法国人与法国凡夫俗子划清了界限，而美国人往往拥有广泛的文化剧目，可涵盖大部分主流文化。印第安纳波利斯的一位叛逆艺术家表达了这种兼收并蓄的态度。访谈是在他的波希米亚式家居中进行的，他这样描述自己：

我完全有能力处理可在中西部发现的各种各样的情感。也就是说，我可以做一个典型的美国中西部人，喜欢乡村气息的那种。他们是这么说话的（全部以拖沓的语气），"好，直说吧，我是个有家的男人。"你懂的，我会听西部乡村音乐，弹吉他，然后说"我擦""狗屎"，或是"见鬼，你懂的！"或者，我也可以这么说话（将语音变高）（我）可以改变说话的音调，读自然历史和《看得见的开拓地》(*The Visible Frontier*)，讨论人类的种族融合，诸如此类……文明的法国范儿。我收集老辞典。我的朋友中有罗德学者，我周游过世界。[26]

与之类似，有几位美国男士告诉我，他们能够跟各种出身背景的人相处，而且能对多种互动模式运用自如，即适应性非常强。他们往往明确地拒绝根据文化修养来筛选人。[27]这其中的部分原因或许是出于平民主义传统，使用这类信号划定边界可能被视为不符合民主原则，很多人认为，基于宗教或族裔的筛选方式是不合法的偏执行为。这种普遍的、明确的非排他性是区分法国和美国中上阶层最显著的特征之一。

基于文化修养来划定边界的美国人，往往倾向于把缺乏世界主义或不够精雅的人视为"不同的"甚至是"不受欢迎"的人。[28]在聊到地域差异这一敏感话题时，这一点尤为突出。如前文所述，有些纽约人看不起美国中西部人和南方人，因为觉得他们缺乏世界主义眼界。纽约的一位机床销售员描述了他所感受到的差异：

第四章 精雅吾友圈：文化边界的关键

在洛杉矶、华盛顿，人们有一种高雅的气质。我不知道你是否会称之为有教养，还是说这些人具有某种额外的东西。在中西部，人们不具备这个，尽管有些人会尝试。当我在马里兰州和宾夕法尼亚西部做生意时，我甚至比他们的高管都略胜一筹。我不知道怎么跟你描述这个。他们的反应就是没那么快。[29]

纽约的一位艺术家坚定致力于自我实现，在谈到他出生的美国中西部时说：

人们的生活很平淡。他们更愿意随波逐流……大部分地方都是很郊区的，人们应付很多平庸的事。我的意思是，这就是我不待在那里的原因。（他们感觉）岁月一切静好。（他们）只是在赚钱谋生，而我认为这是庸碌的……因为你并没有真正尝试去做任何不同的或更好的事情，也没有拓展自己。我在那里看不到有很多这样的事情发生。我也没看到有多少大作家住在印第安纳波利斯。

美国东部人对中西部人划出的文化边界格外令人惊讶，因为定量比较结果中近似的分数表明，总体而言，我的纽约受访者并不比印第安纳波利斯的受访者更在文化上排他。[30]然而，世界主义和地域差异仍是极其敏感的话题：当讨论到这些问题时，有几个人做出了防御性反应。许多美国中西部人强烈地肯定自己所在地区的文化独特性。克莱蒙费朗人的戒备心没有那么强,他们也许可以接受巴黎毋庸置疑的文化优势,甚至承认自己文化修养不如巴黎人高。[31]

关于文化修养,法国和美国受访者之间的另一个对比在于他们各自最重视的领域。其中当然有相似之处:美国人同法国人一样高度重视对政治和经济方面文化的充分掌握(亦即消息灵通,无所不晓)。对近现代史的了解也很重要。然而,那些划定鲜明文化边界的美国人比法国人更重视对于科技最新进展的熟知程度,总体来说对人文的重视程度较低。以序言中介绍过的纽约经济学家约翰·布鲁姆为例,当被问及他在科学方面受到的教育是否比人文学科(文学、哲学、历史)更好时,他回答说:

> 我不能确定人文主义文化是什么,但我可以肯定地说,我的兴趣更多地在于知识,在于技术,通过数学、天文学、物理学、量子物理学等,这些是跟我相关的事……你看,(我的妻子)简和我之间有一个很有意思的区别,我可能会更多地关注某个话题或主题,而简会更多地关注人。对她来说,世界是由人构成的。而(对我来说)世界充满了知识和技术,你懂的,就是基于计算机而出现的新技术之类。

与美国人相比,法国人对人文主义文化的偏重体现在一些文化标识上:在20世纪70年代后期流通的法国钞票上,7个人物里有5个是作家,而美国钞票上印的全是政治人物。此外，截至1957年，以男女作家的名字命名的巴黎街道占6.4%，在波士顿则为1.2%，旧金山为1%，芝加哥为0.9%，曼哈顿为0.6%。1976年在法国公共电视台播出的节目样本中有8%与高雅文化相关，而美国公共广播系统（Public Broadcasting System）播放的节目样本中有关高雅文化的仅占2.5%；同样，戏剧和文学节目占法国全部电视节目的3%，而这一比例在美国公共广播系统中仅占1.2%。[32]最后，《世界报》(Le Monde)和《纽约时报》1988年统计数字的比较也表明，人文主义文化在法国的影响更大：《世界报》刊登的"哲学"类文章有68篇，而《纽约时报》仅有3篇。

社会科学家和教育专家记录了美国书面文化的普遍衰落以及美国学生对人文主义文化的兴趣淡薄。[33]布迪厄认为，在法国，对高雅文化的掌握比科学或技术知识更受重视，部分是因为它体现出一个人的内在品质，亦即他或她有能力投资金钱买不到的东西，并能够以无偿的即非经济形式来运用自己的时间，这是对个人卓越的最高肯定。[34]鉴于美国人对实用知识的重视，这类分析不太可能适用于美国。

与法国人相比，划定鲜明文化边界的美国人更多地是通过世界主义来定义人的文化修养，即有机会旅行、学习语言、发现各种烹饪传统，以及更广泛地说，随着自我实现的追求拓宽自己的视野。[35]在这种情况下，度假目的地和饮食习惯都可作为评价某人精雅与否的信号。如一位受访者所说的"加利福尼亚的葡萄酒之乡相比于田纳西州的双子城"；又如，意大利北部美食相比于脆猪皮。此外，与法国人不同，美国的一些受访者表示对欧洲的一切都很着迷，从汽车到葡萄酒、服装、电影、香水和厨具。品位和文化修养往往是欧洲商品和习俗的同义词，一些美国人不太关注欧洲商品类型之间的差异，只看中它们的欧洲标签。例如，保乐力加（Pernod）*在法国是工人阶级惯常喝的饮料，而在美国成了时髦饮品。来自意大利的面食、腌刺山柑（capers）†、咖啡研磨机或浓缩咖啡机也是如此。在印第安纳波利斯博物馆杂乱的地下室里，我访谈了一位年轻的馆长，他以自己的妻子为例，向我讲述了这种对异国情调的迷恋：

> 结婚时她带来了200多本烹饪书。我们或许只学了些最基本的，但在这个基础上进行了很多探索……这给了我们一种探险的感觉。我们旅行回来，手提箱里没有毛皮大衣，全是些凤尾鱼酱之类的东西。美食为我们提供了一个机会，一个焦点，围绕着它，我们可以探索文化和地理的其他方面以及所有这类的事情。

法国和美国受访者之间的另一个区别是，有些美国人，尤其是向上流动的美国人，在追求高雅文化时带有目的性。用印第安纳波利斯这位艺术家的话来说，"他们欣赏艺术，因为艺术很有影响力，因为别人是这么说的"。高雅文化被视为一种

---

* 法国知名茴香酒品牌。——编者注
† 意大利的一种腌渍小菜，味酸咸。——译者注

值得积极追求的东西，这些美国人快速、大量、显著地消费它，而不是视其为理所当然的存在。旨在推广高雅文化和向大众传播文化修养的文化组织和杂志获得了成功，例如"每月一书俱乐部"，以及《美食》(*Gourmet*)、《好胃口》(*Bon Appétit*)、《安邸》(*Architectural Digest*)和《美国艺术》(*Art in America*)等杂志。[36]这说明了人们对高雅文化和文化修养的渴望。这种近来不断加速的文化学徒制影响着对文化产品的品鉴方式。譬如，当美国人的饮食习惯刚开始与国际接轨时，他们对欧洲饮食的态度不同于欧洲人对美国饮食的态度；正如欧洲人使用美国人所不了解的文化传统来看待汉堡包文化一样，也就是说，将对汉堡包的体验同排斥传统资产阶级文化联系起来。[37]

最后，在强调消费文化上，也能看出美国人与法国人的某些不同。有些受访者表示，他们将购买艺术品视为高等社会地位的表现，此外还有装修住宅、开豪华车、消费昂贵红酒和美食，以及保持身体健美。[38]在这里，高雅文化与高等社会地位似乎更直接相关，也就是说，同法国相比，高雅文化相对于社会经济边界的自主性和独立性更低（或更直接地转化为社会地位）。美国的中上阶层参与了大型社会网络，这部分地是由于高度的地理及职业流动性，他们或许不得不发展出迅速显示自己文化和社会经济地位的方式。[39]相比之下，法国的许多文化消费者过度投资高雅文化产品（书籍、电影、博物馆），以此来弥补他们的低收入和低社会流动性的状况。换句话说，这些法国人消费高雅文化不是高社会地位的信号，而是为了获得社会地位而发出文化地位信号的一种方式。[40]

在更广泛的层面上,美国的受访者对文化修养的态度往往不像法国对照组那么消极。譬如,他们之中有些人认为,高雅文化能给人带来启智教化的体验,可以提升灵魂和思想,它仿佛具有洗涤心灵的作用。[41]据在得克萨斯州休斯敦研究读书会的伊丽莎白·朗说,她的受访者认为,伟大的文学作品给人提供了一种近乎宗教般的精神联系,因为他们追求对自我的理解,以及对自身和社会的客观看法;阅读本身常常被视为提升道德涵养、完善自我的源泉,以及感到自豪的理由。[42]同样,根据最新的一项关于新泽西大学生活的人类学研究,大学教育本身通常被视为"开阔人的视野,让人变得更好、更自由、更有知识的一种途径"。[43]这种将高雅文化和教育视为提升道德地位或内在道德价值的观点,我在法国的访谈中从未听到过。

美国人对提高文化修养的兴趣日益增长,这也反映在关于文化活动的统计数据中:1980年,参与高雅文化活动的美国人比以往增加了很多。[44]事实上,在接受调查的18岁以上的美国白人中,有14%的人听过一场或多场交响音乐会,而在法国接受调查的15岁以上的受访者中,这一比例为9%。[45]在美国,来自不同背景的人群对文化活动的兴趣不断增加。然而,与法国的情况一样,受教育程度仍是预测艺术参与的最佳指标:[46]1978年,对艺术和文化活动感兴趣的人中有69%受过大学教育,同样,对世界主义和充实自我感兴趣的人中有65%也是受过大学教育的。[47]值得注意的是,黑人在对欧美文化越来越感兴趣的同时，对非裔美国人艺术的参与度也在日益提高。[48]另一方面，与其他地区的人相比，美国南方人对高雅文化的参与较少，这可能反映出其生活方式更注重家庭、亲人和教会。[49]现在对高雅文化最感兴趣的群体是婴儿潮时期出生、步入三四十岁的这批人。[50]

在我收集的关于法国和美国的受访者参与高雅文化活动的数据中，间接地反映出他们对文化边界重视程度的差异。美国人较少参与以下类型的文化活动：创作艺术作品、去音乐厅和剧院、参观博物馆或艺术画廊以及使用公共图书馆。平均而言，纽约人和印第安纳波利斯人中经常或频繁地参与这类活动的占18%和22%，而在巴黎人和克莱蒙费朗人中为31%和33%。[51]出乎意料的是，与居住在所谓文化中心的人[52]相比，那些所谓文化中心周边地区的居民对高雅文化的重视程度并没有明显降低。[53]

知识分子及其亚文化

知识分子和艺术家一样，可被视为划定鲜明文化边界的理想类型；事实上，思想和高雅文化在很大程度上组织起了他们对世界的看法。他们对智性生活极其重视，正如我们将在第六章中看到的，他们划定了非常鲜明的文化边界。因此，更仔细地研究知识分子的亚文化可能是很有趣的。事实上，它可以告诉我们法、美两国高等文化地位信号的性质和重要性。[54]相比法国，这种亚文化在美国文化中更为边缘化。

我的受访者之中有相当大一部分可被定义为"知识分子"。有21%的美国样本和42%的法国样本属于这类人。[55] 一个人要想被归类为知识分子，需满足以下两个标准之一：要么明确地将自己或自己的朋友定义为知识分子，要么在访谈中多次提及自己的智性生活。第二个标准较为宽泛，用来补充第一个，因为"知识分子"这一社会分类在美国不像在法国那样根深蒂固，内涵也不尽相同，我们将在下文中展开这一点。

让·勒泰利耶是巴黎的一位相当古怪的心理学家，过着他的所谓"私人智性生活"。具体来说，这意味着他不断学习新语言，并为了个人乐趣而写书，部分是作为艺术品，尚未出版（我回到普林斯顿后他还给我寄了一些样本）。在度假时，他去"法国、葡萄牙和德国的不同地方"参观图书馆。他的友人常向他推荐新书（"朋友推荐的书从未令我失望，他们的选择总是很对我的口味。我对书有一种依恋，甚至可以说是一种狂热"）。曾师从米歇尔·福柯（Michel Foucault）的让·勒泰利耶喜欢深奥的学问。他在业余时间制作电影来表达自己的个性。他与联邦德国、瑞典和美国的艺术家及知识友人保持着重要的通信联系。对他来说，文化是一种完整的生活方式。

同让·勒泰利耶一样，法国的受访者之所以自我定义为知识分子，是因为他们有着广泛的文化兴趣，也就是说，"可以畅谈各种话题，对所有新上架的书都非常了解"（克莱蒙费朗某心理学家）。他们也为自己"具有批判性意识和独立思考能力，不随波逐流"而感到骄傲（巴黎某社会工作者）。他们往往基于共同的政治或哲学思想择友："我会引用智力典故，而另一个人能立即领会。在智识方面，以及在总体的存在哲学问题上，我们心有灵犀。"（克莱蒙费朗某社会工作教授）正由于对待思想的态度极其严肃，他们通常鄙视那些持有"荒谬政治观点"的人。

这些知识分子并不将精神生活同愉悦感或自我意识区分开来。其中有些人坦承自己几乎是本能地需要阅读，渴望在思想的海洋中求索。他们按时收看《猛浪谭》（"Apostrophes"）之类讨论新书的电视节目，[56]还会订阅《新观察家》（*Le Nouvel Observateur*）或《快报》（*L'Express*）等周刊，这些杂志详尽地报道最新出版物和文化活动，通常还包括对知名学者的采访。有些人跟踪文化杂志流传的巴黎知识圈八卦，其热情不亚于足球迷对体育统计数据的关注。[57]此外，这些法国知识分子还热衷于投资文化产品（电影、书籍、艺术）。他们拥有许多文化和制度资源，可以围绕这些资源来组织他们共同的身份和文化。

除了少数例外，这些法国知识分子中的许多人都将自己定位为政治谱系中的左翼。他们试图通过捍卫平等主义原则来体现一种道德纯洁，同时以复杂的社会政治话语来支持自身的立场。然而，许多人对政治的参与都类似于计·勒泰利耶所描述的情况：

> 像所有的法国知识分子一样，有时候我会非常激进，但我从未真正全身心投入过什么。我会照搬众人皆知的想

法和话语。在某些时候，我坚定地支持共产党和意大利左翼。

许多人已不再信仰社会主义革命，不再相信统治和剥削的终结。[58]事实上，自20世纪70年代以来，救世主式知识分子在法国的文化地位已有所下降，让-保罗·萨特是最好的例证。[59]法国知识分子现在很少参与政治，过着更私人的生活。[60]不过也有一些受访者，如巴黎的一位建筑设计师，克莱蒙费朗的一位社会工作教授、一名律师和一名公务员，仍明确表明了反对权力结构的立场，尽管他们读的是福柯而不是马克思。相比推动社会整体解决方案，他们更感兴趣的是在日常生活的宏观结构中寻求自主权最大化。这些知识分子仍将自己定义为虚无主义者，并且同资产阶级（即传统）文化保持着某种距离。正是从这个角度出发，他们选择了第二章中描述的一些反道德立场。

美国知识分子的亚文化与法国知识分子的不同。事实上，对于理解什么是"知识分子"，几个美国人有着不同的参考框架。对"为什么你认为自己是知识分子"这个问题，纽约的经济学家约翰·布鲁姆再次解释说：

> 我的整个观点是试图回答人生的某些基本问题。人生的目的是什么？目的是发展你的心智，你的思维过程，你的反思能力。这样对我来说，我才觉得自己的存在有意义，不平庸。某种智性探索、智性好奇心、智性发展的感

受对我来说很重要。我无法想象自己有一天会对读书、体育或仅仅是探索失去兴趣。

约翰不太清楚"知识分子"作为一种社会身份类别的含义，因为他将"知识分子"和"致力于智性活动"的概念混为一谈了。在回答"你是否认为自己是知识分子"时，一位人力资源管理顾问（他在哥伦比亚大学攻读在职博士学位）也反映出同样的混淆：

> 我不会将"知识分子"定义为"有文化修养"，因为我在保险业工作，这一行对才智的要求很高，我也认识一些非常聪明的精算师，但他们或许在文化方面有所欠缺。对于你以这个方式的提问，我不会回答"是"（即回答我和我的朋友都是知识分子）。

印第安纳州人和纽约人用于确定知识分子地位的文化标准比较模糊，部分原因是美国的大众媒体不像法国的大众媒体那样经常使用这一身份类别。尽管如此，被我归类为知识分子的美国受访者仍具有许多共同特点。他们像法国人一样喜欢采用抽象的表达方式，与那些更喜欢"脚踏实地"方式的美国人相比，这一特征尤为明显。譬如在谈到他们最近阅读的书籍时，这种抽象倾向很明显。[61] 从我们互动时的语气来看，有些人显然喜欢辩论式的讨论，在这种亚文化中，第二章中论及的冲突规避原则似乎并不适用。另一方面，与法国对照组相比，这些美国知识分子在政治光谱上比较居中。[62]

美国知识分子的亚文化与主流文化并不矛盾,因为,相比法国受访者中的知识分子,他们消费更多的流行文化,包括电视、商业电影和悬疑小说。然而,身处这种亚文化中的人常说,由于主流文化的实用主义取向、狭隘性和反智主义,他们与主流文化是疏远的。[63] 美国知识分子还将自己及其世界主义特质与他们认为在美国普遍存在的狭隘主义区分开来。[64] 在此背景下,我访谈的几位知识分子指出,如果一个人希望保持头脑活跃,很重要的是要住在纽约这样的大城市附近,或是印第安纳州布卢明顿这样的大学城附近,就好像在美国作为知识分子生存需要特殊的条件一样。按照这些思路,有关美国知识分子的文献强调,这一群体总体而言在美国社会中是被疏远的。[65]

相比更友好的环境,这样的困难处境促使美国知识分子越发高昂地坚持自己的知识分子身份,这或许意味着参与更引人瞩目的智性实践,并且更加强化文化边界。在这种情况下,我的一些受访者将目光投向了欧洲,尤其是英国和法国,去寻找榜样,为他们的身份赋予结构与意义。这对于纽约的一位英俊的博物馆馆长来说尤其如此,他狂热地迷恋法国文化,经常去巴黎度长周末:

> 我收集各种塔的模型和摄影,或任何有关巴黎的东西。今年夏天我们要在巴黎买一套公寓……我感受别样的生活。我不是法国人,仅在大学里学过两年法语,倒是能

看懂法文，但从来也没能掌握流利的口语。所以，我到巴黎时总是个局外人，因为我不是生长于此……我可以从一定的距离来观察它，并享受它的全部乐趣……巴黎的美丽，饮食，所有的一切，我对它的浪漫想象，都必须身临其境才能体会得到……你去的每个地方都有书店……我将巴黎跟19世纪联系起来，于是我可以从它的街道、建筑物等看见那个时代……我觉得在那里的每一刻都充满了享受。而在这里，我不过是从一个街角走到另一个街角去寄一封信，没有什么乐趣可言。

这类美国知识分子会像那些划定鲜明文化边界的法国人一样，在文化修养方面投入很多。然而，他们在美国或许仍是少数，而且注定会集中在文化行业里（艺术家、大学教授、记者）。这些差异反映了美国背景下文化边界的影响力较弱，以及主流文化中知识地位标志的边缘化。下文中将谈到，美国知识分子的边缘化可能会因人口中存在的强烈反智主义和反世界主义情绪而加剧。在这种情况下，扩大一个人的文化剧目以容纳大众文化可能是唯一可行的选择。

探讨文化的宽松：美国个案

我们看到，法国人和美国人在划定文化边界的方式上存在着差异：强调才智的不同方面（批判意识相对于能力），通过不同的信号来感知才智（口才相对于专业知识和实用主义），并对人文和科学知识设定不同的价值。此外，我的访谈和其他研究表明，美国人比法国人拥有更广泛多样的文化剧目，对主流文化的态度也不那么排斥。美国人更倾向于强调世界主义并通过文化来拓宽视野，而法国人更强调精雅。此外，有些美国受访者似乎比法国人更有意识、更具目的性地消费高雅文化，看待高雅文化的视角也更多地受到高等社会地位的影响。最后一点，美国的知识分子，作为文化排他的一个最典型群体，比起法国人来说，在身份和亚文化上的一致性似乎较弱，对主流文化的各个方面更为疏远，尽管他们拥有的文化剧目更广泛多样。

证据表明，美国人与法国人用于划定文化边界的分类体系具有不同的形式结构，前者区分不足（或不够详细）。首先，美国人很少进行文化上的区分，即较少划定文化边界，而且在大多数情况下，他们只排斥不符合基本和广义文化要求的人。其次，他们划定的边界似乎比较模糊，对行为和品位的等级化也不太固定。换句话说，对于越轨行为或合法文化的定义，人们的共识较少。因此，在适当的文化领域触犯边界的人不太会像在法国那样受到强烈批评，边界本身在美国似乎更容易渗透。这种体系可被描述为具有弱边界或是"松散边界文化"。

"松散有界性"（loose-boundedness）的概念指的是分类体系中类别定义的清晰度。人们发现，在美国这样的松散边界文化中，生活方式和人际关系规范方面的文化创新水平很高，对越轨行为的包容度也很高。[66] 相比之下，具有严格边界的文化有一套清晰的道德准则、广泛认可的评价态度和行为体系，其分类准则是围绕着僵化、两极化、等级对立（对与错、好与坏等）来严格定义和构建的。[67]在这种文化中，文化创新较少，生活方式更传统，文化等级更分明。

有几项证据表明，美国人用于划定文化边界的分类准则较为宽松：第一，人们发现美国在文化上创新更多，文化放任倾向更强，对品位差异的包容度更高。这种宽松倾向也延伸到思想和政治领域。第二，美国人谈论精雅和世界主义时的类别划分不如法国人那么具体。第三，与法国人相比，印第安纳波利斯人和纽约人更喜欢悠哉生活或休闲式活动，如修缮房屋和看电视，而不是那些高度结构化的活动，比如需要大量接触贵族品位的历史和文化教育。此外，在消费高雅文化和文学方面，美国人倾向于强调审美体验的情感和感受维度，而不是用智性话语来谈论艺术。这些均提供了更多证据，表明美国的文化边界相对于法国的不牢固性。

文化创新与自由放任

美国社会对文化创新与自由放任的重视体现于这样一个事实：许多美国受访者常常表达对个人文化主权的崇尚。他们认为"你选择穿什么衣服和消费方式是你的事""你觉得舒服就好"，而且不应对他人的生活方式和品位进行评判（"别人爱要什么就要什么"）。这正是之前遇到的纽约劳动仲裁专家威利·帕西诺所采取的立场：

> "差品位"（指的是）我对"（差）品位"的定义，并不代表我的品位是对的，别人的是错的……我觉得我没有资格去评判别人的品位。我喜欢的东西只是我喜欢而已。我可能不喜欢你的发型或穿着，但像穿着热裤参加葬礼这种，绝对是品位差。这是公认的品位差，因为它在那个场合是不合时宜的……我有个侄子在纽约，他的生活方式比较特别（有点嬉皮士），戴着耳环。他就是这样的。我支持吗？我不支持……但这不由我决定，所以我只能接受。只是我不喜欢，对我来说是种冲击，但那是他的生活。也不会对他的身体造成什么伤害。

这种相对主义也延伸到了思想和政治领域，有几个人提到，所有的观点都有同等的价值，且都以个人偏好为基础。正如印第安纳波利斯的一位信息提供者解释的："我不喜欢谈论政治和宗教，因为每个人都有自己的看法，你懂吗，我和你一样固执己见，一般来说，我发现聊宗教和政治毫无意义。"有些人在遇到这种人时会感到不快："他们觉得自己的意见更有价值，并且能告诉我一些我不知道的事……那是一种单向输出，而不是相互给予和接受"（印第安纳波利斯某职业招聘员）。最终，这种相对主义将导致反智主义，因为它否定了更充分地分析现实的可能性。

美国的文化自由放任还有另一表现，那就是同法国受访者相比，更多的美国人对他人表现出宽容的态度：在探讨优越感和自卑感时，他们更可能会说不觉得自己比任何人优越或逊色，自己的品位并不比别人好，而且他们喜欢所有的人。[68]他们也更有可能对朋友的糟糕品位一笑置之，认为这是不伤及友谊的表层问题，并且肯定其他方面，尤其是道德因素，在选择朋友时更为重要。总体而言，很少有美国人表示自己很重礼仪。另一方面，他们却看重着装和人际关系中非正式的一面：我的美国受访者更喜欢干净、简单、舒适的穿着，法国工人阶级也是如此。[69]除了在审美和智识上的相对主义，上述观察还表明，文化自由放任的处世之道在美国比在法国更为常见。这种自由放任是由平等主义，尤其是文化平等主义和与人为善的准则来维持的，它倾向于冲突规避并阻碍制定明确的行为规则，由此削弱了文化边界。这间接地强化了道德边界在美国的不平等状况再生产中的相对作用。

美国人对文化创新的更大重视体现在几个文化领域。例如，美式烹饪以兼收并蓄的实验性菜肴见长，将族裔和地区传统同个人创造融合起来。[70]相比之下，法式烹饪对备食和用餐有着精心制定的规则。[71]同样，在生活方式方面，美国人不断创新并融入新潮流，[72]法国人则倾向于将生活方式理解为根深蒂固的文化与个人偏好。在人际关系方面，美国人倾向于在群体内协商的互动规则，而法国人可能会遵循更严格的规范。[73]此外，美国人倾向于较早地鼓励自己的孩子展现个性和品位，而法国人则对孩子更严格，他们为人父母的养育观比较专制。[74]最后一点，美国人不像法国人那么倾向于规避不确定性（他们对规则不太注重）。这也与整个文化更倾向于自由放任的态度有关。[75]因此，与法国人相比，美国人划定的边界似乎较为模糊，他们对行为和品位的等级化也不大固定。从中我们只能得出这样的结论：在美国，人们对越轨行为的定义具有较少共识，故而文化的宽松程度更高。因此，触犯边界的人更容易被容忍，边界本身更容易渗透，防御和抵制较少。

当然，这种文化自由放任在美国的中上阶层文化中并不很普遍。有一定数量的美国男性生活在严苛的分类体系大行其道的环境中，做任何事情都只有一种正确的方式。纽约的银行家吉姆·克拉奇菲尔德就来自这样的环境，他对此作了描述：

> 我的家人，包括我自己在内，都有一套评判标准，做事有正确的方式和错误的方式，任何人不按照我们的方式行事都是错的。这种非黑即白的判断适用于一切，从买车到选择住处。比方说，我的院子绝对不会脏乱差；我是说，我就是不会那么做。我会觉得不对劲。另外，我对着装也很讲究。我非常清楚我想要什么式样的。甚至在去商店之前我就想好了要买什么。店里要么有，要么没有。

然而，这类人尽管数量可观，在我的受访者中仍是少数。数据表明，即使是家族三代都属于中上阶层的人（此群体在总体上很可能有严格划界的等级体系）也认为自己在文化上是相对宽容的。其部分原因可能是，同其他对高雅文化感兴趣的中上阶层人士一样，他们也拥有广泛的文化剧目，不排斥主流文化。正如我将在第七章中指出的，这一发现具有重要的理论意义，因为它与近期文化社会学研究中经常提出的假设相矛盾，那些假设认为，合法品位的定义是零和游戏，差异必然导致等级化。

分类体系的差异化

印第安纳波利斯人和纽约人在讨论精雅和世界主义时使用的类别往往比法国人更宽泛，这一事实进一步表明了美国文化的相对（或比较）松散有界性。我们看到，法国人将精雅定义为存在方式的精细、"完美衡量的优雅"，以及"在智性上不要有粗俗想法或头脑简单，……在宗教上不会将一神论与宗教混为一谈"。美国人使用的词汇通常反映了一种不太精细的分类体系。他们可能只会简单地区分受过大学教育的人和没受过大学教育的人，而不是区分"微妙的"和"不微妙的"。或者说，他们可能会区分古典音乐欣赏者和非欣赏者，但不会区分浪漫主义音乐欣赏者和当代音乐欣赏者。他们可能会通过法国人从不使用的外部特征来区分人的优雅和粗俗。例如，精雅可能意味着"西装革履，谈吐得体""支持艺术，聚会晚餐时用瓷器餐具，铺白色桌布"（印第安纳波利斯某信息提供者）。或者，如印第安纳波利斯一家公司的首席财务官所表述的："对于一个男人来说，世界主义无关紧要，除非你是一个美国东部人，真想穿出那种风格。我们已经把女儿培养得很世界主义了。外表很重要，她们的穿着、做派、做事体现出的家风（很重要）。"相反，一家银行的副总裁解释说，为了使印第安纳波利斯更像个国际大都市，人们一直"试图摆脱县城生活模式，但这有点困难。我们正在尝试引进交响乐、艺术博物馆之类的东西，而不光是在后院吃烧烤那种娱乐"。

虽然大多数美国受访者使用的分类方式似乎比法国人粗略,[76]但其他有些人似乎根本不明了自己的生活方式,正如印第安纳波利斯的一位医药研究者所说:

>（我的朋友）可能跟我差不多,他们不知道自己属于什么社会类型。他们很随和,据我所知,他们不会在任何社交圈里频繁走动,吉姆从来没有跟我说他参加过这样那样的聚会。吉姆有三个孩子,还有一个快要出生,这占据了他的大部分时间,正如我不在办公室时,家人占据了我的大部分时间一样,所以我想,我们是不上不下,属于中不溜吧。我认为我们是相对中产和低调的一类。

总而言之,美国人的文化区分比法国人少,他们划定的文化边界也较少,而且他们往往只会避开那些不符合最一般文化要求的人（比如过于狭隘或者不够世界主义的人）。这也缓和了他们分类体系中的等级维度。这正是使得美国文化成为一种松散边界文化的原因。

形式主义与松散有界性

美国文化松散有界性的进一步证据是,美国人更喜爱悠哉生活或休闲式活动,如修缮房屋、看电视和参加体育运动,这些活动不需要大量充满贵族品位的历史和文化教育。我们还发现,美国的高雅文化业余爱好者们更强调自己在审美体验中的

第四章 精雅吾友圈：文化边界的关键

情绪和感受，而较少强调智性方面。

我访谈的一些美国男性谈到，相比更结构化且正式的活动，他们更喜欢轻松的闲暇活动。例如，相比于正式的宴请，他们更喜欢随性而为的款待，比如"去串门，喝一杯，在露台上做饭之类。或是去看一场印第安纳大学的篮球赛"。男性之间的友谊通常体现在家务杂事和房屋装修项目的互助上。我在印第安纳波利斯的牧场里访谈了一位营销主管，他描述了围绕此类活动建立的友谊：

> 我的这位朋友很精通机械，手艺很棒。我之前真的特别喜欢去他家，在他的地下室或车库里摆弄东西，这个，那个，各种各样的……而周五晚上，你猜怎么着，他喜欢到我的车库来干些修修补补的活儿，因为我比较了解电焊之类的事，他非常乐意过来帮忙。

房屋修缮这类闲暇活动的流行是一种典型的美国现象：在受访者中，相当少的法国人反映自己经常或频繁地参与房屋修缮（巴黎人有22%，克莱蒙费朗人有28%，而纽约人有56%，印第安纳波利斯人则有68%）。房屋修缮是法国工人阶级从事的活动，中上阶层的人很少自己动手，这进一步表明，法国各阶层闲暇活动的等级化和差异化程度更高。[77]

看电视是另一种相对随意的休闲活动，在美国人中的受欢迎程度再次高于法国人。根据1984年欧洲价值观研究项目和使徒应用研究中心的调查，10%的法国专业人士和经理人从未看过电视，而这一比例在美国对照组中只有1%。另一方面，15%的美国专业人士每天看电视超过4小时。这在法国人中只占5%。[78]这些差异还体现在体育赛事的受欢迎程度上，这类节目在美国中上阶层比在法国更受欢迎。53%的印第安纳波利斯人和36%的纽约人经常或频繁观看体育比赛，而巴黎人和克莱蒙费朗人中的这一比例为13%，从不或很少看比赛的巴黎人达到了66%。然而，总的来说，喜欢观看体育赛事的男性在文化中心"周边"多于文化"中心"。[79]

美国人本身也更多地直接参与体育活动。我通过问卷调查了受访者对以下几类体育运动的享受和参与程度：篮球、排球、保龄球、健身锻炼、游泳、台球、手球、曲棍球、棒球、橄榄球、高尔夫球、骑马、滑冰、远足和网球。相当大比例的法国受访者表示自己很少或从不参加任何这些运动（巴黎人和克莱蒙人分别为80%和74%，而印第安纳波利斯人和纽约人分别为39%和61%）。巴黎的受访者比其他地区的人更倾向于不喜欢运动。[80]

在一般美国人口中，参与体育运动最多的是年轻、单身、几乎没有受过正规教育的工薪阶层男性。[81]然而，美国中上阶层文化的确在某些层面也非常重视体育活动，视之为培养领导力、道德品质和团队合作能力的一种方式。正如许多社会学家指出的，观看体育赛事（比如棒球、橄榄球和篮球）为男性提供了一个可以讨论能力与表现的话题，并且能够借此栩栩如生地颂扬中上阶层职场中激发的一些价值观，如竞争力、能力、兄弟情义和男子气概。[82]体育运动的普及本身意味着一种松散边界文化，因为同消费高雅文化相比，享受或参与体育运动不需要具备那么多文化和历史知识。换句话说，尽管职业体育赛事的门票价格不断上涨，体育仍是一种更平民化的享乐方式。

美国人对文化信息的淡漠还体现在消费高雅文化本身的方式上：他们不重视审美活动的恰当形式和知识维度，而是强调审美的情感与体验。近期的几项研究都表明了这一点。例如，在分析美国中西部地区抽象表现派艺术的传播时，朱迪斯·哈金斯·巴尔夫展示，这一运动之所以大获成功，是因为它将艺术构建为一种向所有人开放的情感体验，而非需要精英艺术教育背景的智性体验。[83] 此外，在关于纽约人如何赋予家中艺术品以意义的研究中，大卫·哈利发现，风景画是所有家庭中最常见的一种装饰，人们大多欣赏它们所表现的和平与宁静。我们再次发现，观众的话语是情感性的（而非分析性的），业余爱好者对艺术的看法同艺术专家和学术界的观点大相径庭。[84] 上文中提到的关于休斯敦读书会的研究也提供了类似的结果：伊丽莎白·朗发现，这些团体的成员将形式主义与更基于经验的文学挪用标准相协调，在描述自己为什么喜欢某些书籍时，更看重充实自我而非智性分析。对他们来说，书籍的内在价值次于（或被包含于）对个人提升的贡献。他们寻求"有深度情感参与的超验乐趣，而非有距离的分析带来的更理性主义的愉悦"。与朗交谈过的读者并不认同"严肃读者"的身份，因为文体和叙事策略对他们来说没有什么意义。[85]

这些研究者强调，在美国人运用艺术的方式中，情感比智性更重要；他们记录了人们对文化评论家建立的文化等级制度的拒绝，这种文化等级制度完全基于分析标准，而不是依赖于个人的解读。由此，他们间接地证明了美国文化的松散有界性。事实上，一些印第安纳州人和纽约人消费高雅文化的方式表明，他们经常拒绝将艺术与社会分割开来，并且含蓄地拒绝将日常生活置于艺术规则之下。下面是印第安纳波利斯的一位社区服务经理提出的建议，他很有文化修养，且非常善于表达：

> 我是这样看待艺术的，你知道吧，我会把汽车看作雕塑，把房子的窗户看作是诺曼·洛克威尔（的画作）。换句话说，我不想用窗帘遮住它，我希望能透过窗户看到树木、人群或某个行人；这就像诺曼·洛克威尔展示的生活，我认为生活就是艺术。它就是一种艺术。所以我个人并不是很喜欢钻研文化本身……如果我有机会去看一场戏或听交响乐，我会很享受，但这些没什么大不了的。

这段话暗示了一种将艺术象征性地去制度化并将其融入整个社会的愿望。这便是文化宽松的终极形式，也是对文化等级制度的否定，假若存在文化等级制度的话。[86]

正如纽约的一位同时拥有普林斯顿大学和耶鲁大学学位的统计学家所解释的那样：

> 我认识很多富有想象力的和有趣的人，他们并不是什么高雅文化崇拜者。何况人们所说的高雅文化往往是非常

虚伪的。喜欢古典音乐的人被认为是有品位的。呃，我喜欢古典音乐，但实际上我认为这与品位无关。[87]

吾友无趣但我喜欢他们：作为逆向文化歧视的反智主义与反世界主义

美国的反智主义值得更深入的研究。事实上，反智主义为我们提供了美国社会中文化地位的重要性较低的补充证据，以及关于文化边界性质的额外信息；它可被解释为对复杂的、严格划界的分类体系的一种拒绝。

智性主义与能够就理想的目标（无论是政治、伦理、社会、文化上的还是精神上的）作出清晰有序的选择而进行辩论有关。证据表明，在美国，智性主义通常被视为反民主的，因为这种排序过程和论证违反了上文中提到的冲突规避和相对主义的原则。例如，最近有关高中生和大学生的研究表明，这些群体常常将课外的学术兴趣视为不平等且具有威胁性的，并将富有学识视为不友善和傲慢。[88]智性主义可能会带来一种社会包袱。对于有知识追求的学生来说，淡化自己的学术爱好并证明自己脚踏实地是很重要的，因为人们往往认为他们不接地气。[89]

这些态度在我与之交谈的美国人中得到了明显的反映，他们采用了本章前面讨论的实际的才智概念。其中有些人不看重大量阅读，"因为我认为很多知识来自个人经验"（印第安纳波利斯某员工助理）。另一些人还将博览群书与虚伪联系起来："世上有很多虚伪的人，想让你对他们的才华留下深刻印象。他们在某些领域也许确实懂得挺多。但这些对我来说没有意义"（印第安纳波利斯某营销主管）。

这种反智主义往往伴随着反世界主义，实用主义也助长了这一态度。一些受访者将见过大世面的人描述为"让现实从身边溜走"并具有某种局限性的人，他们"不懂得欣赏孩子们在4-H*活动中辛勤地饲养兔子"（纽约某广播电台老板）。印第安纳波利斯一家银行的副总概括了世界主义和实用主义之间的对立，并试图向我解释他为什么不欣赏前者：

> 对我来说，世界主义是一种新的方式，倒不一定是欧洲的，而是一种更笼统的、不太脚踏实地的方式。或者说更像是一种理论，一种理想，而不是行为和实践。理论可以助你一臂之力，懂得理论挺好，但有时也让人头疼……在印第安纳波利斯追求世界主义可能并不有利。了解它很好，只要你能运用他们的世界主义方式来处理手头的情况，还是不错的。但我看到，在很多时候，一个人可能因为信息太多而将一个简单问题搞得复杂化了。

和智性主义一样，世界主义有时被视为是反民主的。正如印第安纳波利斯的一位信息提供者所解释的："世界主义对我来说并不重要，完全不重要，只要脚踏实地做一个普通人就可

---

* 英文原文为"Four-H"，是美国农业部发起的一个项目，旨在帮助乡村地区青少年掌握足够的农业及手工业技能，四个H分别代表头脑（head）、心智（heart）、实践（hand）和健康（health）。——译者注

以了。那种傲慢或爱炫耀的世界主义者会令我反感。做你自己就好。"

受访者通常表示，智性主义或世界主义对他们来说无关紧要，但并未表现出对这些性格特质的实际反对。例如，当提到那些博学多闻的人时，有一个人说："他们是某个领域的专家，他们或许是，在某个方面的。他们可能是研究月球背面的专家，但谁在乎呢。"另一方面，世界主义令一些受访者无动于衷是因其模糊和无形的特征。正如纽约的一位首席财务官所说："这是一种比较属于定性的特征。我没法衡量它。所以，我的意思是，有人觉得假如某人用一种'受过良好教育的方式'说话，就认为他挺国际化的，但我对此没有感觉。"

因此，我们看到，本研究中的美国人并未盲目地崇尚高雅文化和世界主义。此外，许多人没有表现出文化上的善意，即承认这种文化的正统性。换句话说，他们认为有关高雅文化的知识积累并不重要。[90]这种反智主义在美国中西部地区更为强烈，在那些地方，平民主义及其相关的反大都市风尚和反精英主义价值观在传统上更具影响力。在此种环境下，智性主义或世界主义或许被当作某种缺陷，具有这些文化特质的人可能会受到逆向的文化歧视，因为人们会以文化平等主义、实用主义的名义，或个人文化主权的名义，将这类人视为"不那么有趣"或"不值得交往"。这种情况很可能导致美国知识分子对主流文化的疏离感。[91]

反智主义和反世界主义可被理解为对等级化文化标准的质疑，并试图将其从属于道德标准。例如，相较于真诚或诚实，文化修养被视为一种多余的品质。[92]正如印第安纳波利斯的一位科研工作者所说："我不介意和一个乏味但真诚的人交往。我宁愿和一个乏味的、真诚的人在一起，也不愿和一个自命不凡、名堂很多的混蛋交往。"同样，印第安纳波利斯的一位信息提供者也承认："我不在乎我的朋友是否无聊。比他们的外表、装修房子的风格或度假地点更重要的是，一个人要有一种积极的、不具破坏性的道德品质。"这两位都认为，没有什么比"你是什么样的人"更重要，以此来捍卫道德标准在地位归属中的最高权威。

对教育作用的实用主义看法常常使这种反智主义效果倍增。美国的大多数受访者都非常重视教育，但通常是出于经济的原因：他们中的许多人都将教育视为获得良好职业、过上富足生活的途径。[93]因此，他们可能会对高等教育持有一种非常实用的态度，淡化教育过程中适当的智力要素，转而强调学历的积累。[94]他们也可能会鼓励孩子选择一个可以带来高薪工作的专业，从而使他们远离人文学科。[95]学生们自己也常常会将在大学里学习知识排在增加社会交往之后。[96]一位住在长岛的新贵、犹太裔的计算机顾问向我们说明了这一点。他这样解释他的女儿为什么选择去位于布卢明顿的印第安纳大学：

> 她喜欢那所大学，喜欢那里的年轻人，她爱运动，认识篮球队的大多数人，在学校里过得很开心。她到那儿一看就说："这就是大学应有的样子。"你明白吗，高大的建筑、常春藤、大型体育馆、优秀的商学院、杰出的法律预

科班、法学院，各种课程，高质量的教师。

这种实用主义观点并不令人惊讶，因为与法国的大学体系相比，美国大学体系本身较少独立于营利活动和市场供需原则。在美国，学费要昂贵得多，大学都在争相吸引优秀学生，而在法国，学生不是"争"来的。此外，美国有大量的私立学术机构，而法国的大多数大学和学院都是公立的。最后，美国大学校长的角色通常类似于商人，因为他们需要花费大量时间为学校筹集资金，而法国大学校长则希望国家提供全部的财政支持。

对世界主义的反对在法国不像在美国那么普遍。正如巴黎的一位科学教师所说："我们都是世界主义者，所以这不算什么。"在这种情况下，尤其是对于巴黎的大部分中上阶层人士来说，世界主义并不是一种孤立的特定亚文化，而是某种生活方式的一部分。然而，克莱蒙费朗人有时会反对巴黎人在思想上追逐潮流，但他们同时又有一种强烈的文化孤立感，无疑认为自己不如巴黎人那么与时俱进。另一方面，反智主义在法国的这两个城市中都很常见。例如，巴黎的一位营销主管解释说，他不欣赏那些过于老练和不够单纯的人。他喜欢和朋友们聊一些非常普通的话题。

不是重大的哲学问题。没有什么比一天到晚琢磨这个更糟糕的了。我以前在军队服役时，认识一位对此很感兴趣的社会学家。他总是无休止地争论所有的事，你对这个或那个雇员有什么看法,如何如何之类的。我得说我忍受不了这个。太学究味了,不接地气,张口闭口都是理论。我必须承认,这样的人真的让我感到很烦。生活里有很多事我们不用学也知道。没有必要天天问自己哲学问题。

127　这位受访者还挖苦那些"说话拿腔作调,含沙射影,让人听不明白的人。我无法忍受。他们还总爱问你明不明白他们的意思。我真讨厌那些说话晦涩难懂的人"。

另外有几位法国受访者批评了某些"理论家",即狂热地投身于特定意识形态思潮的知识分子,无论是社会主义、女权主义,还是其他什么"主义"。因为这些人中的大多数是营利型劳动者,我们将在第六章中讨论这类群体。

结　论

正如法、美两国人对道德边界和社会经济边界定义的个案一样,关于文化边界,访谈中呈现出两个国家之间对比鲜明的画面:法国和美国的中上阶层成员不仅对才智有着不同的理解,对精雅、智性主义和世界主义等话题的思考也不一样。而且,法国人比美国人更强调文化边界。[97]这部分地反映在一个事实上,即知识分子的身份和文化定义在美国不如在法国明确。另外也反映在美国的文化自由放任,以及强烈的反世界主义与反智主义情绪中。与人为善、冲突规避和文化平等主义的价值观都强化了美国社会中知识分子和高雅文化的边缘化，因为它们强调个人的文化主权和道德评价标准甚于文化标准。同样，实用主义支撑某种反智主义和反世界主义，这也导致文化边界的弱化。因此，熟谙高雅文化可能会对法国和美国中上阶层的流动性产生截然不同的影响。在法国，这似乎不是很明确地被视为一种积极的性格特质，而在美国，一个人可能因此而被认为过于自负且不够脚踏实地。事实上，在美国的语境中，仅对高雅文化感兴趣的个人可能会在职场中遭到逆向的文化歧视，因为他们会被认为过于单向度。因此，我们看到，在一种环境中有助于一个人被社会构建为"有职业前景"的文化风格，在另一种环境中却可能是无效的；有些迹象表明，在法国职场中，精雅似乎可以部分地取代美国职场中诚实、与人为善和冲突规避的地位，致使文化对取得成就来说比道德更重要。我们还看到，法国的道德人文主义本身与人文主义文化，即文化地位信号密不可分。另一方面，如果说在美国有许多因素同文化边界的重要性相悖，那么高等社会经济地位和文化消费之间的更大关联性可能会强化这些边界。文化中心与文化中心周边地区之间不存在重大差异，尽管法国的模式显示比美国的区别要大一些。

前几页中讨论的符号边界强度的国家差异是一个重要问题，严格边界和松散边界文化的概念有助于我们理解法国和美国文化基本特征之间的本质差异。到目前为止，文化社会学家在很大程度上忽略了对符号边界结构的研究，而仅仅关注精英艺术在定义和维持阶级边界方面所发挥的作用。他们往往采取一些对大多数法国受访者来说过于精细的分析类别。这些分类对美国人来说似乎也太精细了。更具体地说，即使文化资本的概念已被证明是一种非常强大的理论工具，在当前社会学研究中也确实被广泛地应用，但它现在可能被证明是过于僵化的概念，因为它不必要地降低了文化纯洁（cultural purity）*与污染的判断标准，淡化了智性本身作为高等地位信号的重要性，或者夸大了熟谙高雅文化的重要性。与其不加区别地使用符号边界这个概念，我希望表明，有必要考虑其本身的内容，并分析各种高等地位信号在这些边界中的位置。符号边界是一个有用的动态概念，因为它没有预先定义的内容，可能包含在不同时间地点构成高等地位信号的所有不同元素。正如在下面几章将要谈到的，通过考虑不同群体划定的符号边界内容的变化，我们有可能研究群体之间关系的动力学和特性，即他们的相对从属关系和文化自主性。

---

* 指为了文化而欣赏文化，而不是让其屈从于赚钱（如流行音乐那样）。——校译者注

第五章 解读跨国差异

在(美国),没有什么比商业更伟大、更辉煌的事了。它吸引了公众的注意力,成为无数人向往的目标,所有的活力和激情都朝向它。

——亚历克西·德·托克维尔

第五章　解读跨国差异

假如说中上阶层用于评估道德、文化和社会经济地位的信号各不相同,那么法国人和美国人对这三类边界的重视程度究竟如何呢?换句话说,印第安纳波利斯人划定文化边界和社会经济边界的可能性是否相同?巴黎人在文化上比在道德上更排他吗?纽约人是否像巴黎人一样更强调文化而非社会经济地位?下面我们将研究这些问题。证据表明,"文化中心"的居民和"文化中心周边地区"的居民在边界划定模式上几乎没有区别。我们的研究还表明,虽然居住在纽约近郊的中上阶层男性对社会经济地位的重视程度高于道德和文化,但这一点并不适用于女性受访者。此外,道德和文化地位在法国似乎更独立于社会经济地位:重视道德或文化纯洁的法国人可能不如美国对照组那么看重社会经济地位。

接下来,我将更系统地解释法国和美国中上阶层成员在边界划定方式上的差异。我结合结构与文化的因素提出了一个多种原因的解释,表明划界工作因人们可支配的文化资源、结构状况及其生活所在的社会特征而异。具体而言,在结构方面,有许多远因或近因的环境因素能够左右个人划定此种边界而非他种边界的可能性。这些因素包括非局部的环境特征,例如法国和美国阶级分层体系(stratification system)的特征以及两国社会的种族和族裔多样性水平。另外还包括人们在社会结构中所处位置的特征，如工作的稳定性等。在文化方面，划界模式受到两国社会为其成员提供的国民文化剧目和文化资源的影响，它们本身是由每个国家历史上的文化剧目以及参与文化生产与传播的各种部门和群体（知识分子、教育体系、大众媒体、博物馆及其他文化机构）来界定的。这表明，个人并不仅基于自身的经验、兴趣或社会地位来划定边界：认知和结构因素往往也参与塑造人们对边界的看法。[1]此外，价值观极少被重塑：我们划定的边界往往具有规则般的地位，由环境提供的文化剧目来调节。因此，诸如反智主义在美国的影响力比在法国要大的现象，只能通过若干文化和结构因素的相互作用来解释。

划界工作的国民模式

前几章表明，道德边界在法国和美国同等重要，社会经济边界在美国最突出，而文化边界在法国最明显。*在*同一地区内的比较揭示了类似的趋势：从全体受访者在道德、文化和社会经济维度上大致的定量排名中可以看出，文化边界是法国受访者划定的最显著的边界类型，而社会经济边界在这一群体中最不显著。[2]这同美国人的特质正好相反，道德边界和社会经济边界对美国人来说比文化边界更重要，强调不同边界类型的差异也比法国明显。[3]如此看来，即使道德边界对这两个群体都起着次要的作用，在这两个国家，受人尊敬的标准似乎存在着显著差异，但并不悬殊。[4]

这两个国家的边界模式体现在巴黎人、纽约人、印第安纳波利斯人、克莱蒙费朗人批评不同形式边界的方式上。[5]事实证明，法国人比美国人更可能反对社会经济边界，美国人则经常抵制智性主义和世界主义。[6]此外，这些行为特征与他们在访谈中倾向于相互划界的类型是对应的。我们看到，有些法国受访者认为美国人过于物质主义，与他们自己相比智性不足，并且无疑更缺乏教养。最后，两国的国民划界模式还体现在每种边界同其他边界的关系上：定量分析表明，与美国相比，法国的文化和道德地位更少受到社会经济地位的影响。与那些在社会经济方面极其排他的法国人相比，同样非常强调社会经济地位的美国受访者中有更多的人也很看重文化地位。[7]在前几章中相应地提到，除了拥有豪车和高档社区的房产等物质地位的象征，高雅文化消费在美国常被视为是高等社会地位的象征。此外，道德纯洁和社会经济的纯粹对于印第安纳波利斯人来说关联度更高，他们经常从成功中推断诚实和道德品质，认为道德纯洁反映在社会经济的成功中。[8]对巴黎人来说，情况则并非如此，他们倾向于认为金钱使人腐化，道德纯洁和社会经济的纯粹是不相容的。[9]

虽然有些指标可用美国的高雅义化比法国的稍平民化一些来解释，[10]但从纽约人和印第安纳波利斯人的划界方式来看，文化边界并不很突出：有文化修养的美国人似乎比其法国对照组更不可能期望自己合理地因此获得声望，因为文化平等主义和文化自由放任的原则阻碍了这种信念。相比之下，我们看到，法国受访者更多地将文化差异当作获得社会经济地位、提高自身社会地位的一种方法；他们经常根据文化地位信号来划定社会经济边界（例如，因为觉得工人阶级"粗俗"而嫌弃他们）；高等文化地位信号在法国职场中扮演着更重要的角色。此外，有证据表明，美国人比法国人更可能相信文化评价标准应服从于道德标准（即"你是什么样的人"）。[11]

那么，当将"文化中心"及其"文化中心周边地区"进行比较时，我们发现了哪些差异呢？定量分析的结果大致表明，一般而言，周边地区居民比中心居民更多地划定强有力的道德边界；相比巴黎人，克莱蒙费朗人较少对道德边界表示漠不关心或反对。[12]美国的个案也呈现出同样的差异，印第安纳波利斯人较少反对道德说教。[13]令人惊讶的是，谈到文化边界，文化中心与文化边缘的差异不太明显：在法国，文化中心周边地区的居民有更大几率在文化维度上得分较低，[14]而在美国，文化中心和文化中心周边地区的居民划定鲜明文化边界的可能性相同。[15]另一方面，在划定社会经济边界上，文化中心的居民并不比文化中心周边地区的居民更严苛。总的来说，我们发现，生活在文化中心的人与生活在文化中心周边地区的人在划界模式上存在着细微且重要的差异，[16]这种差异在法国比在美国要显著。[17]这也印证了美国的文化分类体系相对更大众化的观点。[18]

一些迹象表明，本研究发现的这种国民间的差异正在缩小。法国人对金钱和私营部门的态度变得不那么消极了。与此同时，在美国大众文化走俏的情况下，法国文化正在迅速失去国际影响力。[19]在法国国内，近年来的著述一直在哀叹高雅文化的衰落，以及美国文化通过电视传播而日益增长的影响力。[20]而一向以严苛的教育体系为傲的法国人目前正在效仿美国模式来推进大学的现代化，因为这些大学在许多研究领域都不再能与美国的同行相竞争。[21]在美国，20世纪80年代是雅皮士时代，它象征着对全球文化产品的广泛获取（美食、美酒等），伴随着二战以来不断扩大的专业和管理职业的文化整合。[22]然而，文化边界本身在美国却似乎并没有变得更强势，其部分原因，正如保罗·迪马乔所说，高雅文化本身正受到一些因素的侵蚀，诸如"美国地方的上层阶级转变成了国家精英，在一些组织中建立起紧密纽带而不是立足于社区；随着流行文化产业的兴起，商业分类原则的影响日益增大；相对自主和高度竞争的高雅文化艺术世界的出现；以及大众高等教育和现代国家的发展"。[23]换句话说，在美国，文化边界的作用似乎正在逐渐淡化，社会经济边界在法国的重要性则日益凸显；为高雅文化带来光环的传统文化等级制度正在受到威胁。在贪婪的20世纪80年代，社会经济边界在美国的重要性可能也在增加。唐纳德·特朗普之流的受欢迎程度，以及储贷丑闻等其他事件均表明，社会经济边界的影响力日渐超越道德边界。对于这些国民划界模式的变化，我们尚须做更进一步的研究。

到目前为止，我们尚未讨论性别的差异。尽管在得出结论之前还需要更多的数据，但基于对纽约近郊的15名女性居民进行的访谈，我们发现，相比男性，女性倾向于划定更强的文化边界、[24]更弱的社会经济边界以及略强的道德边界。[25]这与有关性别差异的研究文献相一致，表明女性具有更强烈的道德和正义取向,因为她们的性别角色常常是围绕着照顾他人而建立的。[26]研究表明,女性比男性更少看重成功[27],并且总体而言,她们对文化的参与度更高。[28]兰德尔·柯林斯甚至认为,象征性地位(symbolic status)管理是女性的专长,因为女性通常从事与自我展示有关的职业。[29]因此,在描述所欣赏的朋友的品质时,女性受访者比男性更愿意提及对于服装、饮食、书籍、艺术和旅行等事物的品位。[30]与男性相比,她也更强调自我实现,尤其是在讨论育儿观时,她们常说,为人父母的主要目标就是帮助孩子充分发挥他们的才能和心智。在讨论与他人关系的问题时,她们对自我实现和心理成长的关注也十分明显。例如,新泽西州一家广告公司的一位会计师说道:

> 我认识很多无法跟人建立情感联系的男人,和他们在一起,你只有两种选择,要么扮演仆从,要么扮演主人。我觉得这很无趣。我真正喜欢的是那种更为平等的互动,感觉更像是一种平等的关系,因为在那种关系里你才真正能够承受很多事,我认为能做到这一点的人是最有吸引力的。

总体而言,心理健康似乎在女性受访者的生活中占据了更重要的位置。这种差异可以理解为反映了女性文化中制度化的文化剧目,而不是由生物性决定的差异。同样,要了解划界工作中的性别差异及其原因,尚须进行更多的研究。

解释差异

前几章介绍了可解释法国和美国符号边界内容差异的几个因素。例如，美国人可能倾向于通过与人为善、冲突规避和团队导向来衡量道德品质，因为他们频繁地更换雇主，并经常参与大型的循环社会网络，他们经常被要求提供值得信赖的信号。这产生了很多组织上的不确定性。人们通过能力和职业道德来解读地位的程度与两国中上阶层的流动性和职业结构的典型条件有关。另一方面，如果金钱作为地位信号对印第安纳波利斯人和纽约人来说更重要，那么部分是因为美国的福利服务比较薄弱。最后，两国的文化边界不同，是由于受到法国笛卡儿思想传统和美国实用主义等因素的影响。

考虑到以上及其他因素，接下来我们将对国民划界模式作出解释，这种解释规避了关于文化的决定论和还原论以及唯意志论研究方法。同贝内特·伯杰一样，我认为：

> 广义文化社会学的任务是，尽可能准确地理解一系列可能的选择是如何呈现在潜在积极行动者的意识中的，以及情境或相关的变量（即微观结构）如何加强或削弱在一系列可能的选择中作出择定的倾向；这是一个从可能到概率的过程。[31]

因此，我将分析法国和美国社会的结构特征，正是这些特征增加了个人划定此种边界而非他种边界的可能性。我还将考虑两国社会为其成员提供的文化资源或工具包，以供他们在主动的划界工作中使用。国民文化剧目的影响需作单独分析，因为即使这些工具包受到广泛的经济、政治和社会历史因素的影响，一旦被制度化，它们也会获得独立的生命。[32]换句话说，它们会成为环境的一部分，成为促进或阻碍划定特定类型边界结构的一部分，或是具有历史积淀意义的特定配置的"法规"。

与工具包理论家所建议的唯意志论文化观相反，我提出的多因解释考虑到了远因及近因结构因素如何影响工具包的选择和获取，换言之，这些因素如何影响不同类型的个体最有可能调动的文化资源，以及依据其社会地位，人们最容易获得工具包中的哪些要素。[33]在我看来，边界的划定并不包括由自主的个体道德或生存程序指导的自愿过程，而是一个主要由可用的文化资源塑造的过程，这些资源定义出什么是有价值的人，以及什么行为是合理的。

与决定论的方法相反，我和工具包理论家一样，强调个人在文化资源中积极选择的可能性，即使他们的选择在很大程度上是由给定的"文化供给方"引导的。[34]因此我在结构条件中为符号边界的相对自主权留出了空间。另一方面，遵循新制度理论，我对那些认为划界工作主要是由个人的经验、兴趣、生活史或社会地位决定的方法颇持批评态度，因为在划界工作中，个人通常依赖于大环境提供给他们的文化规则。对远因结构因素进行更多的分析是必要的，以补充强调近因结构因素（如经济阶层地位，资本的数量和结构，与生存必需品的距离*，或群体结构和凝聚力）的文化影响的理论，因为非本地的环境对划界工作的影响往往与近因结构因素同样重要。另外，那种假设阶级、习俗和文化选择之间直接对应，或是假设群体结构和符号编码（semiotic codes）的细化程度之间直接对应的方法，无法解释国民文化传统对个人品位和偏好的影响。本书最后一章将论及这一点。

是什么原因导致某些文化资源被行为者调动和使用并得以延续呢？迈克尔·舒德森（Michael Schudson）、丹·斯珀伯（Dan Sperber）和加里·艾伦·费恩（Gary Alan Fine）等社会科学家一直在关注和分析这个问题，[35]而本研究的目标仅是记录我的受访者所获得的资源供给，以及哪些结构性因素可能会引导他们的划界工作。若要全面分析这些资源和因素，它们在决定划界工作中的各自权重，以及工具包、结构因素和划界工作之间具体的相互作用，还需进行比本书所能提供的更多和更详尽的分析。对这些问题的深入研究可以部分地参考上述文献，以及社会学家们提出的用于解释特定意识形态或文化形式的传播或成功的生态模型。[36]

下面将依次讨论法国和美国分别拥有哪些历史的国民文化剧目，专门从事文化生产及传播的部门和团体如何确定可用的文化资源，以及远因环境因素（即法国和美国的社会、政治和

---

* 原文为"distance from necessity"。布迪厄说："品位取决于与生存必需品的距离。"甘地说："对一个饥肠辘辘的人来说，一块面包就是上帝的脸。"——校译者注

经济的总体特征）如何支持或阻碍各种类型边界的运用。我还将探讨近因结构因素对划界工作的影响，譬如法国和美国的一般中上阶层成员特别是我访谈对象的社会地位和工作条件。第六章将通过分析划界工作的差异，来探讨市场地位和个人的职业与其经济理性之间的关系对划界工作的影响。

历史的国民文化剧目

本节集中讨论几个界定美国和法国社会传统国民价值观和意识形态的核心历史主题。就美国来说，实用主义、平民主义和"美国主义"的意识形态尤为重要。而说到法国，我们将讨论法国大革命的共和主义理想以及贵族、社会主义和无政府主义传统的影响。此外还将探讨宗教在两种国民文化中的地位。有理由认为，法国和美国的文化剧目中存在的这些主题影响了我的受访者，为他们提供了可在划界工作中调动和易于使用的文化观念。同样，虽然这些主题的出现与每个国家的制度和经济历史密不可分，但对这些主题必须单独进行研究，因为正如杰弗里·亚历山大等人指出的那样，它们作为文化资源有自身的存在意义。[37]

实用主义和平民主义的主题在美国国民文化剧目中占据着重要地位。实用主义的定义在此不是一种哲学，而是意味着"凡事要看它是否真正解决实际问题，对教义、信条和固守抽象理论原则持怀疑态度"；[38]平民主义在此被定义为一种草根阶层反抗有闲富裕阶层的传统。如果说实用主义是将知识和才智追求置于实际目标之下，那么平民主义则是美化"普通人"，抵制自我放纵且往往软弱无能的精英。[39]这两个主题通过广泛传播"高雅和书面文化是冗繁多余的礼仪细节"的观点，间接地造成了这类文化在美国的地位。[40]如上所述，我的受访者大量采用这些观点来表达他们对知识分子和世界主义者的厌恶，并划定反文化的边界。

许多社会科学家论述了美国人共享的社会愿景。他们提议用诸如"美国主义"和"美国公民宗教"（American civil religion）等术语来指代它。[41]这种历史愿景的组成要素以一种矛盾的方式（在增强的同时削弱）对人们划定社会经济边界的可能性产生影响。例如，成就和个人主义等主题间接地加强了社会经济地位的核心性，使人们普遍认为个人的物质成功即使不是人类唯一重要的目标，也是最重要的目标之一。而其他主题，例如平等主义和民主，则通过宣扬普世主义和谴责基于固有特征的社会经济排他，削弱了社会经济边界。这种平等主义传统意味着，美国下层阶级的人已经开始"相比欧洲对照组，在跨阶级人际关系中期待并得到更多的尊重"。[42]我们看到，美国中上阶层在反对社会经济边界或讨论道德地位时，常常利用平等主义思想。

在法国大革命的共和理想中，我们可找到"美国主义"在法国的对等物，这种理想至今依然存在。其中包括雅各宾派对平等、普世主义和民族团结的痴迷，它否定了基于地域、社团成员资格和出身的特殊主义，从而削弱了人们根据先赋特质来划定边界的可能性。另一种从启蒙运动继承而来的理念认为，理性是政治秩序的唯一基础。[43]虽然雅各宾主义摧毁了地方文化，通过使其更具普世性来加强国民的符号边界，但它对理性的狂热崇拜或许加强了文化边界在国民文化剧目中的核心地位，并间接地削弱了社会经济边界，尤其是金钱和竞争力作为地位信号的作用。对理性的狂热崇拜支持这样一种观点，即社会可以而且应当建立在超越特殊利益，尤其是阶级利益预想的总体规划基础之上。因此，它广泛传播这样一个概念，即人类的知识才能与市场机制相反，应通过国家行为来对社会的组织工作负责。它将资产阶级及其他一些阶级定义为特殊主义的（particularistic），从而强化了认为商业活动乃至更广义的竞争世界是腐败的且无价值的看法。中上阶层的男性在讨论他们对权力的模棱两可态度，以及将追求金钱描述为微不足道的目标时，正是借用了法国国民文化剧目中的这些元素。

文化边界在法国国民文化剧目中的地位也因其根深蒂固的贵族传统而得到加强，这一传统崇尚精雅并且承托着高雅文化。几个世纪以来，宫廷传统一直维持着高度复杂的时装、食品、葡萄酒和香水的生产，有助于将法国定位成一个精致、优雅且浪漫的国度。早在16世纪，"上层贵族的元素……就深深地参与了（高雅文化的）传播"，并融入了欧洲的世界大都市文化。[44]在18世纪，贵族们非常热衷的文学沙龙风靡一时。在沙龙中，文人墨客将有格调的谈话提升为一门艺术，而且往往将机智诙谐置于实质内容之上。同样，贵族子女接受教育的耶稣会学校对口才和经典知识的重视，也甚于对科学和数学知识的重视。[45]贵族在创建科学院和文学院方面发挥着重要作用，通过汇集有志于影响公共事务的文化阶层，确立了法国在欧洲智性生活中的首要地位。因此,贵族传统有助于维持这样一种观点,即高雅文化、精雅和智性主义是至关重要的。

从另一方面来看,根深蒂固的无政府主义和社会主义传统的存在,使得社会经济边界在法国国民文化剧目中的地位有所削弱,这类传统公开反对将营利逻辑置于集体利益之上。[46]在美国,没有一个关键政党对资本主义,对社会经济成就的文化理想和个人主义提出过如此广泛的基本批判。这一点相应地反映在我的受访者中,法国受访者对物质主义的批判甚于美国的对照组。

在国民文化剧目的要素中,最后一个可能影响两国社会符号边界构成的是宗教。在法国的个案中,共和传统,以其强烈的反教权色彩,在某种程度上排除了基于强烈宗教意识的道德边界。在美国,根深蒂固的宗教传统、各种教派和道德主义社会运动的存在,例如废奴运动、禁酒运动和清教主义本身,事实上都使道德问题的重要性得以延续。[47]新教传统可以同时支撑强有力的道德边界和社会经济边界。相反,法国天主教传统很难对世俗追求和精神救赎这两方面进行调和,从而阻碍了强大的社会经济边界。不过,美国的宗教多元主义传统或许增强了对文化和其他差异的容忍度(或至少是漠不关心),有助于将一般文化选择尤其是精神选择定义为属于私人领域。[48]

文化生产和传播部门的影响

国民文化剧目不仅是由一个国家历史上重要的价值观构建而成,还取决于教育体系、大众媒体和其他专门从事文化生产和传播的机构及团体在全社会传播的文化信息。这些机构对特定文化资源的可用性尤其有重大影响。它们通过向整个社会传播相似的文化信息、削弱地区和阶级差异、增强民族团结，并在此过程中普及国民划界模式，从而限制了近因结构因素对符号边界的影响。[49]

教育体系。学校里对社会的描述会极大地影响该社会中个人对社会的认知。[50]具体而言，大众教育创造了一系列关于社会共同文化的社会假设，从而扩大了人们对社会持有的共识。同时，它还"将特定的国家历史具像化"，正如约翰·迈耶所说：

> 教育构建了一种共同的公民秩序，比如刻画出公认的英雄和恶棍，建立起一个享有共同文化符号和国民合法参政的公共政治秩序……它通过科学验证了一种普遍的自然现实，通过数学验证了一种普遍的逻辑结构，并以这种方式构建了一个与世界社会紧密联系的共同文化的神话。[51]

法国和美国的教育制度对各自公民的符号边界产生了不同的影响。在法国，拜行政集权（administrative centralization）的传统所赐，教育体系通过提出高等地位文化的统一定义，促进了强大且普遍的文化边界的发展。全国普遍采用由国家和学院制定的同一套课程，它充分强调人文学科（哲学、历史和文学）。[52]相比之下，美国的教育体系则不利于形成强有力的文化边界，因为它并不传播对高等地位文化的统一定义，相反，由于政治地方主义的悠久传统，课程均由当地学校董事会确定。这种政治结构可使某些团体就课程内容进行施压，包括是否将进化论和文史哲的经典文本纳入选择范围。事实上，在过去的二十年里，因为少数群体要求设置反映美国人口文化多样性的课程，美国的教育体系已成为争夺传统文化等级制度亦即高雅文化地位的绝佳阵地。[53]这一运动通过质疑西方传统中定义的传统经典的价值，动摇了本已脆弱的文化边界。另一方面，它还通过将种族、族裔和性别差异进一步合法化，削弱了社会经济边界。

美国教育体系还以其他方式削弱了文化边界。例如传播一种高等地位文化的定义，它淡化历史、哲学和艺术，而倾向于支持更具市场价值（且文化层次更模糊）的技能，这与法国的教育体系形成了鲜明对照。最重要的是，美国教育体系更受经济的约束。美国学校的预算更多地依赖于地方税收，而且通常由具有商业头脑的当地精英控制，限制教育的扩张符合他们的利益。这直接影响到美国教师的工资收入和职业声望。相比之下，法国教师对自己的"客户"拥有完全的自主权，因为他们的薪水和晋升是由中央政府决定的。[54]

法国的高等教育体系历来在招募和培养精英（即"大学校"的毕业生）[55]中发挥着核心作用，这强化了重视精英文化的观点，因为这种对未来精英阶层的培养建立在颂扬法国辉煌的基础之上，而这种辉煌是由法国的作家、哲学家、艺术家的高雅文化定义的。这些因素结合起来提升了高雅文化的价值，熟谙它成为一种更核心的高等地位信号,并使文化边界本身在法国文化中占据了主导地位。在第六章中,我将说明这对法国社会和文化专业人士的划界工作的影响。

大众媒体。法国和美国的大众媒体对其各自国民文化剧目的影响强化了两国教育体系所维系的划界模式。法国的广播电台和电视台直到近年都是国有的,许多媒体给文化类节目分配了较长的演播时间。在禁止电视广告的时代,这无疑让更多受众接触到了高雅文化,从而增强了文化边界。直到20世纪80年代,国家才将私营电视台和广播电台合法化,主要是迫于民众要求更多娱乐节目的压力。[56]这与大西洋此岸的情况形成了鲜明对比。美国的大多数文化节目都是由公共广播系统的电台传播的,正如我们在上一章中看到的,其受众一直非常有限。商业电台很少试图提供更多的文化类节目,相反,他们通过其节目和广告促使消费主义的感知价值得到极大的提升。[57]

文化机构。国家资助的文化项目及文化机构,如博物馆、纪念碑、大学和音乐学院等,也有助于维持法国强有力的文化边界,因为它们为艺术家、作家和其他文化生产者提供了更多的就业机会,使之在市场压力下拥有较多的自主权,同时也使人们更容易接触到高雅文化。[58]相比之下,美国的大多数文化机构都是非营利组织,它们比国家机构更易受到市场压力的影响。[59]虽然拥有较多的财政资源可能有助于高雅文化和艺术在美国的传播,但更直接地置于财务因素的考虑之下也常常会限制它们的发展。因而，我们将在下一章看到，美国的社会和文化生产者比其法国同类更关注社会经济地位。

知识精英。若要解释法国文化边界的力量，就不得不提到当代知识分子的文化影响，这些人追随启蒙运动哲学家的脚步，试图去形塑公共领域（public sphere）。狄德罗、伏尔泰和卢梭等人扮演了极其重要的历史角色，使受过教育的欧洲人的价值观发生了惊人的改变，他们对社会变迁的影响力在美国知识分子中是罕见的。法国知识分子将20世纪的一些思想家，诸如让-保罗·萨特、雷蒙·阿隆和米歇尔·福柯维持的社会角色制度化了。这些现代知识分子及其同辈人对法国书面文化在广大民众中的传播作出了巨大贡献。大量的周刊和日报传播法国知识分子的思想，同时将高地位文化商业化，即是知识分子影响法国文化剧目的一种方式。[60]特别是在使广大民众了解和接触法国知识分子文化方面，这些出版物发挥着至关重要的作用。[61]因此，相比美国的对照组，法国中上阶层成员更有可能将对知名学者作品的熟悉程度理解为高文化地位的信号。[62]而美国知识分子对国民文化剧目的影响要小得多，并且在逐渐减弱，近来面向知识界的出版物数量下降就表明了这一点。事实上，虽然受过大学教育的美国人口在1947年至1983年间增加了208%，但一项调查样本表明，智性期刊和杂志的平均发行量仅增长了130%。[63]

法国知识分子能够维持相对重要的文化影响力的原因有很多。首先，普莉希拉·帕克赫斯特·克拉克（Priscilla

Parkhurst Clark）通过对文化指标的研究发现：（1）与美国相比，法国的文化界精英在经济和文化上得到了来自政府和其他有实力团体更多的经济和文化支持，可获得重要的制度化赞助体系的帮助，其中包括法兰西学术院（Académie Française）和法国国家科学研究中心；（2）法国的知识分子能获得更多象征性的认可，比如法国有大量广为人知的文学奖项；（3）同样，媒体对这一群体活动的报道范围比美国更广。[64]事实上，美国针对知识分子的杂志主要关注于介绍书籍（如《纽约书评》），而法国的出版物则强调展现知识分子本身，描述他们的品位、生活方式和观点，以及他们与其他知识分子的交往。这些出版物通过咄咄逼人的写作风格，传播了法国知识分子作为一个社会群体的超凡魅力并占据支配地位的集体形象，这有助于使法国知识分子亚文化更生动和有吸引力，增强文化边界的核心作用，并使知识分子自身更好地融入法国社会。[65]

法国精英的校友关系网进一步增强了法国知识分子的影响力。首先，顶级知识分子和精英阶层的其他成员常常就读于同样的精英学府（如巴黎高等师范学院、圣路易高中、国家政治科学基金会下属的研究机构等），并往往同属于"乐游巴黎"（Tout-Paris）之类的名流小圈子。自1981年社会党人掌权以来，这种情况变得更常见了。此外，知识界的某些领军人物在政治党派中也颇具影响力，后者为他们提供了传播思想的刊物和平台，并间接地宣传了知识分子亚文化。[66]最后，仅就巴黎知识分子的集中程度这一点来说，也有助于发展更清晰连贯且可独立生存的知识分子亚文化。

美国知识分子的影响力较小还可用其他因素来解释。首先，越来越多的美国知识圈要么与大学并行存在，要么与之混为一体，以至于知识分子在许多方面变得与其他中上阶层专业人士相似，失去了自身的一些亚文化特性。[67]事实上，随着功利主义、实用主义和职业主义在这一环境中的影响力不断增加，技术官僚文化在学术界变得相当重要，使得文人墨客的生存处境越发艰难。[68]此外，正如我们在第四章中看到的，文化平等主义和冲突规避的价值观也阻碍了智性主义的传播。美国缺少强大的中左翼政党来为知识分子提供论坛和受众，而且知识分子在地域上较为分散，这两点进一步导致其文化影响力的下降。在这一背景下，毫不奇怪，刘易斯·佩里（Lewis Perry）在对美国三百年知识分子生活做全面回顾时总结说，美国知识分子在20世纪末处于历史最低谷，其影响力比以往任何时候都更为有限。[69]

远因环境条件

上述各类文化部门在向个人提供特定类型的文化资源以用于划界工作发挥了关键作用，从而间接地削弱或强化了不同类型的符号边界。但是，两国社会的结构特征决定了个人最有可能使用什么资源。由于篇幅限制，我无法全面讨论所有相关的结构条件，但我将从一些方面对两国社会进行比较，包括公共与非营利部门的相对存在状况、阶级分层体系的特点、族裔和种族多样性水平，以及地理流动的重要性和社群的标准规模等。许多可用于回答"为什么美国没有社会主义"这个问题的要素，或许也可用来解读为什么大西洋这一边的社会经济边界比法国的更为严格。这些因素同时也解释了为什么葛兰西所称的"资产阶级意识形态"在美国比在其他地方更具霸权。[70]

公共与非营利部门。许多社会科学家认为，一个早期发展的强大国家和强大政治机构的延续是法国社会最显著的特征。[71]今天，法国的公共部门比美国的庞大得多。1970年到1984年之间，法国的一般政府支出占国民生产总值的比例从38%增至53%。1985年，法国中央政府的支出占到国内生产总值的45%，而美国的这一比例为26%。就在这同一年，30%的法国活跃人口受雇于国家（包括地方政府），而1970年的这一比例仅为12%；[72]在美国，相应比例分别为16%和15%。[73]在美国，很多教育、文化、健康和福利服务通常是由非营利组织提供的，在法国则是国家的责任。[74]

法国庞大公共部门的存在拉大了人们与经济理性的距离，从而削弱了人们高度重视高收入并因此划定强有力社会经济边界的可能性。确实，法国人的生活条件并不完全取决于个人在市场中的地位，因为国家为他们提供了免费的医疗保健、福利和教育服务。相比之下，如第三章所述，在美国，资源分配更多是通过市场机制而非由国家完成的。这意味着美国人必须付出高昂的成本来获得日托、医疗保健和高质量的教育。因此，他们更有可能看重高标准的生活水平，并将收入作为衡量地位的普遍标准。市场机制在资源配置中的作用反过来可能对一系列现象产生重要影响，这些现象均削弱了文化边界。例如，在学术界，相比职前预备和以营利为导向的专业领域，艺术门类和人文学科获得的声望和资源可能要少得多，这一点在美国比在法国更为明显。不以营利为主要目的的职业在收入和声望方面也可能受到影响，知识分子及学者在政治精英中的影响力和存在感亦是如此。对于这些问题的跨国差异尚需进行更多的研究。[75]

阶级分层体系。在法国，国家干预对削弱社会经济边界的影响因阶级结构的更大稳定性而得到强化。历史上，法国工人阶级比美国的同类在阶层流动上遇到的障碍更大。加之法国的财富分配比美国更不平等，法国人口中地位较高的阶层垄断了国民总收入的很大一部分（见附录一），这一因素削弱了人们强调职业上的成功和高收入作为高等地位信号的程度，从而削弱了社会经济边界。相比之下，在大西洋的这一边，财富日益累积和漫无疆界的历史使得人们更相信阶级跃迁和成就的重要性，从而更可能划定强大的社会经济边界。[76]

地理流动性和社区规模。同时，美国社会的高度地理流动性和大规模住宅社区的特征也增加了美国人重视高社会经济地位信号的可能性。[77]事实上，如第三章所述，在流动性强的匿名社会中，收入更有可能成为决定地位的核心因素，因为耐用品的消费可以立刻显示出个人的地位，而对文化和道德状况的解读及信息传递则需要时间、参与社会网络和人与人逐渐熟识才能做到。因此我们看到，在充斥着陌生人的纽约近郊，社会

经济边界很强，而在人口较少、流动性较低的印第安纳波利斯，强大的社会经济边界与强大的道德边界并存不悖。我们还看到，法国中上阶层成员更换雇主的频率远低于美国的同类，他们的道德边界和文化边界很强。有人可能预测，在法国，社会经济边界的重要性将会增强，部分的原因是其地理流动水平有提高的趋势。

族裔和种族多样性。影响人们选择划定一某种边界而非另一种边界可能性的最后一个结构因素是族裔和种族多样性。在美国，如前文所述，仅仅是族裔多样性本身，就削弱了与西方对高雅文化定义有关的高等文化地位信号的影响力。这种多样性可能不会影响对纯粹才智和自我实现的价值观，但有利于更广泛的文化多元化，这在某些方面与欧洲高雅文化的主导地位是不相容的。事实上，相对于主流的高等地位文化的定义，美国的少数族裔成员保持了一定的文化自主性，在自身的文化逻辑中重新解释了美国信条（American credo）的主要原则。[78]对少数种族成员来说更是如此，他们通过音乐、服饰和语言来颂扬自身的独特性，并发展出亚文化的自主和抵抗空间，从而有助于降低美国文化边界的普遍性和同质性。[79]相比之下，法国的人口构成无论在种族还是在族裔上都更同质化。直到近年，关于何为法国人的一场大型社会运动才登上历史舞台，人们开始质疑"法国人意味着法国出生的白人"这一定义。法国人刚刚开始将自己的国家视为移民之地，其社会尚未形成强大的宗教或种族多元化的传统。[80]这种表面上的统一强化了法国古典文化的优势，并间接地加强了文化边界的主导地位；除了布列塔尼（Breton）民族运动，少数族裔很少宣称其文化在博物馆、音乐厅或学校课程中具有平等地位的代表性。这部分是由于许多非欧洲移民来自前法国殖民地，他们从小就在社会中接受了法国古典文化具有更高等地位的观念。法国和美国社会中的所有这些普遍特征都对受访者选择划定某种边界而非另一种边界产生了影响。然而，鉴于中上阶层成员的社会地位，他们独有的特征也加强了边界的划定。

近因环境因素

前几章讨论了影响划界工作的一些近因因素。例如，法国中上阶层成员所使用的社会经济边界较弱，部分可以归因于法团主义（corporatism）削弱了竞争在法国职场中的作用。此外，与美国人相比，法国中上阶层成员更换雇主的频率较低，工作稳定性较高，因而不大可能比美国人更普遍地高度重视职业流动性和经济地位。另一方面，由于法国中上阶层男性，与美国的对照组一样，居于社会金字塔的顶层，他们可能会被鼓励强调社会地位，以作为评估身份的基础。相对于其他阶级成员来说，这两个群体在工作中的自主性及专业活动均要求运用大量的聪明才智，这更有可能促使受访者将自我实现和智力发展视作高等地位的信号。[81]

近因因素还包括广泛的非工作相关的一致性。例如性别、年龄、种族、族裔、宗教信仰以及居住在城市还是乡村等。我将这些特性视为近因因素，因为即使它们定义了某些结构或文化群体的成员资格，也是因人而异的。从数据可以看出其中一些因素对划界工作的影响。例如，我们发现，男性可能有更高的概率划定强社会经济边界和弱文化边界，而女性可能有更高的概率划定强道德边界。另一方面，数据显示，30多岁男性和50多岁男性的划界模式是相似的。[82] 目前，由于缺乏比较数据，我们无法评估种族、族裔和居住在乡村对划界工作的影响。

皮埃尔·布迪厄描述了其他一些影响人们的惯习（habitus）乃至品位和偏好的近因结构因素。这些因素包括社会轨迹以及经济和文化资本的构成和数量。在第六章中讨论法国和美国中上阶层内部划界工作的变化时，我们将仔细研究这些因素的影响。

结　论

从本章中可以看出，一系列文化因素与结构因素的结合影响着人们划定各类边界的可能性。有的时候，个体可能会不自觉地运用环境所提供的文化剧目；在其他情况下，他们的划界工作可能会更直接地受到自身社会地位和机会的影响。个体划定一种边界而非另一种边界的概率是由近因和远因环境构成的，并不是一种随机分布。要明确此处的运作机制并了解动源在划界工作中的位置，我们尚须进行更深入的研究。

前面的讨论不仅有助于解释边界模式的跨国差异，而且有助于解释一些具体且相当重要的实质性问题，例如，美国人为什么更崇尚物质主义，以及为何高雅文化和精雅在法国社会中如此重要。国民文化取向的这种差异（有些人或称之为国民性格的差异）也可通过文化和社会结构特征的结合来解释。例如，若要解释精雅和高雅文化为何在法国具有更大的影响力，只有同时考虑到以下因素才有可能：国家在降低市场机制对文化生产者生活的影响方面所起的作用，教育体系的集中化，法国知识分子身份和亚文化的凝聚力，法国社会中族裔和种族的更高同质性，以及贵族传统对历史上国民文化剧目的持久影响。在美国，下述因素使物质主义得以维系：较弱的福利制度，历来较高的地理流动性，私有化的大众媒体，知识分子的较低影响力，以及"美国主义"意识形态的核心主题（如个人主义和成就）。美国社会的一些特征（如平等主义和弱国家干预）也阻碍着高雅文化发挥影响力。这些解释再次表明，有必要将远因结构的社会特征和可用的文化剧目对划界工作的影响纳入研究范畴，而不是仅仅关注个人身份之类的近因特征。另一方面，鉴于社会经济边界的影响力日益增大，这些解释也触发了关于发达工业社会中知识分子亚文化的长久生命力的话题。探讨两国的社会和文化专业人士与营利型劳动者之间的划界工作差异，将有助于部分地回答这些问题。

第六章 阶层内部边界的本质

鉴于社会现象明显地逃离了实验者的社会掌控，比较法是唯一适合社会学的方法。

——埃米尔·涂尔干

上文中揭示的国民划界模式掩盖了法国和美国中上阶层内部的重要文化差异。为了发掘这些差异,我比较了因职业或社会轨迹而具有不同市场条件和经济理性关系的群体:社会和文化专业人士与营利型劳动者,知识分子与非知识分子,向上流动者与向下流动者,家庭世代属于中上阶层的人与新近加入该阶层的人。研究这些内部的变体有助于更好地了解近因结构条件在边界形成过程中的作用,还可获得关于不同群体的划界工作差异的丰富知识。在探索这些差异的同时,我将进一步讨论法国人更倾向于文化而美国人更崇尚物质主义的成因。我将表明,国民划界工作模式强化了职业模式,不同的职业群体对加强或削弱其社会中的文化边界和社会经济边界产生了影响。

社会和文化专业人士与营利型劳动者

我们在第二章中已经指出,职业是定义中上阶层男性身份的主要维度之一。[1]跨职业群体的划界模式之间似乎存在着很大的差异,我的访谈结果表明的确如此。

营利和划界工作

在《经济与社会》一书中,马克斯·韦伯对经济理性和价值理性作出了区分:经济理性通过围绕利润和效率的系统导向来主导当代生活。相比之下,与经济理性对立的价值理性"是由对某些伦理、审美、宗教或其他形式的行为本身价值的自觉信念决定的"。[2]

在试图解释政治自由主义水平的波动时,社会科学家们指出了政治态度如何随着人们与经济理性以及更普遍的经济必要性之间的结构关系而变化。例如,有些人认为,在经济繁荣时期长大的人更倾向于支持后物质主义价值观,如自我实现、环保主义、性解放,以及反对核能和军备。这些人更有"与生俱来的安全感",即他们(或其家人)在成长过程中占据了有利的市场地位,因而不太关心物质主义价值观和经济理性。[3]同样,西摩·马丁·利普塞特认为,知识分子(他此处指的是社会和文化专业人士)对资本主义和商业阶层持有异议,因为这类人的工作性质要求他们对商业主义保持一定的独立性。[4]在利普塞特的基础上,我提出,专业人士和经理人中持政治自由主义与异见的程度由于以下两个因素而有所不同,一是其工作在多大程度上有助于营利(即以创造利润的商品和服务为导向及其存在的理由),二是这些中上阶层劳动者的生计在多大程度上依赖于市场体系(无论是受雇于私营部门还是公共与非营利部门)。[5]

最近的研究也支持我的这一论点。例如,一项对美国和英国的商业、宗教、媒体和教育精英的比较研究发现，精英成员对资本主义态度的差异在很大程度上可通过他们是否参与营利活动来解释。这一因素比性别、年龄、宗教信仰、种族、收入和个人就业所在城市的规模更具预测性。[6]同样，另一项研究也表明，在美国，反对新中产阶级（New Middle Class）商业利益的主要是那些脱离市场经济的专业人士和经理人，[7]即从事"商业经济之外的社会科学和艺术相关职业"的人。[8]最后，史蒂文·布林特，他在早期著作中曾否定政治自由主义会因"与营利的距离"而变化的假设，最近也将这一因素（他称之为"就业状况"）纳入了对于新阶级的政治异见累积趋势的解释之中。在比较几个先进工业社会中的新阶级政治主张时，他发现，社会和文化专业人士与公共服务工作者在经济和福利问题上比其他职业群体更倾向于自由主义。[9]这些研究通常界定了政治异见、自由主义与营利之间关系的性质，[10]但都强调公共与非营利部门的劳动者以及社会和文化专业人士在支持自由主义和异议观点方面的作用。[11]因而他们支持这样一种观点，即近因结构因素，尤其是人们在工作中与经济理性之间的关系（即其工作导向是利润最大化，还是其他教育、科学、人道主义或宗教目标），直接影响到他们的政治态度。[12]

我将这一假设推广到其他文化领域，以表明中上阶层成员的划界活动会因其职业对营利的促进和依赖程度而异。[13]因为艺术家、社会工作者、神父（牧师）、心理学家、科研人员和教师等职业致力于实现文化、精神或人道主义目标，他们的专业成就不能主要用经济尺度来衡量，所以人们可期望这类人更重视以文化和道德作为评估标准。另一方面,由于会计师、银行家、市场营销主管、房地产经纪人、商人等是依据成本和收益分析而设定目标,他们的成功更多是从经济层面来衡量,其劳动更倾向于追求经济理性,[14]所以这些人更可能重视以社会经济作为评估标准。出于类似的原因,知识分子可能会比非知识分子划定较强的文化边界和较弱的社会经济边界。

为检验这些假设,受访者被分成两组:(1)涉及资本主义生产和分配,即参与营利型制度机制(企业所有权、管理、销售和应用技术)和市场增益行业(银行和金融)的人;以及(2)不参与上述机制的,即从事媒体、学术、艺术等职业的人。根据受访者的就业领域,我将他们进一步分为两组,假定非营利组织以及更大程度上的公共部门为其雇员提供了免于考虑营利的相对自由,因为这些组织的生存往往是依靠公共资金以及捐赠,而不是直接依赖供求规律。基于这些区别,我根据受访者的活动部门及其工作对实现盈利的贡献,将他们分为四个职业总类(见表2)。这四个类别可显示出对营利的依赖和效用的增加幅度。

表2中的第一类,由在公共与非营利部门薪金制的文化和社会专业人士组成,他们对营利的依赖程度很低、工具性很弱。这一类别包括从事宗教、艺术、政治、教育、社会、科学和公共服务职业的人士[如神父(牧师)、音乐教师、高校行政人员、外交官、医药研究者等]。

第二类,包括在私营部门工作的文化和社会专业人士,以及受雇于公共与非营利部门的营利型劳动者。这一混合类别包括依赖营利但对经济理性不太有工具性的人（例如在私营部门工作的纯理论科学家），以及对营利依赖程度很低但对实现营利有很强工具性的人（例如国家雇用的银行审查员和会计师）。[15]在这一类别中，我们还包括了在私营部门工作的记者，以及自雇的牙医和临床心理学家等。

第三类，涵盖了私营部门的营利型薪金制的劳动者，他们既对实现营利有工具性，又因受雇于私营部门而依赖营利。这个群体包括工程师、会计师、公司律师、精算师、投资银行家和工厂经理等。

第四类，包括营利型自雇的劳动者，例如房地产经纪人和二手车经销商，以及自雇的专业人士（律师、建筑设计师、财务顾问等），由于这类营利型劳动者直接参与市场，因而他们被认为比薪金制的营利型劳动者更依赖营利。

为了简单起见，尽管第二类人中也包括一些营利型劳动者，我们将第一类和第二类中的个人称为"文化和社会专业人士"，将第三和第四类中的个人称为"营利型劳动者"。

跨职业群体的排他模式

我的访谈过程表明，正如新阶级理论所暗示的那样，社会和文化专业人士与营利型劳动者对彼此表达了某种程度的批评态度。事实上，通过划定反社会经济边界而青睐于文化边界，社会和文化专业人士往往将营利型劳动者视为不纯粹的，他们经常批评商业型人士过度物质主义和缺乏对文化问题的关注。例如，纽约的一位大学教授对在商学院就读的儿子感到失望，

表2 按地域及职业细分类别划分的男性受访者的职业和年龄

巴黎近郊	年龄(岁)	克莱蒙费朗	年龄(岁)	印第安纳波利斯	年龄(岁)	纽约近郊	年龄(岁)
1. 公共与非营利部门(薪金制)文化和社会专业人士							
公立学校管理者	50	公立学校管理者	50	公立学校管理者	45	公立学校管理者	58
高校行政人员	57	高校行政人员	41	高校行政人员	49	高校行政人员	50
音乐教师	41	音乐教师	55	音乐教师	54	音乐教师	46
神父	43	神父	55	长老会牧师	59	长老会牧师	51
博物馆馆长	53	博物馆馆长	41	博物馆馆长	42	博物馆馆长	44
音乐教师	42	艺术家	43	艺术家	37	艺术家	48
科学教师	46	电子学教授	50	物理学教授	51	科学教师	53
建筑学教授	31	社会工作教师	41	医药学教授	51	社会工作教授	49
科学教师	57	哲学教师	48	社会服务经理	41	神学教授	57
社会工作者	35	田径教练	37	娱乐业专业人士	51	娱乐业专业人士	33
外交官	55	公务员	41	娱乐业工助理	43	公务员	58
计算机专家	33	公务员	41	计算机专家	39	计算机专家	34
会计学教授	39	物理学家	35	医药研究者	34		
				人事服务经理	46		
2. 私营部门的文化和社会专业人士、公共与非营利部门的营利相关职业							
急救医务人员	38	心理学家	40	心理学家	46	应用科学研究员	42
心理学顾问	44	心理学家	53	会计师(公共部门)	44	人力资源顾问	41
医院管理者	60	医院会计总监	36	研究科学家	36	心理学家	50
牙医	34	牙医	55	科学研究员	35	医院会计总监	39
医生	46	医生	48	银行审查员	36	统计研究员	46
建筑设计师(公共部门)	43	安全监察员	36	审官	40	计算机研究员	36
人力资源顾问	59	记者	53			经济学家	52
						劳动仲裁员	53
平均年龄(第一类和第二类)	45	平均年龄	45	平均年龄	44	平均年龄	47

第六章　阶层内部边界的本质

续表

巴黎近郊	年龄（岁）	克莱蒙费朗	年龄（岁）	印第安纳波利斯	年龄（岁）	纽约近郊	年龄（岁）
			3. 私营部门（薪金制的）营利相关职业				
商业管理专家	46	商业管理专家	33	会计师	30	投资顾问	31
制造业高级主管	58	制造业高级主管	58	首席财务官	48	首席财务官	56
银行家	45	银行家	34	银行家	43	银行家	44
投资银行家	40	汽车经销商主管	53	银行家	54	工厂设备经理	59
保险主管	42	化学经销商主管	43	保险公司副总裁	47	公司律师	44
公司律师	36	化学工程师	42	工厂经理	32	计算机专家	41
市场营销主管	51	计算机市场营销专家	53	公司律师	32	市场营销主管	52
计算机工程师	55	化学工程师	53	计算机市场营销专家	57	市场营销主管	45
电力工程师	42	工厂经理	50	市场营销主管	45	计算机软件开发者	53
旅游公司主管	43	旅游公司主管	39	数据经理	55		
				建筑设计师	44		
			4. 私营部门（自雇的）营利相关职业				
律师	39	律师	42	律师	32	律师	34
律师	45	律师	49	律师	37	律师	42
会计师	57	会计师	57	股票经纪师	57	基金经理	46
建筑设计师	46	建筑设计师	39	建筑设计师	37	计算机顾问	46
保险经纪人	45	保险经纪人	31	房地产经纪人	58	房地产经纪人	51
印刷公司所有者	56	勘测公司所有者	53	林业员	59	海关报关员	57
工程公司所有者	47	建筑设计师	45	职业招聘员	52	经销商	55
会计师	40	会计师	49	房地产开发商	44	广播电台老板	49
会计师	37	财务顾问	34	二手车经销商	39	汽车租赁公司所有者	45
律师	47	财务顾问	43			机床经销商	35
平均年龄（第三和第四类）	47	平均年龄	45	平均年龄	45	平均年龄	46

认为他的智性不够：

> 看到儿子跟我的所有价值观相悖，令我感到非常挫败……他不会读一本小说而被它打动。他不读报纸，而且也不觉得报上有些内容很重要。虽然他在学校里成绩不错，但只是靠人为或机械的学习方法取得的……他可能非常适应商业文化。但我更希望他有思想。倘若他去了普林斯顿，就能在那里追求文化财富和成就。甚至当他作出反叛行为时，他采取的方式也都是从电影里学来的。

营利型劳动者的态度与此相似：许多人表示不喜欢社会和文化专业人士的文化风格，并抵制文化纯洁原则。例如，在克莱蒙费朗的一家大型制造业工厂里，管理着数千名员工的一位高级主管评论道，理论家和知识分子"在法国声名狼藉。他们生活在云端，忽视现实，通过语言把自己孤立起来"。圣克劳德的一位自雇的保险代理人对技术官僚们也持批评态度，因为他们"为了告诉你这支笔是红色的，会啰嗦上两个小时，最后我们知道的也不过就是这支笔是红色的，但他们就喜欢自说自话"。在克莱蒙费朗的一座时尚的后现代公寓里，我访谈了一位很有运动范儿的建筑设计师，他向我解释说，那些专门研究抽象思想的人是不完整的："知识分子与现实脱节了。他们太沉迷于头脑中的世界，走不出来。我很烦这种人，我认为，只停留在智性层面的知识分子不会试图帮助他人。他乐于待在自己的小宇宙里。"[16]

这两个群体之间的对立往往以政治态度为掩护,同时划定符号边界和政治边界。这类情况在我们的访谈中经常出现,但很少像克莱蒙费朗的一位酒店经理表述得那么明显。这位右翼人士在描述对社会主义者的仇恨时说:"我是彻头彻尾的反社会主义者。(社会主义者)都是些教师……知识分子。他们的态度恶劣。他们是资产阶级,也就是说非常重视自身的特权。这些人嫉妒心重,动机不纯。我发现他们身上有很多不良品质。"

在这里,我们无法分析政治态度与符号边界重叠的程度(这很可能是一个完全独立的研究主题)。但可以说,反对资本主义、商业阶层和不受监管的经济活动,支持城市美化、环保主义、自我实现和收入分配等态度上的模式,可被视为符号边界的表达,亦即一种划定文化(及道德)边界和拒绝社会经济边界的方式。[17]另一方面,反对强大的福利制度可能不仅关系到捍卫社会经济边界,还意味着对另一种道德边界的支持,这种道德边界不是基于人类团结,而是对强大职业道德重要性的信念。正如社会和文化专业人士(或知识分子)在政治取向上不同于营利型劳动者,[18]他们对高等地位信号也有着不同的定义。

我们对个人在道德、文化和社会经济方面的得分进行比较后发现,社会和文化专业人士在文化上比营利型劳动者更排他;[19]后者则比前者[20]更易划定强有力的社会经济边界,[21]而道德边界在两个群体中均受到同等的重视。[22]我认为,正如受访者与实现营利的关系所揭示的,人们所处的近因结构位置的确塑造着他们的划界工作方式。[23]对知识分子和非知识分子的划界工作比较再次证实了这一点，第一类群体对营利的工具性较弱：绝大多数知识分子划出了很强的文化边界，而在非知识分子群体中，这一比例仅占不到四分之一。[24]社会和文化专业人士及知识分子的市场地位可能会加强这种职业模式：那些从事对营利的工具性较弱、依赖程度较低的工作的人，其市场地位通常低于营利型劳动者，因为他们的流动机会往往较少，收入也普遍较低。[25]这可能导致他们更重视声誉而非社会经济地位。[26]

其他证据也表明，近因结构位置会对划界工作产生影响：与第一类中的社会和文化专业人士相比，第二类中的社会和文化专业人士划定的边界同营利型劳动者划定的边界更为相似。[27]这反映他们对营利具有更强的工具性和更高的依赖程度，因为这些受访者参与公共部门或是营利劳动者。[28]同样，在社会经济量表上，自雇的营利型劳动者的得分略高于薪金制的营利型劳动者。[29]当在每个地点内对两种职业类别进行比较时，这些模式仍旧存在（详见附录四，表A.5）。[30]然而，我们尚须根据更大的数据集做进一步研究，才能对此类比较得出确切的结论。[31]

第四章提供的证据表明，与法国的知识分子相比，美国知识分子感到自己在主流文化中的边缘化程度更高。同样，美国的社会和文化专业人士在美国文化中似乎也比法国的对照组更边缘化。史蒂文·布林特指出，在美国，自由主义情绪高度集中于中产阶级中少数可预测的群体，这使得他们与社会其他群体相比时显得更特立独行，而在法国社会中，自由主义和社会民主观点更广泛地分布于中产阶级的各个群体。[32]这一模式或许可以延伸到政治态度之外的其他方面：划定强大的文化边界在美国可能只是一小部分人的特征，而在法国，这种边界可能存在于更广泛的群体中，包括营利型劳动者。在下一节中，我们将为这些假设提供证据。

国民模式与职业群体的动态变化

上一章揭示出国民模式强化了跨群体的划界模式。访谈内容和受访者在三个维度上的量化分数都证实了这一点：

1. 相比美国的同行，法国的社会和文化专业人士划定的文化边界更强大。[33]在这一背景下，他们往往认为自己的工作很有魅力也就毫不奇怪了。克莱蒙费朗的一位哲学教授让·勒布勒最清晰地表达了这一点。他住在一幢堆满书籍的小房子里。这位留着胡须的教授抽着吉卜赛女郎牌香烟，在烟雾缭绕中，用夸张的手势描述和强调自己的职业：

> 我认为，我能让年轻人发现与他人、与知识巨匠相伴，与诗人、小说家、哲学家和智者相伴的乐趣。正是这些人，在我感到沮丧的时候，帮助我以新的视角理解生活。我想（为学生们）做我的导师为我做的事。对我来说，我的导师们好似神明，我对他们的崇拜来自他们深邃的思想、通透的才智、幽默和讽刺的言谈、融会贯通的方法，以及引导我发现意想不到事物的能力。我的老师给了我自

信，为我开拓了新的视野，敦促我走得更远，对自己要求更高。

没有一位美国的文化专业人士像他这样强烈地表达出对激发自身职业使命感的价值理性的炽爱。

2. 法国的社会和文化专业人士划定的社会经济边界比美国的同行要弱得多。[34]与美国的教师相反，法国的教师对自己未选择更赚钱的职业较少表现出遗憾。大多数人认为他们微薄的收入是自己主动选择的，也是他们决定将自由和自我实现置于金钱之上的结果，正如第二章中提到的巴黎一所中学的文学教师所解释的：

> 我宁愿挣我现在挣的钱，而不是挣两倍的钱却得听命于人。我不能忍受当个卖肉的屠夫……依赖于顾客，不得不说："是，小姐；不，小姐"，还不得不关照她的狗，虽然你应该告诉她，出于卫生原因得把狗留在店外。或者，在外面有很多人排队等候的情况下，不得不对一个迟迟不能决定买什么的人表现得客客气气……总的来说，我不喜欢这样的观念，即你的财务状况取决于你如何对待他人，无论真诚与否……因为这意味着失去自由……我知道，我的收入远远低于我的邻居，包括一些从事对智力要求较低的专业工作的人。但这真的无所谓。别人可以在我面前炫耀大奔驰，但我照旧骑我的自行车，我不在乎……对我来说，事物的价值不是那么衡量的。

同样，来自凡尔赛的一位神父，他的家庭属于法国最传统的资产阶级，如此看待自己收入微薄的问题：

> 这是有关独立性的问题……没有高薪这一事实使我可以自由地选择独立于金钱的方式去做事。当我在企业界工作时，我的收入是现在的五六倍……但如今，我在选择做什么事或参加什么活动时，并不考虑钱的因素。这让我避免陷入平庸，也让我能在生活中做一些有趣的事……而不仅是大机器中的一个小零件……我能更好地体验世界，并全身心地投入自己的工作。

在巴黎第六区一家慈善组织的简朴办公室里，我访谈了一位社会工作者，他对自己的职业选择也作出了类似的解释，他说：

> 非营利部门提供了以多种方式投注自己精力的机会……它让我有机会按照我的天主教、基督教信仰来生活。我决定为我们的社会，尤其是为社会公平做些事情，即使影响有限……赚钱不是我的职业动机。我每天都能感受到，在巴黎靠微薄的薪水支撑一家人的生活是多么困难……但当我选择为非营利部门工作时，我就接受了这一点……老实说，我不后悔。我相信减少收入不平等是件好事。所以从理论上讲，我在这点上是言行一致的。

如同克莱蒙费朗的那位哲学教授，这些人更强调促使自己作出职业选择的价值理性，而非"主流"社会所强调的经济理性。美国的社会和文化专业人士很少传达这种信念，即他们相对较低的收入可以通过商业世界无法提供的服务或充实个人的特殊机会，通过从生活中获得更多的意义来得到补偿。事实上，美国的社会和文化专业人士更经常地贬低自己的职业，并对没有选择一个更赚钱的职业表示懊悔。有几个人对我说，"因为金钱问题"，他们希望改变职业轨道。例如，新泽西州的一位从事娱乐业的意大利裔第二代移民谈到，他正在大学进修财务规划课程，借此寻求新的职业发展，原因是"我必须努力在经济上使自己和儿子有很好的保障"。同样，斯卡斯代尔的一位科学教师告诉我："我觉得，假如从头再来一次，我会让自己处于一个有更多机会彰显个人价值的位置……比如商业圈……"相当多的美国社会和文化专业人士似乎都以为，真正的聪明人都会"为金钱而奋斗"，只有"失败者"和"不怎么在乎钱"的人，以及那些无法支付高薪工作资格培训费用的人，才会接受低报酬的工作。正如第三章中提到的印第安纳波利斯的那位长老会牧师所说，金钱是他衡量"职业上的成功"的主要标准，纽约的这位教师也完全采纳了经济理性的原则，并将之应用于教育和文化领域：

> 我不是那种自我牺牲型教师，不会花费过多时间做几乎没有回报的（工作）。我基本上不做任何没有报酬的事。我是个职业歌手，但我从不在任何教堂、寺庙或音乐厅里

做无偿表演。此外，很多教师做了大量的志愿工作。这对他们的专业毫无价值。在某种程度上，我不得不佩服他们竟然愿意付出那么多的时间，可我有自己的家庭和其他爱好，而且我真的不明白为什么要投入额外的时间。我的工作效率很高，足以让学校印象深刻并给我很高的报酬。但如果他们不付报酬，我就不会在那儿工作了。我若是换工作，那肯定是考虑到生活成本和工资等综合因素。

虽然这几个人的表述并不代表美国的社会和文化专业人士对自身社会地位的全部解释，但他们的观点往往与人们的看法相呼应。它们都暗示了一个事实，即这个群体没有发展出一种像法国同行那样高度连贯的替代亚文化，这种亚文化将价值理性置于经济理性之上，并明确支持地位评估的文化标准。在这种情况下，美国的社会和文化专业人士比法国的同行划定更强的社会经济边界就不足为奇了。

3. 从三个维度的得分比较中可以看出，与美国的对照组相比，法国的营利型劳动者划定的文化边界要强得多。[35] 出于这个原因，法国的各种营利型劳动者加入一些民间社团和俱乐部，以维持一定水平的智性活动。共济会（The Freemasons）特别受欢迎，因为该组织非常重视哲学和精神层面的问题，为个体提供了一个论坛，能够"向自己提出一些重要的问题，关于生命的意义，你给生命赋予什么意义，以及你应该采取什么行动……而不是怎么平衡预算或买什么车"（克莱蒙费朗某财务顾问）。巴黎的一位异常有魅力且口齿伶俐的律师也有类似的表述，他解释了同什么样的人分享思想是至关重要的：

> 我们对真理和灵性有着类似的追求，能够超脱越来越多侵扰我们内心的物质主义。（我们需要）能够对物质主义保持距离，更多地关注使我们成为人类的其他世俗事物……我每天的职业生活中，最缺乏的是推动某些想法和话题的刺激感，它们与日常生活无关。我需要思考诸如"真理"之类的问题，否则活得就跟动物没什么区别了。我不能只为工作而活着。案子胜诉了会带给我专业上的满足感，但这只是技术层面上的满足。其余的时间都花在组织论据上，而那是相当乏味的。

没有一位在私营部门工作的美国人表示自己参与了在智性上相当于这种共济会的组织，而至少有10位法国受访者透露，他们参与这个组织主要是出于智性和精神上的理由，尽管作为成员他们宣誓保守秘密。[36]

4. 最后，分数的对比表明，美国的营利型劳动者在社会经济排他上的平均得分远远高于巴黎的对照组，略微高于克莱蒙费朗的对照组。[37]结合上述趋势，这清楚地表明国民划界模式强化了两国职业群体的典型模式，法国的营利型劳动者比美国的对照组有更强的文化倾向，而美国的社会和文化专业人士比法国的对照组更注重物质。更普遍地说，两国的社会和文化专业人士与营利型劳动者的动态变化反映出其文化边界和社会经济边界之间的动力学：在知识分子与社会和文化专业人士本身对促进价值理性和文化评估标准合法化方面发挥积极作用的情况下，文化边界是最强的，也受到更广泛人口的重视。这并不奇怪，正如韦伯在《新教伦理与资本主义精神》中所提出的，理性类型是由代表其在社会世界中的对象化（objectification）的特定群体延续的。[38]同样，社会经济边界在美国的"霸权"，在一定程度上，显然是因为美国的社会和文化专业人士本身倾向于将价值理性置于经济理性之下。上一章讨论的各种远因结构因素（即弱福利制度）促使他们对营利有更多的依赖，因而加强了塑造其独特的划界模式的近因结构条件；在这种情况下，里根时代采取的促进市场化政策可被视为间接地创造了削弱美国文化边界影响力的条件。

中上阶层的社会轨迹和资历

中上阶层的社会轨迹和资历也是可能影响其成员划界工作的近因结构因素。同样，市场条件和生活机遇至少部分地解释了个人最看重的地位信号的差异。

向上流动与向下流动

我访谈的很多人都是处于向上流动的状态：大约50%的人所从事职业的社会经济地位高于其父辈。[39]这种相对较高的向上流动率主要是源于二战以来后工业社会的结构变化。这是一个经济高速增长的时期；在法国和美国，人们的生活水平都提高了；科学技术在经济中发挥着越来越重要的作用。[40]同时，专业的和管理的职业数量也在增加（见附录一）。因此，许多受访者在20世纪50年代、60年代以及70年代初期至中期进入就业市场时，正逢新的工作岗位大量涌现。这些人发现自己处于非常有利的市场地位，他们的个人流动性与作为社会群体的集体流动性密不可分。虽然这四个地区中向上流动者的百分比大致相同——纽约为60%、印第安纳波利斯为57%、巴黎为47%，克莱蒙费朗为50%——但二战以来专业的和管理的职业的增长在美国[41]比在法国更为显著。[42]

这些向上流动者是否以独特的方式划定符号边界呢？他们划定的社会经济边界略强于向下流动者，也强于其职业的社会经济地位与父辈相当的人（有"稳定"轨迹的人）。[43]向上流动的个人尤为强调社会经济的纯粹。[44]由于在改善自身社会地位方面相对成功，向上流动者很可能对此大力投资，因而会强调这一点。

在我访谈的男性当中，只有12%的人是"走下坡路"的。[45]根据字面意思，这些受访者都来自至少一代属于中上阶层的家庭；他们有成功的父亲或祖父，但自身的表现平平。这使他们具有一种非常独特的视角。最重要的是，像那些有稳定轨迹的人一样，向下流动者往往比向上流动者在文化上更排他。[46]由于市场地位较低，这些人可能像社会和文化专业人士一样，倾向于强调身份而不是经济地位，因为他们更看重这些身份，或是因为想通过文化身份来提高自己的社会地位。

同某些社会学家的观点相反，[47]社会流动性与划定强大道德边界的可能性之间没有关系。另一方面，那些向下流动的和具有稳定轨迹的个体同具有其他类型社会轨迹的个体相比，划定强大社会经济边界的可能性略小。此外，与轨迹"稳定"者、向上流动者和大幅向上流动者相比，向下流动的受访者中反对社会经济边界的比例要高得多。[48]因此，向下流动者往往强调这样一个事实，即在工作以外的活动中找到了最大的个人满足感。例如，纽约的一位放荡不羁的海关报关员解释说，他没能很好地管理从曾祖父那里继承下来的公司，因为他把大部分时间都花在爵士乐和阅读上了：

> 如果我放在商业上的时间和兴趣同放在科学读物和音乐上一样多，我想我（的经济状况）会相当不错。我可能会扩大公司业务并收购其他公司。但那对我来说只是工作，并不有趣；那是个苦差事。所以，我喜欢尽可能地让公司业务保持简单。

另一位向下流动的受访者也表达了类似的观点。作为克莱蒙费朗一位科学家的儿子，他因为没有通过牙科学校的考试而成了一名急救医务人员。现在，他将大部分时间都投入到了他执教的足球队中。他将自己的朋友描述为"不太在意职业上的成功"的人。他降低了自己的职业预期，并在工作以外的活动领域中寻找生活的意义。

跨界而立：第一代中上阶层成员

从各个地区男性受访者的人数来看，美国第一代中上阶层的数量略高于法国：在纽约人中占60%，在印第安纳波利斯人中占47%，相比之下，第一代中上阶层在巴黎人中占47%，在克莱蒙费朗人中占50%。鉴于属于向上流动者通常来自中上阶层家庭，第一代中上阶层与向上流动者仅有部分重叠。[49]

和本书开头提到的印第安纳波利斯高管保罗·安德森一样，中上阶层的新成员往往来自于"勤奋拼搏"的背景。他们的父母多是移民或蓝领工人，而且往往受教育程度很低。其中一些人经历过饥荒、失业、大萧条和二战，他们中的大多数人以付出无数的努力、漫长的工作时间和恪守纪律为代价，实现了向上流动。那么，他们的生活轨迹是否会影响其最可能划定的边界类型呢？

这些人在道德或社会经济上并不比其他人更排他。[50]然而，正如我们在向上流动的个案中发现的那样，他们显然没有太多的文化排他倾向。[51]许多人表现出对教育和能力的极大尊重，因为这些在很大程度上是他们自身向上流动的原因。[52]然而，很少有第一代的中上阶层男性将掌握高雅文化视为重要的高等地位信号。[53]

这些模式反映在我的受访者经常表现出在文化和社会交往方面缺乏自信。例如，有些人承认自己没有掌握在中上阶层社会进行优雅互动所需的全部技能。他们承认自觉不如那些"在鸡尾酒会上应酬自如，善于闲聊，亦能深入交谈的人"（纽约某艺术家），以及那些"能在各种不同的环境中都感到很自在的人……我不知道怎么才能做到那样，为此感到很自卑"（克莱蒙费朗某律师）。来自印第安纳波利斯的一位工作狂娱乐业专业人士认为自己缺乏文化，他这样总结道：

> 就这么说吧，我这一辈子都不得不工作。我上大学时就必须工作，所以我没有社交。我没有像其他很多人那样参加兄弟会，也没有像其他人那样担任很多领导角色，所以说，我是通过努力和遵循常识实现了自己的目标。很多在高中和其他地方担任领导的年轻人得以加入了很多不同的俱乐部，他们更容易自如地与人交谈。我更担心的是接下来要对别人说什么，而不是别人对我说什么，为此我总是感到自责。

这种经历与那些家庭几代人都是中上阶层的男性形成鲜明对比，他们常说自己在大多数环境中都感到很自在，不容易对地位更高或更有钱的人感到畏惧。他们拥有更广泛的文化剧目，可在社会互动中借鉴。一位受过哈佛教育的经销商（他并不认为自己很有文化修养）这样总结说：

> 背景教育是一种优势。如果你保持开放的心态，在社会的各个阶层里走动，上至董事长，下至清洁工，你都可以和他们攀谈。社会其他阶层的人往往很难跟上层的人沟通。他们在本阶层或较低阶层中往往表现得游刃有余，但

同其他人不一定能处得来。有些人则很擅长与任何人交谈。这便是我的教育带给我的优势。

最后，有趣的是，第一代中上阶层成员往往比其他人更加包容。[54]鉴于市场机制一向是其成功的条件，我们可能预料他们会倾向于社会经济排他。相反，我们发现，他们经常采用所谓"跨阶级"的评估标准，专注于"你是什么样的人"，并且经常表示拒绝将社会地位作为衡量一个人价值的唯一标准。这种立场削弱了他们所划定的任何社会经济边界的力度。这种宽容态度可能是出于希望调和各种不同的环境，并与专业同事以及流动性较低的家庭成员保持关系，这些家庭成员没能习得中上阶层的文化风格，而且也不太有机会去学习。这类受访者涉足两个世界，因为在其出身的环境和进入的环境中占主导地位的信号定义有时是相互冲突的，他们不得不应对高等地位信号的不同定义。

稳固的中上阶层：第三代及渊源更久的成员

有相当多的受访者是稳固的中上阶层成员，至少在文化上是这样的，因为他们的家庭至少已有三代属于这个群体。有25%的纽约人、印第安纳波利斯人和克莱蒙费朗人以及37%的巴黎人属于这种情况。为方便起见，我将这个群体称为"第三代中上阶层"。[55]

无论是在法国还是美国，这些男性最显著的共同特征是，他们在文化上非常排他。[56]在访谈中，与第一代中上阶层成员相比，该群体更强的文化排他和相对不包容得到了清晰的反映。[57]事实上，第三代成员更可能采用非常具体的规范来确定什么是可接受的，什么是不可接受的。换句话说，他们在一个紧密约束的系统中运作，该系统控制着广泛的文化偏好，从一个人应该购买的汽车类型到他的衣着品位。因此，这些人经常说，他们鄙视粗俗和无礼，非常欣赏魅力和智慧。有些人对"暴发户"，对那些获取高雅文化的速度太快、目的性太强的人，或是那些隐约地以为自己可以用钱买到品位的人，抱着排斥的态度。例如，那位酷爱巴黎的纽约博物馆馆长表达了对高雅文化新贵的蔑视，他说：

> 我在这里为那些逛博物馆的人提供帮助，（我觉得自己优于）他们，尽管他们的日子过得很不错。那些"暴发户"来自最没受过教育的背景，但他们到处旅行，因而对事物的了解很肤浅……他们大部分时间都在谈论自己所看到的事情，但并不懂得如何欣赏。他们的穿着打扮可能有点吓人，还会去伍尔沃斯超市之类的地方购买艺术品。

相比之下，第三代中上阶层成员通常将高雅文化和世界主义看作是理当如此的，将其视为生活中不可或缺的一部分。例如，纽约的那位博物馆馆长这样描述自己的家庭：

> 我们具有一种底蕴，而不是自命不凡的文化背景。这不过是一种生活方式。（我们）认为艺术是我们生活的一

部分，我们家中就有不少绘画和复制的艺术品……所以它是一种自然的生活方式，从来没有强加于我们，而是客观的存在。

第三代中上阶层成员强调的育儿观也与第一代形成鲜明的对照。这种现象在法国可能比在美国更明显。第二章开头提到的克莱蒙费朗的那位医生生动地说明了这一点。他将自己和妻子抚养孩子的方式与一个朋友的方式作了对比。他们的朋友，至少是那位朋友的妻子，来自第三代中上阶层。弗朗索瓦对他们的育儿方式感到痛心疾首：

> 他们对自己的孩子保护得过头了。他们的孩子应该"快乐""发展自我"（语气讽刺）。孩子们选择做自己想做的事，他们不追求大学教育，但很"快乐"。父亲是大学的神经学教授，而他的孩子们在社会上什么都不是；他们没有达到应有的层次。这位父亲像我一样，是从很低的起点开始，通过努力工作才取得成功的。现在他和妻子（在孩子的教育问题上）意见不合。

同样，一些属于第三代中上阶层的法国人也表示，他们不愿意为了向上流动而牺牲生活质量、智性愉悦和自我实现。勒迈尔先生在法国的一家跨国电信公司担任高管，他在这方面是个很突出的例子。他的祖父是个小资本家，父亲是注册会计师，他自己毕业于一所顶尖工程学院，住在凡尔赛。他皮肤黝黑，相貌英俊，常打网球，并投票给社会党。他自称为无神论者，并参与了一场消费者运动。他说，基于"文化原因"的优越比"道德原因"的优越给他带来"更多的满足感"。51岁的他回顾了自己的生活，将自己的职业生涯描述为"普普通通"。对很多事他是不会妥协的：

> 我不想一直优化自己的业绩。假如你那么做的话，你会活得很失意，因为你没有智性愉悦的时间。就你跟同事的关系而言，这也是令人沮丧的。因为你要忙这忙那，不允许自己跟人交谈超过5分钟，这使你和他人的关系疏远。有些人不介意这种生活，我可不愿意这样。我不想（为了成功而）放弃人际关系中的质量。

勒迈尔先生的反应代表了许多第三代中上阶层男性的想法，他们认为生活的乐趣太重要了，包括美食、良友、好书和宜人的环境等，不能为了更多一点的向上流动性而牺牲这些乐趣。他们的态度与第一代中上阶层成员形成了强烈的对比，后者需要独立奋斗，付出大量牺牲来获得所有的一切。

在巴黎，中上阶层的新老成员之间的差异似乎特别明显。一位市场营销专家提供了很好的例证。其父是国家邮政局雇员。他说自己有一个表弟（姨妈的儿子）是贵族。这位市场营销专家皮肤黝黑，爱打网球，加入了一家体育俱乐部，且经常去美国。他很时髦，吸食可卡因。他有一些玩赛车的朋友，还有一些朋友从事艺术。他的办公室里配有巨大、闪亮的紫色真皮沙发，墙壁上装饰着大型当代绘画。他最近买下了办公室所在的那座外表光鲜的后现代建筑。他自我定义为一个反传统、不墨守成规的人。他还说自己跟表弟是相反类型的人：

> 他出身于更传统的家庭，所以和我完全不同。他的父亲来自一个古老的法国贵族家庭，他自己也对这一身份很着迷。他迄今没尝过麦当劳的汉堡包。他的品位完全是古典的。他的穿着很古典。心智也很古典。他不与时俱进，甚至都不想知道世界的变化。他拒绝一切新鲜事物。我和他在生活方式上完全不同。从我对艺术、音乐和汽车的品位上来看，这种差异很明显。我6岁开始看电视，更喜欢美国西部片或迪士尼动画。我的文化比他的文化受美国的影响更大。

中上阶层中的新加入者与根基深厚者之间的这种强烈的文化差异，可能源于后者的家族几代都属于中上阶层，他们当中存在着一种特别有凝聚力的亚文化，即前几章中讨论过的传统的信奉天主教的资产阶级亚文化。如前文所述，这个群体的文化特征是，边界分明，关系紧密，重视文化传统，深度融入大家庭网络，积极参与宗教活动，以及对捍卫"积累的文化财富"的坚定承诺。[58]一位穿着时髦的市场营销专家这样看待这个群体：

> 这些人年纪渐老，余下的钱不多。周日早上出现在凡

尔赛的集市上，家里所有的孩子都穿着同样的衣服，一条百慕大短裤会从最大的孩子一直传给最小的。他们都穿手工织的袜子……非常保守……而且都把自己想象成是路易十四的私生子。这群人的思想几乎停滞。由于他们总是内部通婚，似乎连智力都在下降。他们不赶音乐界的时髦，只有古典音乐对他们的胃口。他们对探索任何新事物都不感兴趣，对他们来说，唯一存在的就是一直存在的东西。

凡尔赛的另一位受访者这样描述传统资产阶级的成员：

> 非常老派的法国人。他们对你很好，但如果邮递员来了，他们不会跟他说话，对他视而不见。而如果家里接待的是首席执行官，他们甚至恨不得给他跪下。他们的性情会随着交谈对象的不同而变化。他们非常守旧，因为他们自认为有责任延续传统。例如，他们参与基督教教育，有很多朋友担任神职。（比如 X 夫妇）组织市级的桥牌俱乐部，他是里昂俱乐部的成员，她雇了一位女仆料理家务，因为这也是很老派的法国人传统。

到目前为止，在所有的男性受访者中，信奉天主教的资产阶级成员在文化上是最排外的，他们将文化不纯洁等同于较低的社会地位。他们可以就跨阶级的文化差异发表宏论，比我们在美国受访者中听到的要详细得多。这在米其林公司的工程师吕克·法尔盖的描述中表现得很明显，他讲述了自己与新资产阶级成员之间的主要区别。他的话值得详细引用：

> 可以说，我的妻子和我一样，都属于富裕群体。你可以追溯到19世纪初，（我们家族的）祖先就很有尊严地依靠自己的土地生活了。其他一些祖先有贵族血统……我的妻子出身于一个富有的地主家庭。我的家族成员也一直很有地位，包括高级公务员、著名律师，还有发财致富的资本家。现在，（我们将留给孩子们的遗产）与其说是金钱，不如说是我们传递给他们的价值观，这主要意味着家庭、生长环境、宗族，以及延伸的大家庭，我们这些人都有大房子，经常可以聚会……这是我从家人那里获得的价值观……我的朋友大多具有相似的背景。他们的父亲是工程师之类……在大多数情况下，不属于我们所称的**新晋资产阶级**。他们出身于旧贵族资产阶级。对于资产阶级新贵，我不喜欢的首先是他们的谈吐，然后是他们处理金钱的方式。（跟他们相反）假如我们继承了财富，我们连提都不提……我们不会为炫富而买大房子。资产阶级新贵为了得到这些太会打拼了……他们太热衷于谈论金钱。他们花很多钱买车。而我所有朋友的车都很破旧……他们都笃信天主教，而且没有人离婚，因为我们很难接受离婚。

信奉天主教的传统资产阶级的强烈排他，如在此显示的，还反映在他们讨论避免与某些类型的人交往时，经常明确地提到社会背景或职业。正像米其林的这位工程师所解释的：

> 我和面包师、糕点师之间存在着巨大的鸿沟。我无法和他们交谈。而我和自己的同类在一起时感觉就很好，我们有着同样的责任感，大部分人都受过同样的教育。因为教育是人生的基础；如果想要认真地讨论问题，我们必须具有相同的教育水准和社会背景。

另一方面，如前所述，这些人定义自己阶级文化的部分原因是，他们从不会根据财富来划定社会经济边界。这种观念削弱了他们的社会经济边界，否则，考虑到他们对社会背景的重视，社会经济边界可以是相对强大的。然而，他们拒绝将金钱作为声望的基础并不令人感到惊讶。自二战以来，使传统资产阶级的生活方式得以留存于法国的经济条件在持续消失，其结果是，第三代中上阶层受访者的很多朋友可能出身于资产阶级或贵族，但这些家族如今"衰败"和"变穷"了。因其经济地位的下滑，法国的传统资产阶级更强化了自身的文化排他主义，这加大了他们从文化纯洁中寻求声望的倾向。

结　论

无论是哲学家、"暴发户"和市场营销专家，还是米其林的"一流"工程师，这些人理解地位的方式同他们的社会轨迹及对实现盈利的贡献密不可分。当然，上一章讨论过的宏观环境条件降低了近因结构因素对划界工作的影响。假设这些近因结构因素与划界工作之间存在直接的对应关系，便无法解释社会轨迹和营利关系相同的中上阶层成员划界工作的跨国差异。譬如，与美国的对照组相比，文化边界对法国社会和文化专业人士来说更为重要。

本章与第四章中作出的分析表明，美国知识分子比法国知识分子更远离主流文化，尽管他们似乎拥有更广泛的文化剧目。由于他们往往无法在美国社会中占主导地位的维度（即经济地位）上领先，这种疏离感更复杂化了。所有这些事实都表明，营利型劳动者的相对"霸权"在美国比在法国要强得多——在美国，这个群体似乎能够更完全、更排他地使自身社会地位所依据的单一等级制度标准合法化。一些体制上的制约因素，诸如相对薄弱的公共部门，也对此起到了维护作用。相比之下，法国的知识分子与社会和文化专业人士可能在影响其社会的文化观念方面处于更有利的境地。这些群体享有较高的社会地位，因此更容易在政治中发挥核心作用，尤其是通过社会党来团结一致地反对利润最大化。然而，随着物质主义意识在法国逐渐增强（在第三章中讨论过），这一情况可能正在发生变化。[59]

上述内容具有丰富的政治意义。它们有助于我们重新思考在里根和布什总统任期内，新阶级和商业阶级之间的冲突产生了怎样的变化。民主党实际上的相对无能为力是否与美国新中产阶级内部的文化分裂、其进步文化边缘化及日益适应主流物质主义文化有关？维持法国新中产阶级的强大制度条件在美国是否存在？哪种类型的划界工作是共和党或民主党政治纲领的基础？美国两个党派的纲领在多大程度上符合广大民众的意愿？举例说，对于共和党最近的成功，可否解读为由于该党能够推行一种强调职业伦理的，而非人道主义和社会正义的道德边界定义？什么样的政治计划可以巩固促进价值理性的结构和文化条件？虽然这些问题超出了本研究的范围，但它们是自然地从研究结果中产生的。对于那些不仅基于经济理性，而且用多样化和质量丰富的体验来定义"从生活中获得最大收益"的人来说，这些问题显得格外重要。

第七章 影响、贡献与未解之题

自由是对必然的认识。

——弗雷德里克·恩格斯

第七章　影响、贡献与未解之题

本书的基本贡献在于，它能够更加完善并综合我们对主观符号边界的本质、内容和起因的理解，这些边界可能构建、引导并限制法国和美国社会中人们的生活。从最普遍的层面上说，本研究提供的证据表明，对划界模式差异的分析可以丰富我们对社会差异的理解，而不是停留在走马观花的水平上。它还通过辨别各种地位评估标准的显著差异，增进了我们对地位评估的理解。[1]国民划界模式，作为跨社会差异的一个方面，迄今为止一直被人忽视，因为比较研究者们仅将注意力集中在不同社会的经济和制度差异。通过揭示不同阶级的文化结构，本研究记录了阶级分层系统的文化维度，这也是一个经常被忽视的话题。

在总结本研究的理论贡献之前，有必要阐明这些发现对我们理解符号边界与平等之间关系的意义；这一核心问题尚未得到系统解决。我们会发现，中上阶层男性可能通过在职场中调用典型的中产阶级高等地位信号，无意中促成了社会再生产（social reproduction）*。针对后结构主义者坚称人们对世界的理解总会产生不平等，我具体说明了符号边界可以促成客观社会

---

* 指社会结构和制度的再生产，它主要是基于人口、教育和物质财产或法定所有权继承（如先前的贵族）等特定的先决条件。再生产被理解为维持和延续现有的社会关系。——校译者注

经济边界的条件,并讨论了主观边界的强度变化对客观社会经济边界的影响;这个话题也很少有人探讨。最后,这些发现要求学界重新评估理性选择、马克思主义、结构主义理论,以及法国社会学近年来最有影响力的学术发展之一,即皮埃尔·布迪厄的理论贡献。

阶级的文化与社会不平等的再生产

为了更好地理解符号边界与社会不平等之间的关系,我们需要考虑前几章记录的中上阶层高等地位信号与其他阶层的文化之间的关系。证据表明,在我访谈的中上阶层男性最欣赏的许多性格特质中,最典型的是中层和中上阶层的文化。根据这些特征作出的价值判断可能意味着在精英政治(meritocracy)和普世主义的幌子下,用一种带阶级偏见的标尺来衡量所有的人。[2]而只有在这种情况下,下层阶级的个人才会因为没有融入中上阶层重视的文化风格而在职场中受到阻碍。意识到这一点对理解社会不平等问题至关重要,因为它让我们看到,那些并无特别品位意识的人是如何不知不觉地参与社会再生产的。这也可以解释为什么实际上很多机会对弱势群体的成员是关闭的,为什么成就往往与能力无关。[3]换句话说,中上阶层重视的高等地位信号与阶级的紧密相关性,有助于我们准确地理解符号边界以及划界者们是如何影响社会不平等的再生产的。因此,我们需要仔细地确认,受经济、文化和道德排他者重视的高等地位信号在多大程度上更典型地是中产阶级和中上层阶级的特征。

首先来看社会经济排他者：他们对社会不平等的再生产的贡献是直接而明确的，因为这类人最看重的高等地位信号毫不含糊地依据社会地位来筛选他人。在评估他人是否有趣或值得交往时，社会经济排他者会考虑到财务状况、阶级背景或权力，从而直接将工人阶级和下层阶级剔除出局。

文化排他者对社会再生产的潜在贡献虽然略微间接，但仍是显而易见的。他们偏好的高等文化地位信号通常也与阶级有关。例如，我们发现，高等教育的背景，作为中上阶层的卓越品质，是最受重视的高等文化（和社会经济）地位的信号之一。此外，美国的数据表明，自我实现[4]、求知欲[5]、语言能力[6]和对高雅文化的兴趣，是中上阶层更看重的性格特质，也更多地是中产阶级文化而非工人阶级文化的特征。然而，相比美国人来说，法国人用于解读高等文化地位的文化特征在各个阶级之间的分布往往似乎更不均匀。例如，法国人高度重视口才，这种性格特质与同阶级相关的文化资源是分不开的，诸如引用高等文化和精雅的自我表达等。相比之下，在美国更受重视的专业知识和实用主义则所有人都可以获得，只要具备同样的基本能力。此外，正如我们所看到的，在法国语境中，拒绝粗俗意味着与"大众品位"拉开距离，即远离中产阶级和工人阶级的品位。因此，文化边界对法国的阶级再生产的影响可能比美国更大。

尽管道德问题显然超越了阶级差异，但道德排他者也经常根据与阶级相关的特征进行选择：美国的数据显示，受访者最看重的几个道德特征在社会阶层中分布不均（法国的可用数据较少）。这在自我导向[7]、平等主义、理性主义和长期规划[8]方面有所体现，也体现在人的诚信度和强烈的职业道德方面。由于通过有意义的职业实现自我的机会较少，工人阶级和下层阶级的可信任度较低，而且职业道德较差，亦即他们不会将工作摆在很重要的位置。[9]事实上，下层和工人阶级的许多成员对成就抱有不同的看法。社会经济地位较高的人会以传统方式激励自己的孩子取得成就，而下层和工人阶级的孩子往往会用另一些成就，如身体强壮、情绪韧性（emotional resiliency）、机智、阳刚、忠诚以及群体团结等，来取代标准的成功观。[10]他们还经常采用大众媒体（比如唐纳德·特朗普和奥普拉）提供的不切实际的成功范例。[11]在其他情况下，他们将工作保障视为一种进步的形式，以弥补缺乏真正的流动性。他们对一份好工作的定义是工资高、福利好和岗位稳定，而非能够提供流动机会和有利的职业发展模式，或能在工作、性格和兴趣之间找到满意的契合点。[12]

最后，美国的下层和工人阶级与中层和中上阶层相比，尤其是与受过大学教育者相比，较少强调包容度和灵活性，而这两点正是美国职场中的专业人士和经理人高度重视的性格特质。无论是对异常性行为（如同性恋）[13]和对少数族裔[14]的态度，还是涉及言论自由和公民权利等问题，这种差异都普遍存在。[15]此外，未受过大学教育的人更支持"文化原教旨主义"（cultural fundamentalism），这是激励道德改革激进分子的一套价值观，它们支持"遵守传统规范、尊重家庭和宗教权威、禁欲主义和控制冲动"。[16]鉴于它们要求一定程度的道德刚性，这些价值观都不利于冲突规避，而这是美国职场所重视的一个信号。

因此，即使二次文献不完全是结论性的，尚须更多有关不同阶级之间文化差异的最新研究，而且由于大众媒体和教育体系的同质化，阶级文化的差异可能正在缩小，[17]似乎仍然可以尝试性地提出，我的美国受访者所看重的许多性格特质在下层和工人阶级中不常见，而在中层和中上阶层中普遍存在。[18]这就是为什么我们有理由认为，至少在某种程度上，阶级不平等的再生产是中上阶层成员无意中使用与阶级相关的评估标准的意外后果，其工作性质允许他们以无数方式去形塑他人的生活。这种阶级再生产机制在美国可能尤为重要，因为美国存在着强烈的文化平等主义规范，它阻碍人们明确地划定某些形式的文化边界（例如基于精雅和智性主义的边界），而且美国普遍存在着一种禁忌，反对根据阶级和先赋特质来划定社会经济边界。[19]

差异化、等级制度和人们理解世界的政治

那些受到福柯、德里达以及我们将提到的布迪厄著作启发的研究认为，文化差异会自动转化为支配：理智的和疯狂的，正常的和异常的，口头的和书面的，均被视为文化结构，它们

仅因定义的相互对立便产生人们理解世界的等级制度、纪律与压制。[20] 要取代这个模型，我们尚须更明确地了解文化差异化（differentiation）在何种条件下会导致等级化（hierarchalization）并产生政治影响，即对权力关系结构的影响。具体而言，我认为，符号边界是造成社会经济不平等的必要条件，但不是充分条件，只有强有力的边界才会产生不平等，而文化差异化并不一定导致等级制度。

正如我们刚刚看到的，排他通常是中上阶层对自身一系列定义的意外结果或潜在效应，这些定义包括价值观的定义，以及作为一个社团的群体身份及其性质的间接定义。[21] 然而，并非所有的符号边界都会产生排他：因为负面标签会影响个人的客观立场，所以必须就文化等级制度和偏差的性质达成一种共识。只有当边界被广泛认可时，也就是当人们认同某些特征优于其他特征时，符号边界才能具有广泛的约束性（或结构性）特征，并以一种重要方式影响社会互动模式，"以与物质力量（physical force）相同的必要性来引导人们的行为"。[22] 只有在这种情况下，符号边界才能导致地位较低的个人受到排斥、歧视和过度拣选，甚至导致他们自我淘汰。因此，与其认为人们对世界的所有理解都具有政治的，即等级制度的含义，不如说更关键的是确定哪些理解是重要的，即广泛的和共享的。

第四章的内容表明，文化边界在美国比在法国薄弱得多：美国人更有可能以文化平等主义的名义捍卫文化自由放任；由于拥有广泛的文化剧目，他们会以各种不同的方式来定义文化越轨（cultural deviance）*。他们对文化品位等级化的看法也更多变，文化的差异更模糊和不稳定。因此，与法国的文化边界相比，美国的文化边界不太可能导致客观的社会经济边界，即不平等。至于美国的社会经济边界和道德边界是否不如法国的严格，尚有待观察。[23]

值得注意的是，与其他边界相比，道德边界似乎更能导致分化，但不太能导致等级化，尤其是在法国，相比划定强烈文化或社会经济边界的人，划定强烈道德边界的人更可能在访谈中说，他们不觉得自己比任何人优越，他们欣赏差异，并且喜欢每个人，因为他们将优越感和不宽容与缺乏人道主义的不道德联系在一起。[24]当然，也有一些划定严格道德边界的人是非常不宽容的，他们认为只有基督徒和像他们那样道德清白的人才能被接受。然而，我的数据再次表明，道德排他者更有可能相信，品位和态度的差异会带来令人向往的多样性，而不是无可避免的等级制度。与此相反，正如我们所见，社会经济排他者直接根据社会地位对人们进行排序。在得出确切结论之前，我们尚须对这一问题进行更多的研究。

为了充分解答主观边界在多大程度上导致不平等的问题，有必要分析特定的外部特征是如何转化为社会收益的。这将需要进行超出本课题范围的观察研究。若要研究职场中主观和客观边界之间的关系，尚须分析以下几点：（1）对自己和他人的

---

* "文化越轨理论"假设犯罪行为是由习得的信念导致的，这些信念使犯罪成为对社会条件的适当反应。——校译者注

期望是如何依据各种外部特征的表现在不同环境中发生变化的;[25]（2）在特定类型的组织中，哪些特定的信号组合会受到重视;（3）个人如何调整（对自己和他人的）地位期望以迎合在其环境中占主导的"值得尊敬的人"的定义，以及（4）这种主体间的互动过程如何影响人们的职业轨迹。[26]

理论的重新评估

从我的研究结果来看，有必要对目前社会科学中使用的主要人性模型之一进行修正。该模型假定人类本质上是由效用最大化驱动的，而且由于经济资源比其他资源更有价值，因而它们是社会行动的主要决定因素。这种模型是理性选择理论以及各种马克思主义和结构主义进路的核心。皮埃尔·布迪厄的丰富而复杂的理论贡献也部分采用了该模型的一些元理论假设。下面将讨论这些理论。

理性选择，马克思主义和结构主义理论

近年来，一些社会科学家对新古典经济学，尤其是对理性选择理论提出了质疑。[27]在此没有必要重复已经表述的复杂论点。值得一提的是受到强烈批评的一个观点，即个人通过理性行动来实现效用最大化，尤其是经济利益最大化。[28]社会科学家也对经济学家忽视文化在偏好形成过程中的作用提出了异议，并且质疑将非经济行为默认为一种非理性行为，是一种寻

求解释的反常表现。[29]

与上述观点相反，社会学家们认为，理性行为的定义因环境而异。[30]他们并未将人的自身利益视为其行为的指导，而是追随韦伯的观点，认为价值评估并非普遍地受经济必要性或利润最大化逻辑的指导，[31]文化因素决定了效用和表达性考虑是否对塑造人类行为起到关键的作用。

我的研究支持了这一论点。确实，访谈记录清楚地表明，偏好并不总是由经济理性来定义的，道德和文化价值本身往往受到赞美和令人自赏。事实上，许多人对所谓理性人，即自私自利的钻营者，持批评态度（并可能排斥他们）。我的研究还表明，不同类型的文化取向也在不同人群中发挥作用。理性选择理论家通过假设个人利益最大化激励着所有的人，从而将特定群体的文化（最典型的就是营利部门向上流动的美国人的文化）普遍化了。[32]

与这一最大化原则相关的是结构主义者和马克思主义者的共同假设，即对一般意义上物质资源的控制，尤其是经济资源的控制，是社会生活的首要决定因素。这些理论的支持者不仅忽视了文化建构在资源价值筛选中的作用，[33]而且忽视了它们在确定资源是否适合他人以及是否可作为权力基础进行调动的作用。[34]他们忘记了一点，正如小威廉·休厄尔（William Sewell, Jr.）指出的，资源本身，只有在它被理解的文化背景中才是有价值的。[35]

沿循这一论点的思路，在此我们认为，符号边界对权力基础的构成有着重要的影响，正是由于它们在资源评估过程中的核心地位。符号边界是一种概念上的工具，它可以用于理解为什么与道德排他者相比，社会经济排他者愿意为了获得经济资源而放弃许多东西；为什么非常成功的中上阶层男性会将家庭福祉置于职业流动之上，即使他们有其他的选择；以及为什么社会和文化专业人士会放弃高薪职业而从事可"从生活中获得更多乐趣"的工作。我没有武断地采用关于理想与物质利益的，或社会经济需求与其他世俗取向的相对解释力的元理论假设，而是将这些术语之间的关系视为一个开放的问题，应该逐案进行实证研究。事实上，我的研究表明，道德、文化和社会经济因素在塑造社会生活中的作用因时间和空间而异。[36]

法国社会理论：皮埃尔·布迪厄的贡献

我的研究结果为重新评估皮埃尔·布迪厄理论体系的要素提供了工具，他是当代少数关注高等地位信号的重要社会学家之一。本研究直接建立在布迪厄理论结构的基础之上。事实上，我采纳了布迪厄的一个观点，即共同的文化风格有助于阶级再生产。而另一方面，我在研究中发现的一些模式直接与布迪厄的论述相矛盾。首先，正如我们刚看到的，布迪厄假设差异会直接转化为等级化，但我的研究表明，由于符号边界强度的变化，这种转化关系实际上更为复杂。这也表明，我们需要质疑布迪厄的权力场域这一关键概念中隐含的观点，即个人进入了一场零和游戏，而且他们参与了相对封闭的社会网络。其次，布迪厄几乎只强调社会经济和文化地位信号的重要性，而我的调查结果表明，他的研究大大低估了道德信号的重要性，并将之作为少数人的特殊关注点;它还同理性选择理论一样,认为按照定义,社会经济地位比其他地位更重要;相比之下,我的结果再次表明,这三种地位之间的关系会随着时间和空间的变化而变化。此外,总的来说,布迪厄的研究过于依据法国人的态度,尤其是巴黎人的态度,因而夸大了文化边界的重要性。最后,虽然布迪厄认为世界观主要是由(通过近因环境因素形成的)惯习定义的,但我的分析说明了考虑宏观结构决定因素和文化剧目在塑造品位和偏好方面的重要性。[37]

布迪厄著作的核心是关于不平等再生产过程中的文化和结构机制。在《区分》(*Distinction*)及其他著作中,布迪厄描述了个人如何通过操纵其在社会空间中处境的文化表征,来努力提高自己的社会地位。他们通过肯定自身品位和生活方式的优越性来实现这一目标,以此来合法化自己的身份,认为这些东西最能代表"合法的存在"的含义(第228页)。换句话说,个人通过竞争来合法化他对高等地位信号的定义。在这种符号的竞争中,关键是强加标签、塑造现实的社会定义和影响宏观社会分类体系的权力。

根据布迪厄的说法,具有相似品位和偏好(即对高等地位信号有着相同定义)的人倾向于天然地、自发地相互喜欢,并排斥具有不同品位和偏好的人。[38]由于品位和偏好基本上是由人们的社会轨迹以及经济和文化资源(或资本)决定的,所以它们因阶级而异。因此,当我们选择与自己相似的人做朋友时,就间接地促成了阶级结构的再生产。[39]

布迪厄的模型基于这样一个假设,即品位或偏好起到区分标志和社会地位信号的作用。他借鉴结构主义,在《区分》和其他著作中提出,由于人们对世界的理解是用符号编码定义的,而符号编码中每个元素的价值都是在相互关系中定义的,因而人们对世界的理解和他们的价值标准是不可分割地联系在一起的,不同的偏好必然会相互否定。[40]因此,表达道德立场意味着推销"一个人自己的美德、自己的确定性、自己的价值观,总之是对自身价值的确认,带着一种道德上的优越感,或是对模范式特立独行的确信,暗含***对所有其他存在和行为方式的谴责***"(斜体加粗为我强调的重点)(第253页)。所有的文化实践"都自动地被分类了或正在被分类,被按等级排序了或正在被按等级排序"(第223页)。换句话说,差异化直接导致等级化。[41]然而,这个假设是不合理的:需要具体说明文化差异造成不平等的条件。[42]正如我们所见,这些条件与符号边界的强度有关,这是布迪厄未提到的一个话题。由于某些边界比其他边界弱,而且许多人都是包容的,[43]我的数据表明,高等地位信号(或偏好)的定义并非必然涉及零和游戏。[44]事实上,对于道德败坏行为的不同定义往往共存并相互抵消。我们在美国的个案中看到,中上阶层男性拥有特别广泛的文化剧目,且往往欣赏多样性。在这种情况下,偏好不太可能主要由封闭的符号参考系统来定义。相反,尤其是在快速变化的社会中,它们更有可能通过令人反感的比较来定义,这些比较的参考基础会随着环境的变化而改变。[45]

出于类似的原因,这些证据迫使我对布迪厄的关键概念之———"权力场域"概念的效用——提出质疑。[46]在这里,

第七章　影响、贡献与未解之题

布迪厄将索绪尔的观点转移到社会关系和社会地位上，即人们对世界的理解和价值标准是由关系定义的。正如"高"与"低"、"高贵"与"粗俗"或"文雅"与"随性"之间的相反关系，布迪厄提出，社会关系网络中个人的客观社会地位是由他们各自的社会轨迹以及资源（资本类型）的数量和性质的差异来定义的。那些凭借自身资源而处于较高地位的人，仅因为参与了一个单一的社会体系，便自动地为他人制造出了较低的地位。[47]这是一种零和情况：个人注定要不断地提高自己的社会地位，否则便有被其他向上流动者边缘化的危险。因而人们会竞争，以便最大限度地控制该领域的宝贵资源，无论这些资源是以艺术声望还是以现金的形式呈现的。

这一理论假定社会系统（或场域）是相对封闭的，而且涉及一组稳定的参与者。只有基于这一点，我们才有可能进一步假设零和博弈的存在，也只有这样，权力场域的概念才有意义。然而，我们有理由怀疑现实中的这些群体是否稳定，特别是在高度流动的社会中，人们很可能在不同的时间点争夺不同的资源组合。这样的社会可以产生一个由若干部分重叠的竞争和比较领域而组成的更加动态的体系。鉴于现代社群的流动水平，以及个人尤其是中上阶层人士广泛参与各种活动的情况，在这一点上，参考高等地位信号的价值和个人的相对地位可能更为有用，因为这些要素是由开放、变化且相互渗透的符号和社会场域定义的，而不是由稳定且封闭的符号和场域定义的。[48]事实上，与其使用这种权力场域的概念——它需要一个人工创造的方法论[49]——更有效的做法是，简单地比较在不同环境和不同群体（不仅是阶级）之间的边界是如何变化的，哪些人会被排除在外，边界划在何处，以及如何对不平等产生影响。

我的实证研究结果也引起了对布迪厄的人类行为理论的关注：正如结构主义、马克思主义和理性选择进路一样，该理论倾向于预先定义最有价值的资源或高等地位信号。对布迪厄的著作进行仔细研读后我们发现，他将道德地位视为辅助性的，并将其归于社会经济成就之下。不仅如此，布迪厄还将道德地位视为特定群体的特有关注点。[50]这些观点影响了许多后续的研究：由于布迪厄的著作主要聚焦于分析各种形式的资本（头衔、惯习等）对流动性的影响，如果他分析的重点是不太受重视的资本形式或地位信号，其结论很可能会受到质疑；只有这些地位信号受到重视，它们才能影响客观的流动性。

在《区分》一书中，布迪厄讨论了审美和伦理偏好在法国的不平等再生产中所起的作用，指出了基于诚实和可靠而建立的象征性权威（第365页）。然而，他认为，那些重视道德的人之所以这样做，是因为他们别无选择，除了道德纯洁和禁欲主义，他们没有其他资源可以提供给市场：他们"通过付出牺牲、忍受匮乏、作出舍弃、释放善意、获得赏识等，简而言之，通过展现美德的行为，来实现自己的抱负"（第333页）。那些拥有道德纯洁之外的其他资源的人则会提供"真正的"保障，比如金钱、文化和社会交往。因而，最具道德倾向的人是那些把自己被迫而为的事誉为美德的"失败者"。[51]

同样，布迪厄也不认可道德话语的自主性，他默认道德话语必然服从于其他等级化原则。他假设人们强调道德价值观的目的*只是*提高自身的社会地位。他认为所有表面上无私的行为，包括文化消费和道德品质的展现，实际上都是"有利可图的"，因为它们的最终目标都是个人社会地位的最大化。[52]相比之下，我的访谈表明，尊重一个人的道德义务，尤其是对家人和朋友的义务，本身往往即被视为一个重要目标。[53]此外，如第二章所示，相当多成功的中上阶层男性在访谈中提到，他们不尊重虚伪者、钻营者、心智不诚实者和"混蛋"，这让我相信，高等道德地位是一种重要的资源，它本身即受到重视。从这些观点来看，我们只能得出这样的结论，即道德边界是布迪厄理论的盲点之一。[54]

还有一些事实可以证明布迪厄倾向于预先定义有价值的资源，比如他低估了道德边界的重要性，仅将道德边界归入特定群体的领域之内：布迪厄认为，这个特定群体，包括向上或向下流动的，在很大程度上是道德的特定承载者。[55]这一假设与我收集到的论据不符：虽然我的受访者中有相当一部分人属于布迪厄定义的新"小资产阶级"（心理学家、数据经理、娱乐业专业人士、教师等），但他们的流动性与其道德排他倾向之间没有关系。[56]在这一背景下，值得注意的是，布迪厄对道德行为的定义相当狭隘，将之等同于有限的一组德行，如自律、禁欲、守法、清教主义或储蓄习惯，[57]而忽略了仁慈、和平、个人诚信和团结等美德。仍是在《区分》一书中，他从两极对立［借鉴于列维－斯特劳斯（Lévi-Strauss）］的角度分析了"资产阶级伦理与审美"的结构，他所看到的对立关系极少关乎道德，例如：粗笨和精雅，迟钝和聪明，晦涩和智慧，平常和珍稀，乏味和犀利。他将一些原则上可与道德术语对立的词汇，**普通的**（common）、**粗鲁的**（crude）和**粗俗的**（coarse），用来跟**独特的**（unique）、**文雅的**（elegant）和**精致的**（fine）作对比，后者更多地关乎文化，而非道德区分。此外，在布迪厄的符号学分析中，完全不存在**诚实的**（honest）、**坦率的**（truthful）、**公平的**（fair）、**善良的**（good）、**和平的**（peaceful）以及**负责的**（responsible）等道德参照物。[58]以上观察清楚地表明，布迪厄倾向于淡化道德品质作为地位信号的重要性。这种倾向与任何试图全面理解评估总体地位的信号，尤其是道德地位信号的尝试都是不相容的。[59]"世俗利益最大化"的原则不应阻碍我们从道德本身的角度来思考道德问题；正如访谈所表明的，道德因素构成了排他的一个重要维度，它是值得研究的。

这样便引出了我的下一个论点：布迪厄与理性选择理论家一样，认为社会行动者从定义上讲是社会经济利益最大化的追求者，他们参与了一个经济交换的世界，在其中采取战略行动，以争取最大的物质收益和象征性回报。[60]这种普遍的世俗利益最大化逻辑适用于文化生产者，也适用于商人。这两个群体都受到所处权力场域逻辑的驱使，不断追求社会身份或社会地位的最大化。布迪厄甚至写道，退出这场竞争就等于在社会中死亡，[61]似乎人的身份是仅凭社会地位来定义的。[62]虽然资源稀缺是一个不可否认的现实，但我的访谈表明，个人，尤其是处于中上阶层的个人，并没有持续、均等并普遍地参与一个控制社会经济资源的零和游戏。中上阶层男性对社会经济地位以及社会经济资源的重视程度存在重大差异。[63]关于谁是自己心目中的英雄，有人声称是阿西西的圣方济各（St. Francis of Assisi）和特蕾莎修女（Mother Theresa），也有人声称自己优于无神论者。如果将他们的这种言谈视为虚伪，那就等同于陷入了一种社会学上的种族中心主义（ethnocentrism）。[64]

此外，我的访谈表明，布迪厄过分夸大了文化边界的重要性，他的关注点是法国教育体系在社会再生产过程中的作用，并且只分析了这一关键社会机构的筛选标准中制度化的文化边界。而事实上，在法国，文化边界仅比其他类型的边界略微重要一点，[65]而且它仅是在巴黎占主导地位，在克莱蒙费朗并非如此；[66]即使布迪厄没有考虑到美国的情况，我仍要再次强调，很多美国人没有表露出文化善意，不承认高雅文化的合法性和积累有关知识的重要性。[67]按照平民主义传统，使用这些信号来划定边界会被美国人视为不民主的表现，在很多人眼中，基于宗教或族裔对人进行筛选的做法是不合法且偏执的。

所有这一切均表明，布迪厄在《区分》中倾向于概括他所生活的知识环境中被接受的文化，认为这种文化在法国人口中普遍存在。事实上，他主要关注的地位信号只是巴黎知识分子以及文化和社会专业人士普遍重视的信号。他和这些人一样，强调精雅和文化地位信号的重要性。[68]他倾向于将道德边界的重要性降至最低，这跟巴黎人是一致的。[69]他也和许多位高权重的知识分子一样，认为每个人都会同样地被职业上的成功所吸引。他还写道，那些不看重成功的人在将被迫而为的事装成是自己的选择。[70]同样，他将一般知识分子，特别是巴黎知识分子的高度不宽容和文化排他特征扩展到了广大人口之中。[71]他用于比较阶级文化的调查内容反映的是知识分子文化。当他调查受访者最喜欢的画家和古典作曲家时，这种情况尤为明显。[72]虽然这些内容可能是巴黎知识界区分的基础，但它们不太可能在法国整体人口中也如此突出。

针对布迪厄的最后一点批评是他关于品位（我称之为符号边界）与社会结构之间关系的论述。总括来说，布迪厄没有像马克思那样在生存条件和意识之间建立直接的对应关系，而是引入了一个中间变量，即惯习。[73]他认为，惯习因阶级而异，并由"不同的生存条件、差异化的条件作用和差异化的资本能力"决定。[74]更具体地说，他写道，"构成特定类型环境的结构（如阶级状况存在的物质条件）产生惯习"，即"一个持久的、可转换的性格系统，它整合了以往的经验，在每一刻都发挥着感知、欣赏和行动的矩阵作用，并使实现无限多样化的任务成为可能，这得益于能够解决类似问题的方案的类比变换。"[75]换句话说，一个人的阶级惯习塑造了他的"立场"，他的价值观、品位、观点和用于对他人进行分类的准则（即符号边界）。尽管在主体的体验中这些"立场"是自愿的，但布迪厄认为，它们实际上需要由人们在权力场域中的地位、社会轨迹以及不同投资策略的潜在回报来解释，这些投资策略受到人们所涉及的权力场域结构的影响。

惯习的概念过于聚焦于近因结构条件。布迪厄忽略了人们的偏好是如何由更广泛的结构特征及其所处社会提供的文化资源塑造的。[76]此外，布迪厄从未给划界工作与利益脱钩的可能性留有余地。他完全未提及人们不一定仅依据自身经验来划定边界，或者说惯习会受到社会广泛特征的影响，如强大的政府或高度的地区流动性。归根结底，可以这样来理解布迪厄的分析，他暗示拥有等量资本和相同社会轨迹的社会行动者有着相似的品位和态度，与他们所生活的社会无关。[77]我们不必否认惯习的重要性。然而，沿循认知心理学和新制度主义者的思路，我们需要认识到，人们并不总是仅通过自身经验来感知世界的，他们经常借用与自己生活脱钩的文化模式。

研究综述与议程

至此，终于有可能来阐明本研究的理论和实证贡献，甚至勾勒出在此基础上建议开展的研究议程。在整本书中，我的目标之一是，将我们的关注点从一种特定形式的高等地位信号（文化资本）和符号边界（文化边界）转移到符号边界本身的性质和所有内容上。为了实现这一目标，我采取了一种可称为边界研究的方法，它不预先定义符号边界，而是分析边界的各种内容和变化形式。[78]同时，我尝试将国民边界的强度差异、符号边界与各观社会经济边界之间的关系，以及不同类型的边界在不同语境中相互关联的自主性等因素纳入理论考量范围。[79]由此得出的分析可以与布迪厄的理论框架形成对比。布迪厄的框架假设社会行动者对社会经济地位的重视程度是一样的，而边界研究法将个人在多大程度上看重社会地位而非其他地位作为一个实证问题。虽然文化资本理论假设区分策略主要是围绕品位和生活方式组织的，但边界研究法表明，文化消费仅是其中一种可能的高等地位信号。概括而言，文化资本理论预设了特定地位信号的影响，而边界研究法旨在通过评估人们对不同地位标尺的强调程度，来确定各种标准的重要性。换句话说，这种研究方法更为全面，而且我希望能够证明，它在某些方面比布迪厄的方法更能满足实证的要求，尽管并不完全与之矛盾。此外，这种方法采用了一种更具多面性的地位理论，它以各种不同评估标准之间的关系为中心，并间接地关注产生不同类型划界工作[80]的群体之间的动态关系。[81]

此研究进路从多个方面补充了现有的文献。虽然社会心理学家研究了策略性自我展示和印象管理，重点关注了人们用于自我宣传的手段，以使他们被社会视为具有有价值的性格特质，[82]但他们忽略了记录高等地位信号本身。同样，现有的关于阶级主观维度的研究忽略了阶级相较于社会身份的其他方面的相对显著性；[83]正如地位并不总是基于与工作或职业相关的特征来判断一样，[84]阶级身份（或种族、族裔和宗教身份）也不一定是中上阶层划界的核心。同样，那些关注身份形成以及种族、阶级和性别之间动态关系的后结构主义者也忽略了身份维度在不同背景中的显著性，并且除了借助德里达和布迪厄等人提倡的那种令人相当不满意的普遍关系逻辑，几乎未用其他解释来说明文化取向的差异。我的分析应被视为填补此类空白的一个尝试。

美国人不如法国人关心高等文化地位信号，而法国人不如美国人重视物质主义。对于这个事实，我在前文中试图提供一种令人信服的多因果解释。在我看来，最好是将文化和结构因素结合起来解释这些差异，这些因素增加了个人使用某种文化剧目而不是另一种文化剧目的可能性，例如，当一个强有力的干预主义国家为个人提供了不受市场机制影响的更大自主权时，便会助长文化边界的划定。与国民文化差异研究中最具影响力的理论框架〔如"众趋人格"（modal personality）框架〕相反，[85]此种解释认为，国民文化模式并不存在于个体的心理特征中，而是存在于制度化的符号边界中。[86]沿循这些思路，对国民划界模式的研究使我们能够将国民刻板印象视为划界工作差异的产物，或是身份定义的集体过程的产物。它也给我们提供了观察法国和美国社会差异的更复杂的视角。更准确地说，通过对社会经济地位评估的各种基础进行梳理，我们有可能理解法国人为何在某些方面不如美国人那么"精英主义"，而在其他方面却更甚，比如在评估社会经济地位时，他们较少强调财务状况，而更多地强调社会背景。

从本研究中浮现出了许多额外的实证研究结果和中层理论命题。例如，我发现有证据表明，在一个拥有庞大公共部门的社会中，比如在法国，文化边界和道德边界更加独立于社会经济边界；对于地理流动性高和生活在匿名环境中的人来说，社会经济边界更为重要；居住在文化中心的和居住在文化中心周边地区的个人在划界工作方面的差异很小；人们的特定职业导致其与经济理性的关系对划界工作有显著影响。为了进一步推动这些研究发现，我很愿意将我的结果与其他先进工业社会中存在的边界模式进行比较,并由此确定,在使用更大范围的数据进行测试时,诸如此类的命题是否成立。[87]

本研究对文化社会学又提出了哪些研究议程呢?在最基本的层面上,我们仍然不了解本书中描述的边界类型在中上阶层的生活中是处于中心还是边缘位置。这些边界是仅仅指向互动中公开争论的表面规则,还是也涉及被视为理所当然的跨情境的深层文化规则?[88]在我的受访者的回答中,公民、种族和性别等身份领域并不比作为地球人、异性恋者、哺乳动物或食肉动物的身份更突出,面对这一事实我们该如何解读?身份领域是否会出于不同的原因而不显著?随着围绕多元文化主义、民主和民族主义问题的新辩论,研究身份领域如何以及为何成为突出问题的任务比以往任何时候都更加紧迫。研究边界在身份形成中的作用及其对排他的影响也同样具有紧迫性。[89]

基于我们的研究结果,另一个亟待解决的议题是知识分子与社会和文化专业人士(或所谓新中产阶级)具有的文化和政治影响在不同国家中的差异。知识分子与社会和文化专业人士能够以非常重要的方式,对维系不完全服从经济理性的、多样化且丰富的集体生活作出贡献。通过将他们的划界工作结构与其他人群(尤其是营利型劳动者)的划界工作结构进行比较,我们可以更好地评估他们在特定背景下的政治和文化边缘化程度,并对这些群体有更全面深刻的理解。在这一过程中,我们要全面考量这些人的亚文化,而非仅关注其政治态度和行为,从知识社会学的角度来看,这些政治态度和行为本身即可被视为符号边界的表达。这类分析能够提供关于知识和普遍文化产品传播条件的洞见。最后，这一研究有助于我们理解这一问题：是否可能以及在多大程度上能够左右一些条件，这些条件有利于在美国和法国社会中[90]似乎不断强化的社会经济边界，以及在许多发达工业社会中巩固保守派的影响力。

第三个亟需更详尽探索的领域是与阶级分层系统平行存在的边界结构：我们需要分析主导和被主导的阶级和群体所划定的边界模式，并确定它们的相似或差异程度，以便不仅更充分地了解分层系统中的文化维度，而且进一步把握更宏大的理论议题。[91]例如，通过比较各国阶级文化之间的差异程度，我们可以更深入地理解工人阶级的政治行为和劳工运动的发展在不同国家之间的差异：国家差异有助于解释工党在各国受欢迎程度之不同，或者为"美国例外论"（American exceptionalism）*提供新的启示。我们还需更准确地评估，不断被媒体传播的中上阶层文化在多大程度上属于跨文化霸权，或仅是诸多文化品位之一。借助于比较框架来探讨划界工作中的阶级或种族差异，将通过提供一种更精确的实证视角来评估模式，充实当前针对不同阶级对主流文化抵抗的辩论；[92]大多数关于受支配群体的文化自主权的研究都是基于单一地点的研究，对抵抗问题感兴趣的研究者很少能获得可对新的实证问题进行系统分析的比较数据。[93]最后，记录阶级文化和种族文化的差异，有助于我们更完整地解释贫困问题，将文化因素与学界经常研究的结

---

* 被认为是一种信念，主张美国因其民族信条、历史演变、独特的政治和宗教制度等而在本质上不同于其他发达国家。这种差异在美国人中常常被表达为一种优越性。——编者注

构因素结合起来。美国中上阶层在社会中和地理位置上日益脱离大众，以及工人和下层非裔美国人日益边缘化的状况，使这项研究变得更为紧迫。[94]

根据关于阶级和少数群体文化的二次文献以及本章开头对阶级差异的讨论，我希望能发现，法国和美国的工人阶级（包括白人和非白人）有以下几个特点：（1）相比中上阶层，他们划定的道德边界更强；（2）在划界工作中更多地使用先赋的身份特质（种族、族裔、性别和宗教）；（3）使用与中上阶层不同的标准来评估精雅、才智和知识；（4）采用与中上阶层类似的标准来评估社会经济地位，但更强调财务成功，较少在乎损害职业声望、权力和加入高等地位圈子。我希望能发现，与美国相比，在法国，基于道德和社会经济因素，工人阶级和中上阶层之间的地位差异更大；文化层面的差异更难预测。此外，我料想，法国的工人阶级男性将不如美国的同类那么重视经济成就，而且他们将阶级团结视为道德高尚的重要信号。最后，与白人对照组相比，我预计美国的非裔工人阶级男性会使用独特的标准来评估道德纯洁，即更强调平等主义和社群主义而不太强调个人成就的标准。在法国的少数族裔成员和白人之间，也可能会发现类似的差异。

沿着这些思路，本研究提出对边界显著性随时间推移的变化做进一步的分析。现有的研究支持这样一种观点，即基于阶级相关特征（如受教育程度、对高雅文化的熟谙程度等）的边界与基于普遍特征（如种族、性别、宗教）的边界相比，前者的重要程度越来越高。[95]在此种情况下，当我们正在帮助来自截然不同族裔背景的个人加速融入中上阶层之时,道德边界和社会经济边界是否越来越多地被委婉地用于以性别、种族和族裔为基础的边界划定呢?与此同时,反对基于先赋特质的边界工作规范是否正在获得更大的合法性?在此我想重申,美国社会的日益割裂,表现为中上阶层与其他阶层的隔阂不断加大,使得对边界结构的研究变得愈益重要。只有将我们的注意力转移到符号边界上,我们才有可能理解这些变化;也只有认识到文化风格对社会不平等的作用,我们才有可能试图克服它的影响。

附录一 对法国和美国中上阶层的调查

引　言

在法国和美国，专业人士和经理人均为增长最快的职业群体之一。在1987年，这个群体已占到美国总人口的15%。[1]在1954年至1975年间，法国专业人士和高级经理人的数量增加了5.6%，是同期所有社会专业群体中增幅最大的。[2]根据法国国家统计局（INSEE, Institut National de la Statistique et des Etudes Economiques）的数据，1987年，他们占活跃人口的9.9%。[3]

该群体在这两国的增长可能与教育体系的增强，[4]国内劳动力市场的发展，[5]以及服务业与政府的扩张等现象有关。[6]尤其是就法国来说，过去四十年是现代化加速时期：1946年时，法国只有32%的经济活跃人口在服务业工作，而到了1975年，服务业的比例占到了51%。[7]与此趋势一致，1956年法国农民占人口的32.6%，而到了1976年，仅占17.6%。[8]

考虑到专业人士和经理人在人口和社会中的重要性日益增加，社会学家却没有对中上阶层的文化给予更多的关注，这是令人惊讶的。相比之下，关于美国流行文化、工人阶级文化[9]以及上层阶级文化的研究则很多。[10]法国社会学家虽然对工人阶级文化同样感兴趣，[11]他们也对资产阶级文化[12]以及新中产阶级或"中间阶层"（middle strata）的文化给予了一些关注。[13]他们还在调查的基础上对阶级文化和政治态度的阶级差异进行了比较。[14]

值得注意的是，研究职业问题的社会科学家已间接地探讨了美国中上阶层的文化。例如，研究者就一些问题进行了辩论，诸如专业人士的普世价值观和无私态度，[15]职业社会化的进程，[16]专业人士与权威的关系，[17]以及在官僚机构工作的专业人士所经受的角色压力，等等。[18]但这些工作都未试图系统地追踪中上阶层的价值观集群。比较直接相关的是近来基于访谈的美国中产阶级研究[19]以及与特定职业群体亚文化有关的研究。[20]这些研究与近期的和较早的关于中产阶级文化形成过程的研究一道，[21]为数量不多的早期[22]和近期中上阶层文化研究增添了重要的实证依据。[23]

美国的社会学家也在围绕新阶级的辩论中探讨了中产阶级的态度。其关注的焦点是中产阶级成员对商人阶层的敌对态度，[24]以及新中产阶级的阶级利益及其与资产阶级和工人阶级的关系。[25]管理阶层的态度与传统的商人阶层相比非常独特，这点在有关技术官僚治国的研究中也有所涉及。[26]然而，有关"新阶级"或"新中产阶级"的许多辩论都是推测性的，并没有就专业人士、经理人和商人的典型态度和价值观提供可靠且具体的实证依据。[27]

需要注意的是，本研究试图阐明法国专业人士、经理人和商人的文化，因此它在很大程度上借鉴了法国社会学的文献，以获取这些群体的背景信息。对我的研究目标最有帮助的是关于法国的与美国中层和中上阶层相似群体的研究，尤其是对"干部"（cadres）[28]、"赞助人"（patrons）[29]以及政治和社会精英的研究。[30]此外，对中产阶级投票行为的研究，[31]对社会流动的决定因素和不平等的社会再生产的研究[32]以及知识分子

（广义）对法国社会影响的研究也颇有助益。[33]

在接下来的段落中，我将从法国和美国中上阶层在其阶级分层体系中所处地位的角度来比较这两个群体。我还将讨论*中上阶层*这个术语本身在美国的含义，及其在法国的对应词的含义。最后，我将证明在本研究中使用这个术语的合理性，并提供法国属于这个层次的社会职业群体的背景信息，包括*干部*、*自由职业者*和*赞助人*。

社会地位比较

法国和美国的中上阶层是什么样的群体呢？有关两国专业人士和经理人的教育和收入统计数据可以帮助我们回答这个问题。

教　育

1985年，25岁及以上的美国人中有19.4%完成了四年及以上的高等教育。[34]相比之下，在1987年，15岁及以上的法国人口中只有11%接受过同等教育，其中4.6%仅持有第一阶段大学学位（*diplôme de premier cycle*，大致相当于美国的学士学位），6.7%的人持有第二或第三阶段大学学位（大致相当于硕士或博士学位）。[35]这一数据表明，尽管法国的高等教育成本较低，但如果将受过大学教育的人口和我们预先定义的中上阶层放在整体人口中来看，美国这个群体的精英程度要低于法国。[36]

表A.1 各地受访者的最高学历和就读的大学类型

	法国				美国			
	巴黎		克莱蒙费朗		印第安纳波利斯		纽约	
	百分比（%）	数量（人）	百分比（%）	数量（人）	百分比（%）	数量（人）	百分比（%）	数量（人）
低等：								
受过一些高等教育	5	(2)	13	(5)	0	0	5	(2)
中等：								
学士学位	15	(6)	18	(7)	55	(22)	45	(18)
高等：								
硕士	15	(6)	13	(5)	23	(9)	28	(11)
准博士	18	(7)	7	(3)	2	(1)	5	(2)
博士	7	(3)	18	(7)	20	(8)	18	(7)
精英学校	40	(16)	31	(13)	15★	(6★)	37★	(15★)
总计	100	(40)	100	(40)	100★	(40★)	100★	(40★)

注：★表示印第安纳波利斯和纽约的总百分比中不包括美国精英学校的毕业生，因为精英学校与其他类别有所重合。

低等：指所有接受过相当于两年高等教育（Baccalauréat＋2）的法国受访者。这包括拥有以下文凭的个人：DEUG（diplôme d'études universitaires générales，一般大学文凭）、DEUST（diplôme d'études universitaires scientifiques et techniques，科学技术类大学文凭）、DUT（diplôme universitaire de technologie，技术类大学文凭）和BTS（brevét technique supérieur，高级技师证）。这里还包括两名美国受访者，他们先是说自己获得了大学学位，但后来又提供了与此矛盾的信息，称自己没有完成大学教育。

中等：包括所有拥有文学学士（BA）或理学学士（BS）的美国受访者以及拥有学士文凭（license）或同等学力（Baccalauréat＋3）的法国受访者。

高等（硕士）：包括两国所有拥有硕士学位的受访者，以及具有相当于四年高等教育（Baccalauréat＋4）的法国受访者。

高等（准博士）：包括所有持有DEA（diplôme d'études approfondies，深入研究文凭）、DESS（diplôme d'études supérieures spécialisées，专业研究文凭）或已获得大学工程学位、完成牙科或药理学学业的法国受访者。这里还包括已完成论文以外所有博士学位要求的美国受访者（ABD）。

高等（博士）：包括持有"第三阶段博士学位"（doctorat de troisième cycle）、"国家博士"（doctorat d'état）以及已完成医学研究的法国受访者。这里还包括已完成博士学位的美国受访者。

高等（精英学校）：指曾就读于精英大学的美国受访者和持有"大学校"学位的法国受访者。这些学位与普通大学系统授予的学位不完全相同，因此被单独分类。

法国高等教育的精英主义特征仍然很强，因其教育机构分为面向中产阶级的普通大学系统和更具筛选性的"大学校"系统，后者一直垄断着工程、商业、政府管理、政治学和军事训练等领域的学历分配。普通公立大学的声望和筛选性要差得多。1980年，14%的法国学生就读于"大学校"（及其预科），而86%的学生就读于普通大学。[37]

表A.1总结了我的男性受访者的受教育水平及其就读的大学类型。他们当中获得美国本科（及法国学士）以上学位的人数大致相同：这一比例在印第安纳波利斯受访者中为45%，在纽约受访者中为51%，在克莱蒙费朗受访者中为38%，在巴黎受访者中为40%。然而，应当注意的是，法国"大学校"的学位是终极学位，这意味着其毕业生不太可能获得额外的学位。巴黎和克莱蒙费朗的受访者中分别有40%和31%就读于"大学校"，而纽约和印第安纳波利斯受访者中分别有37%和15%就读于精英私立大学。[38]美国受访者中有7位曾就读于常春藤盟校，其他人毕业于一系列非东部地区的精英大学（杜克大学、埃默里大学、圣母大学、芝加哥大学）以及专门学院（麻省理工学院、乔治·华盛顿大学法学院等）。在法国的受访者中，有7位毕业于巴黎综合埋工学院、巴黎中央理工学院(Ecole Centrale)、高等电力学院（Ecole Supérieure d'Electricité）, 以及门槛较低的法国国立工艺学院（Conservatoire National des Arts et Métiers）; 4位毕业于巴黎国立高等音乐学院（Conservatoire Supérieur National de Musique de Paris）、巴黎国立高等美术学院（Ecole Nationale Supérieure des Beaux Arts）和卢浮宫学院(Ecole du Louvre），这些学校的筛选程度不尽相同。还有3人毕业于法国国立行政学院和巴黎政治学院（Institut d'Etude Politiques de Paris），其余的人就读于其他各类学校。

收　入

1985年美国全国家庭收入中位数为23618美元，而受过四年或以上大学教育的人收入中位数为39506美元。[39]对于经理人，包括决策、行政或管理专业人士来说，男性收入中位数为36155美元，女性为21874美元。[40]相比之下，1979年，法国全国家庭收入中位数为93116法郎（约20000美元），而高级经理人的税前家庭收入中位数为160900法郎（约35000美元）。[41]奥弗涅大区的收入中位数要低得多。例如，1989年奥弗涅的*干部*群体平均税后年收入为183300法郎（约39000美元），而全国平均水平已达到209700法郎（约45000美元）（来源：INSEE）。

有关收入数据还表明，在法国的环境中，专业人士和经理人的地位比美国的对照组更精英化。事实上，法国经理人和蓝领工人之间的收入差异要大得多：在20世纪70年代初，一名拥有大学学历的男性经理人与一名受过学徒培训的技术工人之间的收入比在法国为2.65，在美国则为1.43。[42]受过大学教育的经理人与平均就业男性人口之间的收入比在法国为2.53，在美国则为1.87。相比其他发达工业社会，法国国民收入集中于人口中收入最高的5%群体的比例更大（美国为16.6%，法国为21.2%）；[43]在发达工业社会中，只有荷兰的国民收入比法国更集中于少数人手中。因此，在舒尔茨收入不平等系数

（Schultz coefficient of income inequality）上，法国社会排名第21位，而美国社会排名第9位。[44]根据这一指标，连乌拉圭、毛里求斯和叙利亚的阶级分层程度都比法国要低！

表A.2显示了本研究中法国和美国受访者的家庭年收入水平的数据。它表明，克莱蒙费朗的受访者收入最低，有47%的家庭年收入低于49000美元，其次是巴黎，有24%属于这一收入类别。与此形成鲜明对比的是，只有7%的印第安纳波利斯受访者和5%的纽约受访者年收入低于49000美元。另一方面，纽约拥有最高收入类别（100000美元或更多）的家庭比例最高（45%），其次是印第安纳波利斯（27%）、巴黎（16%）和克莱蒙费朗（15%）。我们应该审慎地解释这些比例，但它们反映了这样一个事实，即法国人，尤其是自由职业者，往往未充分申报自己的收入。[45]收入100000美元者的净购买力在两国大致相等，[46]尽管存在着重要的地区差异。

表A.2 1989年各地区受访者家庭年收入

	法国				美国			
	巴黎		克莱蒙费朗		印第安纳波利斯		纽约	
	百分比（%）	数量（人）	百分比（%）	数量（人）	百分比（%）	数量（人）	百分比（%）	数量（人）
低于49000美元	24	(10)	47	(19)	7	(3)	5	(2)
50000—79000美元	45	(18)	25	(10)	35	(14)	30	(12)
80000—99000美元	12	(5)	5	(2)	18	(7)	15	(6)
100000—129000美元	8	(3)	10	(4)	13	(5)	15	(6)
130000—199000美元	8	(3)	5	(2)	7	(3)	10	(4)
高于200000美元					7	(3)	20	(8)
无信息	3	(1)	8	(3)	13	(5)	5	(2)
总计	100	(40)	100	(40)	100	(40)	100	(40)

注：与这六个收入等级相对应的法国收入类别是：低于289000法郎；290000—459000法郎；460000—579000法郎；580000—749000法郎；以及高于750000法郎。这些类别是通过将美国受访者的收入类别乘以5.80来定义的（采用1987年12月1日的汇率）。

1985年，收入跻身前20%的美国家庭（年收入超过48000美元）拥有美国家庭总收入的43%。这表明，考虑到1985年至访谈时（1988—1989年）个人收入的变化，所有的美国受访者都位于前20%。[47]然而应当注意，社会科学家对于中等收入和中高收入阶层的衡量标准并不一致。[48]

两国在阶级流动性方面的差异小于人们基于法国社会分配结构所预测的差异，奥地利、法国和美国男性*代内*（intragenerational）职业流动性的比较研究证实了这一点。麦克斯·哈勒（Max Haller）及其同事最近使用来自三个国家和地区的代表性海量数据，将受访者的第一份工作与其在参与调查时的工作作了比较。[49]他们发现：（1）法国和美国的流动男性总百分比相当（分别为76.9%和75%）；（2）美国的向上流动性（40.7%）和向下流动性（13.3%）均低于法国（向上48.8%，向下6.5%）。而另一方面，从一代人到下一代的社会流动性数据显示出更重要的跨国差异：在流动性指数（mobility index）排名中，美国位居第四（排在以色列、加拿大和澳大利亚之后），法国排名第七，次于英国和德国，得分仅为美国的一半。[50]然而，巴黎和*外省*之间在代际流动性（Intergenerational mobility）上存在重大差异：巴黎私营部门经理人的儿子中有73%仍处于中上阶层，而外省的这一比例为57%。这与巴黎的社会结构更偏向上层有关：33%的巴黎人口属于所谓*主导阶层*（即专业人士和经理人），而这一比例在外省只有14%。另一方面，14%的巴黎人属于*大众阶层*，即下层和工人阶级，而外省的这一比例为46%。[51]

因而我们看到，总体而言，法国中上阶层比美国的中上阶层更精英化。从我们对法国和美国的管理者与其他劳动者的收入比较中亦可看出，法国中上阶层的规模较小，且控制着更大比例的国家资源。当然，我们也需记住，巴黎和克莱蒙费朗的中上阶层在收入上存在着重大差异。

社会群体比较

*中上阶层*这个词是为了方便起见，用以区分受过大学教育的群体和在美国被贴上中产阶级标签的更广泛的总类。事实上，根据杰克曼（Jackman）等人的数据，[52]在一项全国调查中，有33%的蓝领工人、35%的技术工人、40%的工匠和41%的文秘人员认为自己属于中产阶级。另一方面，根据同一项调查，美国的专业劳动者中有61%认为自己属于中产阶级，而只有20%认为自己属于中上阶层。在经理人，包括那些没有大学学历的经理人当中，有59%宣称自己是中产阶级，只有18%认为自己属于中上阶层。尽管有相对较高比例的专业人士和经理人认为自己属于中产阶级，但由于自称中产阶级的群体具有异质性，*中上阶层*一词仍然最适合作为我的样本的名称。[53]

应该指出的是，美国的"中上阶层"标签在法国并没有严格的对应词，尽管有些术语在传统上被用于指称在法国社会中处于与美国分层体系中的中上阶层类似地位的社会群体。*资产阶级*一词即为其中之一。然而，它指的是一个具有独特历史身份和文化的社会群体。[54]在19世纪，这一群体包括自由职业者、靠租金为生的地主、银行家、工业家和商人。最重要的是，这些人有着共同的生活方式，其部分定义是对家庭、宗教和传统的强烈眷恋，以及对教育的高度重视。即使今天，正如我们在第三、第四和第六章中所解释的那样，**资产阶级**一词仍意味着一种文化遗产，第一代的许多专业人士是不分享这种文化的。

在法国，另一个用来代替"中上阶层"的通用术语是**干部**，指的是专业人士和经理人。干部作为一个社会类别的文化重要性不仅体现在官方统计数据中，也反映在大量关于该群体的论著中，相比之下，关于法国中产阶级和中上阶层的著述却很少。在法语语境中缺乏美国**中上阶层**的恰当同义词，这表明该群体在美国更像是一个独特的实体，在法国却并非如此。[55]

现在，有关**干部**这个词，我还要简要讨论法国的几个社会专业标签：

1. 在法国，**干部**这个词有时是指经理人和专业人士，但有时仅指经理人。如果说这两个类别经常被放在一起，那是因为很多法国工程师实际上担任着高管。[56]事实上，在法国私营企业中，精英工程学院的学位是对晋升最有价值的证书之一，它往往能把人送上管理岗位。"大学校"的学位，连同资历，在很大程度上决定了私营部门公司中的流动性。另一方面，法国政府机构习惯上将**干部**分为以下类别：**一般干部**（*cadres moyens*）——技术人员、小学教师、社会工作者、办公室主管等，**高级干部**（*cadres supérieurs*）——工程师等，**高级行政干部**（*cadres administratifs supérieurs*）——人事经理、财务经理、律师、会计师、销售主管和总经理等。私营企业将**一般干部**视为非**干部**。[57]

在二战期间，**干部**成为维希政府下的一个合法类别。被归在此标签下的人可以享有特定权利，包括养老金权利。他们也可以从属于某个**干部**工会，其中影响力最大的是**干部联合会**（CGC，*Confédération générale des cadres*），它自定义为非政治性联盟，尽管事实上它倾向于政治右翼。传统上，这个联盟一直在争取自己的法团主义特权，比如减税和养老金等。法国**干部**的工会主义是独一无二的，且集中于公共部门。

2. 法国**自由职业者**（*professions libérales*）的范畴比美国的更具包容度，但并不包括所有的自雇专业人士。除了建筑设计师、医生、律师、公证人、牙医和药剂师，它还包括注册会计师和一些辅助医疗职业（如按摩医师和护士），即所有拥有国家认证执照的职业。[58]

这些职业被定义为提供公共服务。因而其成员不得向潜在客户做广告。他们应当将客户的利益置于对利润的追求之上。在法国，专业人士之间的竞争被视为与客户的利益背道而驰，因为公众应该"像求助于神父一样寻求（他们的律师或医生）的帮助"。[59]

鉴于这种公共贡献的性质，法国的自由职业者比其美国的同行受到更多的国家控制，同时，国家也给予他们司法保护。例如，国家会与专业协会共同确定专业费用；组织各个专业并构建相关司法管辖范围；承认各个专业，通过发展新的行政结构来创造专业岗位，以及裁决纠纷等。换言之，专业人士的主要受众是国家而非市场。[60]相比之下,美国的特定职业群体往往具有强烈的集体认同和社团协会。他们没有像法国对照组那样的工会(如全国自由职业联盟,*Union nationale des professions libérales*)。

应当指出的是,美国劳动力中有8%是自雇者,但其中专业人士占15%。[61]相比之下,1982年的法国人口中有15%是自雇者(包括农民和小店主),其中只有5%是专业人士。[62]

3. 与**自由职业者**一词不同,**赞助人**(字面意思"老板")指的是法国现实中存在的一个特殊群体,很难精确地给它定位。研究**赞助人**群体的人通常着眼于法国的商业精英,即最重要的200家法国公司的首席执行官。[63]然而,法国**赞助人**全国委员会(CNPF, *Conseil national des patrons français*)代表了所有雇有10名或以上员工的企业主的利益,在法国有15万人。[64]法国赞助人还包括小工匠和店主,他们实际上被本研究排除在外了,因为在随机抽样的这两类人中,没有一个人拥有相当于法国大学的学位。[65]

赞助人一词通常用于指与员工保持家长式关系的企业主或经理人的传统角色。[66]随着首席执行官采用理性法律权威模式的比例增加,同时,随着法国跨国公司的增长、外国公司在法国的激增,以及传统的小中型企业(PME)和家族企业数量的减少,认同这种传统"企业主"角色的法国企业家的数量日益减少。[67]越来越多的法国首席执行官不再是通过家族继承,而是通过他们的"大学校"学位来获得职位。[68]

附录二 研究的地点

附录二 研究的地点

本附录将描述我进行访谈的四个地点,由此介绍我开展研究的背景环境。接下来,我将首先讨论选择这四个地点的基本逻辑。

地点的选择

我选择印第安纳波利斯作为一个研究地点的原因是,它代表了美国主流文化之一的中西部文化。[1]另一方面,它还代表着纽约人眼中的美国边缘文化,正如巴黎人认为克莱蒙费朗所在的奥弗涅大区代表着外省文化一样。[2]之所以选择克莱蒙费朗,是因为它与印第安纳波利斯有着惊人的相似之处。最值得注意的一点在于,相对于法国和美国的总人口而言,这两个城市的重要性大体相似。它们都是位于人口稀少的广袤农业地区的重要区域中心。两者均为非常重要的跨国企业所在地,即印第安纳波利斯的礼来制药公司和克莱蒙费朗的米其林公司,对当地经济有着极大的影响。它们也都拥有重要的大学和医疗中心。从比较肤浅却很有趣的层面来说,这两个城市均有著名的赛车跑道,都在采用"汽车和运动"的标志来重塑自身的形象。

我居住在毗邻纽约的普林斯顿地区，而且对巴黎非常熟悉，这促使我选择了这两个大都市作为研究地点。此外，这两个城市都是重要的国际文化中心，对各自国家的社会具有相当大的影响力。选择纽约近郊和巴黎近郊的居民作为受访者，将保证这四个地点的受访者所处的物质环境相对类似。这一决定的正确性在纽约地区得到了进一步证明，由于纽约市内各区的族裔和种族异质性，以及曼哈顿人口的收入两极分化日益加剧，导致中产阶级的代表性不足，而在它的远郊，专业人士和经理人占相当大的比例。[3]此外，近郊是美国典型中上阶层的理想居住地。

应当指出的是，因为大多数处于高收入阶层的美国人如今都住在近郊，所以从近郊抽样是合理的。此外，正如社会学家M. P. 鲍姆加特纳（M. P. Baumgartner）所说，近郊的生活方式和价值观正在向其他地方扩散，因为"近郊居住者所遵循的标准以及在他们之间施行的社会控制机制已在全国各地广泛传播"。[4]此外，正如同样研究美国近郊的康斯坦斯·佩林（Constance Perin）所说，中产阶级为城郊地区赋予了丰富的含义："郊区和城市各自均为美国意义的沉淀，体现了美国人对家庭——包括孩子、女人和男人在内——的希冀和担忧。它们还反映了美国人对最令人满意的社区规模的想法：统一的或多样的、小镇或国际都市、亲近友好的或疏远匿名的、分散的或集中的。孩子和烧烤活动，养育后代和分享晚餐是家庭的全部意义，而近郊提供了家庭所需的一切，以及能够生活在'与我们同类的人'之中的环境……在郊区，室内和户外的界线消失了，而另一种更大意义上的信托基金，即儿童乐园的必要养分，可以解释美国人诚实而老套的回答：'我们搬到这里是为了孩子。'"[5]在美国近郊进行访谈的这个决定，也促使我选择访谈生活环境大致相近的法国人。

接下来，我将描述这几个地点的社会、经济和地理环境，它可以提供每组访谈的角度。

四个地点

印第安纳波利斯

印第安纳波利斯市位于在文化上被定义为美国中西部地区的核心。它是该地区主要的农业和制造业中心，人口约78万，其中20%是黑人，年龄中位数为31.2岁。少数族裔人口集中在城南区，而我研究中的大部分受访者则居住在比较富裕的城北区。

印第安纳波利斯的地理面积非常大，而且大部分是郊区。1970年，它已扩张到几乎覆盖马里恩县的所有地区，成为美国人口密度最低的城市之一。这里的生活成本和住房开支都低于全国平均水平。

在19世纪，印第安纳波利斯的主要经济活动是农产品加工及运输、农用设备销售，以及运输业。20世纪初期，随着天然气资源的发现和汽车工业的发展（在1898—1934年，印第安纳波利斯生产了30种不同品牌的汽车），这座城市飞速发展。它几乎未受到大萧条的冲击，二战后即进入了新的扩张和城市化阶段。今天，这座城市中人们的职业相当多元化，包括服务业（22%），制造业（18%），政府（15%），零售贸易（19%），金融、保险和房地产（8%），批发贸易（7%），交通运输（6%），以及建筑（5%）。主要企业雇主有礼来制药公司、美国无线电公司（RCA）、印第安纳贝尔（Indiana Bell）。美国陆军财务中心所在的本杰明·哈里森堡也属于该市。

印第安纳波利斯在1820年成为印第安纳州的首府。它位于该州的中部，距最近的大城市芝加哥、路易斯维尔和底特律均有几小时车程，直到相对近期之前，它在文化上仍是孤立的。根据官方排名，它是全美公立学校系统最差的几个州之一。

作为一个社区，印第安纳波利斯在过去15年中一直在快速发展。这是政治与经济精英共同努力兴建城市基础设施并改善其形象的结果，包括大印第安纳波利斯进步委员会、市中心委员会、企业社群委员会和印第安纳体育公司的合作。各种团体为扩大市政基础设施的建设做出了贡献，其中包括建造了一个会议中心。

印第安纳波利斯的本地文化非常重视体育，这体现在众多体育设施的建设以及积极参与组织体育赛事，包括泛美运动会和各种业余比赛。科技文化也渗透到了这座城市，部分是因为它附近有一所工程学科很棒的普渡大学，以及礼来制药公司雇用的大量科研人员。在文化活动和资源方面，这座城市每年举办一次国际小提琴大赛，并以拥有世界上最大、最著名的儿童博物馆而自豪。

政治方面，印第安纳州在传统上一直是共和党的票仓，印第安纳波利斯是一个共和党占主导的城市，城北区尤其如此。印第安纳州人口在美国排第14位；其中32%仍生活在非都市地区。[6]此外，印第安纳州的人口非常同质化：绝大多数是德国血统；只有0.4%是犹太人，0.8%是墨西哥裔美国人。1985年印第安纳州人均收入在全国排名第32位，人均支出排名第42位。1980年，有12.4%的人口完成了大学教育（全国平均数为16.3%）。在1974—1986年，该州对艺术项目的立法拨款位于全国倒数第12位。[7]

纽约近郊

在纽约地区，我在区域性都会区（RMA，regional metropolitan area）的九个社区中进行了访谈，其中有些是非常排外的高端社区，另一些则是有较多中产阶级的社区。[8]它们包括高档小镇萨米特（1983年人口为21071）、新普罗维登斯（人口为12426）、麦迪逊（人口为15357）和梅塔钦（人口为13762），以及位于新泽西州的阶层较为混合的里弗埃奇（人口为11111）和南普兰菲尔德（人口为20521）。在长岛，我访谈的地点包括两个中产阶级城镇梅里克（人口为24478）和马萨佩夸（人口为24454），以及一个更高档的社区——罗克维尔中心村（人口为25412）。[9]大部分城镇的种族同质性都很高，少数城镇有较多的犹太人口。这些近郊距离曼哈顿的车程不到一小时，集中在新泽西州的卑尔根县、莫里斯县以及长岛的拿骚县。这些地点的居民中都有大量的专业人士和经理人。[10]相比印第安纳波利斯，这些纽约近郊地区更难描述，因为其人口异质性必然更高一些。随着一些大公司将总部迁出曼哈顿，以便利用新泽西州的较便宜电力和较低税收，很多这类近郊都在迅速扩张。在1956—1975年，区域性都会区的人口从1470万增加到了1680万，而我的大多数受访者所居住地的人口在同一时期几乎翻了一番，占区域性都会区人口的31%。[11]这种增长在新普罗维登斯和麦迪逊所在的莫里斯县尤为强劲。美国电话电报公司和贝尔实验室在这一带有强大的影响力。

新泽西州是美国最小的州之一，位于哈德逊和特拉华这两条河之间。从历史上看，它的身份含混不清，一直处于纽约和费城的阴影之下。新泽西北部和中部由郊区构成，散布其间的农村地区正在被开发商迅速改建。该州拥有重要的炼油、电力和旅游产业。其族裔和种族多元化程度高，呈现明显的隔离居住模式，这反映出不同种族群体的收入差异。例如，在我进行访谈的城镇，总人口中平均有2.6%是黑人，其中梅塔钦的黑人占比最高，为5.8%（根据1980年美国人口普查数据编制）。

我在萨米特-麦迪逊-新普罗维登斯一带进行了多个访谈，这里曾是纽约富人的避暑胜地。自1830年修建铁路后，这里就成为纽约最早的通勤社区之一。这里有美国最重要的卫理公会大学（德鲁大学）和众多高科技产业。该地区拥有许多文化资源，包括夏季莎士比亚节、一座艺术中心和几家剧院。

梅塔钦建于19世纪30年代，也是最早的通勤社区之一。

它吸引了许多知识分子和文学名人，因此绰号为"聪明佬自治镇"（Brainy Borough），而且一直以排外而闻名。南普兰菲尔德的排外性稍低一些。它主要也是住宅区，自1870年以来一直是所谓"卧室社区"（bedroom community）。和南普兰菲尔德一样，里弗埃奇在独立战争期间发挥过重要作用，萨米特在革命时期则是一个哨站。华盛顿曾在里弗埃奇作战，瓦彰（Watchung）战役结束后在普兰菲尔德落脚休息。[12]

长岛的三个地点也是住宅社区。它们都位于纽约发展最快的近郊之一拿骚县。大部分人口通勤上班；1980年，40%的活跃人口在县外工作。每天清晨，前往曼哈顿的火车上都挤满了通勤者。根据1980年的统计数据，该县25岁以上人口中约25%拥有四年大学或更高的学历。

马萨佩夸和梅里克是活跃的度假胜地，位于长岛南岸。在这里，独幢住宅的背后便是航道，一些居民将游艇停泊在此。大大小小的港口迎接着泛舟者和钓鱼人。南海岸的平坦土地沿着大西洋蜿蜒，通向广阔的海滩。

巴 黎

在巴黎近郊，我挑选了九个社区进行访谈，其中大多数社区都比上文描述的纽约社区更大。我再次选择了中产阶级和中上阶层的混合社区。塞纳河畔讷伊（人口为65941）、吕埃尔－马尔迈松（人口为64545）、塞弗尔（人口为21100）、圣克劳德（人口为28052）、圣日尔曼昂莱（人口为35351）、凡尔赛（人口为95240）和蒙莫朗西（人口为20927），都是传统资产阶级的城镇，均位于巴黎近郊中较高档的西段，仅有一个除外。这当中的一些社区更类似于康涅狄格州的格林威治，而不是新泽西州的新兴近郊，因为自19世纪甚至18世纪以来，它们一直是老资产阶级和贵族的领地。例如，阿让特伊（人口为101542）和万塞讷（人口为44256）的人均收入低于凡尔赛，正如纽约南普兰菲尔德和梅里克的人均收入比萨米特和麦迪逊要低。[13] 与纽约近郊相比，巴黎近郊的这些地方对其国民文化具有重要的历史和文化意义。例如，新普罗维登斯只是纽约众多的高档近郊之一，而圣日耳曼昂莱除了属于"巴黎近郊"，还有独特的历史特征，它的城堡中曾住过好几位非常著名的法国国王。阿让特伊盛产葡萄酒，并以其修道院而闻名，曾是阿伯拉尔（Abélard）的情人埃洛伊丝（Héloïse）的避难所。万塞讷、凡尔赛、塞纳河畔讷伊和圣克劳德的城堡也极具历史意义。万塞讷如今以大型兵工厂中心和军事学校取代了过去的监狱。凡尔赛则是毋庸置疑的旅游胜地，其人口以恪守天主教及传统的资产阶级和贵族文化而闻名；即使今天，在凡尔赛也能找到支持恢复法国君主制的人。塞弗尔和圣克劳德拥有全国主要的陶瓷厂和著名的师范学校。吕埃尔-马尔迈松则主要因约瑟芬*与拿破仑离婚后避居在此而为世人所知。

这些城镇的总体面貌和美国的城镇有很多不同点。从物质

---

* 约瑟芬·博阿尔内（1763—1814），拿破仑的第一任妻子，法兰西第一帝国皇后，1810年与拿破仑离婚，后居于马尔迈松城堡。——编者注

环境方面看，法国与美国住宅区最显著的不同之处是，除了商店和咖啡馆，还有很多公寓楼，房屋和地皮的面积都比较小，而且采用高栅栏来保护隐私。从社会交往的角度看，这些法国社区的居民似乎有更明确的集体认同：这些本地精英（例如学校和医院的高级管理者）通常会形成一个具有某些凝聚力的"名人"群体，而且他们比纽约的对照组对自己所居住的城镇有更强的认同感。就这方面来看，巴黎受访者中通勤者的比例低于纽约受访者（巴黎为37%，纽约为52%）；由于美国中上阶层成员的地理流动性很大，而且更换雇主或搬迁的频率更高，我们可以预测，纽约近郊的居民对自身居住地的认同感会低于其法国对照组。

克莱蒙费朗

克莱蒙费朗是奥弗涅大区*的首府，位于法国中部，被雄伟的火山环绕。这个地区以盛产奶酪，居民性格吝啬、勤奋和严厉，以及主要企业雇主米其林而闻名。这是一个长期以来与外界隔绝的地区，部分原因是其高速公路体系不完善。在这种情况下，人们产生了一种强烈的地方主义情愫，与印第安纳州，尤其是印第安纳波利斯的情况很接近。这两个城市之间的相似程度令人吃惊。除了上述雷同之处，这两个城市都位于各自国家的地理或文化的中点。[14]这两个城市的政府都在努力振

---

* 位于法国中部的一个大区，下有阿列省、康塔尔省、上卢瓦尔省、多姆山省等省。2016年起，与罗讷-阿尔卑斯大区合并为奥弗涅-罗讷-阿尔卑斯大区。——编者注

兴当地经济，翻新改造市中心，力图使一个传统上较为隔绝的地区更好地融入国家的经济活动。[15]和印第安纳波利斯一样，克莱蒙费朗也正试图通过举办国际体育赛事来改善自身形象；1981年，它举办了国际击剑锦标赛，1986年举办了排球锦标赛，1987年举办了拳击锦标赛。最后一点同印第安纳波利斯的相似之处在于，克莱蒙费朗一直被认为是一个文化资源较为贫乏的城市，[16]尽管最近情况有所改善，因为当地成立了一家出色的弦乐乐团，还举办了短片节和科幻电影节。

克莱蒙费朗有15万名居民，是法国第19大城市。其都会区约有30万人口。而美国的第30大城市印第安纳波利斯则有78万名居民（都会区的人口统计数字为116.7万）。[17]鉴于法国和美国人口规模的差异，我选择将印第安纳波利斯与一个稍小的法国城市进行比较。仅就规模而言，最能与印第安纳波利斯相媲美的都会区是马赛，它有878689名居民，是法国人口第二多的城市，仅次于巴黎，位于里昂之前。但就其在全国的影响力而言，这座城市与印第安纳波利斯不在同一量级，而是可以与芝加哥或亚特兰大并驾齐驱。[18]此外，马赛与印第安纳波利斯的许多地理或文化特征并不相同。

另一方面，我们也不应夸大印第安纳波利斯和克莱蒙费朗之间的相似之处。当然，从历史上看，这两个城市的差别就很大。克莱蒙（Clermont）从1世纪到3世纪就已经是一个大都市了。它在5世纪成为重要的主教城，并在接下来的一千年里一直保持着这个地位。蒙费朗（Montferrand）则创建于12世纪，在路易十五统治下才与克莱蒙统一。相比之下，印第安纳波利斯市是在19世纪才注册成立的。

克莱蒙费朗是多姆山省的省会，农业是该省的第二大产业，但因生产力低下在不断衰退。[19]当地加强经济的替代战略是发展高科技产业，其基础在于拥有一所杰出的工程学院和一所有10478名学生的重要大学。截至目前，零售业占当地就业的7%，制造业占41.8%，政府占29%，金融、保险和房地产占4%，运输业占5%，批发贸易占4%。[20]制造业的占比高于印第安纳波利斯，而服务业则占比较小。

米其林对于克莱蒙费朗的影响是当地生活的一个基本要素。自20世纪初以来，作为该地区迄今为止最重要的企业雇主，米其林公开反对其他可能与其争夺劳动力并增加劳动力成本的行业进入当地。与法兰西第三共和国许多信奉天主教的资产阶级家庭类似，米其林兄弟对其工人采取家长式的管理态度，并为他们建造了各种基础设施，包括学校、体育中心和医院。他们提倡传统的家庭价值观，不鼓励从乡村来城市工作的农民城市化。米其林仍然以其组织文化而闻名，即"摈弃一切炫目的奢侈品，无视头衔和勋章……顶层经理人过着审慎而勤奋的生活……忽略所有无用的等级制度，也不强调必须存在的层次体系"。[21]正如本研究表明的，美国中西部的文化与米其林所倡导的文化具有相似的特征。时至今日，为米其林工作的工程师显然被视为克莱蒙费朗的精英。他们是世界级的专家，其薪资远高于当地平均水平。

外来移民，主要是葡萄牙人，占了克莱蒙费朗人口的13%，否则该市和该地区在族裔和种族上基本是同质的。此外,克莱蒙费朗人在政治上也存在分歧。该市具有悠久的社会主义传统,现任市长*是一位社会党人。该地区在参议院和国民议会中的代表大多是社会党人。然而,该地区的政府为右翼掌控,由法国前总统瓦莱里·吉斯卡尔·德斯坦(Valéry Giscard D'Estaing)主持。

从地理上来看,克莱蒙费朗市本身比印第安纳波利斯小得多。因此,受访者也从克莱蒙费朗都会区的17个小行政区中挑选。我在沙马利耶尔作了访谈,瓦莱里·吉斯卡尔·德斯坦曾在此担任镇长,现今他在国民议会中代表该镇。访谈也分别在富裕的近郊鲁瓦亚和不太繁荣的小镇奥弗涅库尔农进行。鲁瓦亚因其水疗中心而闻名。老人们从法国各地去那里接受治疗;水疗中心为该镇带来了世纪之交度假胜地的声望,它在外观、建筑和其他方面都与维希相似。

1975年,克莱蒙费朗地区的顶级经理人(高级干部)和专业人士(自由职业者)中有60％居住在四个富裕的西郊市镇,其中包括沙马利耶尔和鲁瓦亚。他们分别占这两个镇活跃人口的18％和13％(引自INSEE,1982年人口普查数据)。同时,这两个镇的退休人口比例都很高。[22]

---

* 本书首次出版时间为1992年,当时的市长应为罗歇·基约(Roger Quilliot)。——编者注

附录三 研究程序

抽样程序

本研究的设计需要一组文化多元化的受访者，通过构建四个随机分层样本，从印第安纳波利斯、纽约近郊、巴黎近郊和克莱蒙费朗的人口中抽取获得。抽样过程如下：

首先，研究助理从每个地点的400—600个人名中随机选择。在美国，这些名字是从电话簿里纵横交错的街道中选出的，这些街道位于人口普查轨迹追踪的家庭平均收入超过30000美元的范围内，这些轨迹是基于1980年的人口普查数据而确定的。[1]在法国，人名是从家庭平均收入高于全国平均水平的一些城市的电话簿中选出的；这些城市的选择也是基于人口普查信息确定的。在选择时，我要求研究助理略去那些明显是女性或外国人的名字。在每个地点，我们都选取了大量人名备用，因为预料到会有许多潜在受访者不符合资格。

第二步，向所有随机抽样选取的人寄发介绍信。信中描述了研究项目概况，告知潜在受访者我们将很快通过电话联系，并邀请他们参与研究。几天或几周后，研究助理打电话给这些潜在受访者，以确定他们是否有资格参加这项研究并是否愿意参加。我要求助理们至少联系潜在受访者三次。尽管晚上和周末我们也在打电话，但仍有许多人联系不上。

第三步，利用电话簿（黄页簿）的职业列表联系到一小部分受访者，以此增加样本间职业和经济部门的匹配度。在极少数情况下，特定职业的成员是通过联系其工作机构找到的（例如，联系报社找记者，联系博物馆找博物馆馆长，联系医院找医院管理者等）。研究助理会向接待员询问符合选择标准的雇员的姓名。这些专业人士通常会收到一封介绍信，然后由研究助理通过电话联系。由于时间的限制，采取这种方法选择的法国受访者比美国受访者要多。我没有将从熟人那里获得的姓名收入样本，除了有一个例外。

最后，在收集了相当多符合资格并对该项目感兴趣的人选之后，我选择了一组职业多样的受访者群体作为最终样本。这一选择的依据来自电话访谈中获得的社会和人口统计信息。我仔细斟酌了四个样本中每一个的构成，以最大限度地提高不同地点受访者之间的匹配度。我只对最终样本中的受访者进行了访谈。

同意参与该研究项目的合格受访者的数量因环境而异。合格受访者的估计接受率在印第安纳波利斯为49%，在纽约近郊为42%，在巴黎为58%，在克莱蒙费朗为56%。[2]

用于选择受访者的标准与其居住地、职业、就业部门、年龄、受教育程度、性别、种族和族裔有关，我在下面依次讨论这些标准：

居住地

潜在受访者必须在其中一个研究地点居住至少五年，才能被纳入最终样本。采用这个想法是为了最大限度地提高受访者的区域代表性。

职　业

用于确定潜在受访者资格的第二个标准是其从事的职业类型。只有那些全职从事专业或管理工作的人或自雇者才符合资格。有极少数受访者同时担任两份工作，在这种情况下，其资格是根据他们的主要职业确定的。我们通常用受访者的主要职业头衔来描述他们，但为了保护受访者的隐私也有一些例外。

由于本研究的部分目的是将所谓新中产阶级成员的划界工作与商界人士的划界工作进行比较，因此选择过程旨在寻找广泛的社会和文化类职业〔如艺术家、教师、神父（牧师）、记者〕以及商业性职业（例如会计师、银行家、商人）的成员。[3] 鉴于社会和文化专业人士在总人口中所占比例较小（在美国专业和管理阶层中仅占10%），[4]他们在研究中的比例大大地超高，占到最终样本的50%。

就业部门

出于第五章中谈到的原因，四个样本中的每一个都需要约10名私营部门的营利型自雇者、10名私营部门的营利型薪金制的劳动者，10名公共与非营利部门的社会和文化专业人士，以及5—10名公共与非营利部门的营利型劳动者或私营部门的社会和文化专业人士。[5]因此，我们在抽样的过程中将就业部门与职业综合起来考虑。每个部门的定义是直观易懂的。[6]

年　龄

最终样本仅包括在联系时年龄为30—60岁的男性。引入这一选择标准是为了尽量减少由于年龄差异而导致的生活方式变化。

在最终样本中，我们试图匹配四个地点的受访者，不仅考虑职业和就业部门，而且考虑到年龄。因而，假如我必须从克莱蒙费朗的五名自雇律师中选择一位，我会选择年龄与纽约、印第安纳波利斯和巴黎样本中的律师年龄相近的一位。

受教育程度

基于第一章中谈到的原因，只有受过大学教育的男性才有资格被纳入最终样本。对于美国受访者来说，这意味着他们具有大学毕业文凭；对于法国受访来说，这意味着他们获得了以下学位之一：（1）第一阶段学位，相当于美国的学士学位；（2）第二阶段学位（*diplôme de deuxième cycle*），相当于美国的硕士学位，或者第三阶段学位（*diplôme de troisième cycle*），相当于美国的博士学位；（3）"大学校"文凭；（4）高级技师证或技术大学文凭，这相当于美国社区学院的学位（将少数持有此类学位的受访者包含在样本中是因为这类人在法国经常担任相当于美国工程师的工作）。[7]有关学位对应关系的更多信息，请参见附录一中表A.1的图例。

性　别

由于本研究项目的主要目的是比较不同城市的居民和预先定义的职业类别成员所划定的符号边界，因此我们有必要限制受访者之间所有其他类型的社会和人口差异。因此，我选择的样本只包括了中上阶层的男性成员。正如我在第一章中解释的，这一决定具有理论上的合理性，因为男性仍然是专业和管理阶层的主要成员。[8]此外，担任管理和专业职位的男性比女性更容易联系到，因为前者的群体规模更大。出于额外的探索目的，我也和居住在纽约近郊的女性专业人士和经理人做了15次访谈。

种族和族裔

少数群体的成员被排除在最终的样本之外，以减少职业和居住地之外的差异。出于同样的原因，潜在受访者中非本土出生的人也未被纳入样本。不过，在法国的样本中，出生在前殖民地的法国公民被视为具有受访资格。

从理论上讲，将少数群体成员排除在最终样本之外的决定是合理的，因为他们在中上阶层中仍处于边缘地位。事实上，在法国，干部阶层几乎完全由法国本土血统的白人男性构成。[9]美国也是同样，1987年，在所有决策、管理和行政劳动者中，非裔美国人仅占6.2%，西班牙裔仅占3.7%。

访谈程序

221 1987年11月,我在印第安纳波利斯进行了五次试点访谈。在访谈时间表修改后,1987年12月在印第安纳波利斯进行了第一批访谈,随后在1989年1月完成了第二批访谈。[10]纽约的访谈在1989年冬天进行,巴黎和克莱蒙费朗的访谈则是在同年春夏两季完成的。

访谈在受访者的办公室、家中或由他选择的公共场所进行。在自我介绍并寒暄几句之后,我会安放好录音机,并请对方签署一份同意书。受访者将回答关于该项目的基本问题,同时避免回答可能影响其答案内容的特定问题。

为进入访谈题目,我通常会先用有关工作的话题暖场;从结果看来,这个做法很有效,因为它在个人层面上不太有威胁性。一般来说,除了年龄、职业、父辈的职业等可公开核实的问题,我有意识地限制直接使用审问句式。我也试图将其他访谈的片段引入对话,以促使受访者作出更明确的回答。最后一点,我尽量保持一种非正式且亲切的语气,避免扮演"专家"的角色。

在少数情况下,受访者的配偶也在访谈现场,要么是因为她很感兴趣并要求参与,要么是我邀请她参加。虽然她的出现有时可能会使受访者的言谈谨慎一些,但在大多数情况下,这一做法极大地丰富了访谈内容,因为当谈到受访者的偏好时,她可就丈夫的品位和观点提供有趣的见解。

访谈本身持续一个半小时到两个半小时。访谈结束后，受访者会被要求填写两份关于休闲活动和参与慈善协会的问卷。

数据分析

每次访谈后，我都会立即将自己隔离起来，独自完成民族志笔记。与此同时或之后，我会聆听访谈录音，并在一份13页的摘要文件中作出描述，其中包括社会人口学信息和受访者划界工作的信息。为了便于比较，我在标准化表格上记录受访者的一些回答，并以矩阵形式作出总结。[11]我还要确定访谈的哪些部分需要转录为文字（仅涉及背景信息的部分不需转录）。由此，我获得了近3000页的转录文本。

应当注意的是，此项目是一个包含多个地点的个案研究，旨在对特定群体之间的差异进行可控制的探索。因而，我通过提供一个比较视角，对四组受访者分别进行研究，以了解他们提供的关于自己以及其他群体的信息。[12]首先，我对访谈进行逐个分析，重点了解受访者个人的文化取向。其次，我在同一地点的样本内和不同地点的样本间，将受访者个体和与他相似或不同的受访者进行比较。最后，我按主题对所有转录文本进行分类，将访谈作为文本和探讨新兴理论问题所依据的数据，对访谈中出现的所有主题进行系统性分析。第二章到第四章的结构反映了这一主题重点。

我在三个5分量表上对所有受访者进行定位，这三个量表分别涉及道德边界、文化边界和社会经济边界。同样，这个大致的分数是基于受访者对一系列问题的回答得出的，包括对朋友的选择、育儿观以及自卑感和优越感的相关问题。通过对每个访谈进行整体分析，并将其与地区内和跨地区内相似和不同的访谈进行比较，我由此给出得分。我试图尽可能清楚地识别他们的所有答案中隐含的和明确的组构原则（其反映背后的标准类型：道德、文化、经济）。例如，当一个人说他传授给孩子的主要美德是诚实和尊重他人时，他会在道德维度上得到较高的分数。当一个人强调孩子的才智发展和对世界开放的程度时，他会在文化维度上得到较高的分数。另一方面，当一个人说自己主要希望孩子获得成功时，他会在社会经济维度上得到较高的分数。同样的逻辑也适用于择友，如果受访者认为他的朋友首先得是有教养的、见过世面的和精雅的，那么他在文化量表上会获得高分，而那些强调朋友的道德标准和宗教信仰的受访者会在道德量表上排名居前。

以我在道德边界上采用的打分标准为例，读者可以更好地了解我的打分方案：经常表现出反道德态度的受访者得0分，偶尔表现出反道德态度的受访者得1分，对道德无动于衷的受访者得2分，偶尔发表道德排他言论的受访者得3分，经常发表道德排他言论的受访者得4分，而频繁发表此类言论的受访者得5分。如果一个人主要与教会成员交往，描述自己的朋友具有强烈的道德特质，而且觉得自己比不上特蕾莎修女但比骗子要高尚很多，这样的受访者会在道德量表上获得5分。在社会经济边界量表中，如果一个人说感觉自己不如富人，而将自己的朋友描述为当地精英群体的成员，将他最欣赏的同事描述为有权势的人，那么他将在社会经济量表上获得5分。而另一方面，如果一个人提到自己有情妇，并自称对低道德标准漠不关心，那么他在道德量表上会得到0或1分；如果公开表达反智主义态度并批评知识分子和理论家，认为文化不如"你是什么样的人"更重要，这种人在文化量表上的分数会比较低。

用于给每次访谈打分的文件中包含13页的访谈总结、访谈录音、访谈记录、访谈期间及之后的民族志笔记，以及关于休闲活动和成就相关价值观的问卷。每次访谈都由我亲自进行四次打分，并对每次打分的结果进行比较，以获得最可靠的结果。美国访谈的打分有20%是由我和一名研究助理共同完成的。我们比较了各自的结果，总体上非常相似。对于异常个案，我们经过讨论后就合理分数达成了一致意见。另一方面，法国的访谈有50%由一名研究助理基于13页的访谈摘要独立打分。将我的打分情况与她的进行比较后，同样得出了高度可靠的结论。

附录四 受访者在文化、道德和社会经济维度上的得分

表A.3 受访者在文化、道德、社会经济维度上的得分

	文化	道德	社会经济
纽 约			
公共与非营利部门的文化和社会专业人士			
公立学校管理者（1++）	2	4	5
高校行政人员（1++）	5	5	5
地球科学教师（1+）	4	3	4
长老会牧师（1++）	2	5	4
博物馆馆长（3*）	5	2	2
（艺术家）（2*）	5	2	1
科学教师（3—）	4	2	5
社会工作教授（1++）	5	1	1
神学教授（2*）	5	3	4
娱乐业专业人士（1+）	2	3	5
（公务员）（1*）	2	5	2
计算机专家（1+）	2	2	4
私营部门的文化和社会专业人士，公共与非营利部门的营利相关职业			
（应用科学研究员）（1++）	3	4	3
人力资源顾问（2*）	3	5	3
心理学家（4—）	4	3	5
（医院管理者）（1++）	2	4	5
统计研究员（3*）	5	3	5
（计算机研究者）（1++）	3	5	4
经济学家（1++）	5	2	4
（劳动仲裁员）（1++）	2	5	4
私营部门（薪金制的）营利相关职业			
（投资顾问）（1++）	2	3	5
首席财务官（1++）	3	4	5
（银行家）（3*）	4	2	3
银行家（1++）	5	2	3
（保险公司副总裁）（1++）	3	5	4
工厂设备经理（1++）	2	4	5
公司律师（1++）	3	2	5
（计算机专家）（1*）	2	2	3
市场营销主管（2++）	2	1	5
（计算机软件开发者）（1+）	2	4	2

续表

	文 化	道 德	社会经济
私营部门（自雇的）营利相关职业			
（律师）(3—)	3	5	1
律师（3*）	5	4	4
基金经理（1++）	2	2	5
计算机顾问（1++）	4	3	5
房地产经纪人（1*）	2	2	5
海关报关员（3—）	5	3	3
经销商（3—）	3	2	5
（机床经销商）(3—)	2	3	5
广播电台老板（1++）	1	3	5
汽车租赁公司所有者（2++）	1	2	5
印第安纳波利斯			
公共与非营利部门的文化和社会专业人士			
（公立学校管理者）(3*)	2	4	2
高校行政人员（3*）	5	4	2
（音乐教师）(1*)	3	5	2
长老会牧师（2*）	3	4	5
博物馆馆长（1++）	4	3	5
艺术家（3*）	5	2	5
物理学教授（2*）	4	2	4
医药学教授（2*）	5	5	3
社会服务经理（3—）	5	5	2
（娱乐业专业人士）(1++)	2	2	5
（联邦政府员工助理）(1++)	2	4	2
计算机专家（1++）	5	3	4
（医药研究者）(3*)	4	3	3
（人事服务经理）(1*)	3	4	3
私营部门的文化和社会专业人士，公共与非营利部门的营利相关职业			
心理学家（3*）	5	4	5
（政府会计师）(1++)	2	5	4
（研究科学家）(3*)	5	5	3
科研人员（1++）	3	2	5
（银行审查员）(1++)	2	4	4
法官（3++）	5	3	5

附录四　受访者在文化、道德和社会经济维度上的得分　　345

续表

	文化	道德	社会经济
私营部门（薪金制的）营利相关职业			
会计师（1++）	2	2	5
首席财务官（2+）	2	5	5
银行家（1++）	1	4	4
银行家（1++）	2	3	5
保险公司副总裁（1++）	4	4	5
工厂经理（2+）	2	5	5
（公司律师）（1++）	3	4	3
计算机市场营销专家（2*）	3	4	5
（市场营销主管）（1++）	2	4	4
（数据经理）（1*）	2	4	2
建筑设计师（1++）	2	2	5
私营部门（自雇的）营利相关职业			
律师（3*）	4	5	3
律师（1++）	5	2	5
股票经纪人（2*）	4	4	4
建筑设计师（1++）	1	3	3
房地产经纪人（3*）	3	4	5
林业员（2+）	2	3	5
职业招聘员（1++）	2	4	2
房地产开发商（1++）	2	1	5
（二手车经销商）（2—）	2	4	3
克莱蒙费朗			
公共与非营利部门的文化和社会专业人士			
公立学校管理者（1+）	4	4	4
（高校行政人员）（2+）	2	3	5
音乐教师（1*）	2	4	2
神父（1++）	4	3	3
（博物馆馆长）（1*）	4	5	1
（艺术家）（1+）	5	3	1
（电子学教师）（1+）	2	4	4
社会工作教授（1+）	5	3	2
哲学教师（1+）	5	5	1
（田径教练）（1++）	2	4	3
公务员（1*）	4	4	2
（公务员）（本地）（2—）	2	4	3
物理学家（2*）	5	4	3

续表

	文化	道德	社会经济
私营部门的文化和社会专业人士，公共与非营利部门的营利相关职业			
（急救医务人员）（3—）	2	4	2
心理学家（2—）	5	0	1
（医院会计总监）（1++）	3	3	5
牙医（3—）	4	2	5
医生（1++）	1	4	4
（安全监察员）（1*）	2	4	3
记者（1*）	5	5	1
私营部门（薪金制的）营利相关职业			
会计师（3*）	4	2	5
制造业高级主管（1++）	3	3	5
银行家（3—）	4	3	3
（银行家）（1++）	3	4	2
汽车经销商主管（2*）	2	5	4
化学工程师（4—）	5	4	5
（计算机市场营销主管）（1++）	2	5	2
化学工程师（1++）	3	4	5
工厂经理（1++）	2	4	5
旅游公司主管（2++）	4	1	5
私营部门（自雇的）营利相关职业			
律师（2*）	5	5	i
律师（4*）	4	2	5
会计师（2*）	3	3	5
建筑设计师（3*）	2	3	3
保险经纪人（3—）	5	3	3
勘测公司所有者（2++）	I	3	5
建筑设计师（3++）	4	3	5
（会计师）（1++）	2	2	5
财务顾问（1++）	5	3	4
财务顾问（3*）	3	2	5
巴 黎			
公共与非营利部门的文化和社会专业人士			
公立学校管理者（1++）	4	2	5
高校行政人员（2++）	5	1	5
（音乐教师）（1*）	3	4	2

附录四 受访者在文化、道德和社会经济维度上的得分

续表

	文化	道德	社会经济
神父（3★）	5	5	3
博物馆馆长（4★）	5	2	4
音乐家（3★）	5	3	2
科学教师（1+）	4	1	3
建筑学教授（3★）	5	0	5
文学教授（1++）	5	4	0
社会工作者（3★）	5	5	2
外交官（3★）	5	2	2
（计算机专家）（1+）	2	4	2
（会计学教授）（1++）	4	3	4
私营部门的文化和社会专业人士，公共与非营利部门的营利相关职业			
人力资源顾问（3★）	5	0	3
心理学家（2★）	5	2	3
医院管理者（1++）	3	3	5
（牙医）（2★）	4	2	3
医生（2—）	4	4	1
（公共部门建筑设计师）（1+）	3	4	2
人力资源顾问（3★）	5	1	5
私营部门（薪金制的）营利相关职业			
商业管理专家（1++）	5	5	3
（制造业高级主管）（1++）	4	5	2
银行家（1++）	5	3	5
（投资银行家）（2★）	2	4	3
保险公司主管（1++）	5	2	5
公司律师（3★）	5	5	4
（市场营销主管）（1++）	2	4	2
（市场营销主管）（3★）	4	4	2
电力工程师（3★）	5	5	3
（旅游公司主管）（1++）	2	4	3
私营部门（自雇的）营利相关职业			
律师（2★）	5	5	1
（律师）（3—）	2	4	4
（会计师）（1++）	2	4	2
建筑设计师（3—）	4	1	0
保险经纪人（1++）	1	4	5

续表

	文 化	道 德	社会经济
印刷公司所有者(3*)	4	5	3
工程公司所有者(3*)	5	2	5
(会计师)(2*)	2	4	1
会计师(1*)	2	0	5
律师(1++)	3	0	5

注：受访者的标识符：极大向上流动为++，稍微向上流动为+，稳定为*，向下流动为—，斜体加粗表示知识分子，括号内表示包容度高。第一代中上阶层为1，第二代中上阶层为2，第三代中上阶层为3，第四代中上阶层为4。

边界重要性得分：频繁划定逆向边界（即强烈的反智主义、反道德主义或反物质主义）为0，偶尔划界为1，无感为2，偶尔划界为3，频繁划界为4，非常频繁划界为5。

示例：社会工作教授(1+)=5,1,1（第一代中上阶层，稍微向上流动，知识分子；非常频繁地划定文化边界，偶尔划定反道德和反社会经济边界）

表A.4 在道德、社会经济和文化量表上得分为4或5的受访者的平均得分和百分比（按职业群体和地点划分）

边 界	法 国			美 国			合 计
	巴 黎	克莱蒙费朗	合 计	印第安纳波利斯	纽 约	合 计	
社会和文化专业人士							
道 德	35%	65%	50%	60%	45%	52%	51%
	2.5	3.5	3.0	3.4	3.7	3.6	3.3
社会经济	35%	30%	32%	55%	70%	62%	47%
	3.0	2.8	2.9	3.8	3.8	3.8	3.3
文 化	80%	55%	67%	55%	50%	52%	59%
	4.2	3.3	3.8	3.5	3.6	3.6	3.7
营利型劳动者							
道 德	70%	35%	52%	65%	30%	47%	49%
	3.5	3.1	3.3	2.9	3.5	3.2	3.3
社会经济	40%	70%	55%	80%	70%	75%	65%
	3.1	4.1	3.6	4.2	4.3	4.3	3.9
文 化	55%	45%	50%	20%	25%	22%	36%
	3.4	3.3	3.4	2.8	2.5	2.7	3.0

表A.5 在道德、社会经济和文化量表上得分为4或5的受访者的平均得分和百分比（按细分职业群体和地点划分）

边界	法国 巴黎	法国 克莱蒙费朗	法国 合计	美国 印第安纳波利斯	美国 纽约	美国 合计	合计
第一类							
道德	38%	69%	53%	57%	43%	50%	51%
	2.7	3.8	3.2	36	3.0	3.3	3.3
社会经济	38%	23%	30%	43%	66%	55%	43%
	3.0	2.6	2.8	3.5	3.4	3.5	3.1
文化	85%	61%	73%	57%	58%	58%	66%
	4.4	3.5	3.9	3.6	3.7	3.7	3.8
第二类							
道德	28%	57%	42%	66%	62%	64%	53%
	2.3	3.5	3.0	3.4	3.7	3.6	3.2
社会经济	28%	43%	36%	83%	75%	79%	58%
	3.0	2.8	2.9	3.8	3.8	3.8	3.3
文化	71%	43%	57%	50%	37%	44%	51%
	4.2	3.3	3.8	3.5	3.6	3.6	3.6
第三类							
道德	80%	60%	70%	72%	40%	56%	63%
	4.1	3.5	3.8	2.9	3.3	3.1	3.0
社会经济	30%	70%	50%	82%	70%	76%	63%
	3.1	4.1	3.6	4.3	4.2	4.3	4.0
文化	70%	40%	55%	9%	2%	6%	31%
	3.0	3.4	3.2	2.8	2.8	2.8	3.0
第四类							
道德	60%	10%	35%	55%	20%	38%	37%
	3.5	3.1	3.3	2.9	3.5	3.2	3.3
社会经济	50%	70%	60%	77%	80%	79%	70%
	3.1	4.1	3.6	4.2	43	4.3	4.0
文化	40%	40%	40%	33%	20%	27%	34%
	3.4	3.3	3.4	2.8	2.5	2.7	3.1

注 释

序 言

1. 本研究中的所有姓名均为虚构,以保护隐私。
2. 本书中的法文引文均已由作者译成英文。
3. 这个信息是在一次访谈中得到的,我向迪迪埃出示了一个性格特质列表,并请他对这些特质进行评论。
4. *社会经济*(socioeconomic)是指社会背景和社会地位以及决定社会经济地位的可变因素,如收入和职业声望。
5. 引自 Coleman and Rainwater, with McClelland, *Social Standing in America, New Dimensions of Class*, 125. 有关法国和美国中上阶层规模的讨论,参见附录一。

第一章

1. Kanter, *Men and Women of the Corporation*; Jackall, Moral Mazes, *The World of Corporate Manager*. 关于关系网络的重要性,参见 Granovetter, *Getting a Job, A Study of Contacts and Careers*。
2. 最近的一项研究调查了从1946年电视节目网开始到1978年三十多年间的家庭情景喜剧,发现这些节目大多描绘的是中产阶级的生活方式:"……只有2.6%的节目以蓝领工人为户主的家庭为背景。即使将文秘和服务业人员包括在内,总百分比也只上升到8.4%……相比之下,荧幕上的家庭近三分之二(63.5%)是中产阶级。"关于1979—1990年间的调研结果也类似。Butsch, "Class and Gender in Four Decades of TV Families, Plus Ça Change ..." 也请参见 Butsch and Glennon, "Social Class: Frequency Trends in Domestic Situation Comedy, 1946/1978"。

3. 近期一项关于电视观众的研究表明，工薪阶层的妇女借由娱乐节目学习中产阶级的生活方式，参见 Press, *Women Watching Television, Gender, Class and Generations in the American Television Experience*。
4. 关于这一点，参见附录一。
5. 划界工作（boundary work）的概念借自 Gieryn, "Boundary-Work and the Demarcation of Science from Non-Science: Strains and Interests in Professional Ideologies of Students"。Gieryn 所指的是科学家通过将科学定义为宗教的对立面而创造的"符号工作"（symbolic work），以此来营造科学的公共形象。本书所使用的"划界工作"一词是指个人通过划定符号边界来定义自己与他人身份之对立的过程。
6. 关于采用比较方法研究文化的优势，参见 Lipset, *Continental Divide: The Values and Institutions of United States and Canada*, xiii—xviii。
7. 1979年《财富》杂志的一项调查发现，美国6400名企业高管和董事中，只有10位女性。Keller 在 "Women in the 21st Century Summing Up and Moving Forward" 一文中引用了这些数字。虽然1970年只有18.5%的职业女性担任管理、专业或行政职位，但在1985年增至36%（这个百分比包括低级经理人）。参见 Blum and Smith, "Women's Mobility in the Corporation: A Critique of the Politics of Optimism," 528。
8. 这个群体仍然很小：1987年，所有决策、管理和行政劳动者中只有6.2%是非裔美国人，只有3.7%是西班牙裔。参见 Hodson and Sullivan, *The Social Organization of Work*。
9. Bourdieu, *Distinction: A Social Critique of the Judgment of Taste*, 258. 布迪厄（Bourdieu）在早期著述中指出，学校环境中使用的明显中立的学术标准充满了特定的中产阶级文化价值观。下层阶级的孩子由于没有在这种文化框架内的社会交往，因而在课堂上是有障碍的，直接影响到他们的学业水平。参见 Bourdieu and Passeron, *The Inheritors, French Students and Their Relation to Culture*，也请参见 Bourdieu and Passeron, *Reproduction in Education, Society and Culture*。
10. 参见例子 DiMaggio, "Cultural Capital and School Success: The Impact of Status Culture Participation on the Grades of U.S. High School Students." DiMaggio and Mohr, "Cultural Capital, Educational Attainment, and Marital Selection"; Cookson and Persell, *Preparing for Power, Americas Elite Boarding Schools*; Katsillis and Rubinson, "Cultural Capital, Student Achievement, and Educational Reproduction: The Case of Greece"; and

Ryan and DeBord, "High Culture Orientation and the Attitudes and Values of College Students"。

11. 我在此概括关于文化资本文献的一个论点，它是由安妮特·拉鲁（Annette Lareau）和我在"Cultural Capital: Allusions, Gaps, and Glissandos in Recent Theoretical Developments"一文中首次提出的。

12. 特别参见Robinson and Maurice Garnier, "Class Reproduction among Men and Women in France: Reproduction Theory on Its Home Ground," 278; Lamont and Lareau, "Cultural Capital" and Farkas, Grobe, Sheehan, and Yuan, "Cultural Resources and School Success, Gender, Ethnicity, and Poverty Groups within an Urban District"。最后一项研究认为教育系统中的高等地位信号非常显著，证实了课外因素诸如学习习惯等对评价学生的影响。

13. Kai T. Erikson, *Wayward Puritans: A Study in the Sociology of Deviance*, 23.

14. 在这里和其他地方，我介绍了"符号边界"和"文化边界"之间的区别，前者用于指所有类型的边界，而不论其内容如何；后者指基于同才智、教育、精雅或教养有关的高等地位信号而划定的符号边界。

15. 我在"The Power-Culture link in a Comparative Perspective"一文中首次探讨了符号边界形式特征的跨国差异。我对符号边界的形式特征的讨论部分借鉴了保罗·迪马乔（Paul DiMaggio）关于艺术分类体系特征的著述。迪马乔划分了这些系统的四个维度：等级化、差异化、普遍化和边界强度。他借鉴了彼得·布劳（Peter Blau）的结构主义，主要参考群体特征来解释跨系统的差异。参见DiMaggio, "Classification in Art"。

16. 大多数关于越轨行为（deviance）特征的文献都表明了这一点，这些文献分析了在道德边界被移动之后，个人如何被重新归入道德上应受谴责的一类。比如可参见Bergensen, "Social Control and Corporate Organizations: A Durkheimian Perspective"; Kai T. Erikson, *Wayward Puritans*; Becker, *Outsiders: Studies in the Sociology of Deviance*。也请参见Hunter, *Evangelicalism: The Coming Generation*。

17. 亚瑟·L. 斯廷施凯姆（Arthur L. Stinchcombe）是少数关注边界内容本身的社会学家之一。尤可参见其文"The Deep Structure of Moral Categories"。也请参见"Social Structure and Politics"，他在其中讨论了社会变革、社会动员和边界的生成。这些主题在当今的研究中被忽略了。关于划定边界的行为，另见拜塞尔（Beisel）的著作，"Constructing a Shifting Moral Boundary"。

18. 罗伯特·伍斯诺（Robert Wuthnow）用以下术语描述了这种主题方法："结构化方法的不同之处在于强调类别、边界、关系以及表达这些结构的符号。例如，与其通过追溯关于教会和国家的争论来研究政教关系，（它）会首先将'教会'和'国家'这两个概念都视为有问题的文化建构，然后研究每种定义的分类，这两者之间的边界是如何协商的，以及随着时间的推移符号事件如何促成这些定义的变化。这种研究建立在一种假设的基础之上，即假设这些类别之间的结构关系至少与其内容一样重要。"（*Meaning and Moral Order: Explorations in Cultural Analysis*, 342）。

19. 这些例外包括 Basil Bernstein, *Class, Codes and Control*, vol. 3；以及辛西娅·弗茨·爱泼斯坦（Cynthia Fuchs Epstein）的著作，它关注传统的性别边界如何在职场中被复制，例如 "Workplace Boundaries Conceptions and Creations"。有关新涂尔干主义理论文献的讨论，参见 Alexander, ed., *Durkheimian Sociology: Cultural Studies*, chap. 1。

20. 参见 Douglas, *Purity and Danger: An Analysis of the Concepts of Pollution and Taboo; Natural Symbols: Explorations in Cosmology*; and Bourdieu, *Distinction*, esp. chap. 3。

21. 关于文化概念化，聚焦于社会向其成员提供的文化剧目或工具箱，参见 Swidler, "Culture in Action Symbols and Strategies"。也请参见 Wuthnow 关于符号编码的著作：*Meaning and Moral Order*；以及保罗·迪马乔和沃尔特·W.鲍威尔（Walter W. Powell）在《组织分析的新制度主义》（*The New Institutionalism in Organizational Analysis*）一书的序言中描述的新制度主义（neo-institutional）取向。

22. 鉴于美国文化生活的分散程度，我认识到采用中心和周边的比喻在法国语境中比在美国语境中更合适。不过，与纽约和巴黎相比，印第安纳波利斯和克莱蒙费朗提供的精英文化活动要少得多。例如，虽然朱迪斯·布劳（Judith Blau）的文章表明所有形式的高雅文化均广泛分布在美国的所有地区，但也显示了纽约提供的人均高雅文化活动比其他主要都会区要多得多。参见她的文章 "The Elite Arts, More or Less de Rigueur: A Comparative Analysis of Metropolitan Culture"。

23. Lipset, *Political Man: The Social Bases of Politics*, chap. 10. 史蒂文·布林特（Steven Brint）在批评新阶级理论时表明，新阶级中对自由主义

的支持者主要集中于社会和文化专业人士以及公共部门的劳动者。参见Brint, " 'New Class'and Cumulative Trend Explanations of the Liberal Political Attitudes of Professionals"。

24. Hoffman, ed., *In Search of France*; Inkeles, "Continuity and Change in the American National Character"; Wylie, *Village in the Vaucluse*; Pitts, "The Bourgeois Family..."

25. Lipset, *The First New Nation: The United States in Historical and Comparative Perspective*; Tocqueville, *Democracy in America.*

26. 有关文献综述，参见Ganzeboom, Treiman, Ultee, "Comparative Intergenerational Stratification Research: Three Generations and Beyond"。

27. Agger,"Critical Theory, Poststructuralism and Postmodernism:Their Sociological Relevance."也请参见Rosaldo, "The Use and Abuse of Anthropology: Reflections on Feminism and Cross-cultural Understanding"; Joan W. Scott, "The Sears' Case", and Showalter, "A Criticism of Our Own: Autonomy and Assimilation in Afro-American and Feminist literary Theory"。

28. 例如，West, "The New Cultural Politics of Difference," 93。

29. Durkheim, *The Elementary Forms of Religious Life*; Simmel, *The Sociology of Georg Simmel.*

30. 参见Zerubavel, *The Fine Line: Boundaries and Distinctions in Everyday Life*, chap. 2。感谢这位作者在出版之前与我分享了他手稿的一些章节，其内容影响了我对边界问题的思考。

31. 参见Jackall, *Moral Mazes*, 56。

32. Weitman, "Intimacies: Notes toward a Theory of Social Inclusion and Exclusion," 358.

33. 玛丽·沃特斯（Mary Waters）表明了族裔边界的标准是如何被放宽的，这使得族裔身份更加模糊，并且越来越多地源于个人偏好而不是群体行动。参见她的 *Ethnic Options: Choosing Identities in America*。

34. Hurrelman, *Social Structure and Personality Development: The Individual as a Productive Processor of Reality*, 91.

35. Kalmijn, "Status Homogamy in the United States."

36. Collins, *The Credential Society*; Brint, "The Political Attitudes of Professionals"; James Davis, "Achievement Variables and Class Cultures: Family, Schooling, Job and Forty-Nine Dependent Variables in the Cumulative GSS."

37. 关于这个主题，参见围绕信号理论的文献。特别参见 Rosenbaum, Kariya, Settersten, and Maier, "Market and Networks Theory of the Transition from High School to Work: Their Application to Industrialized Societies"。
38. Max Weber, *Economy and Society*, vol. 1, chap. 4.
39. Herzfeld, "Honor and Shame: Problems in the Comparative Analysis of Moral Systems," 341.
40. 关于情境、身份和贴标签之间相互作用的主题，参见 Alexander and Wiley, "Situated Activity and Identity Formation"。与贴标签、印象管理（impression management）和归因相关的研究也与此相关。参见 Crittenden, "Sociological Aspects of Attribution"。
41. 正如阿尔弗雷德·舒茨（Alfred Schutz）和托马斯·勒克曼（Thomas Luckman）所指出的："他人的行为，以及他们的意愿、感觉和思考，对于日常生活的实践阐释学（practical hermeneutics）来说是一个持续存在的问题。"（*The Structures of the Life-World*, vol. 2, 114.）
42. 我在此借鉴 Epstein, "Tinkerbells and Pinups: The Construction and Reconstruction of Gender Boundaries at Work"。
43. 有关身份形成方面，参见 Giddens, *Modernity and Self-Identity: Self and Society in the Late Modern Age*。我借用了布罗斯基（Brodsky）的"边界巡逻"（border patrol）概念，参见"Intellectual Snobbery: A Socio-Historical Perspective"。
44. 关于这个话题，参见 Collins, *Theoretical Sociology*, chap. 6；关于社会心理学家讨论的身份形成问题，也请参见 Rosenberg, "The Self-Concept: Social Product and Social Force", 593—624；也请参见 Stryker, *Symbolic Interactionism: A Social Structural Version*。
45. Max Weber, *Economy and Society*, vol. 1, chap.4.
46. 有关情境因素对评估顺序变化之影响的分析，参见 Boltanski and Thévnot, *De la justification: Les économics de la grandeur*。
47. 工人阶级的成员很清楚这种框架的权力：他们对阶级结构的看法不是围绕职业声望的差异，而是围绕职场中权力分配的差异形成的。参见 Vanneman and Cannon, *The American Perception of Class*, chap. 4。
48. 在这里，权力被视为定义规范和标准以及塑造他人生活的能力，即以限制他人机会的方式行事的能力。受韦伯（Weber）和福柯（Foucault）的启发，这个定义假设权力的行使以消极的方式影响人们的生活，并且它通过广泛的行动发生。有关本研究所依据的间接权力方法的更详细描述及文献综述,参见 Lamont, "The Power-Culture Link in a Comparative Perspective"。有关对比美国和欧洲社会科学家处理权力与文化之间关系的方式的讨论,参见 Lamont and Wuthnow, "Betwixt and Between: Recent Cultural Sociology in Europe and the United States"。

49. 纽约近郊的社区如下:麦迪逊(人口为15357)、梅塔钦(13762)、新普罗维登斯(12426)、里弗埃奇(11111)、南普兰菲尔德(20521),以及新泽西州的萨米特(21071);长岛的梅里克(24478)、马萨佩夸(24454)和罗克维尔中心村(25412)。在巴黎近郊的访谈地点为蒙莫朗西(人口为20927)、塞纳河畔讷伊(65941)、吕埃尔-马尔迈松(64545)、塞弗尔(21100)、圣克劳德(28052)、圣日尔曼昂莱(35351)、凡尔赛(95240)和万塞讷(44256)。

50. 这个定义借自 Coleman and Neugarten, *Social Status in the City*, 259。

51. 如附录一所述,美国受访者的平均家庭收入高于法国受访者,这反映了两国平均收入的差异。

52. 相比之下,在萨特斯研究贫民区人口的著作《贫民区的社会生活》(*The Social Life of the Slum*)中,更多地关注"年龄、性别、族裔、领土和个人声誉……更强调这些区别,而排除了在广泛的社会中更受赞赏的职业、教育和其他成就"(第223页)。关于工作组织作为社会更大规模分歧之基础的重要性,也请参见 Lipset and Rokkan, "Cleavage Structure, Party Systems and Voter Alignments: An Introduction"。

53. 法国工程师有更高的工作保障,他们的职业阶梯包含更多的等级。参见 Crawford, *Technical Workers in an Advanced Society: The Work, Careers and Politics of French Engineers*, 135。附录一中详细描述了法国和美国专业人士和经理人之间的差异。

54. Gusfield, *Communities: A Critical Response*.

55. 有几个受访者是不符合样本标准的男士,他们在本书中被称为"信息提供者"(informant),在极少数情况下被引用。

56. 探究优越感和自卑感的访谈问题如下:"不管我们承认与否,我们都会在有些时候觉得自己比某些人自卑或优越。你在哪类人面前感到自卑?在哪类人面前感到优越?你能举几个具体的例子吗?这些人有什么共同点?"为了探究对他人的好恶感,我问研究参与者:"你宁愿避开什么样的人?你对什么样的人没感觉?一般什么样的人会吸引你?你能举个具体的例子吗?这些人有哪些共同点?"

57. 为了探索育儿观,我要求研究参与者描述他们试图传授给孩子的价值观,并详细解释他们赋予每个价值观的含义。例如,研究参与者将被要求解释他们所说的"诚实"或"尊重"是什么意思,以及为什么这些价值观对他们来说很重要。
58. Mishler, *Research Interviewing: Context and Narrative*.
59. 我相对年轻和我的性别可能在访谈中起到了促进作用,因为相当多受访者的女儿都是20岁出头或30岁出头。为了吸引受访者将我与他们的女儿、侄女或姐妹等同视之,并将我看作一个知心人,我付出了特别的努力,比如通过格外注意着装风格,自我展现为一个令人尊重的年轻女性,以淡化自我表现的性别化。
60. 当然,"普林斯顿光环"在法国的作用不如在美国那么大。克莱蒙费朗的大多数受访者显然不了解美国普林斯顿大学的文化意义。有些巴黎人倒能领悟。"普林斯顿光环"在纽约受访者中的反响最为强烈。他们经常告诉我,他们很荣幸能参与这项研究,而大多数克莱蒙费朗人表示他们同意接受访谈是因为他们想表现出"乐于助人"的样子。酷爱美国文化的法国人是最渴望参与的一个群体,经常邀我共进午餐,向他们的孩子介绍我,或者试图建立一种关系,当我回到美国后仍可继续保持联系。
61. 我的学术生涯让我在各种场合接触到中上阶层的学生和同事。我体会过地域的差异,除了在马萨诸塞州的剑桥和印第安纳州的布卢明顿待了几个月,我还在加利福尼亚州的帕洛阿尔托和得克萨斯州的奥斯汀各待了两年,然后是在普林斯顿的经历。我对所见到的评估标准的变化很感兴趣(参见 Lamont, "From Paris to Stanford: Une reconversion sociologique: de la sociologie française à la sociologie américaine")。我决定探索各个地方关于人们对值得追求的品质或重要性("伟大")的判断背后的理性,这是我之前通过观察一位法国哲学家而探究过的问题(参见我的文章"How to Become a Dominant French Philosopher: The Case of Jacques Derrida")。

第二章

1. 鉴于有关道德实证研究的缺乏,我们对道德边界展开深入研究正当其时。虽然存在大量关于伦理学的规范和哲学文献,但关于道德思考和道德形成的概念的社会学研究仍然很少,而且往往要么集中在色情或堕胎等单一话题上,要么是分析调查数据以发掘预定道德立场的分布情况，而不是探索这些立场定义本身的变化。
2. Becker, *Outsider*s; Goffman, *Stigma: Notes on the Management of Spoiled Identity*.
3. 在《哈拉普法英词典》（*Harrap's French-English dictionary*）中，"phony"一词被译为"fumiste"（马屁精）和"imposteur"（冒牌货）。然而我的法国受访者从未使用过这两个词来描述不诚实的人。
4. 我访谈了一小组基督徒，他们根据对酒精、色情、堕胎、离婚、同性恋、毒品和无神论人文主义的态度来评估道德纯洁，但这些问题在访谈中并不经常出现。大多数受访者更强调诚实和职业道德。
5. 资料来源：欧洲价值观研究项目（EVS）和使徒应用研究中心（CARA）的盖洛普调查结果。有关法国专业人士和经理人的道德态度信息是基于以下职业的受访者获取的：大、中、小型企业的赞助人，高层干部和中层干部以及专业自雇者（样本量为256人）。美国的调查包括192名专业人士、经理人和商人。在接下来的章节中，我将频繁引用这些调查。两个调查基于同一份问卷，都是在1981年开展的。美国的受访者总数为1729人，法国为1199人。
6. 比如，当被问及周末做什么时，巴黎的一位人力资源顾问回答说："这取决于我是否在恋爱。如果我沉浸在爱河之中，那么我就会做爱，这是生命中最伟大的事。在这个问题上我几乎是一个神秘主义者……我不总是和妻子在一起……我可能会跟她在一起。我可以爱我的妻子，但并不总是爱她。我们已经结婚三十年了。所以我可能会和别人在一起。实际上我已经和别人在一起有一段时间了。"
7. 然而，值得注意的是，关于女性和男性婚外性行为的研究表明，在美国，"四分之一到大约一半的已婚女性在一段特定的婚姻中至少有一个情人""在40岁以上的男性中，50%到65%的人拥有情人"。引自 Lawson, *Adultery: An Analysis of Love and Betrayal*, 75。
8. 迪迪埃代表了法国的一个少数群体，其人数日益减少但仍有不少：一项研究发现，1974年，40%的法国人认为财务状况良好的人"必须是努力工作的"，而多达37%的人认为"他不一定总是诚实的"。十年后，59%的人将成功归功于业绩，而只有18%的人怀疑成功者不诚实。这组索福瑞（SOFRES）调查的数据引自 Closets, *Tous ensemble: Pour en finir avec la syndicratie*, 434。
9. 当欧洲价值观研究项目的调查要求法国人按重要性对一些品质进行排名时，其中76%的人将诚实排在第一位。其他欧洲国家有73%的受访者也是如此。参见 Girard et Stoetzel, "Les Français et les valeurs du temps présent," 28。法国大众与我的受访者之间的差异可能是因为个人在深入访谈中更容易承认羞耻的事情。

10. 在其他职业的法国人中这一数字为54%，而美国对照组的这一数字为81%。受访者被要求分别评估每条诫律的相关性。这里引用的百分比是整体答复的平均值（数据来自欧洲价值观研究项目和使徒应用研究中心的调查）。

11. Dens, *L'honnête homme et la critique du goût: Esthétique et société au XVIIe siècle*.

12. 这里我借用了蒂利（Tilly）关于法国社会冲突形式变化的一本书的名字，*The Contentious French: Four Centuries of Popular Struggle*。

13. Bellah, Madsen, Sullivan, Swidler, and Tipton, *Habits of the Heart, Individualism and Commitment in American Life*, chap.3. 关于拉丁语中的荣誉概念，参见 Pitt-Rivers, Honor and Social Status。其中"荣誉"被定义为"不仅是他（或她）自己重视的价值，也是在他（或她）的社会眼中重视的价值"（第21页）。

14. 关于政治参与这一概念在战后法国道德定义中的重要性，参见 Boschetti, *The Knowledge Enterprise: Sartre and Les Temps Modernes*, chap. 4。

15. Lipset, *Continental Divide*, 59–63.

16. 在法国，1962—1981年，合法选民的平均参与率为77.5%，而美国在1965—1984年的平均参与率为56%。Thelen and Wilson, *Comparative Politics: An Introduction to Six Countries*, 75; Ehrmann, *Politics in France*, 125; and Wright, *The Government and Politics of France*, 290。值得注意的是，除了选民的冷漠，还有其他因素可以解释美国的低投票率。

17. 参见 Hochschild, *What's Fair? American Beliefs about Distributive Justice*, chap. 5。

18. 附录四描述了每个受访者在每种边界类型方面的排名。

19. 道德边界、文化边界和社会经济边界的分数分别为3.3、3.3和3.6。平均总分相对较低，因为部分受访者反对某些边界，在这些维度上得分为0或1。比如，许多人认为智性主义是一种负面的地位信号。

20. 法国人的平均得分为3.2，而美国人为3.4。

21. Weiss, *Staying the Course: The Emotional and Social Lives of Men Who do Well*.

22. 根据伯纳德·巴伯（Bernard Barber）的说法，信任是指行动者对彼此的期望，这关乎"行动者在选择哪些行动和反应是理智上有效且情感道德合宜的时候赋予自己和他人的意义"。参见 Barber, *The Logic and Limits of Trust*, 9。有关信任概念的评论，参见 Silver, " 'Trust' in Social and Political Theory" *in The Challenge of Social Control: Citizenship and Institution-Building in Modern Society*。

23. 通过展示能力和可靠而非通过忠诚获得的信任，对专业人士来说尤其重要，因为他们吸引客户的能力取决于人们对其专业权威的信任。正如韦伯指出的那样，这种类型的信任对商务人士也很重要，因为这会影响他们获得商业信用的能力。参见 Max Weber 的 *L'ethique protestante et l'esprit du capitalisme*, 47。

24. Bledstein, *The Culture of Professionalism: The Middle Class and the Development of Higher Education in America*, 65; Max Weber, "L'ethique protestante," 71 and 238. 当韦伯向我们展示高等地位文化信号如何被制度化时描述道，随着资本主义的扩张，人们越来越需要展示这些美德，因为追求利润本身成为一种道德义务（第79页）。此外，他认为，不是通过忠诚而是通过彰显能力和可靠获得的信任类型对商务人士来说尤其重要，因为它会影响他们获得商业信用的能力（第47页）。

25. 参见 Varenne, *Americans Together: Structured Diversity in a Midwestern Town*。

26. 关于冲突规避作为美国社会的一个普遍特征的论述，参见 Baumgartener, *The Moral Order of a Suburb*; Perin, *Belonging in America*, 66; Varenne, *Americans Together*, 106; Greenhouse, *Praying for Justice: Faith, Order and Community in an American Town*, 68 and 106。这些研究对浸信会社群成员处理冲突的方式进行了深入分析。这种分析的某些方面也许能应用于其他新教教派的成员。格林豪斯（Greenhouse）认为，在她研究的社群内，冲突是温和的，或者被认为是高度道德化和个人化的而非结构性的问题（第120页）。

27. 大卫的言论与杰克考尔（Jackall）的一项观察相呼应："事实上，任何引人注目、与众不同的性格特质在企业界都是危险的。例如，对一个经理来说，最具破坏性的事情之一就是他太聪明。一个让同事和客户不舒服的魔术师有什么好处呢？同样具有破坏性的是一个人被判定无法与他人相处、"太咄咄逼人"，也就是说，他"太执着于找到正确答案""总是在问为什么"，并且不知道"什么时候让步"。或者他"太粗暴"或"太固执"，无法"融入团队"（Jackall, *Moral Mazes*, 52）。

28. 一家保险公司的副总裁表达了这一点，他不尊敬那些"把购物车留在停车场中的人。我觉得我比那些人强。他们的行为代表着不平等待人，好像在说别人就是为我服务的一样。完全不考虑他人"。
29. 平等主义和道德品质之间的这种关系与下面这个发现相呼应：Varenne（瓦雷纳）在美国中西部访谈的对象认为他们道德的基础是民主而不是新教。参见 Varenne, *Americans Together*, 55。
30. 这句话与杰克考尔的结论产生了共鸣，即对于企业管理者来说，道德不是"一套内部持有的信念或原则，而是来自不断变化的关系"（*Moral Mazes*, 101）。另见鲍姆加特纳（Baumgartner）与冲突规避有关的道德极简主义概念，参见 *The Moral Order of a Suburb*, 124－129，以及 Bellah et al., *Habits of the Heart*，书中讨论了功利主义的个人主义，将主观善良定义为"得到你想要的并享受它"（第77页）。
31. 沿着这些思路，最近的一项研究发现，一群美国工程师不赞成更多地参与工作场所的事务，因为他们认为民主决策与基于专业知识的权威原则不相容。参见 Zussman, *Mechanics of the Middle Class: Work and Politics among American Engineers*, 117。
32. 此段话引自 Bellah et al., *Habits of the Heart*, 45。
33. 在这些方面，虽然31%的美国中上阶层认为他们在生活中拥有很大的选择自由，但其他阶层的美国人只有24%这样认为。这与在法国的搜集数据形成对比，法国11%的中上阶层成员认为他们拥有很大的自由，而在其他群体的成员中这一比例为15%（数据来自欧洲价值观研究项目和使徒应用研究中心的调查）。
34. 关于美国的平等主义，参见 Lipset, *The First New Nation*, chap. 2。霍赫希尔德（Hochschild）发现，美国人在她称为的政治领域和社会化领域中大多是平等主义者，在经济领域则不尽然。政治领域涉及"公民身份、联邦政府对个人生活的影响，以及对美国未来的希望和恐惧"，而社会化领域涉及与家庭、学校、邻里有关的"日常生活"问题（*What's Fair?*, 81）。关于美国的公民宗教，参见 Bellah, *The Broken Covenant American Civil Religion in Time of War*。
35. 在欧洲价值观研究项目和使徒应用研究中心的调查中，71%的法国专业人士、经理人和商人以及19%的美国同类人士认为，工作在我们生活中的重要性降低将是一件好事；相应地，29%的法国人认为这将是一件坏事，而美国人中有70%这样认为。89%的美国专业人士、经理人和商人表示对自己的工作感到非常自豪（其他阶层的劳动者中这一比例为77%），但法国的这一群体中只有21%的人这样认为（其他阶层的劳动者中比例为16.7%）。

36. 最近的一项研究还表明，一家大型跨国公司的法国雇员并不比伊朗、西班牙和秘鲁雇员更重视工作。这些国家的群体的工作取向指数排名约为43，美国人则为62。该指数仅间接衡量工作取向。参见 Hofstede, *Culture's Consequences: International Differences in Work-related Values*, fig. 6.3。

37. 1980年4月和1985年2月进行的两项调查揭示了这一点，该调查询问受访者：“从经济的角度来看，以下哪些词语对您有正面和负面的含义？"五年间，获得最多正面含义的术语包括自由主义（+11）、利润（+10）、竞争（+4）和资本主义（+4）。而社会主义、工会化和国有化分别下降了11分、10分和7分。参考克罗塞（Closets）引用的索福瑞调查数据，*Tous ensemble*, 433。

38. 杜托瓦先生的态度呼应了这个事实，即法国中上阶层男性的文化不那么注重盈亏问题，即不大遵循利润最大化的原则。关于这个话题，参见 Granick, *Managerial Comparisons of Four Developed Countries: France, Britain, United States and Russia*, 78。

39. 这类人占巴黎样本的40%、克莱蒙费朗样本的31%和法国全国样本的35%。这些数据跟35%就读于精英私立大学的美国受访者相比，其中纽约受访者占55%，印第安纳波利斯受访者占15%。有关详细信息，参见附录一。

40. 关于选择和合法化之间关系的这一论点，参见 Suleiman, *Les élites en France: Grands corps et grandes écoles*, chap. 6。

41. 关于美国管理模式向法国的输入，参见博尔坦斯基（Boltanski）的《干部：社会群体的形成》（*Les cadres: La Formation d'un groupe social*）。根据这项与我的观察结果一致的研究，最看重能力的人是参与国际市场竞争的大型企业的干部（第311页）。

42. Suleiman, *Les élites en France*, 170. 关于这个话题，也请参见 Bourdieu, *La noblesse d'etat: Grandes écoles et esprit de corps*, 210。

43. 我们访谈的那位纽约经济学家在描述客户如何验证他的能力时，提出了掌握实际技能的重要性："他们通过我对行业的了解来检验我的能力，我是否很了解正在发生的事情，关于技术，关于哪些公司好、他们做什么，等等，或者我是否非常了解他们的市场。我的分析看起来必须是经过深思熟虑的。你得讲出方法论来，方法论似乎对客户特别有意义。你的发现是有据可查的。当我展示结果时,我会采取一种让人感觉舒服的方式。你看起来得像一个做了很多思考和工作的人,并且能够以某种令人愉悦的方式表达出全部内容的本质。"

44. Granick, *Managerial Comparisons of Four Developed Countries*, 59.
45. 确实,在法国,学习领域和职业之间仍然只存在微弱的联系:例如,《扩展》(*Expansion*)杂志最近报道的一项研究发现,46%的受访计算机专家没有大学文凭,或者只有与计算机科学无关领域的学位,比如文学、法律、政治科学或商业方面的。在从事市场营销工作的受访者中,44%没有大学文凭,24%拥有工程学位,13%拥有与商业无关的学位。引自 Boltanski, *Les cadres: La formation d'un groupe social*, 322。公立学校的理论性和非技术性课程强化了培养能力的通才方法。
46. Singly and Thélot, *Gens du privé, gens du public: La grande différence*, 30 and 36。这两位作者还讨论了公共部门和私营部门的经理人之间反对竞争的情况(第13页)。
47. 参见大卫·兰德斯(David Landes)等人的著作,他们认为,从历史上看,法国的商业阶层比其他民族的这一群体更不爱冒险,更倾向于保护积累的财富,相关研究包括 Landes, "The Entrepreneur and the Social Order France and the United States"; Hoffman, ed., *In Search of France*; Pitts, *The Bourgeois Family and French Economic Retardation*。相关文献参见 Marin, "Qu'est-ce que 'le patronat'? Enjeux théoriques et résultats empiriques"。
48. Riccio, "Religious Affiliation and Socioeconomic Achievement."
49. 在法国,一些最强大的机构,特别是国家、工会、教会和中左翼政党,都支持这样一种观点,即职场不能仅由营利能力来管理。1954年,法国成立了"管理人员就业协会"(APEC, Association Pour l'Emploi des Cadres),以帮助政府劳动部门为经理人找工作。1969—1984年,经理人的失业率从7%降到了2.3%,而非经理人的失业率从2.1%升到了10.9%。参见 Singly and Thélot, *Gens du privé, gens du public*, 87。
50. 参见 Segréstin, *Le phénomène corporatiste: Essai sur l'avenir des systèmes professionnels fermés en France*。
51. Granick, *Managerial Comparisons of Four Developed Countries*, 59.
52. 关于这个话题,参见 Wickham and Coignard, *La nomenklatura française: Pouvoirs et privilèges des élites*. Closets, *Toujours plus*; also Crozier, *The Bureaucratic Phenomenon*, 208。仅靠工作保障不能解释法国和美国对

竞争力和能力的态度的差异。其他因素将在第五章中探讨。

53. 对此的评论，参见 Suleiman, *Les hauts fonctionnaires et la politique*。
54. 这些变化在克罗塞的畅销书 *Tous ensemble* 中得到了记载和颂扬。然而，最近的研究发现，总的来说，法国员工仍然不愿意表达与上司的分歧，比美国人更不愿意。在霍夫斯塔德（Hofstede）设计的测量权力距离的量表上，这两个群体的得分各为68和40。参见 Hofstede, *Culture's Consequence*, chap. 3。
55. 根据欧洲价值观研究项目和使徒应用研究中心的调查，在接受调查的法国专业人士、经理人和商人中，只有33%的人认为大多数人值得信任，而在美国则为50%。67%接受调查的法国人认为"在与人打交道时不得不小心"，在美国则为50%。
56. 对企业的忠诚因企业类型（国有或私有，小型或大型）而异，在传统家族企业中更多见，并且随着职业分工的合理化程度增加，员工对个人关系的依赖程度降低，从而降低了忠诚度。在1975—1976年，法国40%中小型企业的管理工作仍然是通过人脉关系找到的，29%需要工程学位的管理工作也是如此（Boltanski, *Les cadres*, 391）。在美国，二十年前进行的一项研究表明，在接受调查的专业、技术和管理劳动者中有56%是通过个人关系找到工作的（Granovetter, *Getting a Job*, 11）。同样，如果说美国人不太重视忠诚度，部分原因可能是他们的职业流动性大，往往需要频繁地更换雇主。
57. 参见 Dupuy and Thoenig, *L'administration en miettes*; Crozier, *The Bureaucratic Phenomenon*, 216–223。
58. 欧洲价值观研究项目和使徒应用研究中心的调查提供了关于法国人和美国人如何处理冲突的其他数据，这些调查显示77%的法国专业人士、经理人和商人喜欢"与那些和（他们）自己想法、信仰和价值观不同的人在一起"，与美国中上阶层中51%的数字形成鲜明对比。另一方面，美国人中有41%的人表示他们"不是特别不喜欢"（原话就是如此，do not very much dislike）与自己不同的人在一起，而法国人的这一比例为16%。
59. Bourdieu, *Distinction*, 199. 布迪厄解释说，对于工人阶级而言，"言论自由由内心的语言造就了真正的'好人'：爽朗、直率、不屈不挠、诚实、真挚、'直截了当'而且'直得不会拐弯'，他们与一切纯粹形式、仅为形式而做（如在资产阶级文化中）的行为相反；这是一种自由及对复杂的拒绝，不去遵照那些天然被视为区分和权力工具的形式及条条框框。在这样的道德和世界观里，没有中立的观点；对一些人来说是无耻和邋遢的事物，对另一些人来说是直截了当的、朴实无华的"。

60. 在法国，这种抵消可以表现为买卖双方的障碍：最近对巴黎小店主的一项研究表明，一些精品店拒绝向关系疏远或不忠诚的顾客出售商品。另一方面，这些精品店通过额外的关心和个人关系来发展他们的客户，如试图将市场驱动的交易关系个性化。参见 Mayer, *La boutique contre la gauche*, 172－173。

61. Mazataud, *Géopolitique d'une région: L'Auvergne...*, 158－159. 当被要求描述米其林重视的品质时，一位工程师回答说："……现实主义、真诚、可靠、与他人合作的能力……重要的是从事实出发，从观察开始……米其林先生堪称诚实、可靠的典范。"

62. 参见 Zussman, *Mechanics of the Middle Class*, 170。

63. 关于法国工程师的情况，参见 Crawford, *Technical Workers in an Advanced Society*, 135；关于美国的工程师，参见祖斯曼（Zussman）在《中产阶级的机制》(*Mechanics of the Middle Class*) 一书第138页中引用的全国调查。虽然一般来说，法国专业人士倾向于不换职业，但在美国，"到45岁时，也有大约10%的药剂师、30%的医生、25%的律师、30%的建筑设计师停止了积极的跳槽。在神职人员、工程师、社会工作者和教师中这一比例约为50%"。参见 Abbott, *The System of Professions: An Essay on the Division of Expert Labor*, 132。

64. 关于晋升模式对团队合作的影响，参见 Crozier, *The Bureaucratic Phenomenon*, 139－140。

65. Singly and Thélot, *Gens du privé, gens du public*, 17. 根据欧洲价值观研究项目和使徒应用研究中心的调查，只有14%的法国专业人士、经理人和商人加入了专业协会，而美国对照组中有42%从属于专业协会。在美国，这些协会通过传播信息、组织全国会议、提供公共论坛等，在维持全国劳动力市场方面发挥着重要作用。

66. 在法国，权力更加集中，权力下放被视为功能失调。因此，与德国或英国的组织相比，权力差异更明显，不同级别的工资差距更大（参见附录一），上层经理人的物质的和象征性福利也更多。Granick, *Managerial Comparisons of Four Developed Countries*, 59; Suleiman, *Les élites en France*, 154 and 161; Maurice, Sellier, and Sylvestre, *Shift Work: Economic Advantages and Social Costs*。

67. 受资产阶级世界赞美的其他美德还包括谨慎、低调、沉着、自控、负责、禁欲、礼貌，以及对家庭传统、责任和习俗的强烈认同。资产阶级文化中其他层面的内容将在第四章中讨论。关于这一点，参见 Le Wita, *Ni vue ni connue: Approche ethnographique de la culture bourgeoise*, chaps. 3 and 4。其中有对资产阶级教育的分析，作者主要关注女性的教育，但她发现的许多原则也适用于男性。

68. 参见 Ulmann, *L'humanisme du XXe Siècle*。法国的人文主义是一个古老而强大的传统，可以追溯到拉伯雷（Rabelais）和龙萨（Ronsard），根植于启蒙运动的哲学家，且受到宗教教育的文化影响。（基督教的或存在主义的）人文主义在第二次世界大战后广泛存在，因为它是对犹太人大屠杀和新近战争经历的非理性最合乎逻辑的反应。这一时期罗马天主教会的首席哲学代言人雅克·马里坦（Jacques Maritain）对战后一代产生了相当大的影响：他为天主教道德哲学辩护，反对马克思主义、实证主义、存在主义和实用主义，关注人的本质和本性，并将其视为获得真正道德原则的途径。

69. 这个群体在政治上也非常保守。参见 Le Wita, *Ni vue ni connue*。关于财富、宗教信仰和政治态度之间的关系，参见 Michelat and Simon, "Déterminations social-économiques, organizations symboliques et comportement électoral"。

70. 欧洲价值观研究项目和使徒应用研究中心的调查提供了间接证据，表明这一群体在法国中上阶层中占相当大的比例：18.4％的受访专业人士、经理人和商人认为公司应该由员工经营，他们将选择自己的经理人，而60％的人认为应该由公司所有者和员工共同选择经理人；只有21％的人认为应该由公司所有者独自经营公司并任命经理人。在美国，31.8％的人相信联合管理；6.3％的人相信工人全面自我管理；而60％的人认为公司所有者应该经营企业并任命经理人。

71. 关于美国的个案，参见 Hunter, "American Protestantism: Sorting Out the Present, Looking toward the Future," 55。

72. Wuthnow, *The Restructuring of American Religion: Society and Faith since World War II*; Luker, *Abortion and the Politics of Motherhood*.

73. Watt, "United States: Cultural Challenges to the Voluntary Sector," 261－264.

74. Max Weber, *Economy and Society*, vol. 1, 339－356, 385－399.

75. 这些例外情况极少，可以被描述为：一位纽约房地产经纪人提到不喜欢伊朗人和其他穆斯林，并不"知道他们来自哪里"；印第安纳波利斯的一位营销主管提到天主教徒和意大利人的地位很低，特别是在他所处的环境中；两名法国受访者发表了关于阿拉伯移民的种族主义言论。另一方面，一些美国犹太人提到在职业上受到歧视（法国犹太人没有提到对他们的任何歧视）。在所有情况下，受访者似乎同时排斥宗教成员、少数族裔成员以及外国人，这些维度在他们的脑海中从根本上交织在一起。关于种族和族裔在划定符号边界中的地位将放在第三章讨论。

76. R. Stephen Warner, "The Evangelical Ethic and the Spirit of Parochialism." 参见 R. Stephen Warner, *New Wine in Old Wineskins: Evangelicals and Liberals in a Small-Town Church*, 231。
77. 正如克劳德·菲舍尔（Claude Fischer）在关于北加利福尼亚州社会网络的研究中所阐释的那样，"小镇受访者尤其可能在教会或基于教会的环境中形成或扩大他们的关系网。与生活在城市地区的类似教会成员相比，他们更多地参与这种关系"。Fischer, *To Dwell between Friends: Personal Networks in Town and City*, 113. 虽然印第安纳波利斯显然不是一个小镇，但同我交谈的许多人都将其描述为一个保留了小镇特色的大都市。
78. 59%的法国受访者是天主教徒，而在美国受访者中为24%。此外，只有5%的法国人是犹太人，而18%的美国人是犹太人。最后，美国人有46%是清教徒，而没有一个法国人信奉新教。
79. 法国大量的无神论者与两种强大的文化传统的融合有关，这可以追溯到启蒙运动中涌现的反教权主义和共产主义。尽管直到1905年，法国政府和天主教会才正式分离，但雅各宾派的传统一直反对教会作为一种渴望对民众进行精神和智力指导的反共和力量。人们仍然可以在流行文化中发现大量反教权情绪的表达，比如在圣安东尼奥（San Antonio）的小说中，或者在《切腹》（*Hara Kiri*）和《鸭鸣报》（*Le Canard Enchaîné*）等杂志以及乔治·布拉桑（Georges Brassens）和雅克·布雷尔（Jacques Brel）的歌曲中。
80. 法国受访者信仰宗教的比例与法国总体的平均水平一样，61%的法国人表示他们从不上教堂，欧洲的平均水平为32%。与大多数美国人相比，美国受访者中信仰宗教者较少。自1974年以来，美国人中教会成员的比例约为61%，约40%的人口表明自己常去教堂。1985年，大约55%的美国人认为宗教对他们的生活非常重要。参见Harding

and Phillips, with Michael Fogarty, *Contrasting Values in Western Europe: Unity, Diversity and Change*, 42; and Wuthnow, *The Restructuring of American Religion*, 164。

81. 在我访谈的法国和美国男性中，参与志愿服务本身并不是很受欢迎。关于休闲活动的问卷调查显示，接近多数的受访者从未参加过任何形式的志愿活动（美国为46%，法国为47%）。美国有8%、法国有11%的少数人非常频繁地参加志愿活动，另有一小部分人表示非常不喜欢志愿活动（美国人为12%，法国人为13%）。

82. 在《发达工业社会的文化转型》(*Culture Shift in Advanced Industrial Society*) 一书中，英格尔哈特（Inglehart）表明，法国人对福利制度表示非常强烈的支持：在所有的西欧国家中，法国支持减少收入不平等措施的人口比例位居第三，这些措施包括国家对经济的更多干预和更多的国有化（第255页）。只有希腊人和爱尔兰人比法国人更支持福利制度。

83. 正如《心灵的习性》(*Habits of the Heart*) 一书的合著者贝拉（Bellah）等所解释的那样，"个人主义追求成功所必需的自我利益需要通过自愿关心他人来平衡。如果没有在这样一个关心他人的社群中获得支持的快乐体验，个人将很难努力获得成功，所取得的成功很可能会化为灰烬"（第199页）。

84. Wolfe, *Whose Keeper? Social Science and Moral Obligation*, 63.

85. 关于法国志愿组织的研究，参见 Roudet, "Bilan des recherches sur la vie associative", 26—27。直到1901年，法国政府才正式承认结社自由的权利，但对宗教社团的某些限制除外。

86. Archambault, *Les associations en chiffres*, 25—27.

87. 研究表明，在美国，参加志愿组织与社会经济地位密切相关，因为受教育程度高的人和富人更有可能参与志愿活动。例如，Fischer, *To Dwell between Friends*, 110。老年人也比年轻人更愿意当志愿者。有意思的是，根据欧洲价值观研究项目和使徒应用研究中心的调查，法国中上阶层男性比美国人更有可能参与工会的志愿工作。但法国人中为慈善机构、教堂、青年团体等组织提供志愿服务的人比例较少。

第三章

1. 凯瑟琳·纽曼（Katherine Newman）访谈的那些向下流动的中产阶级男性情况类似，在面对逆境时，仍试图坚持他们的核心价值观。参见她的《堕落：美国中产阶级向下流动的经验》(Falling from Grace: The Experience of Downward Mobility in the American Middle Class)。
2. 印第安纳波利斯的一位公务员谈到他的自卑感与成功之间的关系时说："有时我觉得我不如我的兄弟，因为我认为他很成功……他达到了个人成功——他是一名医生。有时我觉得我也应该这样。其实很多时候我觉得我也应该很成功。"
3. 在《美国的社会地位》(Social Standing in America)一书中，科尔曼(Coleman)和瑞恩沃特(Rainwater)借助在堪萨斯城和波士顿收集的数据，系统地描述了用于解读美国地位的世俗信号。他们较少关注中产阶级内部的差异，更多是关注阶级之间的差异。早期的分析，如克雷斯特伍德·海茨(Crestwood Heights)的研究，也有助于识别世俗的成功的象征，尤其是专业协会、社会和服务俱乐部作为获得和确立地位的舞台所起的作用。参见 Seeley, Sim, and Loosley, *Crestwood Heights: A Study of the Culture of Suburban Life*, 292－302。也请参见 Huber, *The American Idea of Success*。
4. 例如，印第安纳波利斯的一位信息提供者这样描述他的朋友："我的朋友里有一个是伊利诺伊州天然气公司的总裁，这家公司为该州三分之二的客户提供服务。另一个是街对面的一个小伙子，他的妻子非常活跃，在社交场合甚至很爱出风头。他是良好人寿保险公司(Good Life Insurance Company)的总裁。他是那些向共和党捐款并筹集资金的阔佬之一。我的妻子加入了两三个团体，诸如桥牌俱乐部，还有一个高尔夫球协会和一个教会团体。（我们的朋友）里有一些来自商界，例如绿色公司总裁杰克·格雷。另一个是查理·布莱克，他在美孚公司。还有一个人是报社编辑，我妻子的朋友。"
5. 这里描述的社会经济排他的理想类型同贝拉在《心灵的习性》一书中描述的那位成功导向型经理人相对应。他几乎不关心更广泛的政治或社会问题，他将道德理解为"做自己的事"的能力，只要你有钱去做（第77页）。
6. 关于金钱和社交圈会员资格，参见 Rainwater, *What Money Buys*。
7. 参见 Murphy, *Social Closure: The Theory of Monopolization and Exclusion*; Parkin, "Strategies of Closure in Class Formation"。
8. Chapin, *The Measurement of Social Status by the Use of the Social Status Scale*; W. Lloyd Warner and P. S. Lunt, *Status System of a Modern Community*; Veblen, *The Theory of the Leisure Class*.

9. 不同于这种预先定义地位信号传统的是威廉·福恩斯（William Faunce）的研究，它表明地位并不总是根据与工作或职业相关的特征来判断的。尤其可参见 "On the Meaning of Occupational Status: Implications of Increasing Complexity for How Status Is Conceived"; "Occupational Status-Assignment Systems: The Effect of Status on Self-Esteem"。
10. 这个话题在很大程度上被现有的关于阶级主观维度的研究所忽视。参见 Mary R. Jackman and Robert W. Jackman, *Class Awareness in the United States*; Vanneman and Cannon, *The American Perception of Class*。
11. 所有受访者在这个量表上的平均得分为3.6，而文化边界和道德边界的平均得分为3.3。
12. 法国人的平均得分为3.2，而美国人的平均得分为4.0。我发现居住在美国与划定强有力的社会经济边界之间存在微弱的正相关关系，顺序变量相关性（Somers'D）为0.26，显著性水平为0.01。本书此处和其他地方使用的度量是顺序变量相关性，它能说明个案在自变量上的排名。在本处说明中，这一数字指的是美国受访者在社会经济量表上获得3—5分的可能性。显著性水平由肯德尔等级相关系数（Tau C.）表示。值得注意的是，68%的印第安纳波利斯人和70%的纽约人在社会经济量表上得分很高（即4或5）。比起克莱蒙费朗人的50%，只有38%的巴黎人在社会经济量表上得分如此之高。
13. 霍夫斯塔德指出，"成就"一词在法语中没有完美的同义词（*Culture's Consequences*, 350）。他还批评 D. K. 麦克利兰（D. K. McClelland）的成就理论是种族中心主义的，而且主要适用于美国社会（第171页）。参见 McClelland, *The Achieving Society*。
14. 增加了围绕默顿（Merton）的成功导向理论的争议，L. 理查德·德拉·法夫（L. Richard Della Fave）发现，美国的成功导向与社会阶层之间存在着微弱关系，他认为这表明不同阶层的抱负水平存在相当大的重叠。他的结论是基于20世纪70年代初对高中生进行的问卷调查。参见 "Success Values: Are they Universal or Class-differentiated?"。
15. 在《社会理论与社会结构》（*Social Theory and Social Structure*）一书中，默顿认为每个社会都有一个文化主导的理想参照框架，在美国，成功目标是根据财富和财产的积累来定义的。以下部分试图在社会经济排他领域内实证地记录此类参照框架。
16. 研究提供了关于法国和美国之间这些跨国差异的混合证据。例如，在

《发达工业社会的文化转型》的第92页，英格尔哈特表明，从事享有声望的职业（即声望排名前四分之一的职业）的美国人与法国人数量大致相同（数字分别为30%和33%）。

17. Zelizer, "The Social Meaning of Money: 'Special Monies,'" 342–377.
18. 关于郊游文化（cultural de sortie）在法国中产阶级中的重要性，参见 Donnat and Cogneau, *Les pratiques culturelles des Français*, 1973–1989。
19. 关于这个主题，参见 Pinçon and Pinçon-Charlot, *Dans les beaux quartiers*, chap. 9。
20. 如果我访谈了居住在纽约市外围的康涅狄格近郊的中上阶层成员，那么漠视金钱的受访者可能会更频繁地出现。事实上，众所周知，这些近郊地区是中上阶层家庭的首选，这里的人几代人都属于中上阶层。不过，我在新泽西州的许多访谈都是在两个历史悠久的避暑胜地（麦迪逊和萨米特）进行的，这些地方在传统上吸引了"继承家产的富人"（old money），这一因素有助于纠正我的有限样本可能造成的偏见。
21. 关于作为地位标志的消费品，也请参见 W. Lloyd Warner et al. *Yankee City*; and Mills, *White Collar: The American Middle Class*。这本书讨论了白领的地位恐慌，他们出于不确定性而消费和守规。也请参见 Veblen, *The Theory of the Leisure Class*。
22. 关于成功的经济学定义在下层阶级中的传播，参见 Powers, "Second Class Finish: The Effect of a Working Class High School"。也请参见 Schwartz, *Beyond Conformity and Rebellion: Youth and Authority in America*, 193。
23. 一项研究表明，79%的美国人和46%的英国人使用经济标准来区分阶级。参见 Wendell Bell and Robert V. Robinson, "Cognitive Maps of Class and Racial Inequality in England and the United States," 341。美国人对金钱的重视程度远超过英国人，他们将收入或财富视为确定阶级成员之基础的可能性几乎是英国人的两倍，超过了同法国人的对比。
24. 关于美国居住地政治的日益重要，即基于房地产价格的事实上的人口隔离问题，参见 Reich, "The Secession of the Successful," 16。
25. 银行家杜托瓦补充道："当我看到纽约正在发生的事，我觉得那真是在做生意，我们不是真的在做生意，我对美国模式持批评态度。这太疯狂了，太疯狂了。他们第一天买一家公司，第二天把它拆开，以两倍的价格出售。我喜欢利润，但没有那么贪婪。你也得考虑到那80个失业的人。"需要说明的是，这位银行家是社会主义者，曾在国有银行工作过一段时间,这或许是他坚持"社会责任感"的原因。
26. Suleiman, *Les Elites en France*, 178. 克罗齐耶(Crozier)在描述官僚体制内的创新者时也强调了这种对权力和荣耀的迷恋,据作者说,这种创新者是法国组织体系变革的唯一有效推动者,位于金字塔顶端。而其他人只能通过谨慎和顺从来适应现有系统。参见 Crozier, *The Bureaucratic Phenomenon*, 202。
27. 我并非逐字逐句地引用 Boltanski, *Les cadres*, 129。
28. Zysman, *Political Strategies for Industrial Order: State Market and Industry in France*, 134.
29. Lévy-Leboyer, "The Large Corporation in Modern France," 133. 被克劳福德(Crawford)在《技术工人》(*Technical Workers*)中第131页引用。
30. Laurent, "The Cultural Diversity of Western Conceptions of Management." 霍夫斯塔德也观察到法国人在完全拒绝和完全接受权威之间摇摆不定(*Cultures Consequences*, 320)。也请参见克罗齐耶的观点,他形容法国人要么完全叛逆,要么死板服从,难以制定可接受的领导模式,而且他们认为权威是普遍和绝对的,无需制衡体系(*The Bureaucratic Phenomenon*, 220)。分析法国人反威权主义倾向的威廉·K. 肖菲尔德(William K. Shonfeld)的研究也很重要。参见 *Obedience and Revolt: French Behavior toward Authority*。
31. 关于美国公司中这种权力斗争动态,有一篇非常有启发性的分析,参见 Morrill, "Conflict Management, Honor, and Organizational Change"。
32. "一些工程师确实会抱怨,怨气经常是挺大的……但这些抱怨是针对个人的或者是某个'坏上司'的……(这类上司)代表着不必要的干涉,一种根植于个人性格而不是基于组织结构的管理风格……坏上司不是因为他行使权力不好,而是因为他犯了技术错误,从公司和员工的角度来看他都是差劲的。" Zussman, *Mechanics of the Middle Class*, 113. 这种态度也反映在美国关于权力与文化关系的文献中,美国理论家不像法国人那么坚持权力的强制性。关于这一点,参见 Lamont and Wuthnow, "Betwixt and Between"。
33. 一般来说,富有和受教育程度高的人拥有更广泛的社会网络(参见 Fischer, *To Dwell between Friends*, 252)。与低薪劳动者相比,他们在业余时间与同事交往的频率更高(第106页)。工薪阶层更注重家庭,对职业流动性的重视程度低于人际关系。他们也较少参与社会团体和慈善协会。这种区别在法国也同样存在。参见 Héran, "Un monde sélectif:

Les associations"。

34. 一位30多岁的计算机专家做出了以下的典型陈述:"当今社会以流动性为基础,我们没有大家庭。我们发现自己更孤独了,我们所有的直系亲属都住在1000英里(编按:约为1610公里)以外甚至更远。在我们居住的每个社区中,建立社会关系网一般来说是一个相当长的过程,最终结交一些可以在情感上信任的朋友。每次迁徙都更加令人感伤。不仅要找到K-Mart在哪里,还要找到我们可以认同的教会;就是要找到我们周围的社群,我们可以互动并建立关系的人们。"关于中上阶层文化中这方面的情况,参见Margolis, *The Managers: Corporate Life in America*。

35. 纽约的一位律师这样描述近郊的情况:"坦白地说,我在罗克维尔中心的社交生活几乎为零。我们还没有机会真正发展任何亲密的友谊,我想这可能是因为每个人都非常投入自己的生活、事业、家庭、等等。没有足够的机会聚在一起认识人,没有足够的基础来发展任何有价值的东西。"

36. 这些委员会特别重要,因为它们是制度化的,以调节国家对各地区的中央权力。关于显要人物和地方权力,参见Abélès, *Jours tranquilles en 89: Ethnologie politique d'un département français*。

37. 根据1949年进行的一项调查,兰伯特(Lambert)发现美国人比法国人更重视邻居。当被要求根据重要性对各种关系进行排序时,美国人首先提到配偶,然后依次为:朋友、邻居、同事和公民。对于法国人来说,配偶是第一位的,其次是公民、朋友、同事和邻居。参见Lambert, "Comparison of French and American Modes of Response to the Bogardus Social Distance Scale"。有关法国人与邻居的社交程度的具体数据,参见Héran, "La sociabilité, une pratique culturelle"。

38. 关于关系的重要性所发挥的作用,参见勒纳(Lerner's)在"An American Researcher in Paris"中访谈法国精英成员的评论。

39. 随着基于社会阶级的投票在过去三十年中持续地减少,阶级作为身份维度的社会显著性似乎正在减弱。事实上,根据奥尔福德的阶级投票指数(Alford's index of class voting),在1989年,5%—10%的美国人投票是基于阶级的,而1948年这一比例高达43%。在法国,百分比从1948年的32%降到1986年的15%左右。参见Inglehart, *Culture Shift in Advanced Industrial Societies*, 260。

40. 同样,正如大卫·哈利(David Halle)对美国蓝领工人进行的民族志研究所表明的那样，该群体的成员并不认为自己与中产阶级有很大差距。在他们下班之后，他们不会将自己的休闲、家庭或家居生活（视作）是明显的工人阶级生活。相反，大多数人将工作之外的生活视为可以摆脱工厂里的羞辱和束缚的一个舞台。这种态度反映在基于"中产"或"中下阶层"概念的阶级认同中，这种认同指的是职场以外的生活，意味着在他们和其他收入、生活方式和物质财富相当的人之间存在重叠现象。参见 Halle, *Americas Working Man: Home and Politics among Blue-Collar Property Owners*, 395。

41. 区分明显的工人阶级身份在美国发展较弱，这与该阶级的政治组织较弱、特定的移民和种族居住模式以及美国典型的同化文化观念有关。参见 Katznelson, *City Trenches: Urban Politics and the Patterning of Class in the United States*. Lipset, "Why No Socialism in the United States?"。

42. 瓦雷纳认为，普世主义在美国的影响非常大。它"通过与社交圈内等级观念的关系来定义，并且与之相反。普世主义认为，一个人的独特社会特征不能作为打算与之互动的有效基础，决定是否与人互动必须只考虑他的行为"（*Americans Together*, 205）。

43. Inzerilli and Laurent, "Managerial Views of Organization Structure in France and the USA," 112.

44. 霍曼斯（Homans）、拉扎斯菲尔德（Lazarsfeld）、默顿、布劳和其他人的研究均已表明，属性的相似性在社会群体的形成中发挥着核心作用。近期研究可参见 Fischer, *To Dwell among Friends*, chap. 14。此外，在美国的阶级意识中，两位名为杰克曼（Jackman 和 Jackman）的研究者发现，大多数中产阶级和中上阶层美国人表达了对自己所处阶级的偏好高于其他阶级（第47页）。

45. 爱德华·O.劳曼（Edward O. Laumann）的研究已表明，专业和商业精英的自我隔离程度比任何其他群体都高，因为朋友是按阶级结构选择的，而且交友的可能性随着职业声望距离增大而下降。参见 *Bonds of Pluralism: The Form and Substance of Urban Social Networks*。

46. 在《社会认同过程》（*Social Identifications: A Social Psychology of Intergrou Relations and Group Processes*）一书中，豪格（hogg）和阿布拉姆斯（Abrams）指出（第40页），人们通常将自己与同自己最相似的外群体成员进行比较。同样，杰克曼提供的证据也表明，"阶级之间的情感分化模式显示，人们不会做出明确的'我们与他们'的区分，而是将阶级作为一系列分级的群体而作出反应。某个阶级离自己

47. 科尔曼和瑞恩沃特还指出，"美国阶级结构的特征之一是普通公民不能清晰或清楚地感知分界线，而且许多人根本不了解平时接触不到的人们的生活"（*Social Standing in America*, 120）。
48. 参见 Jackman and Muha, "Education and Intergroup Attitudes: Moral Enlightenment, Superficial Democratic Commitment or Ideological Refinement?"。
49. 这一假设得到了麦弗逊（McPherson）和史密斯－罗温（Smith-Lovin）研究结论的支持，并表明组织规模缩小了地位距离，即那些在大型组织中工作的人能与更广泛的人群建立友谊。参见"McPherson and Smith-Lovin, Homophily in Voluntary Organizations Status Distance and the Composition of Face-to-Face Groups"。美国有大量关于阶级意识和阶级认同的文献，可以用来解释我在受访者中遇到的对阶级差异的态度。只是对这些文献的讨论超出了本研究的范围。
50. Waters, *Ethnic Options*. 这本书主要涉及白人族裔。最近对加州高中生的一项研究发现，种族和族裔是学生之间联系的核心基础，而不是阶级和性别。研究的人群包括大量西班牙裔。参见 Gottdiener and Malone, "Group Differentiation in a Metropolitan High School The Influence of Race, Class, Gender and Culture"。
51. 很少有男性在回答这些问题时提到性别，这可能与受访者是位女性的事实有关。
52. Anthony Cohen, *Symbolic Construction of Community*.
53. 对阶级和种族认同的研究表明，黑人的种族认同感总是比其他类型的认同感更强。参见 Patricia Gurin, Arthur H. Miller and Gerald Gurin, "Stratum Identification and Consciousness," 37。
54. Feagin, "The Continuing Significance of Race: Antiblack Discrimination in Public Places."
55. 关于法国和美国工人阶级的阶级意识的讨论，参见 Lash, *The Militant Worker: Class and Radicalism in France and America*, chap. 5。
56. 当被问及他认为自己的职业会上升到什么程度时，巴黎的一位自雇会计师说："我是白手起家的，所以我不认为我会非常成功。父亲是商人或银行家的人起点要高得多。我父亲是做假牙的。"另一个人这样描述他给孩子们传递的价值观："你做你能做的，而不是你想做的。

每个人在开始时都要为生计奔波,有些情况糟一些,有些情况好一些。但我认为总体而言,重要的是接受你所能做的事。"

57. 与其他美国人相比,美国中上阶层男性更有可能认为他们的社会是一种公开竞争的社会,阶层流动性取决于心理和道德力量,而不是结构因素。参见 Kluegel and Smith, *Belief about Inequality: Americans' View of What Is and What Ought to Be*, 91—92;也请参见 Feagin, *Subordinating the Poor: Welfare and American Beliefs*。

58. 应当指出的是,对印第安纳波利斯人和纽约人的社会经济维度分数进行比较并未揭示出社会经济边界重要性的显著差异。17%的印第安纳波利斯人对社会经济边界表示漠不关心或反对,15%的纽约人也是如此。这些百分比是通过计算在社会经济量表上给出0—2分的受访者人数获得的。详见附录四。

59. 30%的克莱蒙费朗人和35%的巴黎人对社会经济边界表示漠不关心或反对。

60. 一项基于对教科书内容分析的法国人对美国人之看法的研究表明,美国生活方式的四个最重要的特征与这种对成就和物质财富的取向有关。这些特征包括高生活水平、企业家精神和个人在社会上取得成功的能力。参见 Wylie and Henriquez, "Images of Americans in French Textbooks," 201。

61. 在《文化误读:法裔美国人的经历》(*Cultural Misunderstanding: The French-American Experience*)第128—129页中,卡罗尔(Carroll)给出了更多的关于法国人对美国物质主义的负面看法的例子。

62. 来自索福瑞于1984年11月16日为《世界报》(*Le Monde*)所做的调查,引自 Rupnik and Humbertjean, "Image(s) des Etats-Unis dans l'opinion publique," 102。

63. 关于知识分子的反美主义,参见 Rupnik and Humbertjean, "Image(s) des Etats-Unis dans l'opinion publique," 102—121。

64. 62%的印第安纳波利斯人在道德量表上得分为4或5,而只有37%的纽约人得到相同分数。纽约受访者的道德量表平均得分为3.1,而印第安纳波利斯人为3.6。与上一节末尾提出的论点一致,如果说印第安纳波利斯人认为纽约人是钻营者,部分原因可能是后者划出的道德边界比前者更弱。

65. 记住,印第安纳波利斯人在道德上比纽约人更排他,而有趣的是,50%的印第安纳波利斯人和66%的纽约人在道德量表上得分为4或5,

这些人在社会经济量表上得分也很高。我们仅在35%的克莱蒙费朗人和14%的巴黎人身上观察到了同样的相关性。
66. 因此，与美国相比，法国社会经济边界得分高与道德边界得分高之间的负相关性更强。肯德尔等级相关系数分别为-0.400和-0.273，在0.000和0.008水平上，均很显著。
67. 参见Powers, "Second Class Finish"。也请参见Schwartz, *Beyond Conformity and Rebellion*。
68. 应当指出的是，定量分析并未揭示出文化中心与社会经济边界强度之间的显著关系。

第四章

1. 美国人在文化维度上的得分为3.1，而法国人的得分为3.5。约有59%的法国人和37%的美国人在这个量表上的得分为4或5。顺序变量相关性则显示了文化边界与国别的弱相关关系（顺序变量相关性为0.22，显著性水平为0.01）。
2. 有关讨论，参见Lamont and Lareau, "Cultural Capital"。
3. 正如兰德尔·柯林斯（Randall Collins）在《文凭社会》（*The Credential Society*）一书中指出的，通过以教育证书作为选择标准，组织可以控制许多被视为适应中上阶层环境所必需的性格特质和习惯。对于被排除在外的人来说，缺乏大学文凭带来显而易见的后果。因此，在《美国工人》（*America's Working Man*）一书中，大卫·哈利认为，未受过大学教育的人更意识到自己的经济匮乏来自于大学教育缺失导致的文化障碍（例如，不熟悉古典作曲家的名字），这使得他们无法获得工作机会。
4. 关于法国教育在传递特权方面的作用，参见Girard, *La réussite sociale en France: Ses caractères, ses lois, ses elfets*; Bourdieu and Passeron, *Reproduction in Education, Society and Culture*; Boudon, *L'inégalité des chances*; Thélot, *Tel père, tel fils*。
5. 关于智识声望对于法国和美国政治家的吸引力的比较研究，参见Clark, *Literary France: The Making of a Culture*, 26—33。
6. 在《笛卡儿，即法国》（*Descartes, c'est la France*）一书中，格鲁斯曼（Glucksman）讨论了笛卡儿主义对法国文化的影响。
7. 在1982—1983年的时候，16%的法国学童在私立天主教学校接受教育。然而，有关这些私立学校学生的阶级背景以及一般私立学校学生的数据不容易获得。参见 Ambler, "Educational Pluralism in the French Fifth Republic," 10。

8. 关于法国学校课程的抽象性特点，参见 Crozier, *The Bureaucratic Phenomenon*, 242。

9. 关于对法语的崇拜，参见 Clark, *Literary France*, esp. chap. 5。她写道："对清晰思维能力的培养和理性的提升定义了法国文学文化的基本知性特征。法语、法国作家和法国文学以其他语言、其他文学和其他作家所不具备的方式展示出'智性'……时至今日，笛卡儿的逻辑精神仍然弥漫在整体文化之中……几何学精神，秩序感、系统和逻辑（皆至关重要）。"（第99页。）

10. 要想进入大多数最负盛名的"大学校"，口才至关重要。关于这个话题，参见布迪厄在"Epreuves scolaires et consécration sociale"（第69页）中的出色分析。也参见他的 La noblesse d'état, p. 1。虽然这种对风格和口才的强调是精英教育的最大特征，但它也渗透到大学和整个中上阶层，因为根据布迪厄和帕斯尼（Passeron）的说法，精英学校定义了整个法国社会正统文化的构成（参见 *Reproduction*）。然而职业学校（lycées d'enseignement profs，亦称 LEP）确实不太重视语言技巧，而是强调适当的技术能力。关于这个话题，参见 Hamon and Rotman, *Tant qu'il y aura des profs*。

11. 根据布迪厄的说法，此类技能的学徒制是"大学校"预科课程的内在组成部分，这些课程是"法国学术文化的典型形式"（"Epreuves scolaires et consecration sociale," 21）。

12. 最后这句话反映了不同受访者的很多类似评论，他们都指出专业知识对成功并不重要。例如，凡尔赛的一位律师坦言，他对自己接手的案件一般不会认真准备，而是主要靠运气："这是本能。你把材料放到头脑里运转，开始思考，有时能成功，有时就很糟糕。"

13. Crawford, *Technical Workers in an Advanced Society*, 72。

14. 有关法国中上阶层读书品位的信息，参见 Parmentier, "Les genres et leurs lecteurs"，以及 Donnat and Cogneau, *Les pratiques culturelles des Français 1973–1989*, chap. 4。

15. 这表明美国书店的虚构类和非虚构类的区分标准在法国未被采用。此外，法国人从未像纽约的这位计算机专家一样将他们的阅读兴趣描述为"事实"："（我读的是）真实存在的东西，主要是科学类的。我有时会读关于计算机的书，有时读关于相对论的书。我也会读医学期刊的摘录，比如《科学美国人》（*Scientific American*）这类的科学期刊。这些是我喜欢阅读的类型，前沿科学，前沿机械学，但主要是事实类的。我不喜欢小说。总之我读的是科学杂志、科学书籍之类的，新闻、时事，嗯……任何真实存在的东西。"

16. 尽管我访谈的一些美国男性坚持语法正确的重要性，但这从未有伴随着法国人那种对语言的崇拜。电视转播中法语拼写锦标赛的大受欢迎，表明了这种崇拜在法国的普遍性。法国人不屑于与美国拼写大赛进行比较，因为他们的这些拼写是对法语的美丽和语法复杂性的颂扬；"拼写"（dictée）一般取自古典文学作品。

17. 《发达工业社会的文化转型》的作者罗纳德·英格尔哈特发现后物质主义对美国人比对法国人影响更大，这两个国家与其他先进工业社会相比排名居中。后物质主义者在这里被定义为将非物质目标放在首位的人，比如自我表达和自我实现、环境问题和社会福利。1972年，美国的物质主义者与后物质主义者的比例为3.5∶1，而1987年这一比例下降到1.5∶1（第96页）。在美国，后物质主义者中受过高等教育者的比例略低于法国（42%∶50%），这个群体在这里被定义为受教育水平排在本国前四分之一的人。

18. 同样，一位纽约机床销售员解释说："我儿子现在踢足球。我去看比赛，看到其他孩子的父亲站在旁边，我不想走上去和他们一样，那不是我想成为的样子。"关于肥胖在美国的文化意义，参见 Millman, *Such a Pretty Face: Being Fat in America*。肥胖的定义是超过标准体重的25%以上，这类人在美国的社会阶层中分布不均。肥胖女性在下层阶级中占52%，而在中产阶级女性中为43%，在上层阶级女性中为9%。

19. 此外，根据 Viktor Gecas（"The Influence of Social Class on Socialization," 379），白领在育儿实践中强调自由、个人主义、主动性、创造力和自我实现，蓝领则强调有序、整洁和服从。关于这一主题，参见 Lambert, Hamers and Frasure-Smith, *Child-Rearing Values: A Cross-National Study*。

20. 这些结果基于1978年一份关于休闲兴趣和活动模式的调查（Greenberg and Frank, "Leisure Lifestyles," 448）关于休闲活动和自我实现，也请参见 Cheek, Jr. and Burch, *The Social Organization of Leisure in Human Society*, 51。关于自我实现及其作为一种文化理想日益增长的重要性，参见 Yankelovitch, *New Rules: Searching for Self-Fulfillment in a World Turned Upside Down*; Sennett, *The Fall of the Public Man*; and Bellah et

al, *Habits of the Heart*。

21. James Davis, "Achievement Variables and Class Cultures," 584.
22. 参见 Alan Kerckhoff（*Socialization and Social Class*, 46），中产阶级父母特别关注孩子的心理发展，这一点可从他们经常采用说理和表扬之类的积极强化技巧得到证明。相比之下，工薪阶层的父母更多地使用权力，更注重表面上的服从。
23. 《小罗伯特词典》(*Petit Robert* dictionary) 将 "粗俗" 定义为 "完全缺乏对社会阶层的区分"; "具有平庸或低下的社会地位，平庸的品位和思想，与精英相反的人"。这一定义在 Bourdieu and St-Martin, "Les catégories de l'entendement professoral" 第76页中被引用。根据法国一项对 "粗俗" 的调查，当名人、艺术家和作家属于以下的类型时，最常被视为粗俗：一是老派且受大众欢迎［例如娜娜·穆斯库莉（Nana Mouskouri）］；二是受欢迎且被认为是政治右翼［例如西尔维斯特·史泰龙（Sylvester Stallone）］；三是受欢迎且被年轻人追捧［例如麦当娜（Madonna）］，(Donnat and Cogneau, *Les pratiques culturelles des Français 1973–1989*, 241–243)。
24. Donnat and Cogneau, *Les pratiques culturelles des Français*, 12. 根据这些作者的说法（第184页），只有5%的法国人参与了三种以上显示出强烈文化取向的休闲活动或表达了三种以上体现这一取向的文化偏好（例如，每年去博物馆、展览、艺术画廊或历史古迹超过10次；参加古典音乐会、歌剧、戏剧或舞蹈表演超过5次；每月至少看2次电影；定期阅读《快报》(*L'Express*)、《观点报》(*Le Point*)、《新观察家》(*Le Nouvel Observateur*)、《周四事件》(*L'Evènement du Jeudi*) 或《阅读》(*Lire*)、《音乐世界》(*Le Monde de la Musique*)、《首映》(*Première*) 等文化杂志。
25. Donnat and Cogneau, *Les pratiques culturelles*, 105. 也请参见 Zolberg, "The Happy Few-en Masse: Franco-American Comparisons in Cultural Democratization"，文中指出，1978年高度参与家庭之外文化活动的人仅占法国总人口的22.3%。
26. 值得注意的是，此人将从最新一期《人物》(*People*) 杂志中收集的那种生活方式描述为无趣的，这表明尽管他与其他人一样拥有广泛的文化剧目，但可能会对跟风抱有某种蔑视。
27. 这些针对受过高等教育人口开展的包容度研究结论支持了迪马乔和摩尔（Mohr）在 "Cultural Capital..." 中的论点。同样可参考 Richard

A. Peterson and Michael Hughes, "Isolating Patterns of Cultural Choice to Facilitate the Formation of Culture Indicators",这两位作者发现,受过大学教育的城市年轻白人男性在休闲活动上涉猎广泛,从艺术活动到体育、远足和聚会。也请参见Ryan and Debord, "High Culture Orientation and the Attitudes and Values of College Students",这表明具有高等文化背景的人同时也更了解流行文化。

28. 这与上文提到的许多美国受访者对世界主义漠不关心的事实并不矛盾。应该指出的是,与法国不同,美国关于文化排他的文献相对较少。此外,有些研究提供了关于文化专业人士集中的文化职业(艺术家、知识分子)的详细信息。另外一些学者则关注文化消费社区的研究(例如,参见Zukin, *Loft Living Culture and Capital in Urban Change*)。

29. 纽约的一位长老会牧师这样委婉地描述印第安纳波利斯人,他们"更少做面子工程,他们的生活更简单。他们不积极地发挥自己聪明、迷人的个性风格"。

30. 纽约人和印第安纳波利斯人在文化量表上的平均得分皆为3.1。分别有38%的印第安纳波利斯人和37%的纽约人在文化量表上得分为4或5。

31. 巴黎人和克莱蒙费朗人在文化量表上的平均得分分别为3.7和3.3。另一方面,有68%的巴黎人在文化量表上得分为4或5,而在克莱蒙费朗人中的这一比例为50%。

32. 普莉希拉·帕克赫斯特·克拉克(Priscilla Parkhurst Clark)收集了关于这些指标的信息(参见*Literary France*,附录A)。使用男女文人墨客的名字给街道命名频率的跨国差异可能部分地与这一事实有关:美国通常用数字区分街道。

33. 对于一组关于西方历史和文学的基本问题,美国高中生只掌握不到60%的正确答案(Ravitch and Finn, Jr., *What do your 17-year-olds Know? A Report on the First National Assessment of History and Literature*);也请参见E. D. Hirsch, Jr., *Cultural Literacy What Every American Needs to Know*。关于美国文学文化的衰落,参见Bloom, *The Closing of the American Mind: How Higher Education Has Failed Democracy and Impoverished the Souls of Today's Students*。

34. Bourdieu, *Distinction*, 281 and 330.

35. 例如,当被问及他觉得自己比不上谁时,印第安纳波利斯的一位房地产经纪人回答说:"举例来说,我会觉得不如你这样的人,因为我完全不知道你在做什么，该如何应对，我也觉得自己不如那些能够流利掌握我的语言和其他语言的双语者。"

36. 1990年，《好胃口》(Bon Appétit) 杂志的发行量为1300834册；《美食》(Gourmet) 为797893册；《安邸》(Architectural Digest) 为632235册；《美国艺术》(Art in America) 为66000册 [乌利希国际期刊指南1990 (Ulrich's International Periodicals Directory 1990)]。这表明，与美国人不同，法国人从不使用"文艺复兴主义者"(Renaissance man) 一词，可能是因为它暗示一种有目的性的、穷尽地积累文化的概念，而不是由个人的特定品位引导并自然融入个人生活的文化学习方式。

37. 关于这一点，参见一项有趣的研究，Fantasia, "Fast-Food in France: The Market in Cultural Change"。

38. 此话题也请参见 Veblen, *The Theory of the Leisure Class*。

39. 关于文化资本与网络规模的关系，参见 "Cultural Capital, Educational Attainment, and Marital Selection"。

40. 与这一论点相反，布迪厄将这种文化上的过度投资解释为一种"充分利用"个人财富的方式，即"通过将他们可从文化资本与时间中获得的利益最大化来将被迫而为之事誉为美德"的方式（*Distinction*, 287）。

41. 参考《美国精神的封闭》(*The Closing of the American Mind*) 的第47—62页。艾伦·布鲁姆（Allan Bloom）在书中用类似的方式比较了法国和美国学生的文化，作者观察到美国学生对伟大书籍（The Great Books）中的知识发现更感兴奋，而对知识传统了解较少。

42. Long, "Reading Groups and the Post-Modern Crisis of Cultural Authority."

43. Moffatt, *Coming of Age in New Jersey College and American Culture*, 274.

44. Blau, *The Shape of Culture, A Study of Contemporary Cultural Patterns in the United States*, 37.

45. 美国的数据采集于1978年。DiMaggio and Ostrower, "Participation in the Arts by Black and White Americans." 法国数据来自1988年，引自 Donnat and Cogneau, *Les pratiques culturelles des Français*, 57。

46. Robinson, Kennan, Hanford, and Trippett, *Public Participation in the Arts Final Report on the 1982 Survey*. 也请参见 DiMaggio and Useem, "Social Class and Arts Consumption: The Origins and Consequences of Class Differences in Exposure to the Arts in America"。关于法国的情况，参见 Donnat and Cogneau, *Les pratiques culturlles des Français*, 204。

47. Greenberg and Frank, "Leisure lifestyles," 448.
48. DiMaggio and Ostrower, "Participation in the Arts by Black and White Americans."
49. Marsden, Reed, Kennedy, and Stinson, "American Regional Cultures and Differences in Leisure-Time Activities."
50. Blau, *The Shape of Culture*.
51. 51%的纽约人从不参加高雅文化活动，而巴黎人中的这一比例为38%，克莱蒙费朗人中为36%，印第安纳波利斯人中为39%。
52. 如果我访谈的是居住在曼哈顿和巴黎市区范围内的人而非近郊居民，那么结果可能呈现出更鲜明的对比。我们从文献中了解到，尽管美国大城市近郊的居民受教育程度高，但他们对文化活动（如古典音乐、歌剧、戏剧或其他音乐剧的现场表演）的参与率很低（Blau and Ouets, *The Geography of Arts Participation: Report Prepared for the National Endowment for the Arts*）。
53. 我的发现与多纳（Donnat）和科尼奥（Cogneau）在 *Les pratiques culturelles des Françars*（第67页和第216页）中的结论相矛盾，该研究表明巴黎人参与高雅文化活动的比例更高。例如，虽然住在巴黎的经理人和专业人士中有44%每年去5次音乐会和剧院，但在其他各省的相应群体中，这个比例只占25%。总体而言，法国中上阶层消费高雅文化比其他阶层更多：在法国整体人口中只有14%的人表示自己更喜欢古典音乐而非流行音乐、爵士乐和摇滚，而在经理人或脑力劳动者中，足足有31%的人拥有这种偏好。
54. 借鉴扎布洛奇（Zablocki）和坎特（Kanter）的"The Differentiation of life-Styles"第271页，我将亚文化定义为具有自我意识的生活方式的集合，其中人们对与其品位相关的价值排序存在着某种程度的在信誉市场上的共识。我沿循G. 韦伯斯特（G. Webster）将智性主义视为亚文化的观点：参见他的 *The Republic of Letters: A History of Postwar American Literary Opinion*（第212页）。
55. 纽约的样本中有25%被视作知识分子，在印第安纳波利斯则为17%，巴黎为47%，克莱蒙费朗为37%。
56. 1989年夏天我们在法国开展访谈时，伯纳德·皮沃特（Bernard Pivot）刚刚宣布取消该项目。它在法国知识分子文化的传播中发挥了关键作用，部分原因是它向观众展示了行动中的知识分子，为观众提供了榜样，并为他们制定了一个复杂的参照世界。

57. 有关此类法国知识分子的描述，参见 Louis Pinto, *L'intelligence en action: Le nouvel observateur*。
58. 论智性主义与激进主义的关系，参见 Bourdieu, Distinction, 420；也请参见 Donnat and Cogneau, *Les pratiques culturelles des Français*, 219。
59. 关于这一下降趋势，参见 Domenach, "Le monde des intellectuels"。
60. 关于同美国"唯我一代"（Me-generation）兴起而并行的这些变化，参见 Lipovetsky, *L'ère du vide: Essais sur l'individualisme contemporain*。
61. 欧文·豪（Irving Howe）指出美国知识分子对抽象的欣赏程度更高，引自 G. Webster, *The Republic of Letters*, 220。
62. 这反映出不同国家样本之间的政治倾向对比，50%的美国知识分子称自己为保守派或共和党人，只有30%的法国知识分子将自己与中间派、右翼或极右翼联系在一起，受访者中有18%的法国知识分子将自己归类为"极端左翼"（包括共产党），4%的受访者将自己归类为"左翼"、社会主义者或环保主义者。
63. 关于此现象，参见 G. Webster, *The Republic of Letters*, 21; and Pells, *The Liberal Mind in a Conservative Age*, 403。关于实用主义，特别参见 Hofstadter, *Anti-Intellectualism in American Life*。美国文化中实用主义的作用将在第五章中讨论。
64. 关于世界主义、欧洲文化在美国知识分子亚文化中的中心地位，参见 Hollinger, "Ethnic Diversity, Cosmopolitanism and the Emergence of the American liberal Intellectuals"; Gilbert, *Writers and Partisans: A History of Literary Radicalism in America,* 59; and Wald, "The New York Intellectual in Retreat"。
65. Lasch, *The Agony of the American Left*; Lipset and Dobson, "The Intellectual as Critic and Rebel."
66. 有几位社会科学家一直在关注分类体系的边界强度问题。玛丽·道格拉斯（Mary Douglas）对于宇宙学的研究借用伯恩斯坦（Bernstein）的受制约的和复杂的编码概念来研究社会组织和社会表征之间的关系，这启发了许多社会学家。另一方面，克劳德·列维-斯特劳斯（Claude Lévi-Strauss）在涂尔干和马赛尔·莫斯（Marcel Mauss）研究的基础上发展出一种结构分析方法，它突出了符号系统的结构。参见 Douglas, *Natural Symbols*; Lévi-Strauss, *Totemism*; Merelman, *Making Something of Ourselves: On Culture and Politics in the United States*; and DiMaggio, "Classification in Art"。

67. 总之，借用迪马乔在"Classification in Art"一文中提出的术语，这样的体系是高度分化和等级化的，它们具有较高的普遍性，被社会成员广泛共享，而且具有强大的力量，违反其建构的边界会导致明确的接纳或排斥。
68. 38%的美国受访者被归为包容型，而法国受访者中的这一比例为31%。有关不同地区受访者的分布情况，参见附录四。应当指出的是，尽管本调查旨在让他们放松，因为"所有人都会偶尔觉得自己比其他人优越"，这些包容型受访者仍然否认觉得自己比任何人优越，或是讨厌任何人及其品位。关于包容度在美国社会中的重要性，也请参见Riesman et al., *The Lonely Crowd, A Study of the Changing American Character*, esp. chap. 9。
69. 参见Bourdieu, *Distinction*, 194 and 381。
70. 关于美式烹饪，参见Favreau, "The Emergence of American Cuisine: 'Alimentary' Forms of Domination"。
71. 关于法式烹饪，参见Clark, "Thoughts for Food: French Cuisine and French Culture"。该作者认为，"自然材料的风格化、审美化和精神化是法餐的精髓，也是整个法国文化的重要组成部分。法式烹饪将公共标准从就餐的核心延伸到内容，通过掌控烹饪的审美加强了对用餐仪式的社会限制。在文学和艺术标准高度规范化的法国，这种对应关系也许不足为奇。就像在艺术领域中，创造力既是由一套规则定义的，又由此被这套规则管控（第35页）。
72. 关于这个话题，参见菲茨杰拉德（Fitzgerald）的《山丘之城：当代美国文化之旅》（*Cities on a Hill: A Journey through Contemporary American Culture*）。其中对"生活方式飞地"（lifestyle enclave）的分析非常有见地。
73. 根据瓦雷纳的说法，"（在美国）缺乏关于社会构成的文化规范可能会导致小群体从不明确的范围内选取意识形态立场"（*Americans Together*, 155）。
74. 出处同上，第44页；Lambert et al., *Child-Rearing Values*, 318。
75. Hofstede, *Cultures Consequences*, chap. 4.
76. 这可能不适用于赫伯特·甘斯（Herbert Gans）所说的属于"以用户和创造者为导向的品位文化"的中上阶层成员，包括知识分子。参见*Popular Culture and High Culture, An Analysis and Evaluation of Taste*。在这一研究中，甘斯将这种品位文化与中上阶层品位文化区分开来，

注 释

后者不大关注艺术形式,而对艺术内容(即电影剧情和明星)更感兴趣。

77. 根据小奇克(Cheek, Jr.)和伯奇(Burch)的观点,房屋修缮是一项特别受到处于"中等职业声望地位"的美国男性欣赏的活动(*The Social Organization of Leisure in Human Society*, 51)。关于房屋修缮作为法国工人阶级的休闲活动,参见 Donnat and Cogneau, *Les pratiques culturelies des Français,* 190。也请参见 Bourdieu, *Distinction,* 390。应当注意的是,法国受访者多住在公寓,这可以部分解释他们之中参与房屋修缮活动的人较少。

78. 法国和美国人口的这一数据分别为24%和6%。这确实反映出提供给法国和美国民众的电视节目质量与多样性的差异。

79. 在克莱蒙费朗人和印第安纳波利斯人当中这一比例分别为60%和73%,而巴黎人和纽约人中的这一比例分别为45%和51%。

80. 他们之中有23%的人属于这种情况,而在克莱蒙费朗人之中的这一比例为19%,纽约人的这一比例为14%,印第安纳波利斯人的这一比例为10%。

81. Peterson and Hughes, "Isolating Patterns of Cultural Choice to Facilitate the Formation of Culture Indicators," 450.

82. 关于这一点,参见 Kanter, *Men and Women of the Corporation*; and Halle, *Americas Working Man,* 281。有趣的是,我的美国男性受访者中只有少数人,包括那位印第安纳波利斯艺术家,说自己觉得体育运动真的很无聊:"体育运动让我感到无聊……我的意思是说,如果偶尔一次我和一群真正喜欢运动的人在一起,我可以感受到他们的热情……另外,我是彻头彻尾的美国中西部人……就像看警匪片一样,看一会儿,你就会发现它毫无意义,全是胡说八道。但有时,体育运动中也有一些真正的技巧,有真正的智慧与美。这也能令人愉悦,但我不认为这有什么意义,我宁可观赏艺术画作。"

83. 这场运动在一定程度上与巴黎文化圈中的智性主义相对立。它在美国东部人群中不太受欢迎,因为他们之中的许多人坚持审美纯粹的概念,强调结构化和练习,反对即兴创作。参见 Balfe, "Social Mobility and Modern Art Abstract Expressionism and Its Generative Audience"。

84. 在这项研究中,大卫·哈利访谈了长岛北岸的中上层阶级居民、曼哈顿东区的上层阶级居民以及住在布鲁克林的下层阶级居民,询问受访者赋予家中艺术品的意义。参见 "Class and Culture in Modern

America: The Vision of the Landscape in the Residences of Contemporary Americans".
85. Long, "Reading Groups and the Post-Modern Crisis of Cultural Authority."
86. 另一方面，广泛的制度和文化因素对体裁之间的等级制度起到了作用。关于这一点，参见 DiMaggio, "Cultural Entrepreneurship in Nineteenth Century Boston The Creation of an Organizational Base for High Culture in America".
87. 研究后现代性的学生读到这里会提出争议，这种对文化等级制度的质疑是欧洲和北美晚期资本主义文化的特征。然而，我的访谈并未表明这种松散有界性在两个社会中同等存在。
88. Moffatt, *Coming of Age in New Jersey*, 298.
89. 对新泽西州北部一所高中的一项持续研究发现，在过去十年中，属于智性主义亚文化的学生人数一直在减少。这项研究在一定程度上是对20世纪70年代后期开展过的研究的重复，该研究发现"知识分子"构成了学生中的主要亚群之一。原始研究为拉金（Larkin）的《文化危机中的郊区青年》(*Suburban Youth in Cultural Crisis*)。
90. 根据布迪厄的说法，不熟悉高雅文化的法国人表现出一种文化善意，且对他们自身阶级的文化有种"无价值感"(*Distinction*, 320)。
91. Phillips, *Post-Conservative America: People, Politics and Ideology in a Time of Crisis*. 美国先锋艺术一直有强烈的反智主义倾向，比如"垮掉的一代"、20世纪60年代的反主流文化，以及新左派。此外，持激进主义态度的知识分子往往更关注文化而非政治或经济，并且变得与美国主流文化格格不入。参见 Pells, *The Liberal Mind in a Conservative Age*, 403。
92. 印第安纳波利斯的一位行政主管助理表示，他钦佩那些博览群书的人，只要这些人能保持谦逊："我觉得我非常尊重那些广泛阅读的人，但不会尊重那些非要向你证明他读了很多书的人。通过跟他们的交往，你可以辨别出这个人是否读了很多书、有过很多思考。他不用告诉你，你也可以逐渐意识到。是你自己发现的，他们无须证明，就是这种感觉。"
93. 正如科尔曼和瑞恩沃特在《美国的社会地位》一书中谈到的："收入是目的，职业是手段，而教育是准备"（第68页）。
94. 参见 Collins, *The Credential Society*。
95. 例如，最近关于斯坦福大学本科生的一项研究发现，在20世纪70年代后期接受访谈的学生中，大约有四分之一对接受通识教育毫不关心。他们不愿意进行智力测验，也不愿意探索新的学术兴趣，他们对人文教育的重视也只是因为这"能给人留下不错的印象"而且可以使之能跟其他人"进行对话并感到舒适"（Katchadourian and Boli, *Careerism and Intellectualism among College Students*）。

96. 在1987年接受问卷调查的一组罗格斯大学（Rutgers University）学生中，有40%认为自己在课外活动中学到的东西比在大学里获得的学术知识更重要（Moffatt, *Coming of Age in New Jersey*, 58）。
97. 在这一背景下，迈克尔·豪特（Michael Hout）最近的研究发现值得注意，即在美国拥有大学学位可以消除背景地位对代内流动性（intragenerational mobility）的影响。参见他的"More Universalism, Less Structural Mobility: The American Occupational Structure in the 1980s"。

第五章

1. 如保罗·迪马乔和沃尔特·W. 鲍威尔所说："制度化的安排之所以被复制下来，是因为个人往往连适当的替代方案都构想不出来（或者因为他们认为自己想象出来的替代方案不切实际）。制度不仅会限制选择：它们还建立了人们发现自我偏好的标准。换句话说，一些最重要的沉没成本是认知成本"（《组织分析的新制度主义》的导论部分）。
2. 差异不是很明显：49%的法国人在文化量表上得分为4或5，有51%在道德量表上得分为4到5，相比之下，只有44%在社会经济量表上得到相同分数。
3. 69%的美国受访者在社会经济量表上得分为4或5，而在道德量表上这一比例为49%，在文化量表上为37%。
4. 当考虑到每个国家内部的差异时，这些模式就减弱了：例如，三种类型的边界对克莱蒙费朗人来说同等重要。50%的克莱蒙费朗人在三个量表上都获得4分或5分。
5. 这里使用"国民划界模式"（national boundary pattern）一词是出于方便，且其含义有所保留，因为这种模式只是根据中上阶层抽取的样本确定的。
6. 38%的巴黎人和30%的克莱蒙费朗人抵触或漠视社会经济边界，在这个量表上得分为0、1或者2，相比之下，印第安纳波利斯人的这一比例为18%，纽约人中的比例为16%。另一方面，有45%的印第安纳波利斯人和43%的纽约人反对或漠视文化边界，而巴黎人的这一比例为23%。克莱蒙费朗人的这一比例为35%。
7. 这表明道德或社会经济排他者的典型范例很难找到，因为大多数受访者表达了混合的评价标准，以其中一种为主要标准。在社会经济和文化量表上均排名靠前的受访者的比例分别为：纽约67%，印第安纳波利斯60%，克莱蒙费朗40%，巴黎37%。然而，高雅文化和社会经济得分之间的相关性在这两个国家都不显著。
8. 纽约的一位广播电台老板为我们提供了一个以社会经济特征作为道德边界的例子："如果让我看人，不管他们在哪个领域，只要我认为他们已经成功了，我就很佩服，因为他们有一种方向感，使之能够成功，他们能够做到这一点，而且已经达到了那个高度，或那个特定的目标。"
9. 在社会经济维度上得分高的印第安纳波利斯人中，有48%在道德方面得分也高，而纽约人中这一比例为34%，克莱蒙费朗人的比例为35%，巴黎人的比例为20%。在这两个国家，高道德和高社会经济得分之间都呈显著负相关关系，而且在法国的程度比在美国更强，肯德尔等级相关系数为 -0.400：-0.273（在0.000和0.008的显著性水平上）。也请参见第三章注释65。
10. 如第四章所述，1978年18岁及以上的美国白人中有14%的人至少每年参加一次古典音乐会，相比法国，1988年15岁及以上的白人中这一比例则为9%。
11. 最近发生的丑闻也说明了这一点，这些丑闻涉及美国国家人文基金会向被有些人认为不道德的艺术提供财政支持。对文化边界表示漠不关心或抵触的印第安纳波利斯人和纽约人的百分比大于在其他量表上得分较低人群的百分比。就纽约人而言，在道德、社会经济和文化量表上得分为0、1或2的百分比分别为37%、16%和43%。在印第安纳波利斯人的情况下，百分比（按相同顺序）是21%、18%和45%。
12. 克莱蒙费朗人中的比例为18%，巴黎人中的比例为38%。
13. 有21%的印第安纳波利斯人对道德边界漠不关心或反对，而纽约人中的这一比例为37%。同样，有50%的克莱蒙费朗人和62%的印第安纳波利斯人在道德量表上得分为4或5，而巴黎人和纽约人的这一比例分别为52%和37%。
14. 45%的印第安纳波利斯人和35%的克莱蒙费朗人在文化量表上得分较低，而纽约人和巴黎人的这一比例分别为43%和16%。
15. 38%的印第安纳波利斯人和50%的克莱蒙费朗人在文化量表上得分为

4或5，而巴黎人和纽约人中的这一比例分别为68%和37%。

16. 用顺序变量相关性度量文化中心与道德边界和文化边界之间的关联，在两种情况下都是0.11（显著性水平为0.01）。而用顺序变量相关性度量文化中心和社会经济边界之间的关系，我们则并未得出显著的结果。
17. 对文化中心的居民与文化中心周边地区的居民在三个量表上的平均得分进行比较的差异情况是，法国的差异大于美国。法国个案中相差49分，而美国个案中仅相差18分。
18. DiMaggio, "Classification in Art," 448.
19. Richard Bernstein, *Fragile Glory: A Portrait of France and the French*.
20. Finkielkraut, *La défaite de la pensée*.
21. Diana Pinto, "Toward a Mellowing of the French Identity?" 32.
22. 在1962—1973年，31—64岁拥有大学学位的白人男性的比例上升了36%。参见Hout, "More Universalism, Less Structural Mobility," 1383。关于文化在雅皮士消费模式和生活方式中的地位，参见Gielman and Wang, "The Year of the Yuppie"；也请参见Huntley, Bronson, and Walsh, "Yumpies, YAP's, Yuppies: Who Are They?"39; and Piesman and Hartley, *The Yuppie Handbook*。
23. DiMaggio, "Classification in Art," 452—453.
24. 女性与男性受访者群体的平均年龄相同。样本包括同等数量的营利型劳动者与社会和文化专业人士。这些受访者从事的职业如下：图书管理员、社会工作教授、教师、心理学家、记者、数据处理经理、人力关系经理、广告高级主管、广告会计主管、基金经理、系统工程师、银行家、建筑设计师、会计师和市场营销专家。
25. 居住在纽约近郊的男性在道德、社会经济和文化方面的平均得分分别为3.1、4.0和3.1，但相应的女性平均得分为3.4、3.0和3.8。
26. Gilligan, *In a Different Voice: Psychological Theory and Women's Development*. 关于此文献的评论，参见Epstein, *Deceptive Distinctions: Sex, Gender, and the Social Order*.
27. 在这方面有些矛盾的是，一些女性受访者对不如自己那么追求成功的女性，即那些选择走"良母路线"的女性划出了边界。还有一些女性用丈夫和孩子的成就来衡量女性的地位，这也是自相矛盾的。在男性受访者的边界工作中，其他家庭成员的社会经济地位从不突出。
28. 参见，举个例子，Mohr and DiMaggio, "Patterns of Occupational Inheritance

of Cultural Capital," 20。
29. Collins, "Women and the Production of Status Cultures."
30. 在讨论自卑感时，外貌美更为她们所关注。例如，一位非常成功的女性独立建筑设计师这样描述她的感受："很抱歉，我没有时间或精力来美化我的容貌、提升我的穿搭、充实我的衣橱，等等。如果碰巧遇到那种非常漂亮且鉴赏力成熟的女人，尤其如果还是一位成功职业女性的话，我就会有点被震撼。"在我对男性的访谈中，外貌美的话题很少被提及。
31. 参见 Bennett Berger, "Structure and Choice in the Sociology of Culture"。
32. 正如本尼迪克特·安德森（Benedict Anderson）所说，属于同一社会圈层的人通过在特定传统和价值观中主张共同的过去和共同的未来来定义他们的共同身份。参见他的《想象的共同体：民族主义的起源与散布》(*Imagined Communities: Reflections on the Origin and Spread of Nationalism*)。
33. 有关对工具包方法的批评，参见 Bennett Berger, "Structure and Choice in the Sociology of Culture"。有关此方法的阐释，参见 Swidler, "Culture in Action"。迈克尔·舒德森（Michael Schudson）指出斯威德勒（Swidler）并没有在自己的研究中使用"工具包"方法。参见他的文章 "How Culture Works: Perspectives from Media Studies on the Efficacy of Symbol"。
34. 感谢约翰·迈耶（John Meyer）建议我使用这个术语。
35. Schudson, "How Culture Works"; and Sperber, "Anthropology and Psychology: Toward an Epidemiology of Representations." 关于更微观的分析，参见 Fine, "Small Groups and Culture Creation: The Idioculture of Little League Baseball Teams"。
36. 参见 Peter Berger and Thomas Luckman, *The Social Construction of Reality: A Treatise in the Sociology of Knowledge*; Wuthnow, *Communities of Discourse: Ideology and Social Structure in the Reformation, the Enlightenment, and European Socialism*; Griswold, "A Methodological Framework for the Sociology of Culture"; Thomas, *Revivalism and Cultural Change: Christianity, Nation Building, and the Market in the Nineteenth-Century United States*; Lamont, "How to Become a Dominant French Philosopher: The Case of Jacques Derrida"。
37. 决定论（determination）和唯意志论（voluntarism）的问题是当前社会

学理论争论的核心。参见 Alexander, "The New Theoretical Movement"。
38. Hollinger, "The Problem of Pragmatism in American History," 24.
39. Canovan, *Populism*, chap. 1.
40. Jacoby, *The Last Intellectuals: American Culture in the Age of Academe*; Perry, *Intellectual Life in America: A History*, chap. 7.
41. 关于作为一种意识形态的美国主义（Americanism），参见 Hartz, *The Liberal Tradition in America, and Harrington, Socialism*；关于对美国主义最近的详尽探讨，参见 Lipset, *Continental Divide*, esp. chap.2。关于公民宗教，参见 Bellah, *The Broken Covenan*t。
42. Lipset, "Why No Socialism in the United States," 53.
43. Hunt, *Politics, Culture and Class in the French Revolution*. 特别参见第一章和第六章。
44. Woloch, *Eighteenth-Century Europe: Tradition and Progress 1715－1789*, 184.
45. 出处同上，第198页。
46. 关于法国社会主义政治力量的研究，参见 Dalton, *Citizen Politics in Western Democracies: Public Opinion and Political Parties in the United States, Great Britain, West Germany and France*。
47. 此外，正如利普塞特和罗坎（Rokkan）所指出的，宗教往往决定着美国社会的核心意识形态分歧："杰斐逊派与联邦党人、杰克逊派与辉格党人、民主党人与共和党人之间的斗争集中在公共道德观念的对立，并使得清教徒和其他新教徒与自然神论者、共济会教徒以及天主教徒和犹太人移民产生对立。越来越多的下层移民涌入都会区，加剧了落后州与先进州之间的对立。"（Lipset and Rokkan, "Cleavage Structure, Party Systems and Voter Alignments," 12）。
48. 关于宗教异质性对包容度的影响，参见 Weil, "The Variable Effects of Education on Liberal Attitudes"。
49. 戴安娜·克莱恩（Diana Crane）表明，生产本地城市文化的机构面对核心媒体和外围媒体的冲击，正在逐渐式微。她所谓核心媒体包括电视、好莱坞电影、主要报纸和新闻杂志，外围媒体指书籍和杂志出版、流行音乐和广播等，外围媒体面向特定品位的公众，而核心媒体的受众是庞大且相对未分化的群体。Crane, "High Culture vs. Popular Culture Revisited: A Reconceptualization of Recorded Cultures"。
50. 参见迈耶的 "The Effects of Education as an Institution"。

51. 出处同上，第69页。
52. Hayward, "Elusive Autonomy: Education and Public Enterprise," 191.
53. 少数族裔利用学校来对抗西方和白人文化在教育界的霸权。黑人领导人希望"公立学校使文化差异合法化，教授黑人自己的历史，在课堂上使用他们的语言，并尊重不属于盎格鲁规范文化的多元文化"。（Tyack and Hansot, *Managers of Virtue: Public School Leadership in America*, 1820—1980, 224—225）。
54. Ringer, *Education and Society in Modern Europe*. 从历史上看，法文教师享有很高的声望，因为他们在连接当地居民与中央政府方面，以及通过传播精英语言使人们融入法国文化方面发挥了核心作用。参见Eugen Weber, *Peasants into Frenchmen: The Modernization of Rural France*, 1879—1914, chap.18。
55. Kamens and Ross, "Chartering National Educational Systems: The Institutionalization of Education for Elite Recruitment and Its Consequences."
56. "1982年夏，许多印刷媒体和法国人（据一些民意调查）都在批评三个公共服务电视频道只强调教育和文化节目，而很多平民百姓想看些茶余饭后的娱乐节目。这种轻率且吹毛求疵的批评占了上风，1986年2月，由洛朗·法比尤斯（Laurent Fabius）领导的社会党政府授权，开辟了两个新的商业频道节目：'第五频道'（la Cinq）和'第六频道'（la Six）"（Palmer, "Media and Communications Policy in France under the Soialists, 1981—1986: Failing to Grasp the Correct Nettle?" 131）。
57. 参见Schudson, *Advertising, the Uneasy Persuasion*; Gitlin, *Inside Prime Time*。
58. 提供这种支持的一项措施是，法国外交部预算的四分之三用于负责传播法国文化和法语的文化、科学和技术事务总局。法国文化外交的明确目标是提高国家声望。参见Tovell, "A Comparison of Canadian, French, British and German International Cultural Policy"。关于这个主题，也请参见Fumaroli, *L'Etat culturel: Essai sur une religion moderne*。
59. 法国只有一家大型私人基金会，即玛格艺术基金会（Maeght Foundation）。1968年，法国制定了税收激励措施以促进更多的私人赞助，但收效甚微。参见Cabanne, *Le pouvoir culturel sous la Ve République*, 207。
60. 在《文学法兰西》（*Literary France*）第131页中，克拉克比较了美国《时代》（*Times*）周刊和法国杂志《快报》的内容，她抽取了从1973—1974年和1977—1978年的随机样本，发现《快报》更重视文学话题，其中12％的文章与书籍有关，而《时代》周刊则为6.9％。此外，克拉克分析，《快报》有24％的文章与文化有关，而《时代》周刊的这一比例为16％。

61. 几本关于法国知识分子的专著讨论了这种普及现象。例如，参见 Debray, *Teachers, Writers and Celebrities: The Intellectuals in Modern France*; and Hamon and Rotman, *Les intellocrates: Expédition en haute intelligentsia*。

62. 参见 Lamont, "How to Become a Dominant French Philosopher," 613。

63. 这个样本包括《国家》(*The Nation*)、《公共利益》(*The Public Interest*)、《异议》(*Dissent*)、《党派评论》(*Partisan Review*)、《评论》(*Commentary*)和《纽约书评》(*The New York Review of Books*)等期刊和杂志。参见 Lamont, "The Production of Culture in France and the United States since World War II," 172。

64. Clark, "Literary Culture in France and the United States."

65. 关于他们与广大公众的接触，参见 Boudon, "L'intellectuel et ses publics: Les singularités françaises"。应该指出的是，根据乔治·罗斯（George Ross）的说法，过去几十年来，知识分子在法国的影响力一直在下降。参见他的 "The Decline of the Left Intellectual in Modern France"。

66. Verdès-Leroux, *Au service du parti: Le parti Communiste, les intellectuels et la culture (1944－1956)*.

67. Jacoby, *The Last Intellectuals*. 关于大学系统对知识分子施加的限制，参见 Finkelstein, *The American Academic Profession: A Synthesis of Social Scientific Inquiry since World War II*。

68. Coser, *Men of Ideas: A Sociologists View*.

69. 参见 Perry, *Intellectual Life in America A History*, chap. 7。

70. 参见 Lipset, "Why No Socialism in the United States?" 特别参见第50－120页。

71. 参见 Andrew Shonfeld, *Modern Capitalism The Changing Balance of Public and Private Power*, chap.5; Peter Hall, *Governing the Economy: The Politics of State Intervention in Britain and France*, chaps. 6 and 7; Dobbin, *States and Industrial Cultures*。

72. Mermèt, *Francoscopie, les Français: Qui sont-ils? Ou vont-ils?* 216.

73. 选编自美国商务部（U.S. Department of Commerce）和美国人口普查局（Bureau of the Census）的1987年的美国统计摘要（*Statistical*

Abstract of the United States 1987）。

74. 有关法裔美国人的比较，参见 James, ed., *The Nonprofit Sector, Studies in Comparative Culture and Policy*; and Veugelers and Lamont, "France: Alternative Locations for Public Debate"。关于美国个案，参见 Rudney, "The Scope and Dimensions of Non-profit Activity"。由于缺乏相关信息，很难对关于法国志愿部门的重要性作出概括，这一点可参见 Roudet, "Bilan des recherches sur la vie associative"。

75. 有关这个问题的探讨，参见 Lamont, "The Growth of the Social Sciences and the Decline of the Humanities in Quebec: A Macro Explanation of Recent Changes"。

76. 应当指出，关于二战以来法国和美国代内流动性的影响力存在着相互矛盾的论据。有关这些文献的评论，参见 Lipset, "Why No Socialism in the United States?" 103－110。关于富足对美国文化的影响，参见 Susman, "Introduction: Toward a History of the Culture of Abundance"。

77. 克雷格·卡尔霍恩（Craig Calhoun）指出，在美国，城市作为社区的影响力一直在下降，因为越来越少的城市是由长期社会关系直接或间接联系在一起的个人组成并致力于政治和文化机构生存的社区。参见他的 "Populist Politics, Communication Media, and Large Scale Integration"。

78. 例如，露丝·霍洛维茨（Ruth Horowitz）分析了美国主流的成就意识形态在墨西哥裔美国人（Chicano）文化中如何因家庭和族裔团结的文化要求而减弱。参见 Horowitz, *Honor and the American Dream: Culture and Identity in a Chicano Community*。

79. 参见 Smitherman, *Talkin' and Testifyin': The Language of Black Americans*。

80. 关于这些变化，参见 Diana Pinto, "Toward a Mellowing of the French Identity?"。

81. 关于这一点，参见梅尔文·L. 科恩（Melvin L. Kohn）及其合作者的著述。

82. 这一点很令人惊讶，因为有文献表明，与年轻人相比，年长的男性往往没那么多进取心，受到金钱的压力也更小。参见 Zussman, *Mechanics of the Middle Class*, 153。

第六章

1. 也请参见 Weiss, *Staying the Course*。

2. Max Weber, *Economy and Society*, vol.1, 25. 我无意加入关于韦伯的理性概念的辩论。关于这些及其他的韦伯理性类型的讨论，参见 Kalberg, "Max Weber's Types of Rationality: Cornerstones for the Analysis of Rationalization Processes in History"。也请参见 Wallace, "Rationality, Human Nature and Society in Weber's Theory"。
3. Inglehart, *Culture Shift*, esp. chap. 9.
4. Lipset, *Political Man*, chap.10.
5. Lamont, "Cultural Capital and the liberal Political Attitudes of Professionals: A Comment on Brint."
6. 亨特（Hunter）等人还通过多元回归的方法发现，支持传统家庭结构和传统道德是对资本主义态度的有效预测因素，就像职业与营利的接近程度一样。他们用营利接近程度来预测与市场有关的不同类型知识的相对自主性。此外，他们认为反对态度不仅表现出对市场体系的合法性的挑战，还反映出对所有其他形式的资产阶级权威的合法性的挑战。参见 Hunter, Herrman, and Jarvis, "Cultural Elites and Political Values"。
7. Macy, "New-Class Dissent among Social-Cultural specialists: The Effects of Occupational Self-Direction and Location in the Public Sector."通过对调查数据的分析，梅西（Macy）还发现，与市场经济的关系，或者说所在的部门，比工作中的自我导向水平更能用于预测个体是否持异议。
8. 迈克尔·W. 梅西还提出（出处同上），社会和文化专业人士在政治上的不同态度与他们的职业无关，而与其所在的部门有关："这一因果模式表明，公共与非营利部门出现了不同意见，那些更倾向于鄙视商业和利润驱动活动的劳动者的态度反映他们脱离了市场经济（或是与市场经济的对立）。虽然更精细的职业类别可能会揭示部门位置的意识形态影响网，但这里没有证据表明敌对文化源自与'人文'或'社会科学和艺术相关'的职业活动"（第347页）。梅西写道，他关于职业重要性的高低尚无定论，因为他采用的数据中不包含其受访者职业的具体信息。
9. 史蒂文·布林特的调查结果支持我从魁北克的个案中得出的结论，即在公共经济规模庞大且中左翼政党强大的国家中，对立模式尤其突出。参见他的文章"The Social Bases and National Contexts of Middle-Class Liberalism and Dissent in Western Societies: A Comparative Study"（第17页）。关于布林特对"与营利的距离"（distance to profit making）

相关理论的批评，参见他的文章"Classification Struggles: Reply to Lamont"。同时参见 Lamont, "New Middle Class Liberalism …"。

10. 例如，布林特指出，大学毕业生总体上对经济问题和基本制度保证的态度相当保守，但他们是"在涉及保护公民权利、很多社会控制和社会防卫问题，以及支持个人道德自由放任的最自由的阶层之一"（"The Social Bases and National Contexts of Middle-Class Liberalism and Dissent in Western Societies: A Comparative Study," 2）。由于本章的主要关注点不是政治自由主义，我没有描述各位作者的讨论如何丰富了此类研究，包括他们对经济理性和政治自由主义之间关系，以及对政治自由主义态度的其他决定因素重要性的分析。有关文献的回顾，参见 Brint, "The Political Attitudes of Professionals"。

11. 汉斯彼得·克里西（Hanspeter Kriesi）在对荷兰新阶级的分析中发现，"社会和文化服务领域的年轻专业人士以及公共服务领域的年轻行政专业人士"对新社会运动的支持力度更强。然而，他认为，专业人士和经理人之间的核心冲突并未将私营部门劳动者和公共与非营利部门劳动者对立起来，而是将那些掌握着有助于大型组织运营知识的人（即技术官僚）与专家（即那些"试图捍卫自己和客户的相对自主性，对抗'技术结构'干预"的人）放到了对立的位置"。这种冲突取代了因营利程度高低不同而产生的职业对立。参见他的文章"New Social Movements and the New Class in the Netherlands"。

12. 法国政治学家还发现，社会和文化专业人士、公共部门劳动者以及公务员和教师对法国社会党的支持尤其强烈。参见 Capdevielle et al., *France de gauche, vote à droite*。也请参见 Grunberg and Mouriaux, *L'univers politique et syndical des cadres*。在分析人们对魁北克党的支持时，我得出了类似的结论。参见 Lamont, "New Middle Class Liberalism and Autonomy from Profit-Making: The Case of Quebec"。

13. 其他作者强调与营利的关系是态度的决定因素。关于地位对专业与管理阶层内部划分的影响，特别参见 Daniel Bell, *The Coming Crisis of Post-Industrial Society*。

14. 例如，用斯蒂芬·克劳福德的话来说，工程师"重视效率和经济增长，将市场视为实现两者的自然机制，因而接受将商业考虑作为经济和工程决策的恰当标准"（*Technical Workers in an Advanced Society*, 236）。

15. 属于这一类的少数受访者或可归入第四类。对于自雇的专业人士来说尤其如此，例如医生和牙医，他们的专业知识并不直接作用于经济理性。归为第四类的建筑设计师也是如此。对于这些专业人士的分类不存在单一适当方法，因为在这些专业内部成员服从经济理性的程度方面存在着差异。

16. 法国的营利型劳动者也经常对国家雇员划定边界，认为他们在道德上有瑕疵，尤其是懒惰和投机取巧。克莱蒙费朗的一位会计师对他们持严厉的批评态度，他说："当我在办公室工作40小时，我实际工作了比40小时少5分钟。而公务员在办公室工作40小时，他们实际上的办公时间才20小时，在其余的时间里看报纸。而我的报纸送到我的邮箱，晚上才能看。（男性）公务员整天跟着赛马数据赌马，女性在工作时间出去购物，（或）给孩子的课外班报名。（除了工作）他们什么都做。"

17. 我遵循艾蒂安·施魏斯古特（Etienne Schweisguth）在"Les salariés moyens sont-ils des petits-bourgeois?"一文第692页所示的思路，将道德及文化取向与包括宗教和政治态度的更广泛的意识形态体系联系起来。

18. 在法国样本中，69%的社会和文化专业人士宣称自己处于政治光谱的左翼，美国对照组中的50%是如此。另一方面，有72%的法国营利型劳动者将自己定位于政治光谱的右翼或中间，美国营利型劳动者中有69%是如此。美国的社会和文化专业人士比法国对照组的态度更加分裂，因为他们中有50%的人位于政治光谱的中间或右翼，而法国社会和文化专业人士中的这一比例为31%。

19. 他们在这类边界上的平均得分为3.7，而营利型劳动者的平均得分为3.1。详见附录四，表A.4。

20. 这个群体在社会经济量表上的平均得分为4.0，而社会和文化专业人士的平均得分为3.6。职业总类与文化边界在0.001的显著性水平上的顺序变量相关性为-0.22，社会和文化专业人士在这方面的表现更为显著。

21. 在社会经济边界的显著性水平为0.04时，职业总类与社会经济边界之间关系的顺序变量相关性为0.16。这意味着在我们的样本中，营利型劳动者划定文化边界的可能性低于社会和文化专业人士划定社会经济边界的可能性。对管理专业人士进行的现有研究发现，与私营部门的对照组相比，非营利部门的经理人不太可能受到来自经济成功的高度激励。参见Rawls, Ullrich, and Nelson, Jr., "A Comparison of Managers

Entering or Reentering the Profit and Nonprofit Sectors"。
22. 这些群体在道德量表上的总平均分相同，均为3.3。顺序变量相关性在这个维度上并不重要。早先的研究表明，专业人士在个人道德问题（堕胎、性道德、离婚和一般道德自由）方面的态度通常比企业主管更倾向于自由主义（参见 Brint, "The Political Attitudes of Professionals"）。如果把大多数社会和文化专家算作是专业人士，而营利型劳动者既包括企业主管，也包括专业人士，我们只能得出结论，我们的研究结果不支持这些早期研究的结果，即假设道德量表上的分数能反映对个人道德的态度。
23. 这些模式不能完全用各类受访者的社会流动轨迹差异来解释：向上流动的营利型劳动者与社会和文化专业人士的数量存在细微的差异，因为56%的营利型劳动者属于向上流动的，而社会和文化专业人士中的这一比例为47%。
24. 两个群体中分别有98%和21%的人划定了强有力的文化边界。前面的说法并非赘述：例如，人们不一定要是知识分子、精雅或学富五车，如果他强调才智和自我实现，就可以在文化量表上排名靠前。知识分子与划定文化边界之间的关系在0.001的显著性水平上为0.85，与划定社会经济边界之间的关系在0.022的显著性水平上为0.22；与道德边界的关系微乎其微。
25. 在巴黎，第一、第二类社会和文化专业人士中属于低收入类（即他们的家庭总收入每年低于289000法郎）的分别为38%和29%；只有1%的巴黎自雇者和20%的薪金制的营利型劳动者的收入相对较低。在克莱蒙费朗，这两种职业总类之间的对比更为显著，其中第一、第二类的社会和文化专业人士分别有85%和57%处于最低收入范围，而在这两类营利型劳动者中这一比例为20%。同样，在印第安纳波利斯，这些比例分别为7%、17%、0%和11%，美国将最低收入类别定为低于49000美元。在纽约，只有社会和文化专业人士属于最低收入群体。详见附录一。
26. 在《区分》（*Distinction*）一书的第310页中，布迪厄指出，社会和文化专业人士比高管更重视文化。他通过跨职业群体拥有的经济和文化资本的数量，而不是他们与经济理性的关系或其市场地位来解读其划界工作的差异。这些不同因素对划界工作的相对影响需要实证研究来评估。
27. 见附录四，表A.5。第一类群体的文化边界得分平均略强于第二类：

有66%的人在此量表上得分为4或5，而第二类中这一比例为51%。另一方面，第二类的成员与第一类相比，他们在社会经济方面的排他程度略强，其中有68%在社会经济量表上得分为4或5，而第一类中的这一比例为43%。值得说明的是，这些百分比和以下各页中的百分比基于的受访者数目相对较小。

28. 因此，埃弗里特·C.拉德（Everett C. Ladd）发现，医生和律师在"新自由主义"量表上的得分仅次于社会和文化专业人士。参见 Ladd, "Pursuing the New Class Social Theory and Survey Data"。

29. 70%的人在这个量表上得分为4或5，而在第三类中有相同得分的占比为63%。对自雇的营利型劳动者的访谈部分反映了边界工作中的这些模式。尤其是其中许多人通过提及适当的社会经济标准，表达了自己相比薪金制的营利型劳动者的优越感。例如，他们常常认为自己比薪金制的对照组拥有更多的权力，因为能够避开公司政治。

30. 只有在法国，薪金制的营利型劳动者的文化边界比自雇的劳动者的文化边界更强。在美国，只有6%的人在文化量表上得分4或5，第四类中有相同得分的人占27%（在法国这些数字分别为40%和55%）。

31. 值得说明的是，布林特基于调查数据研究了社会和文化专业人士反商业态度的强度，并由此分析了社会和文化专业人士与营利型劳动者之间的对立强度。他发现，有关新阶级的文献过分夸大了对立的强度。参见 Brint, " 'New Class' and Cumulative Trend Explanations of the Liberal Political Attitudes of Professionals"。

32. Brint, "Is the US Pattern Typical? The Politics of Professionals in Other Industrial Democracies."

33. 其中67%的人得分为4或5，而美国的社会和文化专业人士中有相同得分的比例为52%。各类人群的边界量表得分详见附录四，表A.5。

34. 他们在社会经济排他量表上的平均得分为2.9，而美国人为3.8。第一类社会和文化专业人士的国籍与社会经济排他之间的关系在0.06的显著性水平上顺序变量相关性为0.24。这表明美国的社会和文化专业人士在社会经济方面比法国对照组的选择标准更严苛。第二类受访者中这一相关性更强：在0.02的显著性水平上度量这一群体在国籍与划定社会经济边界倾向之间关系的顺序变量相关性为0.44。

35. 其中有50%的人在文化量表上得分为4或5，而美国人中这一比例为22%。如果仅考虑薪金制的营利型劳动者，则这种对比将更强烈：在0.001的显著性水平上度量该群体文化边界与国籍之间的顺序变量相关性为-0.51。对于第一、第二和第四类职业群体来说，国籍和文化排他的顺序变量相关性并不显著。
36. 法国营利型劳动者的这种更强烈的文化取向也反映在前几章讨论的他们对一般文化的辩护中。正如一位电子工程师令人信服地解释的："我们不应该有短板。没有什么比除了工作什么都不懂的人更糟糕的了。对这种人你无能为力。如果你想让为自己、为公司付出的收益最大化，不光是要雇用专业人士，良好的文化基础也很重要，不然人与人之间根本无法交流。专家的专长不应只是在技术和商业方面，还应包括一般意义上的文化……专家也许能把自己的一点事做好，但走不了太远。人必须要有更开阔的视野。"
37. 他们在社会经济量表上的平均得分为4.3，而巴黎人的得分为3.1，克莱蒙费朗人的得分为4.1。
38. 引用史蒂文·卡尔贝格（Steven Kalberg）的话："有时，由于纯粹偶然因素的排列组合，利益会凝结形成一个具有一致性的阶层，如果历史推动了另一种随机配置凝聚在一起，那么这个阶层可能就会进行一个特定的理性化过程。以公务员为例，在组织中典型的日常活动使他们进行了正式的理性化过程。而其他阶层经常进行与官僚所支持的相反的理性化过程，例如，当宗教知识分子提出实质性的理性化过程时。随着其他理性化过程的进一步载体在社会中按合法性秩序被制度化，这些理性化过程织成的迷宫不断演化。"（"Max Weber's Types of Rationality," 1172）
39. 受访者的社会轨迹是由邓肯的社会经济指数（Duncan's socioecnomic index），将他们的职业和受教育水平与其父辈的职业和受教育水平进行比较而确定的。受访者分为四类：向下流动的（占总样本的12%）、稳定的（35%）、轻微流动（10%）以及向上大幅流动的（42%）。
40. Daniel Bell, *The Coming Crisis of Post-Industrial Society*, 167—265. 在此期间，由于工业和商业集中度的增加，个体经营者的地位变得更加不稳定。这反映在我对自雇的专业人士和商人进行的一些访谈中。
41. 使用20世纪70年代初的数据，R. 埃里克森（R. Erikson）和J. H. 戈尔德索普（J. H. Goldthorpe）发现美国的代际流动性（intergenerational mobility）略高于英国。他们借助结构现象（structural phenomena）而非所谓美国例外论（American exceptionalism）解释了这种差异，尤其解释了为什么专业领域群体的较高增长率发生在美国（R. Erikson and J. H. Goldthorpe, "Are American Rates of Social Mobility Exceptionally

High? New Evidence on an Old Issue"）。他们在之前的研究中已经确定，英国人的流动率与法国人相似。参见 R. Erikson, J. H. Goldthorpe, and L. Portocarero, "Intergenerational Class Mobility in Three Western European Societies: England, France and Sweden"。

42. 值得说明的是，有些关于代内流动的研究表明，当所有阶层都被纳入考虑范围时，法国的向上流动性略高于美国。参见 Haller, Konig, Krause, and Hurz, "Patterns of Career Mobility and Structural Positions in Advanced Capitalist Societies: A Comparison of Men in Austria, France and the United States"。

43. 流动性与划定社会经济边界的倾向之间相关性较弱，在0.000显著性水平上为0.2。其他研究结果亦支持我们的发现，即向上流动的人比其他群体更强调社会经济边界。例如，迪亚娜·马戈利斯（Diane Margolis）写道，她的受访者大多来自蓝领家庭，这些人通常强烈地意识到社会流动性的重要性（*The Managers*, 91）。

44. 他们之中的70%划定了非常严格的社会经济边界，相比之下，有62%的人在一定程度上向上流动，有53%向下流动，还有36%是所谓稳定个体。

45. 四个研究地点中向下流动的参与者人数大致相等：他们占纽约和印第安纳波利斯样本的15%，巴黎和克莱蒙费朗样本的8%。

46. 其中59%的人划定了很强的文化边界。轨迹稳定的人中有63%的也是如此，但大幅向上流动的人和向上流动的人中分别只有33%和35%。我发现流动性和文化排他之间的关系较弱，在0.0001的显著性水平上，顺序变量相关性为-0.24。

47. 布迪厄提出，向上流动的人在道德上比其他人更排他。参见 *Distiction*, 333。

48. 在这些群体中，划定反社会经济边界的个人占比分别为22%、10%、11%和3%。凯瑟琳·纽曼在关于向下流动性的著作《陨落》中记录了中上阶层男性如何努力使他们的旧职业和个人身份与新身份相协调。由于她研究的是突然失业的男性，而不是相较于父辈的社会经济地位向下流动的男性，所以她的研究结果并不直接适用于我的男性受访者。

49. 受访者的流动性与其家庭占据中产阶级地位的时间长度之间有着非常强的负相关关系，在0.0001的显著性水平上为-0.63。

50. 从顺序变量相关性来看，受访者家庭处于中上阶层的时间与他们划定道德和社会经济边界的倾向之间没有显著关系。平均而言，有55%的第一代中上阶层受访者在道德量表上的得分为4或5，相比之下，第三代和第四代受访者中的这一比例为37%。两个群体在社会经济边界量表上得到4或5分的比例分别为60%和50%。

51. 只有32%的第一代中上阶层受访者划定了强有力的文化边界，而对家庭处于中上阶层三代以上的受访者来说，这一比例为78%。受访者家庭处于中上阶层地位的时间长度与他们所划定的文化边界强度之间在0.0001的显著性水平上相关性为0.31，在巴黎和印第安纳波利斯，第一代中上阶层受访者更多是营利型劳动者，而在纽约和克莱蒙费朗则相反。因此，第一代中上阶层的受访者体现出的边界模式不能用他们在一个职业总类中的集中程度来解释。

52. 这也反映在他们中的一些人倾向于强调技术专长和工具知识而不是高等文化素养。印第安纳波利斯的一位会计师的父亲是蓝领工人，他的态度就很典型："在大学里，我学文科课程只是为了满足毕业要求。我关注的重点基本上就是要拿到一个荣誉商科学位，我只专注于了解我所选择的领域，因而在毕业时能够准备就绪……我不想在象牙塔里花费不必要的时间。我完全准备好出去就业……学校似乎只是人生路上的一站，一个在你向终身事业进发之前停下来学习知识的地方。"

53. 凯查杜里安（Katchadourian）和波利（Boli）在关于斯坦福大学本科生人口情况的著作中谈到他们的发现，29%的事业型学生（careerist，即在我的术语中那些表现出最大程度社会排他的人）来自社会经济地位较低的家庭，相比之下，才智导向型学生中只有14%来自这种家庭。另一方面，20%的事业型学生来自社会经济地位高的家庭，相比之下，更偏才智导向型的学生中有36%来自此类家庭（*Careerism and Intellectualism among College Students*, 93）。这说明第一代中上阶层对知识的看法更偏重工具性，而且较少将才智成就本身视作目的。

54. 包容度与受访者家庭属于中上阶层的时间长度之间的相关性在0.005的显著性水平上为-0.16。

55. 为了仅考察对比最明显的划界模式类型，此分析侧重于第一代和第三代中上阶层受访者，而忽略了第二代中上阶层受访者。

56. 其中有78%的人在文化量表上得分4或5，而属于第一代中上阶层的受访者中这一比例为32%。同样，国民模式强化了一些群体的特定模式，巴黎受访者中有93%为第三代中上阶层成员，他们在文化量表上比其他人更常得到4分或5分。在克莱蒙费朗人中这一比例为70%，纽约人中为70%，在印第安纳波利斯人中，令人惊讶地达到了80%。布迪厄在《区分》一书中的第265页强调了第三代中上阶层成员的文化排他，讨论了他们的享乐主义态度。也请参见 Boltanski, *Les cadres*, 125。

57. 科尔曼和瑞恩沃特指出，社会经济地位较高的人在评估地位时更有可能考虑职业声望、家族历史、公民活动、文化风格与水平以及在高等地位社交圈的会员身份，而其他受访者更关注经济成功（参见 *Social Standing in America*, 49 and 79）。这支持了我们的发现，即中上阶层的第三代成员在文化上更排他。

58. 有关该群体文化的描述，参见 Mantoux, *BCBG: Le guide du bon chic bon genre*。

59. 这项研究对英格尔哈特在《静悄悄的革命：西方民众变动中的价值与政治方式》(*The Silent Revolution: Changing Values and Political Style among Western Publics*) 以及最近出版的《发达工业社会的文化转型》中有关后物质主义价值观的论述具有重大启示。尽管我不能在这里展开叙述，但这足以说明英格尔哈特的调查项目不必要地限制了物质主义者和后物质主义者之间的对立范围。此外，他的研究没有充分考虑道德在塑造政治态度中的作用。

第七章

1. 对于强调社会经济边界的个人来说，地位和自尊是一回事。但这一规律可能无法应用在道德边界和文化边界方面。关于这个主题尚须做更多的研究。

2. 关于此话题，也请参见雪莉·奥特纳（Sherry Ortner）的著作，她研究了阶级差异如何在被转移到其他领域（例如性话语领域）的过程中完成再生产的。例如，她指出，在中产阶级家庭中，父母会贬低与工人阶级相关联的性态度，从而强化了中产阶级的文化。特别参见她的"Reading America: Preliminary Notes on Class and Culture"。

3. Bowles and Gintis, *Schooling in Capitalist America*, 102—124. 这两位作者指出，社会经济背景比智商更能预测经济成就。

4. 根据基尔霍夫（Kerckhoff）的说法（*Socialization and Social Class*, 46），中产阶级的父母特别关注孩子的心理发展，这一点可从他们经常使用讲道理和积极强化技巧（如表扬）中得到证明。相比之下，工人阶级的父母更多地使用权力，表现出更关注孩子表面的遵从。

5. 一般来说，工人阶级往往表现出强烈的反智倾向，对高雅文化也不感兴趣（Jeffries and Ransford, *Social Stratification: A Multiple Hierarchy Approach*, 124－126; Gecas, "The Influence of Social Class on Socialization," 391; and Halle, *Americas Working Man*, 48）。
6. 与中产阶级成员相比，工人阶级成员传递抽象信息的能力较差：他们无法与物质需求和经济紧缺拉开距离，因而倾向于以具体和直接的方式看待世界。莱昂纳德·沙茨曼（Leonard Schatzman）和安塞尔姆·斯特劳斯（Anselm Strauss）是最先在其文章"Social Class and Modes of Communication"中阐述这种差异的人。其他社会学家也指出了中产阶级和工人阶级的父母在培养孩子的语言和认知能力以及推理能力方面的差异。参见 Kerckhoff, Socialization and Social Class, chap.7; Kohn, "Cross-National Research as an Analytic Strategy;" and Heath, *Ways with Words*; Basil Bernstein, *Class, Codes and Control*。
7. 一个人在社会分层体系中的地位与其工作的结构性要求（structural imperatives）有关，而结构性要求又与个性的组成部分有关。中产阶级成员更重视自我导向，因为想要做好专业和管理领域的工作，这一性格特质是必不可少的。参见 Kohn, Naoi, Schoenbach, Schooler, and Slomczynski, "Position in the Class Structure and Psychological Functioning: A Comparative Analysis of the United States, Japan and Poland"。值得一提的是，阶级规模对价值观的影响相对较小。然而，杰伊·麦克劳德（Jay Macleod）在《无法实现》（*Ain't No Making It: Leveled Aspirations in a Low-Income Neighborhood*）一书中表明，与20世纪50年代的研究结论相比，工人阶级的成员目前更具抵抗力，而且也不那么循规蹈矩了。
8. 关于中产阶级和工人阶级家庭中的平等主义，参见 Jeffries and Ransford, Social Stratification, 124－126。关于工人阶级和下层阶级当前的取向，参见 Schatzman and Strauss, "Social Class and Modes of Communication"。最后，关于工人阶级的理性行动，参见 Schneider and Smith, *Class Differences in American Kinship*, chap. 4。
9. 正如哈利在《美国工人》一书中指出的那样，工人阶级的成员往往比中产阶级成员的职业导向（career-oriented）更弱，人本导向（person-oriented）更强（第50页）。然而，我们也发现了一些与此矛盾的证据。例如，在《美国人对阶级的看法》（*The American Perception of Class*）一书中，范尼曼（Vanneman）和加农（Cannon）发现工人阶级的男性看不起以"文牍"为生的中产阶级白领劳动者，认为他们做的不是"真正的工作"。桑内特（Sennett）和科布（Cobb）在《阶级中的隐伤》（The Hidden Injuries of Class）一书中也提到了类似的观点。

10. 有关该文献的评论，参见 Bronfenbrenner, "Socialization and Social Class through Time and Space"。

11. Macleod, *Ain't No Making It*, 117. 这种对成就意识形态的拒绝与工人阶级成员经常被迫做重复性工作有关。参见 Jeffries and Ransford, *Social Stratification*, 124—126，作者引用了 Albert K. Cohen and Harold M. Hodges, "Characteristics of the lower Blue-Collar Class"的内容。关于人们如何采用不切实际的成就模型，参见 Powers, *Second Class Finish: The Effect of a Working Class High School*。

12. Kerckhoff, *Socialization and Social Class*, 45; Hyman, "The Value Systems of Different Classes," 492.

13. James A. Davis, "Achievement Variables and Class Cultures," 584.

14. Mary R. Jackman and M. J. Muha, "Education and Intergroup Attitudes"; and Stouffer, *Communism, Conformity and Civil Liberty. A Cross-Section of the Nation Speaks Its Mind*.

15. 史蒂文·布林特认为，比起对非专业性劳动者和企业高管来说，公民自由问题对于专业人士来说更为重要。在与选择和自我表达自由相关的问题上尤其如此，包括性道德、离婚和堕胎。参见 Brint, "The Political Attitudes of Professionals," 389；也请参见 Lipset, *Political Man*。

16. 这种"文化原教旨主义"还为酒精和色情品的使用、同性恋者的权利以及"崇尚家庭"和"体面行为"问题提供了指导方针。参见 Wood and Hughes, "The Moral Basis of Moral Reforms Status Discontent vs. Culture and Socialization as Explanations of Anti-Pornography Social Movement Adherence," 89。道德保守主义也同阶级之外的因素有关（如年龄、居住地区和居住城市的规模等）。

17. 胡尔曼（Hurrelmann）在《社会结构与人格发展》（*Social Structure and Personality Development*）一书中，对假设社会和物质生活条件具有阶级特定轮廓的有效性提出疑问。他认为，在过去的三十年里，阶级特殊性已经消失了。

18. 有趣的是，根据范尼曼和加农的说法，美国中产阶级的包容度很强，倾向于将技术熟练和富裕的蓝领工人吸收进广泛的中产阶级，而工人阶级则明确地将自己与专业人士和经理人区分开来。参见 Vanneman and Cannon, *The American Perception of Class*, 284。

19. 这些阶级差异中的大多数在法国语境中可能存在，甚至更加突出。关于法国工人阶级文化的文献表明，与美国相比，法国工人阶级与中产阶级和中上阶层的文化差异更大。

20. 由于篇幅限制，我无法在此详细研究这些文献。有关评论详见 Lamont and Wuthnow, "Betwixt and Between"。也请参见下文对布迪厄著述的讨论。

21. 安东尼·吉登斯（Anthony Giddens）的结构二重性（duality of structure）概念描述了微观层面互动的意外结果造成宏观层面的不平等的过程。参见 Giddens, *The Constitution of Society: Outline of a Theory of Structuration*, chap.1。

22. Durkheim, *The Elementary Forms of Religious Life*, 260。以印第安纳波利斯的一位59岁林业员的评论为例，我们可以看到集体分类效应（collective classificatory effects）预设了地位信号的共同定义。这位受访者谈到自己对含义不详的信号漠不关心："有一次我遇到一位医生，我们要去某个地方，他说他要开辆欧宝去。直到现在，我也不是十分清楚，但我大体上知道欧宝应该是，你懂的，有钱的人开的车。他当时说这个对我来说毫无意义。我宁愿开我的皮卡……所以，这并不说明什么。"

23. 鉴于美国的道德制约传统，尤其是原教旨主义在美国的影响，美国的道德边界可能会更加分明。而在法国，严格意识形态的两极分化传统亦可被解读为道德僵化的标志。

24. 包容度和频繁划定道德边界的可能性之间的相关性属于中强，在0.01的显著性水平上，顺序变量相关性为0.25。包容度与社会经济边界及文化边界之间的联系很不显著。

25. 这可采用伯杰（Berger）和泽尔迪奇（Zelditch）的试验性技巧来研究。他们用此方法研究了先赋特质对工作绩效和期望的影响。参见 Joseph Berger and Morris Zelditch, eds., *Status, Rewards, and Influence*。关于使用特定线索群将明确或模糊的地位特征分配给自我或他人的过程，也请参见 Nemeth, "Reflection on the Dialogue between Status and Style"。

26. 涉及该主题的研究包括 Mehan, "Beneath the Skin and between the Ears, A Case Study in the Politics of Representation"; and Mehan, "Understanding Inequality in Schook The Contribution of Interpretive Studies"。也请参

见 Lareau, "Uncovering the Capital in Cultural Capital, Social Class and the Construction of School Careers"。需要注意的是，布迪厄的早期工作并没有具体分析高等地位信号如何转化为社会收益，他只证明了文化资本与社会成就之间存在关联。

27. 最被广泛引用的评论之一是 Sen, "Rational Fools: A Critique of the Behavioral Foundations of Economic Theory"。有关新古典经济学的最新社会学评估，参见 Block, *Postindustrial Possibilities, A Critique of Economic Discourse*, esp. chap.2。还有一篇超越了批判标准的评论文章：Zelizer, "Beyond the Polemics on the Market: Establishing a Theoretical and Empirical Agenda"。

28. 在此我主要关注的是那些研究经济的理性选择理论家而非研究社会学问题的人。在我看来，理性选择理论促使人们试图将最大化逻辑普遍化到生活的所有领域，这些理论家，如加里·贝克尔（Gary Becker），提出了一种人类行为模式，它过于普遍，以至于失去了分析的效用。

29. 从理性选择的角度来看，利他主义及倡导应从自利的角度来解读，但不是用遵循普世主义而非个人主义逻辑的道德价值观来解释。关于这一点，特别参见 Paul Hirsch, Stuart Michaels, and Ray Friedman, " 'Dirty Hands' versus 'Clean Models': Is Sociology in Danger of Being Seduced by Economics?"。也请参见 Etzioni, *The Moral Dimension: Toward a New Economics*, 34; and Wolfe, *Whose Keeper?* 32。关于来自社会学的辩护，参见 Friedman and Hechter, "The Contribution of Rational Choice Theory to Macrosociological Research"。

30. 关于这个主题，参见 Granovetter, "Economic Action and Social Structure: The Problem of Embeddedness"。也请参见 Dobbin, *States and Industrial Cultures*。

31. 日益扩大的经济社会学领域的目标之一是，分析"个人如何在更多金钱与更多休闲的相对价值之间进行权衡"，并批评那些持有"自然化的经济观，忽视了行为的文化背景的经济学家"。参见 Block, *Postindustrial Possibilities*, 23 and 28。

32. 假如分析一下最具影响力的新古典经济学家的个人社会轨迹，看他们是否与高度重视经济最大化的个人具有相同的社会经济特征，结果将会很有趣。

33. 结构主义者通常将他们的观点与唯意志论的理论对立起来，以此强调获得各种资源（例如，国家能力、社会网络、财产、军事力量）的途径如何塑造社会行动，尤其是阶级、中心与边缘、国家与社会之间的动态变化。他们的文化概念是位于独立主观的个人世界观中，而非广泛共享的文化剧目中。因此，他们的文化观本质上是结构主义的。对于这种观点的批评，可参见休厄尔（Sewell）对西达·斯考切波（Theda Skocpol）革命理论的分析，在"Ideology and Social Revolutions: Reflections on the French Case"（第61页）中，休厄尔认为斯考切波这样的结构主义者应该将文化视为"匿名的、集体的、建构的社会秩序"。

34. 在此我再次借用休厄尔的一个论点，他认为将资源转化为权力和社会行动基础的是"指导运用资源的模式（心理结构）"。"任何资源排列都能够以不同的方式被解释，从而赋予不同行为者权力"。参见Sewell, "Toward a Theory of Structure Duality, Agency and Transformation"。

35. 也请参见休厄尔对查尔斯·蒂利著述的批评，"Collective Violence and Collective Loyalties in France: Why the French Revolution Made a Difference"。值得注意的是，休厄尔的论点直接建立在一种活跃的、对马克思主义既批判又共情的文化主义传统之上，这在某种程度上是由林恩·亨特（Lynn Hunt）、罗杰·夏蒂埃（Roger Chartier）、E. P. 汤普森（E. P. Thompson）、马歇尔·萨林斯（Marshall Sahlins）和娜塔丽·泽蒙·戴维斯（Natalie Zemon Davis）等人的工作所定义的。社会学家中，也请参见杰弗里·亚历山大最近的著述。

36. 萨默斯（Somers）在"Political Culture, Property, and Citizenship An Epistemological Exploration"一文中提出了另一个论点，即结构和文化的首要地位不应成为预设，而应逐案调查。

37. 虽然我的批评只涉及这几个关键点，但分析是在阅读布迪厄1988年前发表的全部著作以及后来发表的部分著作后得出的。

38. Bourdieu, "Social Space and Symbolic Power."

39. 由此我们可以得出结论，一方面，社会轨迹与社会地位之间的对应关系越大，另一方面，品位之间的对应关系越大，文化选择就越会直接转化为社会不平等的再生产。需要注意的是，布迪厄并未使用符号边界的概念。然而，符号边界的概念隐含在他对合法文化的讨论和对领域之间边界制度化的分析中。

40. Bourdieu, *Distinction*, 194, 246, 247 and 250.

41. 布迪厄在其早期著作中批评结构主义未认识到文化体系是反映权力领域动态的差异体系，亦即特定群体施行容纳、排斥、融合原则以及有利于自己的区分能力。参见"Genèse et structure du champ religieux"。

在《实践的意义》(*Le sens pratique*) 一书中,布迪厄甚至写道,他对结构主义的唯一贡献"源于阐述……关系思维和转型思维的逻辑……并明确它可以在何种条件下,超越文化系统之外,应用于社会关系本身(即社会学)"(第12页,由本人译为英文)。

42. 布迪厄仅提出逻辑上的差异化会导致社会分化,并没有说明这种从逻辑到社会的转变是如何发生的。参见他的文章 "Genèse et structure du champ religieux"(第297页)。

43. 由于布迪厄与凡勃伦相反,认为区分策略是无意识的,而且刻意寻求区分的情况相对较少,所以他不太可能关注到类似我的受访者关于包容态度的陈述。对他来说,区分自然而然地产生于不同类别的人与自己的身体、语言、文化等的不同关系。在我看来,这种机制确实会起作用,但仅适用于相对来说有品位的人(参见他的 "Social Space and Symbolic Power," 17 and 20)。

44. 同样,布迪厄非常批判主观主义(subjectivist)的进路,这些进路将社会世界简化为表征对它的展现。对他来说,社会生活的起因存在于意识之外,因为人们对自己行为的理解必然是不充分的:他们参与到具有特定位置的结构化关系网络(即权力场域)中,使他们对现实无法获得整体的(也就是非局部的)理解。在一篇题为 "Structuralism and Theory of Sociological Knowledge" 的早期文章中,布迪厄写道,"人类学家不相信主体对自身处境的表征,也不会接受他们在字面上对自己行为的错误解释;而另一方面,他又非常认真地对待这种表征和理性化的解释,试图发现其真正的基础"(第705页)。关于这个主题,也请参见 Bourdieu, *Le sens pratique*, chap.2。

45. 我对主观边界价值的立场与布迪厄的不同。在我看来,个人对现实的感知必须从表面上来解读,并且应该根据这些感知本身来研究,尤其是想要理解符号边界的话。这些感知是使客观边界得以产生的主观条件;只有当个人将某些特定定义为低等地位时,这些特征才能被真正用来排除其他人获得资源的机会。

46. 关于权力场域和社会空间的概念,参见 Bourdieu, "Social Space and Symbolic Power"。

47. "一个能够'开创时代'、建立崭新领先地位的群体的出现,伴随着在既定场域内,相互对立的临时等级化地位结构的位移。"参见 Bourdieu, "The Field of Cultural Production or the Economic Word Reversed," 340。

48. 我同意约翰·霍尔(John Hall)和休厄尔等人的观点,即布迪厄的元理论体系需要一个更加"多元、偶然且分化的社会和结构概念"。参见 Sewell, Jr., "Toward a Theory of Structure," 28; John Hall, "The Capital (s) of Culture: A Non-Holistic Approach to Gender, Ethnicity, Class and Status Groups"。

49. 权力场域的概念需要定义群体的边界，而这种定义通常是武断的，因为很少有群体具有绝对的自然边界。此外，重建权力场域的结构需要使用对应分析并将符号现实缩小为内置于这种研究技术中的两极格局（bipolar structure）。出于分析的目的，我们尚须及时冻结虚拟权力场域的一部分。

50. 关于这一点，参见 Lamont and Lareau, "Cultural Capital"。虽然布迪厄的文化资本理论并不完全清晰，该文仍试图从布迪厄的各种著作中对其进行重构。

51. 换句话说，他们进行道德投资是因为他们没有能力投入任何其他类型的资源。布迪厄还认为，强烈的道德感是工人阶级的特征，他写道，虽然资产阶级可以通过纯粹的审美范畴来欣赏艺术，但工人阶级"在他们的所有判断中经常明确地提到道德规范或宜人性"（Bourdieu, Distinction, 41）。布迪厄将唯美主义与道德不可知论联系起来，含蓄地认为道德主义是低等地位的一种信号。

52. 特别参见 Bourdieu, "Le mort saisit le vif: Les Relations entre l'histoire réifiée et l'histoire incorporée," 6。

53. 利他主义研究清楚地表明了日常生活中非经济因素的重要性。关于这一点，参见 Wuthnow, Acts of Compassion: Caring for Others and Helping Ourselves。

54. 布迪厄淡化道德重要性的另一个迹象是，虽然他非常关注符号资本，将其定义为一种神圣的力量，或是一个人因其合法社会地位而拥有的信用，但他将这种权威基于经济和文化资本而非道德纯洁或尊重之上。参见他的文章 "Social Space and Symbolic Power," 21。

55. 更具体地说，那些积极向上流动（新"小资产阶级"）或向下流动（小店主和手艺人）者强调禁欲价值观（即勤奋和节俭），以作为实现流动目标的一种手段。此外，向上流动者拒绝向下流动者在宗教、性和政治上的保守主义，而倾向于支持一种以个人需求为中心的心理上的道德途径，而向下流动者在道德上是压制性的，在政治上是保守的，他们"急于维护家庭道德和社会各方面的秩序，并投入反抗道德恶化的力量"（第435页）。

注 释

56. 我的样本不包括小店主或手艺人。唯一在流动性与道德边界之间存在显著关系的地点是印第安纳波利斯，与其他群体相比，绝大多数向上流动者对道德边界的重视程度非常低。在0.01的显著性水平上相关性为-0.38。
57. Bourdieu, *Distinction*, 331.
58. 出处同上，第414、第445、第468页。值得指出的是，布迪厄用来收集道德偏好数据的问卷内容仅包含与道德评价间接相关的有限主题，诸如室内装饰、家具、食品、衣服的偏好，除了对朋友欣赏的品质进行了较直接的道德探索（第261页）。
59. 在布迪厄关于感知和欣赏范畴的早期著述中，提到教授通过这些范畴塑造学生的形象及其价值观，这为高等地位信号的多维视角开辟了可能性。然而，这种可能性已被充分探索了。参见Bourdieu and St-Martin, "Les catégories de l'entendement Professoral"。
60. Bourdieu, *Le sens pratique*, chap.2. 但应当注意，布迪厄对理性选择理论持批评态度，因为这一理论提出了一种形式的唯意志论行动主义（voluntarist activism），过分强调个人行动的自主性，而不认为个人在很大程度上受其所处"权力场域"的约束。布迪厄还批评理性选择理论暗示个人是有意识地采取策略，而非被自身必然参与的权力场域的逻辑所驱使。参见他的"Le mort saisit le vif," 6。他还比理性选择理论家更强调象征性利润，后者则更关注经济利润。
61. Bourdieu, *The Algerians*, 9. 以及他的"Le mort saisit le vif," 6。
62. 虽然阿克塞尔·霍耐特（Axel Honneth）等人认为布迪厄夸大了效用最大化的重要性，但他们没有提供实证证据来证明这一假设是没有根据的。参见Honneth, "The Fragmented World of Symbolic Forms: Reflections on Pierre Bourdieu's Sociology of Culture"。
63. 布迪厄可能会争辩说，他的"概率因果"（causality of probability）概念表明，个人会考虑到自身资本和结构地位，将"必要"的东西定义为受欢迎的，因此人们并不会对社会经济地位给予同等的重视。这一概念再次暗示，必要性，即物质上的需要，塑造了现实，并间接地将社会经济利益置于其他类型的利益之上。
64. 关于这一点，特别参见Collectif, "Révoltes logiques," *L'empire du sociallogue*。
65. 基于受教育水平的排他可被视为文化边界的代表。有趣的是，罗伯特·V.罗宾逊（Robert V. Robinson）和莫里斯·格兰尼尔（Maurice

Granier）已经指出，教育对法国阶级再生产的影响比再生产理论所提出的要弱得多。参见其文章"Class Reproduction among Men and Women in France"。
66. 在《区分》一书中，布迪厄强调巴黎人比居住在"外省"（如第265页和第363页）的人拥有更多的文化资源，但他的研究设计再次假定文化边界（即文化区分）在整个法国文化中占据中心地位。有些人可能会认为，如果说布迪厄在书中忽略了道德地位信号，那是因为这项研究关注的是文化品位在法国分层体系再生产中的作用。这种反对意见并不成立，因为布迪厄在书中多次明确指出，他的目标是解释道德和审美倾向。
67. 值得注意的是，布迪厄在《区分》的序言中承认法国和美国文化不同，法国文化更为同质。
68. 我发现文化边界和智性主义之间的相关性异常强，在0.001的显著性水平上为0.85。
69. 我访谈的巴黎人是最不关心道德边界的群体。至于纽约人，其中38%的人在道德量表上得分为0、1或2，而在克莱蒙费朗人和印第安纳波利斯人中这一比例为17%（附录四中的表A.5）。
70. 我访谈的知识分子划定了很强的社会经济边界，顺序变量相关性为0.22（显著性水平为0.001）。
71. 我发现智力和包容度之间有很强的负相关性。这一相关性在巴黎的数值为-0.51（显著性水平为0.01），在克莱蒙费朗为-0.32，在纽约为-0.21，在印第安纳波利斯则为-0.24。
72. 例如，布迪厄使用调查数据表明，衰落的小资产阶级、向下流动的手艺人和小店主喜欢资产阶级文化的"降级"（déclassé）作品，如"蓝色多瑙河"（第350页），而"白手起家者"（autodidact）则非常重视级别较低的文化形式（*Distinction*, 329；也请参见第359页和第363页）。
73. 他批评文化的反映论（reflection theories），因为它们假定文化与社会之间存在直接的反映（Bourdieu, *Question de socialiogie*, 208）。然而，我们在他的著述中发现了一种反映论的或同源性的逻辑：他写道，一些艺术家能够依靠更好的经济保障和广泛的社会网络而创作出大胆的作品，欣赏相同文化产品的文化生产者和消费者占据着同样的社会地位（Bourdieu, "The Field of Cultural Production," 325 and 349），而且艺术领域的结构决定了人们从事的文化实践（Bourdieu, "The Production

of Belief: Contribution to an Economy of Symbolic Goods")。
74. Bourdieu, *Distinction*, chapter 5.
75. Bourdieu, *Outline of a Theory of Practice*, 83.
76. 在《实践理论大纲》(*Outline of a Theory of Practice*)一书中，布迪厄定义了决定惯习的层次，但未提到远因结构因素。他着重研究了"互动主体在社会结构中的客观地位之间关系的客观结构（例如，竞争关系或客观对抗关系，或权力和权威关系等）"和"在年龄、权力、声望和文化的等级制度中个体相对位置的结构"（第25页）。他还将这些层次定义为"客观地依附于社会和经济条件的统计学机会"（该书注200），以及韦伯式（Weberian）意义上的个人生活机遇，例如，他或她基于自己的社会地位而接受高等教育的机会（第21页）。在其他部分中，布迪厄还将决定文化的因素定义为固定就业与固定收入，亦即与物质必需之间的距离。参见Bourdieu, *Algeria 1960*, 49。
77. 虽然布迪厄认为经济和文化因素在法国社会中具有最大的差异化和分类的力量，但他也承认其他划分原则的重要性。比如，他也指出了族裔、宗教和国籍的潜在重要性。参见"Social Space and Symbolic Power," 19。
78. 有关平等的多维性和等级化标准的详尽讨论，也请参见Walzer, *Spheres of Justice: A Defense of Pluralism and Equality*。
79. 这种方法完善了新涂尔干主义的研究，新涂尔干主义研究倾向于关注文化规范本身的内容，而不是将其与产生它们的社会群体结构联系起来，可以参见Wuthnow, *Meaning and Moral Order*。这一方法还完善了道格拉斯将符号系统的精细程度与群体结构和凝聚力联系起来的研究成果。
80. 符号互动论者（symbolic interactionists）长期以来一直表明，我们通过定义我们不是谁来定义我们是谁，而这两个过程是同时发生的。近年来，许多人开始对边界感兴趣，因为它是一种实证符号冲突的手段。例如，在《屠猫狂欢：法国文化史钩沉》(*The Great Cat Massacre and Other Episodes in French Cultural History*)一书中，达恩顿（Darnton）展示了18世纪时杀死一只宠物猫的事件如何造成了资本家和他的工人之间边界的戏剧性逆转。此外，在《法国近代早期的社会与文化》(*Society and Culture in Early Modern France*)一书中，娜塔莉·泽蒙·戴维斯证明社会类别（女性和男性、神职人员和世俗人士）之间边界的加强和削弱如何改变了16世纪法国的象征秩序（symbolic

order)。

81. 人类学研究也出现了类似的进展。例如，玛丽·道格拉斯在其极具影响力的著作《洁净与危险》(*Purity and Danger*)中讨论了击溃和违反概念边界的危险，并分析了概念边界如何被用来维持象征秩序。其他通过研究仪式来探究边界和污染等其他现象的文化人类学研究还包括特纳（Turner）的《仪式过程》(*The Ritual Process*)，阿帕杜莱（Appadurai）的《物的社会生命》(*The Social Life of Things*)，以及奥特纳的《通过仪式成为夏尔巴人》(*The Sherpas through their Rituals*)。

82. 对这些文献的回顾，参见 Jones and Pittman, "Toward a General Theory of Strategic Self-Presentation," 233, Goffman, *The Presentation of Self in Everyday Life*。关于自我认同的社会心理学研究方法，参见 McCall and Simmon, *Identity and Interaction: An Examination of Human Association in Everyday Life*。

83. 参见 Jackman and Jackman, *Class Awareness in the United States*。如果美国人最常使用与阶级或职业身份无关而与人格特质有关的词语来描述自己和自己的同类（参见 W. Lloyd Warner et al., *Yankee City*），那么，这种公开的表达就不应仅被视为妨碍社会学研究的"噪音"或伪意识的证据。

84. Faunce, "On the Meaning of Occupational Status"; and "Occupational Status-Assignment Systems The Effect of Status on Self-Esteem."

85. 特别参见艾利克斯·英格尔斯（Alex Inkeles）的相关著述。

86. 尽管20世纪60年代围绕贫困文化的辩论区分了结构性解释和文化（被理解为自然或心理）角度的解释，但这里使用的方法将阶级之间的文化差异视为结构性的差异，即由符号边界塑造的行为文化规则。事实上，与新涂尔干主义者、符号互动论者、现象学家和新制度论者一样，我认为文化是一种结构性约束形式。参见 Gonos, "'Situation' versus 'Frame': The 'Interactionist' and the 'Structuralist' Analysis of Everyday life"; and Arthur Frank, "Reality Construction in Interaction"。

87. 虽然本研究所依据的样本相对较少，但并不比广泛用于对世界体系的性质提出强有力实证论证的样本少。

88. 关于表面规则和深层规则之间的区别，参见 Sewell, Jr., "Toward a Theory of Structure"。为了说明这种区别，我们可以比较这两种情况，一是美国关于堕胎的辩论中的暴力行为（这是一个很有争议的话题），二是理所当然地将政治人物的私人性行为纳入公共领域（深层规则）。

注 释

89. 皮佐诺（Pizzorno）对边界和身份之间的关系进行了非常有趣的讨论，参见"On the Individualistic Theory of Social Order"。也请参见 Taylor, "The Politics of Recognition"。
90. 关于改变边界的可能性，有一篇非常有见地的讨论，参见 Wolfe, "Democracy versus Sociology: Boundaries and Their Political Consequences"。
91. 对于边界的局限性亦可进行跨阶级比较：鉴于中上阶层的文化更为同质化，并且不断受到媒体的宣传，加之高校教育日益标准化，中上阶层成员使用的边界可能比其他阶层更为坚固。相比之下，未受过大学教育者在社交中的同质性可能较低。
92. 我在此指的是，例如，围绕 James C. Scott, *Domination and the Arts of Resistance: Hidden Transcript* 一书的辩论。参见 Tilly, "Domination, Resistance, Compliance Discourse"; and Mitchell, "Everyday Metaphors of Power"。
93. 有趣的是，关于美国白人工人阶级文化的文献相对较少，主要数据源自20世纪50年代末和60年代初，亟须更新。而关于美国黑人工人阶级文化的研究很少，尽管关于黑人底层阶级和中产阶级的研究文献正在迅速扩充。
94. 参见 Harrison and Bluestone, *The Great U-Turn: Corporate Restructuring and the Polarizing of America*。也请参见 Reich, "The Secession pf the Successful"。
95. 关于这个话题，参见 Matthijs Kalmijn, "Status Homogamy in the United States"。

附录一

1. U.S. Department of Commerce, Bureau of Census, *Statistical Abstract of the United States*, table 666。1912—1986年，美国经理人的增长速度是总就业人数的两倍。参见 Hodson and Sullivan, *The Social Organization of Work*, 288。
2. Bidou, "L'évolution de la structure social-professionnelle en France depuis 1954," 175.
3. 美国的工程师人数在1950—1980年增长了183%，而法国的工程师人数在1954—1982年增长了238%。这些数字与非技术型经理人136%的增长率形成了鲜明对比（Crawford, *Technical Workers in an Advanced Society*, 2）。

4. Collins, *The Credential Society*; Craig, "The Development of Educational Systems"; Meyer, Ramirez, Rubinson, and Boli-Bennett, "The World Educational Revolution 1950—1970."
5. Doeringer and Piore, *Internal Labor Markets and Manpower Analysis*.
6. Cameron, "The Expansion of the Public Economy: A Comparative Analysis"; George M. Thomas and John Z. Meyer, "The Expansion of the State."
7. Fourastié, *Les trentes glorieuses*, 220.
8. Burris, "Class Formation and Transformation in Advanced Capitalist Societies: A Comparative Analysis."
9. Fantasia, *Cultures of Solidarity: Consciousness, Action and Contemporary American Workers*; Halle, *America's Working Man*; Komarovsky, *Blue Collar Marriage*; Macleod, *Ain't No Makin' It*; Mukerji and Schudson, "Popular Culture"; Rubin, *Worlds of Pain*; Sennett and Cobb, *The Hidden Injuries of Class*; and Shostak, *Blue Collar Life*.
10. Baltzell, *The Protestant Establishment: Aristocracy and Caste in America*; Barton, "Determinants of Economic Attitudes in the American Business Elite"; Bonfield, *U.S. Business Leaders: A Study of Opinions and Characteristics*; Cookson and Persell, *Preparing for Power*; Domhoff, *The Bohemian Grove and Other Retreats: A Study in Ruling-Class Cohesiveness*; Ostrander, *Women of the Upper Class*; Useem, *The Inner Circle*.
11. Claude Grignon and Christiane Grignon, "Styles alimentaires et goûts populaires"; Claude Grignon and lean-Claude Passeron, *A propos des cultures populaires*; Michel Pinçon, *Désarrois ouvriers*.
12. Le Wita, *Ni vue ni connue*.
13. Bidou et al, *Les couches moyennes salariées*; Grunberg and Schweisguth, "A quoi sert la sociologie empirique?"
14. Bourdieu, *Distinction*; Michelat and Simon, *Classes, religion et comportement politique*.
15. Parsons, "The Professions and Social Structure"；对此的评论可参见 Larson, *The Rise of Professionalism: A Sociological Analysis*。
16. Pavalko, *Sociology of Occupations and Professions*, chap.4.
17. Derber, *Professionals as Workers: Mental Labor in Advanced Capitalism*; Derber, Schwartz, and Magrass, *Power in the Highest degree: Professionals*

and the Rise of a New Mandarin Order; Larson, The Rise of Professionalism.
18. Kornhauser, with Hagstrom, Scientists in Industry: Conflict and Accommodation.
19. Bellah et al., Habits of the Heart; Newman, Falling from Grace; Reinarman, American States of Mind: Political Beliefs and Behavior among Private and Public Workers; Varenne, Americans Together; Gans, Middle American Individualism: The Future of Liberal Democracy. 最后一项针对中下阶层的研究主要是基于调查数据得出的。
20. Kanter, Men and Women of the Corporation; Jackall, Moral Mazes; Margolis, The Managers.
21. Bledstein, The Culture of Professionalism; Baritz, The Good Life: The Meaning of Success for the American Middle Class. 巴里茨（Baritz）等文化历史学家记录了美国中产阶级文化的形成过程：二战后，白人新教徒的上层阶级文化逐渐失去了凝聚力。（参见 Baltzell, The Protestant Establishment）同时，由于向服务经济的过渡以及20世纪50年代和60年代的经济繁荣，中产阶级文化得到巩固，在此过程中吸收了很多移民以及能够展示其专业能力的"有才华"的人。
22. Seeley, Sim, and loosley, Crestwood Heights; Cuber and Haroff, Sex and the Significant Americans. 其他人则追溯了中产阶级身份的一些核心文化维度，诸如个人主义、消费主义、物质主义和遵纪守法。这些价值观伴随着对进步、进取心、教育、乐观、成就和向上流动的信念，体现了美国中产阶级的整体文化。参见 Whyte, The Organization Man; Riesman, with Glazer and Denney, The Lonely Crowd; Mills, White Collar; Gans, The Levittowners: Ways of Life and Politics in a New Suburban Community。
23. 也请参见 Sennett, The Fall of the Public Man; and Lasch, The Culture of Narcissism: American Life in an Age of Diminishing Expectations，这两位作者探索了自恋和利己主义的话题。
24. Bazelon, Power in America The Politics of the New Class; Brint, "'New Class' and Cumulative Trend Explanations of the liberal Political Attitudes of Professionals"; Gouldner, The Future of Intellectuals and the Rise of the New Class: A Frame of Reference...; Lipset, The Political Man.
25. Abercrombie and Urry, Capital, Labor and the Middle Class; Barbara Ehrenreich and J. Ehrenreich, "The Professional-Managerial Class"; Burris,

"Capital Accumulation and the Rise of the New Middle Class"; Poulantzas, *Classes in Contemporary Capitalism.*

26. Daniel Bell, *The Coming Crisis of Post-Industrial Society*; Galbraith, *The New Industrial State*; Mills, *White Collar*; Touraine, *The Post-Industrial Society Tomorrow's Social History: Classes, Conflicts and Culture in the Programmed Society.*
27. 亦有少数值得注意的例外，例如 Brint, "'New Class' and Cumulative Trend Explanations of the liberal Political Attitudes of Professionals"; Martin, "From Class Challenge to Comfortable Collaboration?: The Politics of the Educated Middle Class in the United States, 1960—1980"; Wuthnow and Shrum, Jr., "Knowledge Workers as a 'New Class': Structural and Ideological Convergence among Professional-Technical Workers and Managers"; Macy, "New-Class Dissent among Social-Cultural Specialists"。
28. Boltanski, *Les cadres: La formation d'un groupe social*; Grunberg and Schweisguth, "A quoi sert la sociologie empirique."
29. Bauer and Bertin-Mourot, *Les 200: Comment devient-on un grand patron?*; Bourdieu and St-Martin, "Le patronat"; Harris and De Sedouy, *Les patrons.*
30. Birnbaum, Baruck, Bellaiche, and Marie, *La clsse dirigeante française*; Dagnaud and Mehl, *L'élite rose: Qui gouverne?*; Gaxie, "Les logiques du recrutement politique"; Suleiman, *Les élites en France.*
31. Lavau, Grunberg, and Mayer, *L'univers politique des classes moyennes*; Mayer, *La boutique contre la gauche*; Capdevielle et al., *France de gauche, vote à droite.*
32. Bourdieu and Passeron, *Reproduction*; Singly and Thélot, *Gens du privé, gens du public*; Boudon, *L'inégalité des chances.*
33. Debray, *Teachers, Writers and Celebrities*; Ross, "Where Have All the Sartres Gone?"; Hamon and Rotman, *Les intellocrates.*
34. U.S. Department of Commerce, Bureau of Census, *Statistical Abstract of the United States* 1987, 121.
35. Mermet, *Francoscopie*, 63.
36. 1986—1987年美国高等教育机构的平均本科学费、杂费和食宿费：公立四年制大学为4138美元，私立大学为10039美元（U.S. Department of Education, Office of Educational Research and Improvement, *Digest of Education Statistics 1989*, 283）。在法国，大学教育的年度费用最高为

注　释

1500法郎（约300美元），"大学校"之间的费用差别很大，从免费（但未来要完成国家的义务工作）到25000法郎（每年约5000美元）不等。
37. Magliulo, *Les grandes écoles*.
38. 美国精英学校名单是在Michael Useem and Jerome Karabel, "Pathways to Top Corporate Management"一文中使用的精英学校分类的基础上得出的。至于法国的学校，我采用了克劳福德（Crawford, *Technical Workers in an Advanced Society*, 142）提出的精英工程学院分类，以及 *Je vais en France 1989: Guide à l'intention des étudiants étrangers* 一书中的信息。
39. U.S. Department of Commerce, Bureau of the Census, *Statistical Abstract of the United States 1987*, 432.
40. Hodson and Sullivan, *The Social Organization of Work*, 288.
41. Institut national de statistiques et d'études économiques, *Données Sociales 1987*, 204.
42. Haller, "Positional and Sectoral Differences in Income: The Federal Republic, France and the United States," 176.
43. 出处同上，第189页。
44. 该系数度量一个国家离完全收入平等的差距。舒尔茨系数是经验式的相当于诸如基尼指数的收入不平等测量。参见 Kerbo, *Social Stratification and Inequality Class Conflict in the United States*, 164。
45. Villeneuve, "Les revenus primaires des ménages en 1975."
46. *Human Resources Management in France*, 4.4. 应该指出的是，法国受访者的配偶有全职工作的比例略高：这一比例在巴黎人中占62%，克莱蒙费朗人中占66%，而在印第安纳波利斯人中占59%，纽约人中占55%。
47. 基于收入的美国中产阶级、中上层阶级和上层阶级的定义差别很大。例如布莱克本（Blackburn）和布鲁姆（Bloom）的定义，在1983年（a）上层阶级家庭占总人口的12.8%，年收入超过41456美元（为全国平均收入水平的225%）；（b）中上层阶级家庭占总人口的14.2%，年收入在29840－41456美元之间（为全国平均收入水平的160%－225%）；（c）中产阶级家庭占总人口的23.1%，年收入在18426－29840美元之间（为全国平均收入水平的100%－160%）。（Blackburn and Bloom, "What Is Happening to the Middle Class?"）
48. 甘斯将美国中产阶级家庭定义为1984年的年收入在15000－37500美

元之间的家庭，其中包括位于美国人口收入排名前31%—71%的人（*Middle American Individualism*, 7）。在Ehrenreich, *Fear Falling*（第205页）一书中，作者将中产阶级定义为1984年的年收入在20000—50000美元之间的家庭。根据她的数据，中等收入家庭的比例从1973年的53%下降到1984年的不到48%。

49. 有关不同职业和经济领域职位的比较研究，参见Haller, Konig, Krause, and Hurz, "Patterns of Career Mobility and Structural Positions in Advanced Capitalists Societies: A Comparison of Men in Austria, France and the United States"。
50. Tyree, Semyonov, and Hodge, "Gaps and Glissandos Inequality, Economic Development and Social Mobility in 24 Countries," 416.
51. Gollac and Laulhe, "Les composantes de l'hérédité sociale: un capital économique et culturel à transmettre," 104.
52. Jackman and Jackman, *Class Awareness in the United States*, 73.
53. 有关专业人士职业阶级分类的分析，参见Brint, "The Occupational Class Identifications of Professionals Evidence from Cluster Analysis"。
54. 参见Pernoud, *Histoire de la bourgeoisie en France, vol.2: Les temps modernes*; Perrot, *Le mode de vie des familes bourgeoises*。
55. 法国政府为反映群体如何彼此区分而制定了新的社会专业术语，其中为我们提供了有益的信息，包括在法国语境中指代"专业人士、经理人和商人"的本国分类。法国命名法与美国人口普查（1985年）使用的命名法之间的主要区别在于，法国命名法的经理人类别有2个，而美国有7个。法国只有1个科学职业类别，而美国有4个。参见Desrosières, Goy, and Thévenot, "L'identitee sociale dans le travail statistique: La nouvelle nomenclature des professionals et catégories socialprofessionnelles"。
56. 在《干部》这本重要的书中，博尔坦斯基将这个群体定义为薪金制的资产阶级的一部分（第111页）。参见作者在第一章中关于这个群体的分类和代表。他关注的是与其他群体相比的身份构成，而我关心的是身份是如何在关系中被定义的，不是在社会职业群体的层面上，而是在合法行为的定义层面上如何被定义。
57. Crawford, *Technical Workers in an Advanced Society*, 246.
58. Vagogne, *Les professions libérals*为我们提供了详尽的列表（第25—26页）。

59. Suleiman, *Private Power and Centralization in France: The Notaires and the State*, 53.
60. Abbott, *The System of Professions*, 158.
61. U.S. Department of Commerce, Bureau of the Census, *Statistical Abstract of the United States 1987*, 379.
62. 选编自 Desrosières, Goy, and Thévenot, "L'identité sociale dans le travail statistique," 65。
63. 例如，Bauer and Bertin-Mourot, *Les 200*; Bourdieu and St-Martin, "Le patronat"; Harris and De Sedouy, *Les patrons*。
64. Henri Weber, "Cultures patronales et types d'entreprises: Esquisse d'une typologie du patronat," 545. 法国雇主委员会成立于1946年。它是工业、商业和服务业的企业协会联合会。它包括一系列代表"赞助人"的主要意识形态潮流的团体［例如，现代主义者、亲美派（企业家和进步派）以及与前二者对立的传统派（工业高管促进社会和经济进步协会，*Association des cadres dirigeants de l'industrie pour le progrès social et économique*）］。
65. 有关这个群体，参见迈耶的出色研究，*La boutique contre la gauche*。
66. Elie Cohen, "Patrons, entrepreneurs et dirigeants avant-propos."
67. Birnbaum et al., *La classe dirigeante française*, 33.
68. 关于这些变化，参见 Bourdieu and St-Martin, "Le patronat"。

附录二

1. 印第安纳波利斯距离印第安纳州曼西不到一小时车程。20世纪20年代，海伦·M. 林德（Helen M. Lynd）和罗伯特·S. 林德（Robert S. Lynd）曾在此学习，并在他们的经典作品《米德尔敦》（*Middletown*）中描述了这个城镇。这些社会学家之所以选择曼西，因为视之为"当代美国生活的最佳代表"。参见 Robert S. Lynd and Helen M. Lynd, *Middletown: A Study in American Culture*, 7. 专家认为美国中西部英语是标准的美国英语。这也表明中西部文化可被认为是美国主流文化的代表。参见 Hendrickson, *American Talk: The Words and Ways of American Dialects*。
2. 关于在美国东部人中有最大影响的中西部表征，参见 Shortridge, *The Middle West: Its Meaning in American Culture*。
3. 关于纽约市的人口结构，参见 Richard Harris, "The Geography of

Employment and Residence in New York since 1950". 也请参见Mollenkopf, "The Postindustrial Transformation of the Political Order in New York City"。
4. Baumgartner, *The Moral Order of the Suburbs*, 7.
5. Perin, *Belonging in America*, 97.
6. U.S. Department of Commerce, Bureau of Census,1986, *States and Metropolitan Areas: Data Book*, 1986.
7. U.S. Department of Commerce, Bureau of the Census, *Statistical Abstract of the United States 1987*, 222.
8. 选择这些社区是因为它们包括在1980年家庭平均收入超过30000美元的社会地位追踪。总体而言，这些人口的收入略高于印第安纳波利斯的受访者，尽管面对地区成本差异，这些差异趋近于无。
9. 我选择将不居住在高级社区（如南普兰菲尔德、梅里克）的人包括进受访者样本，目的是接触到未与其他群体（如中等收入的熟练蓝领工人）隔离的中上阶层成员。
10. 基于Hoover and Vernon, *Anatomy of a Metropolis: The Changing Distribution of People and Jobs within the New York Metropolitan Region*, 理查德·哈里斯（Richard Harris）用专业化指数或区位商（location quotient）测量了不同地区的工作集中程度，即在特定地区的特定类型就业过高或不足的程度。参见"The Geography of Employment and Residence in New York since 1950"。
11. Harris, "The Geography of Employment and Residence in New York since 1950."
12. Westergaard, *New Jersey: A Guide to the State*.
13. 1986年，阿让特伊的平均家庭年净收入为73894法郎（约合15000美元），万塞讷为93838法郎（约20000美元），而其他社区约为110000法郎（约25000美元）。讷伊市则远高于平均水平，平均家庭净收入为206629法郎（约40000美元）。相比之下，1980年纽约近郊的平均家庭收入为34000美元（基于1980年美国的人口普查数据）。
14. 印第安纳波利斯是美国前100名大城市中位于地图最中心的一个。
15. 印第安纳波利斯已很好地融入了美国的经济。尤其它是几家重要保险公司的所在地。
16.《世界报》于1988年1月21日出版的克莱蒙费朗特刊强调了这一点。
17. U.S. Department of Commerce, Bureau of the Census, *Statistical Abstract*

1987, 29.
18. Dictionnaire national des communes de France.
19. 和印第安纳波利斯一样，克莱蒙费朗在传统上也从周边地区吸收了几乎所有的农场工人。
20. Ville de Clermont-Ferrand, *Clermont-Ferrand en chiffres, 1988.*
21. Mazataud, *Géopolitique d'une région,* 158.
22. *Le point économique de l'Auvergne.*

附录三

1. 例如，印第安纳波利斯受访者的名字是从46个中高收入人口普查轨迹中选出的。我们从1985年的印第安纳波利斯市人名地址录（*Indianapolis City Directory, 1985*）和1984年的印第安纳波利斯近郊人名地址录（*Indianapolis Suburban Directory, 1984*）中随机选择了样本。
2. 这些数字不包括未提供必要信息以确定其是否合格的潜在受访者。这种情况在巴黎和克莱蒙费朗比在美国多。
3. 我按照格莱泽（Glazer）和斯特劳斯的方法进行理论抽样，即根据预先确定的理论问题定义抽样标准。参见 Glazer and Strauss, *The Discovery of Grounded Theory Strategies for Qualitative Research*。
4. Brint, "The Political Attitudes of Professionals," 401.
5. 专家们将非营利部门定义为包括以宗教、教育、文化、历史、科学、环境和美化活动为中心的组织，与青年、市中心、社区、健康、体育、公民权利、法律援助和宣传有关的组织，以及员工会员和福利组织。
6. 应该注意的是，非营利组织并不同样地追求集体目标。魏斯布罗德（Weisbrod）借助基于收入来源（礼物、销售、会费）的"集体指数"（collectiveness index），指出了最集体主义的组织，按降序排列为：（1）文化、宗教和公共事务组织，（2）科学、工程技术、社会福利和教育组织，（3）法律、政府、公共行政和军事组织。参见 Weisbrod, "Private Goods, Collective Goods: The Role of the Nonprofit Sector"。
7. Crawford, *Technical Workers in an Advanced Society*, 28.
8. 仅有三分之一的决策、管理和行政劳动者是女性，并且集中在特定领域，诸如人事和劳资关系管理。参见 Hodson and Sullivan, *The Social Organization of Work*, 29.

9. Boltanks, *Les cadres*.
10. 我在第二批访谈中增加了几个问题。随后重新联系了第一批受访者，并请他们在电话中回答了这些问题。
11. 我遵循了迈尔斯（Miles）和休伯曼（Huberman）在《质性资料的分析：方法与实践》(*Qualitative Data Analysis: A Sourcebook of New Methods*)一书中提出的技巧。
12. 关于多地点个案研究法，参见 Yin, *Case Study Research*。

参考文献

Abbott, Andrew. 1988. *The System of Professions: An Essay on the Division of Expert Labor.* Chicago: University of Chicago Press.

Abélès, Marc. 1989. *Jours tranquilles en 89: Ethnologie politique d'un département français.* Paris: Editions Odile Jacob en association avec les Editions du Seuil.

Abercrombie, Nicholas, and John Urry. 1983. *Capital, Labor and the Middle Class.* London and New York: George Allen and Unwin.

Agger, Ben. 1991. "Critical Theory, Poststructuralism and Postmodernism: Their Sociological Relevance." *Annual Review of Sociology* 17: 105–31.

Alexander, C. N., and Mathilda G. Wiley. 1981. "Situated Activity and Identity Formation." In *Social Psychology: Sociological Perspective*, edited by Morris Rosenberg and Ralph H. Turner. New York: Basic Books, 269–89.

Alexander Jeffrey. 1988. "The New Theoretical Movement." In *Handbook of Sociology*, edited by Neil Smelser. Beverly Hills, Calif.: Sage.

———, ed. 1988. *Durkheimian Sociology: Cultural Studies.* Cambridge: Cambridge University Press.

Ambler, John S 1991. "Educational Pluralism in the French Fifth Republic." In *Searching for the New France*, edited by James F. Hollifield and George Ross. New York and London: Routledge, 193–221.

Anderson, Benedict. 1983. *Imagined Communities: Reflections on the Origin and Spread of Nationalism.* London; Verso.

Appadurai, Arjun. 1986. *The Social Life of Things.* New York: Cambridge University Press.

Archambault, Edith. 1984. *Les associations en chiffres.* Nanterre: Association pour le Développement de la Documentation sur l'Économie Sociale.

Balfe, Judith Huggins. 1981. "Social Mobility and Modern Art: Abstract Expressionism and Its Generative Audience." *Research in Social Movement, Conflict and Change* 4: 235–51.

Baltzell, E. Digby. 1964. *The Protestant Establishment: Aristocracy and Caste in America.* Glencoe, Ill.: Free Press.

Barber, Bernard. 1983. The *Logic and Limits of Trust.* New Brunswick: Rutgers University Press.

Baritz, Loren. 1989. *The Good Life: The Meaning of Success for the American Middle Class.* New York: Knopf.

Barton, Allen H. 1985. "Determinants of Economic Attitudes in the American Business Elite." *American Journal of Sociology* 91, no. 1: 54–87.

Bauer, Michel, and Bénédicte Bertin-Mourot. 1987. *Les 200: Comment devient-on un grand patron?* Paris: Editions du Seuil.
Baumgartner, P M. 1988. *The Moral Order of a Suburb.* New York: Oxford University Press.
Bazelon, David T 1967. *Power in America: The Politics of the New Class.* New York: New American Library.
Becker, Howard D. 1963. *Outsiders: Studies in the Sociology of Deviance.* New York: Free Press.
Beisel, Nicola. 1992. "Constructing a Shifting Moral Boundary: Literature and Obscenity in Nineteenth Century America." In *Cultivating Differences: Symbolic Boundaries and the Making of Inequality,* edited by Michèle Lamont and Marcel Fournier. Chicago: University of Chicago Press.
Bell, Daniel. 1972. *The Coming Crisis of Post-Industrial Society.* New York: Basic Books.
Bell, Wendell, and Robert V. Robinson. 1980. "Cognitive Maps of Class and Racial Inequality in England and the United States." *American Journal of Sociology* 86, no. 2: 331–49.
Bellah, Robert N. 1975. *The Broken Covenant: American Civil Religion in Time of War.* New York: Seabury Press.
Bellah, Robert N., Richard Madsen, William W. Sullivan, Ann Swidler, and Steven Tipton. 1985. *Habits of the Heart: Individualism and Commitment in American Life.* Berkeley: University of California Press.
Bennett, William J. 1984. *To Reclaim a Legacy: A Report on the Humanities in Higher Education.* Washington, D.C.: National Endowment for the Humanities.
Bergensen, Albert. 1984. "Social Control and Corporate Organizations: A Durkheimian Perspective." In *Toward a General Theory of Social Control,* edited by Donald Black. New York: Academic Press, 141–70.
Berger, Bennett. 1991. "Structure and Choice in the Sociology of Culture." *Theory and Society* 20: 1–19.
Berger, Joseph, and Morris Zelditch, eds. 1985. *Status, Rewards, and Influence.* San Francisco: Jossey-Bass.
Berger, Peter, and Thomas Luckman. 1964. *The Social Construction of Reality: A Treatise in the Sociology of Knowledge.* Garden City, N.Y.: Doubleday.
Bernstein, Basil A. 1977. *Class, Codes and Control.* Vol 3. London: Routledge and Kegan Paul.
Bernstein, Richard. 1990. *Fragile Glory: A Portrait of France and the French.* New York: Knopf.
Bidou, Catherine. 1983. "L'évolution de la structure socio-professionnelle en France depuis 1954." In *Les couches moyennes salariées: Mosaïque sociologique,* edited by Catherine Bidou, Monique Dagnaud, Bruno Duriez, Jacques Ion, Dominique Mehl, Monique Pinçon-Charlot, and Jean-Paul Tricart. Paris: Ministère de l'Urbanisme et du Logement, 169–82.
Bidou, Catherine, Monique Dagnaud, Bruno Duriez, Jacques Ion, Dominique Mehl, Monique Pinçon-Charlot, and Jean-Paul Tricart, eds. 1983. *Les couches moyennes salariées: Mosaïque sociologique.* Paris: Ministère de l'Urbanisme et du Logement.
Birnbaum, Pierre, C. Baruck, M. Bellaiche, and A. Marie. 1978. *La classe dirigeante française.* Paris: Presses Universitaires de France.
Blackburn, M., and D. Bloom. 1985. "What Is Happening to the Middle Class?" *American Demographics* (January): 18–25.
Blau, Judith R. 1986. "The Elite Arts, More or Less *de Rigueur*: A Comparative Analysis of Metropolitan Culture." *Social Forces* 86, no. 64: 875–905.
———. 1989. *The Shape of Culture: A Study of Contemporary Cultural Patterns in the United States.* Cambridge: Cambridge University Press.
Blau, Judith R., and Gail Ouets. 1987. *The Geography of Arts Participation: Report Prepared*

for the National Endowment for the Arts. Washington D.C.: National Endowment for the Arts.

Bledstein, Burton J. 1976. *The Culture of Professionalism: The Middle Class and the Development of Higher Education in America.* New York: W. W. Norton and Co.

Block, Fred. 1991. *Postindustrial Possibilities: A Critique of Economic Discourse,* Berkeley: University of California Press.

Bloom, Allan. 1987. *The Closing of the American Mind: How Higher Education Has Failed Democracy and Impoverished the Souls of Today's Students.* New York: Simon and Schuster.

Blum, Linda, and Vicky Smith. 1988. "Women's Mobility in the Corporation: A Critique of the Politics of Optimism." *Signs* 13, no. 3: 528–45.

Boltanski, Luc. 1982. *Les cadres: La formation d'un groupe social.* Paris: Editions de Minuit.

Boltanski, Luc, and Laurent Thévenot. 1991 *De la justification: les économies de la grandeur.* Paris: Gallimard.

Bonfield, Patricia. 1980. *U.S. Business Leader: A Study of Opinions and Characteristics.* New York: Conference Board.

Boschetti, Anna. 1988. *The Intellectual Enterprise: Sartre and Les Temps Modernes,* translated by Richard C. McCleary. Evanston, Ill.: Northwestern University Press.

Boudon, Raymond. 1973. *L'inégalité des chances.* Paris: Armand Collin.

———. 1981 "L'intellectuel et ses publics: Les singularités françaises." In *Français qui êtesvous? Des essais et des chiffres,* edited by Jean-Daniel Reynaud and Yves Grafmeyer. Paris: Documentation Française, 465–80.

Bourdieu, Pierre. 1962. *The Algerians.* Boston: Beacon Press.

———. 1968. "Structuralism and the Theory of Sociological Knowledge." *Social Research* 35: 681–706.

———. 1971. "Genèse et structure du champ religieux." *Revue Française de Sociologie* 12: 294–334.

———. 1977. *Outline of a Theory of Practice.* Cambridge: Cambridge University Press.

———. 1979. *Algeria 1960.* Cambridge: Cambridge University Press.

———. 1980. "Le mort saisit le vif: Les relations entre l'histoire réifiée et l'histoire incorporée." *Actes de la Recherche en Sciences Sociales,* nos. 32–33: 3–14.

———. 1980. *Questions de sociologie.* Paris: Editions de Minuit.

———. 1980. *Le sens pratique.* Paris: Editions de Minuit.

———. 1981. "Epreuves scolaires et consécration sociale." *Actes de la Recherche en Sciences Sociales* 39: 3–70.

———. 1983. "The Field of Cultural Production or the Economic World Reversed." *Poetics* 12, nos. 4–5: 311–56.

———. 1984. *Distinction: A Social Critique of the Judgment of Taste,* translated by Richard Nice. Cambridge, Mass.: Harvard University Press.

———. 1986. "The Production of Belief: Contribution to an Economy of Symbolic Goods." In *Media, Culture and Society: A Critical Reader,* edited by Richard Collins, James Curran, Nicholas Garnham, Paddy Scannell, Phillip Schlesinger, and Colin Sparks, London: Sage.

———. 1989. *La noblesse d'Etat: Grandes écoles et esprit de corps.* Paris: Editions de Minuit.

———. 1989. "Social Space and Symbolic Power." *Sociological Theory* 7, no. 1: 14–25.

———. 1990. *In Other Words.* Stanford: Stanford University Press.

Bourdieu, Pierre, Luc Boltanski, and Monique de St-Martin. 1973. "Les stratégies de reconversion." *Information sur les Sciences Sociales* 12: 61–113.

Bourdieu, Pierre, and Jean-Claude Passeron. 1977. *Reproduction in Education, Society and Culture,* translated by Richard Nice. Beverly Hills, Calif. Sage.

———. 1979. *The Inheritors: French Students and Their Relation to Culture.* Chicago: University of Chicago Press.

Bourdieu, Pierre, and Monique de St-Martin. 1975. "Les catégories de l'entendement professoral." *Actes de la Recherche en Sciences Sociales* 3: 68–93.

———. 1978. "Le patronat." *Actes de la Recherche en Sciences Sociales*, nos. 20–21: 3–82.

Bowles, Samuel, and Herbert Gintis. 1976. *Schooling in Capitalist America.* New York: Basic Books.

Brint, Steven. 1984. "'New Class' and Cumulative Trend Explanations of the Liberal Political Attitudes of Professionals." *American Journal of Sociology* 90, no. 1: 30–71.

———. 1985. "The Political Attitudes of Professionals." *Annual Review of Sociology* 11: 389–414.

———. 1987. "Classification Struggles: Reply to Lamont." *American Journal of Sociology* 92, no. 6: 1506–9.

———. 1987. "The Occupational Class Identifications of Professionals: Evidence from Cluster Analysis." *Research in Social Stratification and Mobility* 6: 35–57.

———. 1988. "The Social Bases and National Contexts of Middle-Class Liberalism and Dissent in Western Societies: A Comparative Study." Unpublished paper, Department of Sociology, Yale University.

———. Forthcoming. "Is the U.S. Pattern Typical? The Politics of Professionals in Other Industrial Democracies." In *Retainers, Merchants, and Priests: A Political Sociology of the Professional Middle Class.* Berkeley: University of California Press.

Brodsky, Jody Ellen. 1987. "Intellectual Snobbery: A Socio-Historical Perspective." Unpublished Ph.D. diss., Department of Sociology, State University of New York, Stonybrook.

Bronfenbrenner, Ulf. 1958. "Socialization and Social Class through Time and Space." In *Readings in Social Psychology*, edited by E. E. Maccoby, T. M. Newcomb, and E. L. Hartley. New York: Holt, Rinehart and Winston.

Burris, Val. 1980. "Capital Accumulation and the Rise of the New Middle Class." *Review of Radical Political Economy* 12: 17–34.

———. 1980. "Class Formation and Transformation in Advanced Capitalist Societies: A Comparative Analysis." *Social Praxis* 7: 1471–79.

Butsch, Richard. 1991. "Class and Gender in Four Decades of TV Families: Plus Ça Change—" Unpublished ms., Rider College.

Butsch, Richard, and Lynda M. Glennon. 1983. "Social Class: Frequency Trends in Domestic Situation Comedy, 1946–1978." *Journal of Broadcasting* 27, no. 1: 77–81.

Cabanne, Pierre. 1981. *Le pouvoir culturel sous la Ve république.* Paris: Olivier Orban.

Calhoun, Craig. 1988. "Populist Polities, Communication Media, and Large Scale Integration." *Sociological Theory* 6: 219–41.

Cameron, David. 1978. "The Expansion of the Public Economy: A Comparative Analysis." *American Political Science Review* 72: 1243–61.

Canovan, Margaret. 1981. *Populism,* New York: Harcourt, Brace, Jovanovich.

Capdevielle, Jacques, et al. 1981. *France de gauche, vote à droite.* Paris: Presses de la Fondation Nationale de Sciences Politiques.

Carroll, Raymonde. 1988. *Cultural Misunderstanding: The French-American Experience.* Chicago: University of Chicago Press.

Centre National des Oeuvres Universitaires et Scolaires. 1989. *Je vais en France 1989: Guide à l'intention des étudiants étrangers.* Paris: Centre National des Oeuvres Universitaires et Scolaires.

Chalvon-Demersay, Sabine. 1984. *Le triangle du XIVe: Des nouveaux habitants dans un vieux quartier de Paris.* Paris: Editions de la Maison des Sciences de l'Homme.

Chapin, J. S. 1933. *The Measurement of Social Status by the Use of the Social Status Scale.* Minneapolis: University of Minnesota Press.

Cheek, Neil H., Jr., and William R. Burch. 1976. *The Social Organization of Leisure in Human Society.* New York: Harper and Row.

Clark, Priscilla Parkhurst. 1975. "Thoughts for Food: French Cuisine and French Culture." *French Review* 49, no. 1 (October): 32–41.

———. 1979. "Literary Culture in France and the United States." *American Journal of Sociology* 84: 1047–76.

———. 1987. *Literary France: The Making of a Culture.* Berkeley: University of California Press.

Closets, François de. 1982. *Toujours plus.* Paris: Bernard Grasset.

———. 1985. *Tous ensemble: Pour en finir avec la syndicratie.* Paris: Editions du Seuil.

Cohen, Albert K., and Harold M. Hodges. 1963. "Characteristics of the Lower BlueCollar Class." *Social Problems* 10: 303–34.

Cohen, Anthony. 1985. *Symbolic Construction of Community.* London and New York: Tavistock Publications.

Cohen, Elie. 1988. "Patrons, entrepreneurs et dirigeants: avant-propos." *Sociologie du Travail* 4: 509–14.

Coleman, Richard P., and Bernice L. Neugarten. 1971. *Social Status in the City.* San Francisco: Josey Bass.

Coleman, Richard P., and Lee Rainwater, with Kent A. McClelland. 1978. *Social Standing in America: New Dimensions of Class.* New York: Basic Books.

Collectif "Révoltes logiques." 1984. *L'empire du sociologue.* Paris: Editions La Découverte.

Collins, Randall. 1975. *Conflict Sociology: Toward an Explanatory Science.* New York: Academic Press.

———. 1979. *The Credential Society.* New York: Academic Press.

———. 1981. "On the Micro-Foundations of Macro-Sociology." *American Journal of Sociology* 86: 984–1014.

———. 1988. *Theoretical Sociology.* San Diego: Harcourt, Brace, Jovanovitch.

———. 1992. "Women and the Production of Status Culture." In *Cultivating Differences: Symbolic Boundaries and the Making of Inequality*, edited by Michèle Lamont and Marcel Fournier. Chicago: University of Chicago Press.

Cookson, Peter W., Jr., and Caroline Hodges Persell. 1985. *Preparing for Power: America's Elite Boarding Schools.* New York: Basic Books.

Coser, Lewis. 1965. *Men of Ideas: A Sociologist's View,* New York: Free Press.

Craig, J. 1981. "The Development of Educational Systems." *American Journal of Sociology* 89: 190–211.

Crane, Diana. 1992. "High Culture vs. Popular Culture Revisited: A Reconceptualization of Recorded Cultures." In *Cultivating Differences: Symbolic Boundaries and the Making of Inequality*, edited by Michèle Lamont and Marcel Fournier. Chicago: University of Chicago Press.

Crawford, Stephen. 1989. *Technical Workers in an Advanced Society: The Work, Careers and Politics of French Engineers.* Cambridge: Cambridge University Press; and Paris: Editions de la Maison des Sciences de l'Homme.

Crittendon, Kathleen S. 1983. "Sociological Aspects of Attribution." *Annual Review of Sociology* 9: 425–46.

Crozier, Michel. 1964. *The Bureaucratic Phenomenon.* Chicago: University of Chicago Press.

Cuber, John, and Peggy Haroff. 1965. *Sex and the Significant Americans.* Baltimore: Penguin Book.

Dagnaud, Monique, and Dominique Mehl. 1982. *L'élite rose: Qui gouverne?* Paris: Editions Ramsay.
Dalton, Russell J. 1988. *Citizen Politics in Western Democracies: Public Opinion and Political Parties in the United States, Great Britain, West Germany and France.* Chatham, NJ.: Chatham House Publishers.
Darnton, Robert. 1984. *The Great Cat Massacre and Other Episodes in French Cultural History.* New York: Basic Books.
Davis, James A: 1982. "Achievement Variables and Class Cultures: Family Schooling, Job and Forty-Nine Dependent Variables in the Cumulative GSS." *American Sociological Review* 47: 569–86.
Davis, Natalie Zemon. 1975. *Society and Culture in Early Modern France.* Stanford: Stanford University Press.
Debray, Regis. 1979. *Teachers, Writers and Celebrities: The Intellectuals in Modern France.* London: New Left.
Della Fave, L. Richard. 1974. "Success Values: Are They Universal or Class-Differentiated?" *American Journal of Sociology* 80, no. 1: 153–69.
Dens, Jean-Pierre. 1981. *L'honnête homme et la critique du goût: Esthétique et société au XVIIe siècle.* Lexington, Ky.: French Forum.
Derber, Charles. 1982. *Professionals as Workers: Mental Labor in Advanced Capitalism.* Boston: G. K. Hall.
Derber, Charles, William A. Schwartz, and Yale Magrass. 1990. *Power in the Highest Degree: Professionals and the Rise of a New Mandarin Order.* Oxford: Oxford University Press.
Desrosières, Alain, Alain Goy, and Laurent Thévenot. 1983. "L'identité sociale dans le travail statistique: La nouvelle nomenclature des professions et catégories socioprofessionnelles." *Economie et Statistiques* 152: 55–81.
Dictionnaire national des communes de France. 1984. Paris: Albin Michel.
DiMaggio, Paul. 1982. "Cultural Capital and School Success: The Impact of Status Culture Participation on the Grades of U.S. High School Students." *American Sociological Review* 47: 189–201.
———. 1986. "Cultural Entrepreneurship in Nineteenth Century Boston: The Creation of an Organizational Base for High Culture in America." In *Media, Culture and Society: A Critical Reader*, edited by Richard Collins, James Curran, Nicholas Graham, Paddy Scannell, Philip Schlesinger, and Colin Sparks. Beverly Hills, Calif.: Sage, 194–211.
———. 1987. "Classification in Art." *American Sociological Review* 52, no. 4: 440–55.
DiMaggio, Paul, and John Mohr. 1985. "Cultural Capital, Educational Attainment, and Marital Selection." *American Journal of Sociology*, 90: 1231–61.
DiMaggio, Paul, and Francie Ostrower. 1990. "Participation in the Arts by Black and White Americans." *Social Forces* 68, no. 3: 753–78.
DiMaggio, Paul, and Walter W. Powell. 1983. "The Iron Cage Revisited: Institutional Isomorphism and Collective Rationality in Organizational Fields." *American Sociological Review* 48: 147–60.
———. 1991. "Introduction." In *The New Institutionalism in Organizational Analysis*, edited by Walter W. Powell and Paul DiMaggio. Chicago: University of Chicago Press, 1–40.
DiMaggio, Paul, and Michael Useem. 1978. "Social Class and Arts Consumption: The Origins and Consequences of Class Differences in Exposure to the Arts in America." *Theory and Society* 5: 141–61.
Dobbin, Frank R. Forthcoming. *States and Industrial Cultures: Britain, France, and the United States in the Railway Age.* New York: Cambridge University Press.
Doeringer, P. B., and M. J. Piore. 1971. *Internal Labor Markets and Manpower Analysis.* Lexington, Mass.: Heath.

Domenach, Jean-Marie. 1981. "Le monde des intellectuels." In *Société et culture de la France contemporaine*, edited by G. Santoni. Albany: State University of New York Press, 321–71.

Domhoff, G. William. 1974. *The Bohemian Grove and Other Retreats: A Study of Ruling-Class Cohesiveness*. New York: Harper and Row.

Donnat, Olivier, and Denis Cogneau. 1990. *Les pratiques culturelles des Français 1973–1989*. Paris: La Découverte/La Documentation Française.

Douglas, Mary. 1966. *Purity and Danger: An Analysis of the Concepts of Pollution and Taboo*. New York: Pantheon.

———. 1970. *Natural Symbols: Explorations in Cosmology*. London: Barrie and Jenkins.

Dupuy, François, and Jean-Claude Thoenig. 1985. *L'administration en miettes*. Paris: Fayard.

Durkheim, Emile. 1965. *The Elementary Forms of Religious Life*, translated by Joseph Ward Swain. New York: Free Press.

Ehrenreich, Barbara. 1989. *Fear of Falling: The Inner Life of the Middle Class*. New York: Pantheon.

Ehrenreich, Barbara, and J. Ehrenreich. 1979. "The Professional-Managerial Class." In *Between Labor and Capital*, edited by Pat Walker. Boston: Southend Press, 5–45.

Ehrman, Henry W. 1983. *Politics in France*. 4th ed. Boston: Little, Brown and Co.

Epstein, Cynthia Fuchs. 1988. *Deceptive Distinctions: Sex, Gender, and the Social Order*. New Haven: Yale University Press; and New York: Russell Sage Foundation.

———. 1989. "Workplace Boundaries: Conceptions and Creations." *Social Research* 56, no. 3: 571–90.

———. 1992. "Tinkerbells and Pinups: The Construction and Reconstruction of Gender Boundaries at Work." In *Cultivating Differences: Symbolic Boundaries and the Making of Inequality*, edited by Michèle Lamont and Marcel Fournier. Chicago: University of Chicago Press.

Erikson, Kai T. 1966. *Wayward Puritans: A Study in the Sociology of Deviance*. New York: John Wiley.

Erikson, R., and J. H. Goldthorpe. 1985. "Are American Rates of Social Mobility Exceptionally High? New Evidence on an Old Issue." *European Sociological Review* 1: 1–22.

Erikson, R., J. H. Goldthorpe, and L. Portocarero. 1979. "Intergenerational Class Mobility in Three Western European Societies: England, France, and Sweden." *British Journal of Sociology* 30: 315–41.

Etzioni, Amitai. 1988. *The Moral Dimension: Toward a New Economics*. New York: Free Press.

Fantasia, Rick. 1988. *Cultures of Solidarity: Consciousness, Action and Contemporary American Workers*. Berkeley: University of California Press.

———. 1990. "Fast-Food in France: The Market in Cultural Change." Paper presented at the annual meeting of the American Sociological Association, Washington D.C., August.

Farkas, George, Robert P. Grobe, Daniel Sheehan, and Yuan Shuan. 1990. "Cultural Resources and School Success: Gender, Ethnicity, and Poverty Groups within an Urban District." *American Sociological Review* 55, no. 1: 127–42.

Faunce, William A. 1989. "On the Meaning of Occupational Status: Implications of Increasing Complexity for How Status Is Conceived." Paper presented at the annual meeting of the American Sociological Association, San Francisco, August.

———. 1989. "Occupational Status-Assignment Systems: The Effect of Status on SelfEsteem." *American Journal of Sociology* 95, no. 2: 378–400.

Favreau, Diane. 1987. "The Emergence of American Cuisine: 'Alimentary' Forms of Domination." Unpublished paper, Department of Sociology, University of California, San Diego.

Feagin, Joe R. 1975. *Subordinating the Poor: Welfare and American Beliefs*. Englewood Cliffs, N.J.: Prentice-Hall.
———. 1991. "The Continuing Significance of Race: Antiblack Discrimination in Public Places." *American Sociological Review* 56, no. 1: 101–16.
Fine, Gary Alan. 1979. "Small Groups and Culture Creation: The Idioculture of Little League Baseball Teams." *American Sociological Review* 44: 733–45.
Finkelstein, Martin J. 1984. *The American Academic Profession: A Synthesis of Social Scientific Inquiry since World War II*. Columbus: Ohio State University Press.
Finkielkraut, Alain. 1987. *La défaite de la pensée*. Paris: Gallimard.
Fischer, Claude. 1982. *To Dwell among Friends: Personal Networks in Town and City*. Chicago: University of Chicago Press.
Fitzgerald, Frances. 1986. *Cities on a Hill: A Journey through Contemporary American Cultures*, New York: Simon and Schuster.
Fourastié, Jean. 1979. *Les trentes glorieuses*. Paris: Fayard.
Frank, Arthur. 1979. "Reality Construction in Interaction." *Annual Review of Sociology* 5: 167–91.
Friedman, Debra, and Michael Hechter. 1988. "The Contribution of Rational Choice Theory to Macrosociological Research." *Sociological Theory* 6, no. 2: 201–18.
Fumaroli, Marc. 1991. *L'Etat culturel: Essai sur une religion moderne*. Paris: Editions de Fallois.
Galbraith, John K. 1968. *The New Industrial State*. New York: Signet Books.
Gans, Herbert J. 1967. *The Levittowners: Ways of Life and Politics in a New Suburban Community*. New York: Pantheon Books.
———. 1971. *Popular Culture and High Culture: An Analysis and Evaluation of Taste*. New York: Basic Books.
———. 1988. *Middle American Individualism: The Future of Liberal Democracy*. New York: Free Press.
Ganzeboom, Harry B. G., Donald J. Treiman, and Wout C. Ultee. 1991. "Comparative Intergenerational Stratification Research: Three Generations and Beyond." *Annual Review of Sociology* 17: 277–302.
Gaxie, Daniel. 1980. "Les logiques du recrutement politique." *Revue Française de Science Politique* 30: 5–45.
Gecas, Viktor. 1979. "The Influence of Social Class on Socialization." In *Contemporary Theories about the Family*, vol. 1, edited by Wesley R. Burr, Reuben Hill, F. Ivan Nye, Ira L. Reiss. New York: Free Press, 365–404.
———. 1982. "The Self-Concept." *Annual Review of Sociology* 8: 1–33.
Geertz, Clifford. 1973. *The Interpretation of Culture*. New York: Basic Books.
Gerson, Judith M., and Kathy Peiss. 1985. "Boundaries, Negotiation, Consciousness: Reconceptualizing Gender Relations." *Social Problems* 32, no. 4: 317–31.
Giddens, Anthony. 1984. *The Constitution of Society: Outline of a Theory of Structuration*. Berkeley: University of California Press.
———. 1991. *Modernity and Self-Identity: Self and Society in the Late Modern Age*. Cambridge: Polity Press.
Gielman, Eric, and Penelope Wang. 1984. "The Year of the Yuppie." *Newsweek* 104 (31 December): 14–29.
Gieryn, Thomas F. 1983. "Boundary-Work and the Demarcation of Science from NonScience: Strains and Interests in Professional Ideologies of Scientists." *American Sociological Review* 48: 781–95.
Gilbert, J. B. 1968. *Writers and Partisans: A History of Literary Radicalism in America*. New York: John Wiley.

Gilligan, Carol. 1982. *In a Different Voice: Psychological Theory and Women's Development.* Cambridge, Mass.: Harvard University Press.

Girard, Alain. 1961. *La réussite sociale en France: Ses caractères, ses lois, ses effets.* Paris: Presses Universitaires de France.

Girard, Alain, and Jean Stoetzel. 1985. "Les français et les valeurs du temps présent." *Revue Française de Sociologie* 26, no. 1: 3–31.

Gitlin, Todd. 1983. *Inside Prime Time.* New York: Pantheon.

Glazer, Barney G., and Anselm Strauss. 1967. *The Discovery of Grounded Theory: Strategies for Qualitative Research.* Chicago: Aldine.

Glucksman, André. 1987. *Descartes, c'est la France.* Paris: Flammarion.

Goffman, Erving. 1959. *The Presentation of Self in Everyday Life.* Garden City, N.Y.: Doubleday.

———. 1963. *Stigma: Notes on the Management of Spoiled Identity.* Englewood Cliffs, N.J.: Prentice Hall.

Gollac, Michel, and Pierre Laulhe. 1987. "Les composantes de l'hérédité sociale: Un capital économique et culturel à transmettre." *Economie et Statistiques* 199–200 (May-June): 93–105.

Gonos, George. 1977. "'Situation' versus 'Frame': The 'Interactionist' and the 'Structuralist' Analysis of Everyday Life." *American Sociological Review* 42: 854–67.

Gottdiener, Mark, and Donna Malone. 1985. "Group Differentiation in a Metropolitan High School: The Influence of Race, Class, Gender and Culture." *Qualitative Sociology* 8, no. 1: 29–41.

Gouldner, Alvin W. 1979. *The Future of Intellectuals and the Rise of the New Class: A Frame of Reference, Theses, Conjectures, Arguments and a Historical Perspective on the Role of Intellectuals and Intelligentsia in the International Class Contest of the Modern Era.* New York: Seabury Press.

Granick, David. 1972. *Managerial Comparisons of Four Developed Countries: France, Britain, United States and Russia.* Cambridge, Mass.: MIT Press.

Granovetter, Mark S. 1974. *Getting a Job: A Study of Contacts and Careers.* Cambridge, Mass.: Harvard University Press.

———. 1985. "Economic Action and Social Structure: The Problem of Embeddedness." *American Journal of Sociology* 91, no. 3:481–510.

Greenberg, M. G., and R. F. Frank. 1983. "Leisure Lifestyles." *American Behavioral Scientist* 26, no. 4: 439–58.

Greenhouse, Carol J. 1986. *Praying for Justice: Faith, Order and Community in an American Town.* Ithaca: Cornell University Press.

Grignon, Claude, and Christine Grignon. 1980. "Styles alimentaires et goûts populaires." *Revue Française de Sociologie* 21, no. 4: 531–70.

Grignon, Claude, and Jean-Claude Passeron. 1985. *A propos des cultures populaires.* Marseilles: Cahiers du CERCOM.

Griswold, Wendy. 1987. "A Methodological Framework for the Sociology of Culture." *Sociological Methodology* 14: 1–35.

Grunberg, Gérard, and René Mouriaux. 1979. *L'univers politique et syndical des cadres.* Paris: Presses de la Fondation Nationale de Sciences Politiques.

Grunberg, Gérard, and Etienne Schweisguth. 1983. "A quoi sert la sociologie empirique?" *Revue Française de Sociologie* 24: 327–38.

Gurin, Patricia, Arthur H. Miller, and Gerald Gurin. 1980. "Stratum Identification and Consciousness." *Social Psychology Quarterly* 43, no. 1: 30–47.

Gusfield, Joseph R. 1963. *Symbolic Crusades.* Urbana: University of Illinois Press.

———. 1975. *Communities: A Critical Response*. New York: Harper and Row.
Hall, John. 1992. "The Capital(s) of Culture: A Non-Holistic Approach to Gender, Ethnicity, Class and Status Groups." In *Cultivating Differences: Symbolic Boundaries and the Making of Inequality*, edited by Michèle Lamont and Marcel Fournier. Chicago: University of Chicago Press.
Hall, Peter. 1986. *Governing the Economy: The Politics of State Intervention in Britain and France*. New York: Oxford University Press.
Halle, David. 1984. *America's Working Man: Work, Home and Politics among Blue-Collar Property Owners*. Chicago: University of Chicago Press.
———. 1989. "Class and Culture in Modern America: The Vision of the Landscape in the Residences of Contemporary Americans." *Prospects* 14: 373–406.
Haller, Max. 1987. "Positional and Sectoral Differences in Income: The Federal Republic, France and the United States." In *Comparative Studies of Social Structure: Recent Research on France, the United States and the Federal Republic of Germany*, edited by Wolfgang Teckenberg. New York: M. E. Sharpe, 172–94.
Haller, Max, Wolfgang Konig, Peter Krause, and Karin Hurz. 1985. "Patterns of Career Mobility and Structural Positions in Advanced Capitalist Societies: A Comparison of Men in Austria, France and the United States." *American Sociological Review* 50, no. 5: 579–603.
Hamon, Hervé, and Patrick Rotman. 1981. *Les intellocrates: Expédition en haute intelligentsia*. Paris: Ramsès.
———. 1984. *Tant qu'il y aura des profs*. Paris: Editions du Seuil.
Handler, Richard. 1988. *Nationalism and the Politics of Culture in Quebec*. Madison: University of Wisconsin Press.
Harding, Steven, and David Phillips, with M. Fogarty. 1986. *Contrasting Values in Western Europe: Unity, Diversity and Exchange*. Basingstoke, Hampshire: Macmillan, in association with the European Value Systems Study Group.
Harris, G., and A. De Sedouy. 1977. *Les patrons*. Paris: Editions du Seuil.
Harris, Richard. 1991. "The Geography of Employment and Residence in New York since 1950." In *Dual City: Restructuring New York*, edited by John Mollenkopf and Manuel Castells. New York: Russell Sage, 129, 52.
Harrison, Bennett, and Barry Bluestone. 1988. *The Great U-Turn: Corporate Restructuring and the Polarizing of America*. New York: Basic Books.
Hartz, Louis. 1955. *The Liberal Tradition in America*. New York: Harcourt, Brace and World.
Hayward, Jack. 1973. "Elusive Autonomy: Education and Public Enterprise." In *The One and Indivisible French Republic*, edited by Jack Hayward. New York: W. W. Norton and Co., 190–226.
Heath, Shirley Brice. 1983. *Ways with Words: Language, Life and Work in Communities and Classrooms*. New York: Cambridge University Press.
Hendrickson, Robert. 1986. *American Talk: The Words and Ways of American Dialects*. New York: Viking.
Héran, François. 1988. "Un monde sélectif: Les associations." *Economie et Statistiques* 208: 17–32.
———. 1988. "La sociabilité, une pratique culturelle." *Economie et Statistiques* 216: 3–21.
Herzfeld, Michael. 1980. "Honour and Shame: Problems in the Comparative Analysis of Moral Systems." *Man* 15: 339–51.
Hirsch, E. D., Jr. 1987. *Cultural Literacy: What Every American Needs to Know*. Boston: Houghton Mifflin Co.
Hirsch, Paul, Stuart Michaels, and Ray Friedman. 1987. "'Dirty Hands' versus 'Clean Models': Is Sociology in Danger of Being Seduced by Economics?" *Theory and Society* 16, no. 3:

3170-336.
Hochschild, Jennifer L. 1981. *What's Fair? American Beliefs about Distributive Justice.* Cambridge, Mass.: Harvard University Press.
Hodson, Randy, and Teresa A. Sullivan. 1990. *The Social Organization of Work.* Belmont, Calif.: Wadsworth Inc.
Hoffman, Stanley, ed. 1963. *In Search of France.* Cambridge, Mass.: Harvard University Press.
Hofstadter, Richard. 1963. *Anti-Intellectualism in American Life.* New York: Knopf.
Hofstede, Geert H. 1980. *Culture's Consequences: International Differences in Work-related Values.* Beverly Hills, Calif.: Sage.
Hogg, Michael A., and Dominic Abrams. 1988. *Social Identification: A Social Psychology of Intergroup Relations and Group Processes.* London and New York: Routledge.
Hollinger, David A. 1983. "The Problem of Pragmatism in American History." In *In the American Province: Studies in the History and Historiography of Ideas.* Bloomington: Indiana University Press, 23-43.
———. 1984. "Ethnic Diversity, Cosmopolitanism, and the Emergence of the American Liberal Intellectuals." In *The American Province.* Bloomington: Indiana University Press.
Honneth, Axel. 1986. "The Fragmented World of Symbolic Forms: Reflections on Pierre Bourdieu's Sociology of Culture." *Theory, Culture, and Society* 3, no. 1: 55-66.
Hoover, Edgar, and Raymond Vernon. 1959. *Anatomy of a Metropolis: The Changing Distribution of People and Jobs within the New York Metropolitan Region.* Garden City, N.Y.: Free Press.
Horowitz, Ruth. 1983. *Honor and the American Dream: Culture and Identity in a Chicano Community.* New Brunswick: Rutgers University Press.
Hout, Michael. 1988. "More Universalism, Less Structural Mobility: The American Occupational Structure in the 1980s." *American Journal of Sociology* 93, no. 3: 1358-1400.
Huber, Richard M. 1971. *The American Idea of Success.* Wanscott, N.Y.: Pushcart Press.
Human Resources Management in France. 1986. Paris: Délégation à l'Aménagement du Territoire et à l'Action Régionale.
Hunt, Lynn.1984. *Politics, Culture and Class in the French Revolution.* Berkeley: University of California Press.
Hunter, James Davison. 1987. "American Protestantism: Sorting out the Present, Looking toward the Future." *This World* 17:53-76.
———. 1987. *Evangelicalism: The Coming Generation.* Chicago: University of Chicago Press.
Hunter, James Davison, John Herrman, and John Jarvis. 1990. "Cultural Elites and Political Values." Unpublished ms., Department of Sociology, University of Virginia.
Hundey, Steve, Gail Bronson, and Kenneth T. Walsh. 1984. "Yumpies, YAP's, Yuppies: Who are They?" *U.S. News and World Report* 96, no. 15 (16 April): 39.
Hurrelmann, Klaus. 1988. *Social Structure and Personality Development: The Individual as a Productive Processor of Reality.* Cambridge: Cambridge University Press.
Hyman, Herbert H. 1966. "The Value Systems of Different Classes." In *Class, Status and Power,* edited by Reinhard Bendix and Seymour Martin Lipset. New York: Free Press, 488-99.
Indianapolis City Directory, 1985. Maldin, Mass: R. L. Polk and Co.
Indianapolis Suburban Directory, 1984. Maldin, Mass.: R. L. Polk and Co.
Inglehart, Ronald. 1977. *The Silent Revolution: Changing Values and Political Style among Western Publics.* Princeton: Princeton University Press.
———. 1990. *Culture Shift in Advanced Industrial Societies.* Princeton: Princeton University Press.

Inkeles, Alex. 1979. "Continuity and Change in the American National Character." In *The Third Century :America as a Post-Industrial Society,* edited by Seymour Martin Lipset. Stanford: Hoover Institute Press.

Institut National de Statistiques et d'Etudes Economiques (INSEE). 1987. *Annuaire statistique de la France. 1987.* Vol. 92, ser. 34. Paris: Documentation Française.

Institut National de Statistiques et d'Etudes Economiques (INSEE). 1987. *Données sociales 1987.* Paris: Documentation Française.

Inzerilli, Giorgio, and André Laurent. 1983. "Managerial Views of Organization Structure in France and the U.S.A." *International Studies of Management and Organization* 13: 97–118.

Jackall, Robert. 1988. *Moral Mazes: The World of Corporate Manager.* New York: Oxford University Press.

Jackman, Mary R., and Robert W. Jackman. 1983. *Class Awareness in the United States.* Berkeley: University of California Press.

Jackman, Mary R., and M. J. Muha. 1984. "Education and Intergroup Attitudes: Moral Enlightenment, Superficial Democratic Commitment or Ideological Refinement?" *American Sociological Review* 49: 751–69.

Jacoby, Russell. 1987. *The Last Intellectuals: American Culture in the Age of Academe.* New York: Basic Books.

James, Estelle, ed. 1989. *The Nonprofit Sector: Studies in Comparative Culture and Policy.* New York: Oxford University Press.

Jeffries, Vincent, and H. Edward Ransford. 1980. *Social Stratification: A Multiple Hierarchy Approach.* Boston: Ally and Bacon.

Jencks, C., et al. 1979. *Who Gets Ahead? The Determinants of Economic Success in America.* New York: Basic Books.

Jones, E. E., and Thane S. Pittman. 1982. "Toward a General Theory of Strategic Self-Presentation." In *Psychological Perspectives on the Self,* edited by Jerry Suls. Hillsdale, N.J.: Erlbaum.

Kalberg, Stephen. 1980. "Max Weber's Types of Rationality: Cornerstones for the Analysis of Rationalization Processes in History." *American Journal of Sociology* 85, no. 5: 1145–79.

Kalmijn, Matthijs. 1991. "Status Homogamy in the United States." *American Journal of Sociology* 97, no. 2: 496–523.

Kamens, David H., and R. Danforth Ross. 1983. "Chartering National Educational Systems: The Institutionalization of Education for Elite Recruitment and Its Consequences." *International Journal of Comparative Sociology* 24, nos. 3–4: 176–86.

Kanter, Rosabeth Moss. 1977. *Men and Women of the Corporation.* New York: Basic Books.

Katchadourian, Heran A., and John Boli. 1985. *Careerism and Intellectualism among College Students.* San Francisco: Jossey Bass.

Katsillis, John, and Richard Rubinson. 1990. "Cultural Capital, Student Achievement, and Educational Reproduction: The Case of Greece." *American Sociological Review* 55: 270–79.

Katznelson, Ira. 1981. *City Trenches: Urban Politics and the Patterning of Class in the United States.* Chicago: University of Chicago Press.

Keller, Suzanne. 1989. "Women in the 21st Century: Summing up and Moving Forward." Paper presented at the first Radcliffe Conference on "Defining the Challenge," January.

Kerbo, Harold R. 1983. *Social Stratification and Inequality: Class Conflict in the United States.* New York: McGraw-Hill.

Kerckhoff, Alan C. 1972. *Socialization and Social Class.* Englewood Cliffs, N.J.: Prentice Hall.

Kluegel, James R., and Eliot R. Smith. 1986. *Beliefs about Inequality: Americans' View of What Is and What Ought to Be*. New York: Aldine de Gruyter.

Kohn, Melvin L. 1987. "Cross-National Research as an Analytic Strategy." *American Sociological Review* 52: 713-31.

Kohn, Melvin L, Atsushi Naoi, Carrie Schoenbach, Carmi Schooler, and Kazimierz M. Slomczynski. 1990. "Position in the Class Structure and Psychological Functioning: A Comparative Analysis of the United States, Japan and Poland." *American Journal of Sociology* 95, no. 4:964-1008.

Kohn, Melvin L, and Carmi L. Schooler, with Joanne Miller. 1983. *Work and Personality*. Norwood, N.J.: Ablex.

Komarovsky, Mira. 1967. *Blue Collar Marriage*. New York. Vintage.

Kornhauser, William, with Warren O. Hagstrom. 1965. *Scientists in Industry: Conflict and Accommodation*. Berkeley: University of California Press.

Kriesi, Hanspeter. 1989. "New Social Movements and the New Class in the Netherlands." *American Journal of Sociology* 94, no. 5: 1078-1116.

Ladd, Everett C. 1979. "Pursuing the New Class: Social Theory and Survey Data." In *The New Class?* edited by B. Bruce-Briggs. New Brunswick: Transaction, 101-22.

Lambert, Wallace E. 1952. "Comparison of French and American Modes of Response to the Bogardus Social Distance Scale." *Social Forces* 31 no. 2: 155-159.

Lambert, Wallace E., J. F. Hamers, and N. Frasure-Smith. 1979. *Child-Rearing Values: A Cross-National Study*. New York: Praeger.

Lamont, Michèle. 1983. "The Growth of the Social Sciences and the Decline of the Humanities in Quebec: A Macro Explanation of Recent Changes." Ph.D. diss., Université de Paris.

———. "Cultural Capital and the Liberal Political Attitudes of Professionals: A Comment on Brint." *American Journal of Sociology* 96: 1501-5.

———. 1987. "How to Become a Dominant French Philosopher: The Case of Jacques Derrida." *American Journal of Sociology* 93, no. 3:584-622.

———. 1987. "New Middle Class Liberalism and Autonomy from Profit-Making: The Case of Quebec." Unpublished paper, Department of Sociology, Princeton University.

———. 1987. "The Production of Culture in France and the United States since World War II." In *The Role of Intellectuals in Liberal Democracies*, edited by A. Gagnon. New York: Praeger, 167-78.

———. 1988. "From Paris to Stanford: Une reconversion sociologique: De la sociologie française à la sociologie américaine." *Politix* 3-4:22-29.

———. 1989. "The Power-Culture Link in a Comparative Perspective." *Comparative Social Research* 11:131-50.

Lamont, Michèle, and Annette Lareau. 1988. "Cultural Capital: Allusions, Gaps and Glissandos in Recent Theoretical Developments." *Sociological Theory* 6, no. 2:153-68.

Lamont, Michèle, and Robert Wuthnow. 1990. "Betwixt and Between: Recent Cultural Sociology in Europe and the United States." In *Frontiers of Social Theory: The New Synthesis,* edited by George Ritzer. New York: Columbia University Press, 287-315.

Landes, David S. 1952. "The Entrepreneur and the Social Order: France and the United States." In *Men in Business*. Cambridge, Mass.: Harvard University Press.

Lareau, Annette P. 1989. Home Advantage: *Social Class and Parental Intervention in Elementary Education*. London and New York: Falmer Press.

———. 1990. "Uncovering the Capital in Cultural Capital: Social Class and the Construction of School Careers." Unpublished ms., Department of Sociology, Temple University.

Larkin, Ralph W. 1979. *Suburban Youth in Cultural Crisis.* New York: Oxford University Press.
Larson, Magali S. 1977. *The Rise of Professionalism:* A Sociological Analysis. Berkeley: University of California Press.
Lasch, Christopher. 1969. *The Agony of the American Left.* New York: Knopf.
———. 1979. *The Culture of Narcissism: American Life in an Age of Diminishing Expectations.* New York: W. W. Norton and Co.
Lash, Scott. 1984. *The Militant Worker: Class and Radicalism in France and America.* Rutherford, Madison, and Teaneck, N.J.: Farleigh Dickinson Press.
Laumann, Edward O., ed. 1973. *Bonds of Pluralism: The Form and Substance of Urban Social Networks.* New York: John Wiley.
Laurent, André. 1983. "The Cultural Diversity of Western Conceptions of Management." *International Studies of Management and Organization* 13: 75–96.
Lavau, Georges, Gérard Grunberg, and Nonna Mayer. 1983. *L'univers politique des classes moyennes.* Paris: Presses de la Fondation Nationale de Sciences Politiques.
Lawson, Annette. 1988. *Adultery: An Analysis of Love and Betrayal.* New York: Basic Books.
Lerner, Daniel. 1961. "An American Researcher in Paris: Interviewing the French." In *Studying Personality Cross-culturally,* edited by B. Kaplan. New York: Row and Peterson, 427–44.
Lévi-Strauss, Claude. 1963. *Totemism.* Boston: Beacon Press.
Lévy-Leboyer, Maurice. 1980. "The Large Corporation in Modern France." In *Managerial Hierarchies: Comparative Perspectives on the Rise of the Industrial Entreprise,* edited by A. Chandler and H. Daems. Cambridge, Mass.: Harvard University Press, 117–70.
Le Wita, Béatrix. 1988. *Ni vue ni connue: Approche ethnographique de la culture bourgeoise.* Paris: Editions de la Maison des Sciences de I'Homme.
Lipovetzky, Gilles. 1983. *L'ère du vide: Essai sur l'individualisme contemporain.* Paris: Gallimard.
Lipset, Seymour Martin. 1977. "Why No Socialism in the United States?" In *Sources of Contemporary Radicalism,* edited by S. Bialer and S. Sluzar. Boulder, Colo.: Westview Press, 31–149.
———. 1979. *The First New Nation: The United States in Historical and Comparative Perspective.* New York: Norton.
———. 1981. *The Political Man: The Social Bases of Politics.* Expanded ed. Baltimore: Johns Hopkins University Press.
———. 1990. *Continental Divide: The Values and Institutions of the United States and Canada.* New York and London: Routledge.
Lipset, Seymour Martin, and Richard B. Dobson. 1972. "The Intellectual as Critic and Rebel." *Daedalus* (Summer): 114–85.
Lipset, Seymour Martin, and Stein Rokkan. 1967. "Cleavage Structure, Party Systems and Voter Alignments: An Introduction." *Party Systems and Voter Alignments: Crossnational Perspectives,* edited by Seymour Martin Lipset and Stein Rokkan. New York: Free Press, 1–64.
Long, Elizabeth. 1987. "Reading Groups and the Post-Modern Crisis of Cultural Authority." *Cultural Studies* 1, no. 3: 306–27.
Luker, Kristin. 1984. *Abortion and the Politics of Motherhood.* Berkeley: University of California Press.
Lynd, Robert S., and Helen M. Lynd. 1930. *Middletown: A Study in American Culture.* New York: Harcourt and Brace.
McCall, George J., and J. L Simmon. 1978. *Identity and Interaction: An Examination of Human Association in Everyday Life.* New York: Free Press.
McClelland, David K. 1961. *The Achieving Society.* New York: Nostrand.

MacLeod, Jay. 1987. *Ain't No Makin' It: Leveled Aspirations in a Low-Income Neighborhood.* Boulder, Colo.: Westview Press.
McPherson, J. Miller, and Lynn Smith-Lovin. 1987. "Homophily in Voluntary Organizations: Status Distance and the Composition of Face-to-Face Groups." *American Sociological Review* 52: 370–79.
Macy, Michael W. 1988. "New-Class Dissent among Social-Cultural Specialists: The Effects of Occupational Self-Direction and Location in the Public Sector." *Sociological Forum* 3, no. 3: 325–56.
Magliulo, Bruno. 1982. *Les grandes écoles.* Paris: Presses Universitaires de France.
Mantoux, Thiery. 1985. *BCBG: Le guide du bon chic bon genre.* Paris: Editions Hermès.
Marceau, Jane. 1977. *Class and Status in France: Economic Change and Social Immobility 1945–1975.* New York: Oxford University Press.
Margolis, Diane R. 1979. *The Managers: Corporate Life in America.* New York: Morrow.
Marin, Bernd. 1988. "Qu'est-ce que 'le patronat'? Enjeux théoriques et résultats empiriques." *Sociologie du Travail* 4: 515–43.
Marsden, Peter V., John Shelton Reed, Michael D. Kennedy, and Kandi M. Stinson. 1982. "American Regional Cultures and Differences in Leisure-Time Activities." *Social Forces* 60, no. 4: 1023–47.
Martin, Bill. 1986. "From Class Challenge to Comfortable Collaboration?: The Politics of the Educated Middle Class in the United States, 1960–80." Paper presented at the annual meetings of the American Sociological Association, New York, August.
Maurice, Marc, F. Sellier, and J.-J. Sylvestre. 1975. *Shift Work: Economic Advantages and Social Costs.* Geneva: International Labor Office.
———. 1977. *Production de la hiérarchie dans l'entreprise:Recherche d'un effet social, Allemagne-France.* Aix-en-Provence: Laboratoire d'Economie et de Sociologie du Travail.
Mayer, Nonna. 1982. "The Middle Classes and Politics in Contemporary France: A Bibliographic Introduction." *European Journal of Political Research* 10: 437–44.
———. 1986. *La boutique contre la gauche.* Paris: Presses de la Fondation Nationale de Sciences Politiques.
Mazataud, Pierre. 1987. *Géopolitique d'une région: L'Auvergne. Allier, Puy-de-Dome, Cantal, HauteLoire: Les faits, les chiffres, les hommes. analyses, synthèses, prévisions.* Nonette. Editions Creer.
Mehan, Hugh. 1992. "Beneath the Skin and between the Ears: A Case Study in the Politics of Representation." In *Understanding Practice*, edited by Jean Lave and Seth Chaiklen. Cambridge: Cambridge University Press.
———. In press "Understanding Inequality in Schools: The Contribution of Interpretive Studies." *Sociology of Education.*
Merelman, Richard M. 1984. *Making Something of Ourselves: On Culture and Politics in the United States.* Berkeley: University of California Press.
Mermet, Gérard. 1988, *Francoscopie, les Français: Qui sont-ils? Ou vont-ils?* Paris: Larousse.
Merton, Robert K. 1949. *Social Theory and Social Structure.* Glencoe, Ill.: Free Press.
———. 1957. "Patterns of Influence: Local and Cosmopolitan Influentials." In *Social Theory and Social Structure.* New York: Free Press, 387–420.
Meyer, John W. 1980. "The Effects of Education as an Institution." *American Journal of Sociology* 83:55–77.
———. 1986. "Myths of Socialization and of Personality." In *Reconstructing Individualism: Autonomy, Individuality, and the Self in Western Thought*, edited by Thomas C. Heller, Morton Sosna, and David E. Wellbery, with Arnold I. Davidson, Ann Swidler, and Ian Watt. Stanford: Stanford University Press, 208–21.
Meyer, John W., John Boli, and George M. Thomas. 1987. "Ontology and Rationalization in the Western Cultural Account." *Institutional Structure: Constituting State, Society, and the*

Individual, edited by George M. Thomas, John W. Meyer, Francisco O. Ramirez, and John Boli. Beverly Hills, Calif.: Sage, 12-37.

Meyer, John W., F. Ramirez, J. Rubinson, and J. Boli-Bennett. 1977. "The World Educational Revolution 1950-1970." *Sociology of Education* 50: 242-58.

Michelat, Guy, and Michel Simon. 1977. *Classes, religion et comportement politique.* Paris: Editions Sociales.

———. 1985. "Déterminations socio-économiques, organisations symboliques et comportement électoral." *Revue Française de Sociologie* 26: 32-69.

Miles, M. B., and A. M. Huberman. 1984. *Qualitative Data Analysis: A Sourcebook of New Methods.* Beverly Hills, Calif.: Sage.

Millman, Marcia. 1980. *Such a Pretty Face: Being Fat in America.* New York: W. W. Norton and Co.

Mills, C. Wright. 1953. *White Collar: The American Middle Class.* New York: Oxford University Press.

———. 1963. *Power, Politics and People: The Collected Essays of C. Wright Mills,* edited by Irving Louis Horowitz. Oxford: Oxford University Press.

Mishler, Elliot G. 1986. *Research Interviewing: Context and Narrative.* Cambridge, Mass.: Harvard University Press.

Mitchell, Timothy. 1990. "Everyday Metaphors of Power." *Theory and Society* 19: 545-77.

Moffatt, Michael. 1989. *Coming of Age in New Jersey: College and American Culture.* New Brunswick: Rutgers University Press.

Mohr, John, and Paul DiMaggio. 1980. "Patterns of Occupational Inheritance of Cultural Capital." Paper presented at the meeting of the American Sociological Association.

Mollenkopf, John Hull. 1988. "The Postindustrial Transformation of the Political Order in New York City." In *Power, Culture and Place: Essays on New York City,* edited by J. J. Mollenkopf. New York: Russell Sage Foundation, 223-57.

Morrill, Calvin. 1991. "Conflict management, Honor, and Organizational Change." *American Journal of Sociology* 97, no. 3: 585-621.

Murphy, Raymond. 1988. *Social Closure: The Theory of Monopolization and Exclusion.* Oxford: Clarendon.

Nemeth, G. 1983. "Reflection on the Dialogue between Status and Style." *Social Psychology Quarterly* 46, no. 1: 70-74.

Newman, Katherine S. 1988. *Falling from Grace: The Experience of Downward Mobility in the American Middle Class.* New York: Free Press.

Ortner, Sherry. 1978. *The Sherpas through their Rituals.* Cambridge: Cambridge University Press.

———. 1991. "Reading America: Preliminary Notes on Class and Culture." In *Recapturing Anthropology: Working in the Present,* edited by Richard G. Fox. Seattle: University of Washington Press.

Ostrander, A. 1984. *Women of the Upper Class.* Philadelphia: Temple University Press.

Palmer, Michael. 1987. "Media and Communications Policy in France under the Socialists, 1981-86: Failing to Grasp the Correct Nettle?" In *Contemporary France: A Review of Interdisciplinary Studies,* edited by Jolyan Howorth and George Ross. London: Frances Pinter Publisher, 130-55.

Paradeise, C. 1980. "Sociabilitéet culture de classe." *Revue Française de Sociologie* 21, no. 4: 571-97.

Parkin, Frank. 1974. "Strategies of Closure in Class Formation." In *The Social Analysis of Class Structure.* London: Tavistock, 1-18.

Parmentier, Patrick. 1986. "Les genres et leurs lecteurs." *Revue Française de Sociologie* 27: 397-430.

Parsons, Talcott. 1949. "The Professions and Social Structure." In *Essays in Sociological Theory, Pure and Applied*. Glencoe, Ill.: Free Press, 34–49.
Pavalko, Ronald M. 1988. *Sociology of Occupations and Professions*. Ithaca, Ill.: F. E. Peacock Publisher.
Pells, Richard. 1985. *The Liberal Mind in a Conservative Age*. New York: Harper and Row.
Perin, Constance. 1988. *Belonging in America*. Madison: University of Wisconsin Press.
Pernoud, Régine. 1981. *Histoire de la bourgeoisie en France. Vol. 2. Les temps modernes*. Paris: Editions du Seuil.
Perrot, Marguerite. 1982. *Le mode de vie des families bourgeoises*. Paris: Presse de la Fondation Nationale de Sciences Politiques.
Perry, Lewis. 1989. *Intellectual Life in America: A History*. Chicago: University of Chicago Press.
Peterson, Richard A., and Michael Hughes. 1984. "Isolating Patterns of Cultural Choice to Facilitate the Formation of Culture Indicators." In *Cultural Indicators: An International Symposium,* edited by F. Melischek, K. E. Rosengren, and J. Stappers. Wien: Verlag der Osterreichischen Akademie der Wissenschaften, 443–52.
Phillips, Kevin P. 1982. *Post-Conservative America: People, Politics and Ideology in a Time of Crisis*. New York: Random House.
Piesman, Marissa, and Marilee Hartley. 1985. *The Yuppie Handbook*. New York: Pocket Books.
Pinçon, Michel. 1987. *Désarrois ouvriers*. Paris: L'Harmattan.
Pinçon, Michel, and Monique Pinçon-Charlot. 1989. *Dans les beaux quartiers*. Paris: Editions du Seuil.
Pinto, Diana. 1988. "Toward a Mellowing of the French Identity?" In *Contemporary France: A Review of Interdisciplinary Studies,* edited by Jolyan Howorth and George Ross. London: Frances Pinter, Publisher.
Pinto, Louis. 1984. *L'intelligence en action: Le Nouvel Observateur*. Paris: A. M. Métaillé, 1988.
Pitt-Rivers, julian. 1966. "Honor and Social Status." In *Honor and Shame: The Values of Mediterranean Society,* edited by J. G. Peristiany. Chicago: University of Chicago Press, 19–77.
Pitts, jessie. 1957. "The Bourgeois Family and French Economic Retardation." Ph.D. diss., Department of Sociology, Harvard University.
Pizzorno, Alessandro. 1991. "On the Individualistic Theory of Social Order." In *Social Theory for a Changing Society,* edited by Pierre Bourdieu and james S. Coleman. New York: Russell Sage and Westview Press, 209–31.
Le point économique de l'Auvergne (April 1977): no. 2.
Poulantzas, Nicos. 1978. *Classes in Contemporary Capitalism*. London: Verso.
Powers, Brian. 1987. "Second Class Finish: The Effect of a Working Class High School." Ph.D. diss, Department of Sociology, University of California, Berkeley.
Press, Andrea. 1991. *Women Watching Television: Gender, Class and Generations in the American Television Experience*. Philadelphia: University of Pennsylvania.
Rainwater, Lee. 1974. *What Money Buys: Inequality and the Social Meaning of Income*. New York: Basic Books.
Ravitch, Diane, and Chester E. Finn, Jr. 1987. *What Do Our 17-Year-Olds Know? A Report on the First National Assessment of History and Literature*. New York: Harper and Row.
Rawls, James R., Robert A. Ullrich, and Oscar Tivis Nelson, Jr. 1975. "A Comparison of Managers Entering or Reentering the Profit and Nonprofit Sectors." *Academy of Management Journal* 18, no. 3: 616–23.
Reich, Robert B. 1991. "The Secession of the Successful." *New York Times Sunday Magazine*, 20 January.

Reinarman, Craig. 1987. *American States of Mind: Political Beliefs and Behavior among Private and Public Workers.* New Haven: Yale University Press.

Riccio, James A. 1979. "Religious Affiliation and Socioeconomic Achievement." In *The Religious Dimension: New Directions in Quantitative Research,* edited by Robert Wuthnow. New York: Academic Press.

Rieder, Jonathan. 1985. *Canarsie: The Jews and Italians of Brooklyn against Liberalism.* Cambridge, Mass.: Harvard University Press.

Riesman, David, with Nathan Glazer and Reuel Denney. 1950. *The Lonely Crowd: A Study of the Changing American Character.* New Haven: Yale University Press.

Ringer, Fritz K. 1979. *Education and Society in Modern Europe.* Bloomington, Ind.: Indiana University Press.

Robinson, John P., Carol A. Kennan, Terry Hanford, and Timothy A. Trippett. 1985. *Public Participation in the Arts: Final Report on the 1982 Survey.* College Park, Md.: Report to the National Endowment for the Arts, Research Division.

Robinson, Robert V., and Maurice A. Granier. 1985. "Class Reproduction among Men and Women in France: Reproduction Theory on Its Home Ground." *American Journal of Sociology* 91, no. 2: 250–80.

Rosaldo, Michelle A. 1980. "The Use and Abuse of Anthropology: Reflections on Feminism and Cross-Cultural Understanding." *Signs* 5, no. 3: 389–417.

Rosenbaum, James E., and Takehiko Kariya, Rich Settersten, and Tony Maier. 1990. "Market and Networks Theory of the Transition from High School to Work: Their Application to Industrialized Societies." *Annual Review of Sociology* 16: 263–99.

Rosenberg, Morris. 1981. "The Self Concept: Social Product and Social Force." In *Social Psychology: Sociological Perspectives,* edited by Morris Rosenberg and Ralph H. Turner. New York: Basic Books, 593–624.

Ross, George. 1978. "Marxism and the New Middle Class." *Theory and Society* 5: 163–90.

———. 1987. "The Decline of the Left Intellectual in Modern France." In *Intellectuals in Liberal Democracies, Political Influence, and Social Involvement,* edited by Alain G. Gagnon. New York: Praeger.

———. 1991. "Where Have All the Sartres Gone? The French Intelligentsia Born Again." In *In Search of the New France,* edited by James F. Hollifield and George Ross. New York and London: Routledge, 221–49.

Roudet, Bernard. 1988. "Bilan des recherches sur la vie associative." *La Revue de L'Économie Sociale* (April): 11–28.

Rubin, Lilian. 1976. *Worlds of Pain.* New York: Harper and Row.

Rudney, Gabriel. 1987. "The Scope and Dimensions of Nonprofit Activity." In *The Nonprofit Sector: A Research Handbook,* edited by Walter W. Powell. New Haven: Yale University Press, 55–64.

Rupnik, Jacques, and Muriel Humbertjean. 1986. "Image(s) des Etats-Unis dans l'opinion publique." In *L'Amérique dans les têtes: Un siècle de fascinations et d'aversions,* edited by Denis Lacorne, Jacques Rupnik, and Mari-France Toinet. Paris: Hachette, 101–23.

Ryan, John, and Larry Debord. 1991. "High Culture Orientation and the Attitudes and Values of College Students." *Sociological Inquiry* 61, no. 3: 346–58.

Schatzman, Leonard, and Anselm Strauss. 1955. "Social Class and Modes of Communication." *American Journal of Sociology* 60, no. 4: 329–38.

Schneider, David M., and Raymond T. Smith. 1978. *Class Differences in American Kinship.* Ann Arbor: University of Michigan Press.

Schudson, Michael. 1984. *Advertising, the Uneasy Persuasion.* New York: Basic Books.

———. 1989. "How Culture Works: Perspectives from Media Studies on the Efficacy of Symbols." *Theory and Society* 18: 153–80.

Schutz, Alfred, and Thomas Luckman. 1989. *The Structures of the Life-World.* Vol. 2. Evanston: Northwestern University Press.
Schwartz, Gary. 1987. *Beyond Conformity and Rebellion: Youth and Authority in America.* Chicago: University of Chicago Press.
Schweisguth, Etienne. 1983. "Les salariés moyens sont-ils des petits-bourgeois?" *Revue Française de Sociologie* 24: 679–703.
Scott, James C. 1990. *Domination and the Arts of Resistance: Hidden Transcript.* New Haven: Yale University Press.
Scott, Joan W. 1989. "The Sears Case." In *Gender and the Politics of History.* New York: Columbia University Press, 167–77.
Seeley, J. R., R. A. Sim, and E. W. Loosley. 1956. *Crestwood Heights: A Study of the Culture of Suburban Life.* New York: Basic Books.
Ségrestin, Denis. 1985. *Le phénomène corporatiste: Essai sur l'avenir des systèmes professionels fermés en France.* Paris: Fayard.
Sen, Amartya K. 1990. "Rational Fools: A Critique of the Behavioral Foundations of Economic Theory." In *Beyond Self-Interest,* edited by Jane Mansbridge. Chicago: University of Chicago Press, 24–43.
Sennett, Richard. 1976. *The Fall of the Public Man.* New York: Vintage.
Sennett, Richard, and Jonathan Cobb. 1973. *The Hidden Injuries of Class.* New York: Random House.
Service aux Associations. 1987. *Guide pratique des associations.* Paris: Service aux Associations.
Sewell, William, Jr. 1985. "Ideology and Social Revolutions: Reflections on the French Case," *Journal of Modern History* 57: 57–85.
———. 1990. "Collective Violence and Collective Loyalties in France: Why the French Revolution Made a Difference." *Politics and Society* 18, no. 4: 481–526.
———. Forthcoming. "Toward a Theory of Structure: Duality, Agency and Transformation." *American Journal of Sociology.*
Shonfeld, Andrew. 1969. *Modern Capitalism: The Changing Balance of Public and Private Power,* New York: Oxford University Press.
Shonfeld, William K. 1976. *Obedience and Revolt: French Behavior toward Authority.* Beverly Hills, Calif.: Sage.
Shortridge, James R. 1989. *The Middle West: Its Meaning in American Culture.* Kansas City: University Press of Kansas.
Shostak, Arthur B. 1969. *Blue Collar Life.* New York: Random House.
Showalter, Elaine. 1989. "A Criticism of Our Own: Autonomy and Assimilation in AfroAmerican and Feminist literary Theory." In *The Future of Literary Theory,* edited by Ralph Cohen. New York: Routledge, 347–69.
Shweder, Richard A., Manamohan Mahapatra, and Joan G. Miller. 1987. "Culture and Moral Development." In *The Emergence of Morality in Young Children,* edited by Jerome Kagan and Sharon Lamb. Chicago: University of Chicago Press, 1–90.
Silver, Allan. 1985. "'Trust' in Social and Political Theory." In *The Challenge of Social Control: Citizenship and Institution Building in Modern Society: Essays in Honor of Morris Janowitz,* edited by Gerard D. Suttles and Mayer N. Zald. Norwood, N.J.: Ablex Publishing Co., 52–67.
Simmel, Georg. 1950. *The Sociology of Georg Simmel.* Translated, edited, and with an introduction by Kurt H. Wolff. Glencoe, Ill.: Free Press.
Singly, François de, and Claude Thélot. 1988. *Gens du privé, gens du public: La grande différence.* Paris: Dunod.
Smitherman, Genova. 1986. *Talkin' and Testifyin': The Language of Black Americans.* Detroit: Wayne State University Press.

Somers, Margaret R. 1991. "Political Culture, Property, and Citizenship: An Epistemological Exploration." Paper presented at the annual meeting of the American Sociological Association, Cincinnati.
Sperber, Dan. 1985. "Anthropology and Psychology: Toward an Epidemiology of Representations." *Man* 20: 73–89.
Stinchcombe, Arthur L. 1975. "Social Structure and Politics." In *Handbook of Political Science* Vol. 3: *Macropolitical theory*, ed. Fred Grenstein and Nelson W. Polsby. Reading, Mass.: Addison-Wesley Publ., 557–622.
———. 1978. "The Deep Structure of Moral Categories: Eigthteenth Century French Stratification and the Revolution." In *Structural Sociology*, edited by Eno Rossi. New York: Columbia University Press, 66–95.
Stouffer, S. A. 1955. *Communism, Conformity and Civil Liberty: A Cross-Section of the Nation Speaks Its Mind.* New York: Doubleday.
Stryker, Sheldon. 1980. *Symbolic Interactionism: A Social Structural Version.* Menlo Park, Calif.: Benjamin/Cummings Pub. Co.
Suleiman, Ezra N. 1976. *Les hauts fonctionnaires et la politique.* Paris: Editions du SeuiL.
———. 1979. *Les élites en France: Grands corps et grandes écoles. Paris: Editions du Seuil. (English ed. 1978, Elites in France.)* Princeton: Princeton University Press.
———. 1987. *Private Power and Centralization in France: The Notaires and the State.* Princeton: Princeton University Press.
Susman, Warren I. 1984. "Introduction: Toward a History of the Culture of Abundance." In *Culture as History: The Transformation of American Society in the Twentieth Century*, New York: Pantheon, xix-xxx.
Suttles, Gerald. 1968. *The Social Life of the Slum.* Chicago: University of Chicago Press.
Swidler, Ann. 1986. "Culture in Action: Symbols and Strategies." *American Sociological Review* 51: 273–86.
Taylor, Charles. 1991. "The Politics of Recognition." Public lecture delivered at Princeton University.
Thelen, Ralph W., and Frank L. Wilson. 1986. *Comparative Politics: An Introduction to Six Countries.* Englewood Cliffs, N.J.: Prentice Hall.
Thélot, Claude. 1982. *Tel père, tel fils.* Paris: Dunot.
Thomas, George M. 1989. *Revivalism and Cultural Change: Christianity, Nation Building, and the Market in the Nineteenth-Century United States.* Chicago: University of Chicago Press.
Thomas, George M., and John Z. Meyer. 1984. "The Expansion of the State." *Annual Review of Sociology* 10: 461–82.
Tilly, Charles. 1986. *The Contentious French: Four Centuries of Popular Struggle.* Cambridge, Mass.: Harvard University Press.
Tilly, Charles. 1991. "Domination, Resistance, Compliance... Discourse." *Sociological Forum* 6:593–602.
Tocqueville, Alexis de. 1945. *Democracy in America.* New York: Vintage.
Touraine, Alain. 1971. *The Post-Industrial Society: Tomorrow's Social History: Classes, Conflicts and Culture in the Programmed Society.* New York: Random House.
Tovell, Francois. 1985. "A Comparison of Canadian, French, British and German International Cultural Policy." In *Canadian Culture: International Dimensions*, edited by A. F. Cooper. Toronto: Canadian Institute of International Affairs, 69–82.
Turner, Victor. 1969. *The Ritual Process.* Chicago: Aldine.
Tyack, David, and Elisabeth Hansot. 1982. *Managers of Virtue: Public School Leadership in America, 1820–1980.* New York: Basic Books.
Tyree, A., M. Semyonov, and R. W. Hodge. 1979. "Gaps and Glissandos: Inequality, Economic Development and Social Mobility in 24 Countries." *American Sociological*

Review 44, no. 3:410–24.
Ulmann, André. 1946. *L'humanisme du XXe siècle*. Paris: Editions de l'Enfant Poète.
Ulrich's International Periodicals Dictionary 1990. New York: R. R. Bowker, 1990.
U.S. Bureau of the Census. *General Social and Economic Characteristics. 1983. Connecticut, New Jersey, New York.* Washington, D.C.: Government Printing Office.
U.S. Department of Commerce, Bureau of the Census. *Statistical Abstract of the United States 1987.* 107th ed. Washington D.C.: Government Printing Office.
———. *States and Metropolitan Area: Data Book 1986.* Washington D.C.: Government Printing Office.
U.S. Department of Education. Office of Educational Research and Improvement. *Digest of Education Statistics 1989.* Washington, D.C.: Government Printing Office.
Useem, Michael. 1984. *The Inner Circle.* New York: Oxford University Press.
Useem, Michael, and Jerome Karabel. 1986. "Pathways to Top Corporate Management." *American Sociological Review* 51, no. 2: 184–200.
Vagogne, Joseph. 1984. *Les professions libérales.* Paris: Presses Universitaires de France.
Vanneman, Reeve, and Lynn Weber Cannon. 1987. *The American Perception of Class.* Philadelphia: Temple University Press.
Varenne, Hervé. 1977. *Americans Together: Structured Diversity in a Midwestern Town.* New York: Teachers College Press.
———. 1987. "Talk and Real Talk: The Voices of Silence and the Voices of Power in American Daily Life." *Cultural Anthropology* 2, no. 3: 369–94.
Veblen, Thorstein. 1912. *The Theory of the Leisure Class.* New York: B. W. Huelsh.
Verdès-Leroux, Jeanine. 1983. *Au service du parti. Le Parti Communiste, les intellectuels et la culture (1944–1956).* Paris: Fayard/Minuit.
Verret, Michel. 1988. *La culture ouvrière.* St-Sebastien: ACL Editions/Société Crocus.
Veugelers, Jack, and Michèle Lamont. 1991. "France: Alternative Locations for Public Debate." In *Between States and Markets: The Voluntary Sector in Comparative Perspective,* edited by Robert Wuthnow. Princeton: Princeton University Press, 125–56.
Ville de Clermont-Ferrand. 1988. *Clermont-Ferrand en chiffres 1988.* Clermont-Ferrand: Services de Communications.
Villeneuve, A. 1978. "Les revenus primaires des ménages en 1975." *Economie et Statistiques* 103:59–72.
Wald, Alan. 1982. "The New York Intellectual in Retreat." In *Socialist Perspectives,* edited by Phylis Jacobson and Julius Jacobson. New York: Karz-Cohl Publishers, 155–84.
Wallace, Walter. 1990. "Rationality, Human Nature and Society in Weber's Theory." *Theory and Society* 19: 199–223.
Walzer, Michael. 1983. *Spheres of Justice: A Defense of Pluralism and Equality.* New York: Basic Books.
Warner, R. Stephen. 1987. *New Wine in Old Wineskins: Evangelicals and Liberals in a Small Town Church.* Berkeley: University of California Press.
Warner, R. Stephen. 1986. "The Evangelical Ethic and the Spirit of Parochialism." Paper presented at the annual meeting of the Society for the Scientific Study of Religion, Washington D.C.
Warner, W. Lloyd, J. O. Low, P. S. Lunt, and Leo Srole. 1963. *Yankee City.* New Haven: Yale University Press.
Warner, W. Lloyd, and P. S. Lunt. 1963. *Status System of a Modern Community.* New Haven: Yale University Press.
Waters, Mary C. 1990. *Ethnic Options: Choosing Identities in America.* Berkeley: University of California Press.
Watt, David Harrington. 1991. "United States: Cultural Challenges to the Voluntary Sector."

In *Between States and Markets: The Voluntary Sector in Comparative Perspective*, edited by Robert Wuthnow. Princeton: Princeton University Press, 243–87.
Weber, Eugen. 1976. *Peasants into Frenchmen: The Modernization of Rural France, 1879–1914.* Stanford: Stanford University Press.
Weber, Henri. 1988. "Cultures patronales et types d'enterprise: Esquise d'une typologie du patronat." *Sociologie du Travail* 4: 545–66.
Weber, Max. 1946. "The Protestant Sects and the Spirit of Capitalism." In *From Max Weber: Essays in Sociology*, edited by Hans Gerth and C. Wright Mills. New York: Oxford University Press, 302–22.
———. 1964. *L'éthique protestante et l'esprit du capitalisme*. Paris: Librairie Plon.
———. 1978. *Economy and Society*. Vol. 1. Berkeley: University of California Press.
Webster, G. 1979. *The Republic of Letters: A History of Postwar American Literary Opinion*. Baltimore: Johns Hopkins University Press.
Weil, Frederick. 1985. "The Variable Effects of Education on Liberal Attitudes." *American Sociological Review* 50: 458–74.
Weisbrod, Burton A. 1980. "Private Goods, Collective Goods: The Role of the Nonprofit Sector." *Research in Law and Economics* 1 : 139–77.
Weiss, Robert. 1990. *Staying the Course: The Emotional and Social Lives of Men Who Do Well*. New York: Free Press.
Weitman, Sasha R. 1970. "Intimacies: Notes toward a Theory of Social Inclusion and Exclusion." *Archives Européennes de sociologie* 11, no. 2: 348–67.
West, Cornel. 1990. "The New Cultural Politics of Difference." *October* 53: 93–109.
Westergaard, Barbara. 1987. New Jersey: A Guide to the State. New Brunswick, N.J.: Rutgers University Press.
Whyte, William H. 1956. *The Organization Man*. New York: Simon and Schuster.
Wickham, Alexandre, and Sophie Coignard. 1986. *La nomenklatura française: Pouvoirs et privilèges des élites*. 2d ed. Paris: Belfond.
Willis, Paul. 1977. *Learning to Labor: How Working Class Kids Get Working Class Jobs*. New York: Columbia University Press.
Wolfe, Alan. 1989. *Whose Keeper? Social Science and Moral Obligation*. Berkeley: University of California Press.
———. 1992. "Democracy versus Sociology: Boundaries and Their Political Consequences." In *Cultivating Differences: Symbolic Boundaries and the Making of Inequality*, edited by Michèle Lamont and Marcel Fournier. Chicago: University of Chicago Press.
Woloch, Isser. 1982. *Eighteenth-Century Europe: Tradition and Progress, 1715–1789*. New York: W. W. Norton and Co.
Wood, Michael, and Michael Hughes. 1984. "The Moral Basis of Moral Reform: Status Discontent vs. Culture and Socialization as Explanations of Anti-Pornography Social Movement Adherence." *American Sociological Review* 49: 86–99.
Wright, Vincent. 1978. *The Government and Politics of France*. New York: Holmes and Meier.
Wuthnow, Robert. 1987. *Meaning and Moral Order: Explorations in Cultural Analysis*. Berkeley: University of California Press.
———. 1988. *The Restructuring of American Religion: Society and Faith since World War II*. Princeton: Princeton University Press.
———. 1989. *Communities of Discourse: Ideology and Social Structure in the Reformation, the Enlightenment, and European Socialism*. Cambridge, Mass.: Harvard University Press.
———. 1991. *Acts of Compassion: Caring for Others and Helping Ourselves*. Princeton: Princeton University Press.
Wuthnow, Robert, and Wesley Shrum, Jr. 1983. "Knowledge Workers as a 'New Class': Structural and Ideological Convergence among Professional-Technical Workers and

Managers." *Work and Occupations* 10:471–83.
Wylie, Laurence. 1973. Village in the Vaucluse. Cambridge, Mass.: Harvard University Press.
Wylie, Laurence, and R. Henriquez 1982. "Images of Americans in French Textbooks." *Tocqueville Review* (Spring-Summer).
Yankelovitch, Daniel. 1981. *New Rules: Searching for Self-Fulfillment in a World Turned Upside Down.* New York: Random House.
Yin, Robert K. 1984. *Case Study Research.* Beverly Hills, Calif.: Sage.
Zablocki, Benjamin D., and Rosabeth M. Kanter. 1976. "The Differentiation of LifeStyles." *Annual Review of Sociology* 2: 269–98.
Zelizer, Viviana. 1988. "Beyond the Polemics on the Market: Establishing a Theoretical and Empirical Agenda." *Sociological Forum* 3: 614–34.
———. 1989. "The Social Meaning of Money: 'Special Monies.'" *American Journal of Sociology* 95, no. 2: 342–77.
Zerubavel, Eviatar. 1991. *The Fine Line: Boundaries and Distinctions in Everyday Life.* New York: Free Press.
Zolberg, Vera. 1981. "The Happy Few-en Masse: Franco-American Comparisons in Cultural Democratization." Paper presented at the meeting of the American Sociological Association, Toronto.
Zukin, Sharon. 1982. *Loft Living: Culture and Capital in Urban Change.* Baltimore: Johns Hopkins University Press.
Zussman, Robert. 1985. *Mechanics of the Middle Class: Work and Politics among American Engineers.* Berkeley: University of California Press.
Zysman, John. 1977. *Political Strategies for Industrial Order: State Market and Industry in France.* Berkeley: University of California Press.

索 引

（条目后的页码为原书页码，见本书边码）

abstraction, 抽象, 96, 98, 113, 257注61

Académie française, 法兰西学术院, 143

achievement, 成就, 6, 137, 139, 145, 192, 247注13, 251注60

adaptability, 适应性, 105

adultery, 通奸, 239注7

affluence, 富裕, 66

Afro-American art forms, 非裔美国人艺术, 109

age of interviewees, 受访者的年龄, 15－17, 219

Alexander, C. N., 亚历山大, C. N., 236注40

Alexander, Jeffrey, 亚历山大, 杰弗里, 137, 235注19

Allen, Keith, 艾伦, 凯思, 259注89

alternative subculture, 替代亚文化, 161

altruism, 利他主义, 59, 274注29, 277注53

alumni associations, 校友会, 76, 78

ambition, 进取心, 35, 41, 43, 46－47, 60, 85, 265注82

Americanism, 美国主义, 6, 136－137

anarchist tradition, French, 法国的无政府主义传统, 138

Anderson, Benedict, 安德森, 本尼迪克特, 262注32

anthropology, 人类学, 279注81

anti-Americanism, 反美主义, 83－84

anticosmopolitan attitudes, 反世界主义态度, 124－125, 126, 131

anti-intellectualism, 反智主义：American, 美国的反智主义, 8, 114, 117, 123－125, 127, 131, 259注91; and cultural egalitarianism, 反智主义和文化平等主义, 8; French, 法国的反智主义, 126－127

antimaterialism, 反物质主义, 67, 68

antisocioeconomic boundaries, 反社会经济边界, 82－84, 270注48

"Apostrophes",《猛浪谭》, 111

apprenticeship，学徒，253注11
Arabs，阿拉伯人，81
Architectural Digest，《安邸》，108
aristocratic tradition, French，法国的贵族传统，138
Aron, Raymond，阿隆，雷蒙，91，142
Art in America，《美国艺术》，108，255注36
art consumption and appreciation，艺术消费和鉴赏，122，259注84、91，261注11
associations des anciens，校友会，78
atheism，无神论，57，245注79
Attali, Jacques，阿塔利，雅克，91
attitudinal patterns，态度上的模式，157
authority，权威52—53，74，244注66，249注32
Auvergnats，奥弗涅人，68

bad taste. See taste，差品位。参见品位
balance，平衡，36—37
Balfe, Judith Huggins，巴尔夫，朱迪思·哈金斯，122
Balzac, Honoré de，巴尔扎克，奥诺雷·德，29
Barber, Bernard，巴伯，伯纳德，240注22
Baritz, Loren，巴里茨，洛伦，281注21
Baumgartner, P.M.，鲍姆加特纳，P.M.，240注26、30

Becker, Gary，贝克尔，加里，274注29
Becker, Howard，贝克尔，霍华德，25
behavioral data，行为数据，18
Beisel, Nicola，拜塞尔，尼古拉，235注17
Bell, Daniel，贝尔，丹尼尔，266注13
Bell, Wendell，贝尔，温德尔，248注23
Bellah, Robert，贝拉，罗伯特，61，240注30，241注34，247注5
Berger, Bennett，伯杰，贝内特，134，262注33
Berger, Joseph，伯杰，约瑟夫，274注25
blacks，黑人，79，109，234注8，251注53，263注53
Blau, Judith，布劳，朱迪斯，235注22
Bledstein, Burton，布莱德施泰因，伯顿，34
Block, Fred，布洛克，弗雷德，274注27
Bloom, Allan，布鲁姆，艾伦，256注41
Boli, John，波利，约翰，271注53
Boltanski, Luc，博尔坦斯基，吕克，73，236注46，241注41，284注56
Bon Appétit，《好胃口》，108
Boschetti, Anna，博斯凯蒂，安娜，239注14
Boudon, Raymond，布东，雷蒙德，252注4，264注65

boundary work, 边界工作, 4; defined 定义边界工作, 2, 233注5; intellectuals and nonintellectuals, 知识分子和非知识分子之间的边界工作, 157; national patterns, 边界工作的国民模式, 131, 260注5; reasons for, 边界工作的原因, 11—12; stress on morality in, 边界工作中对道德强调, 32; variations in, 边界工作的差异, 5—8, 13—14。See also national differences, 也请参见边界工作的国家差异

Bourdieu, Pierre, 布迪厄, 皮埃尔, 3, 177, 252注4, 253注11, 268注26, 271注56, 276注42、43、44、45、46、50, 277注51、58、59、60和62, 278注63、66、72、73和76, 279注77; contributions of, 皮埃尔·布迪厄的贡献, 5, 179, 181—188; on class reproduction and inequality, 皮埃尔·布迪厄对阶级再生产和不平等的看法, 181—188; on education, 皮埃尔·布迪厄对教育的看法, 234注9, 253注11; on familiarity, 皮埃尔·布迪厄对亲近的看法, 51; on high culture, 皮埃尔·布迪厄对高雅文化的看法, 107; on mobility, 皮埃尔·布迪厄对流动性的看法, 270注47; on proximate structural factors, 皮埃尔·布迪厄对近因结构因素的看法, 148, 275注42; on social attainment, 皮埃尔·布迪厄对社会成就的看法, 274注26; on working class, 皮埃尔·布迪厄对工人阶级的看法, 243注59

bourgeois culture, 资产阶级文化, 108, 144, 278注72; and cultural boundaries, 资产阶级文化和文化边界, 103, 170—171; defined, 定义资产阶级文化, 200—201; and income, 资产阶级文化和收入, 160; and materialism, 资产阶级文化和物质主义, 69; role of humanism in, 人文主义在资产阶级文化中的作用, 49; values of, 资产阶级文化的价值观, 244注67

bourgeoisie de promotion, 新晋资产阶级, 54

Bowles, Samuel, 鲍尔斯, 塞缪尔, 290注3

Brassens, Georges, 布拉桑, 乔治, 245注79

Brel, Jacques, 布雷尔, 雅克, 245注79

brilliance, 聪明, 45, 51, 52, 93

Brint, Steven, 布林特, 史蒂文, 152, 158, 235注23, 266注9、10, 268—269注31, 273注15

Bronfenbrenner, Ulf, 布朗芬布伦纳, 乌尔夫, 273注10

bureaucracy, 官僚制, 48

Bureaucratic Phenomenon, The (Crozier), 官僚现象(克罗齐耶), 49

Bush presidency, 布什总统任期, 173

cadre, 干部, 201, 284注56
Cadres, Les (Boltanski),《干部》（博尔坦斯基）, 73
Calhoun, Craig, 卡尔霍恩, 克雷格, 265注77
Canard Enchaîné, Le,《鸭鸣报》, 245注79
Cannon, Lynn Weber, 加农, 琳恩·韦伯, 273注18
capitalists and capitalism, 资本家和资本主义, 54, 139, 151, 240注24
Car and Driver,《汽车与司机》, 95
career development, 职业发展, 33, 48, 134, 143, 160
Carroll, Raymonde, 卡罗尔, 雷蒙德, 251注61
Cartesian intellectual tradition, 笛卡儿主义智识传统, 94, 134
Catholicism, 天主教: as focus of French, 天主教作为法国焦点, xxv, 139, 170; and humanism, 天主教和人文主义, 53—55, 244注68; and disregard for money, 天主教和对金钱的漠视, 67; and work ethic, 天主教和职业道德, 47
Chamber of Commerce, 商会, 76
charity, 慈善仁爱, xxvi, 56, 58—59, 61
charm, 魅力, 167
Chartier, Roger, 夏蒂埃, 罗杰, 275注35

Cheek, Neil H., Jr., 小奇克, 尼尔·H., 254注20, 258注77
child care, 育儿, 71
child-rearing values, 育儿观, 18, 117, 133, 168, 237注57, 254注19、22
children, 儿童, 42, 100, 272注4
Christian humanist tradition. See humanist tradition, 基督教人文主义传统。参见人文主义传统
Christian Science, 基督教科学会, 56—57
church, 教堂, 56—58。See also religion, 也请参见宗教虔诚
civil service, 公务员, 47, 50, 269注38
Clark, Priscilla Parkhurst, 克拉克, 普莉希拉·帕克赫斯特, 142, 252注5, 255注32, 258注71, 264注60
class divisions, 阶级划分, 189, 191—192, 281注21、22, 283注47、48; American views on, 美国人对阶级划分的看法, 78—79, 80; declining significance of, 阶级划分重要性的降低, 10—11, 249—250注39; French views on, 法国人对阶级划分的看法, 81, 86; and occupation, 阶级划分和职业, 78; and social identity, 阶级划分和社会认同, 64。See also lower classes; upper-middle class; working-class culture, 也请参见下层阶级；中上阶层；工人阶级文化

Clermont-Ferrand, 克莱蒙费朗: compared with Paris, 克莱蒙费朗与巴黎相比, 132; as interview site, 克莱蒙费朗作为访谈地点, 22, 212—215; similarity of outlook with American Midwest, 克莱蒙费朗和美国中西部观点相似, 51; views on affluence, 克莱蒙费朗对富裕的看法, 66, 68

clientelism, 裙带关系, 78

Closets, François de, 克罗塞, 弗朗索瓦·德, 239注8, 242注54

Coleman, Richard, 科尔曼, 理查德, 237注50, 246注3, 259注93, 271注57

college education, 大学教育, 260注95, 261注22, 271注52; costliness of, 大学教育的昂贵, 71, 282注36; and conservatism, 大学教育和保守主义, 266注10; and cultural boundaries, 大学教育和文化边界, 90—91, 109, 119, 280注91; extracurricular activities in, 大学教育中的课外活动, 260注96; as predictor of occupational status, 作为职业地位指标的大学教育, 11, 252注3, 271注53; and tolerance, 大学教育和包容度, 80, 177

Collins, Randall, 柯林斯, 兰德尔, 133, 252注3

comfort level, 舒适程度, 69—70

communalism, 社群主义, 192

Communist party, 共产党, 112

community, 社区, 15, 35, 76, 77

competence, 能力: in American workplace, 在美国工作场所的能力, 40, 41, 54, 60, 134, 242注41、42; in French workplace, 在法国工作场所中的能力, 44—46, 61, 98; linguistic, 语言能力, 90; and mobility, 能力和流动性, 165; and moral character, 能力和道德品质, 35, 44; valued by Americans, 被美国人重视的能力, 92, 94, 97

competitiveness, 竞争力, 35; American stress on, 美国人对竞争力的强调, 60, 95, 121, 138; in children, 儿童身上的竞争力, 42; as signal of competence, 竞争力作为能力的信号, 41, 41—42; French depreciation of, 法国人轻视的竞争力, 46—47, 147

Confédération générale des cadres, 干部联合会, 201

conflict avoidance, 冲突规避: American emphasis on, 美国人对冲突规避的强调, 31, 35, 36—37, 60, 127, 128, 134, 143, 240注26; French deemphasis of, 法国人对冲突规避的不强调, 48, 50, 52

connections, 人脉, 78

Consumer Reports, 《消费者报告》, 95

consumerism, 消费主义, 68—69, 70, 141

control, 控制, 69

corporate executives, 公司高管, 35

corporatism, 法团主义, 147
cosmopolitanism, 世界主义, 89, 106, 107, 119, 124, 127, 168, 255注28。See also anticosmopolitan attitudes, 也请参见反世界主义态度
Crane, Diana, 克莱恩, 戴安娜, 263注49
Crawford, Stephen, 克劳福德, 斯蒂芬, 266注14
Crittenden, Kathleen, 克里滕登, 凯瑟琳, 236注40
Crozier, Michel, 克罗齐耶, 米歇尔, 49, 244注64, 248注26、30, 252注64
cuisine, 烹饪, 117, 258注71
cultural boundaries, 文化边界: American tendency to subordinate, 从属文化边界的美国趋势, 13, 132—133, 178; and class reproduction, 文化边界和阶级再生产, 176; defined, 定义文化边界, 4, 6, 234注14; drawn by Americans, 由美国人划定的文化边界, 94—100, 115—118; drawn by French, 由法国人绘划定的文化边界, 13, 88—95, 127, 130—131, 138, 161—162, 278注66; and high culture, 文化边界和高雅文化, 110; importance of, in French workplace, 在法国工作场所中文化边界的重要性, 46, 268注30, 269注36; importance of, to women, 文化边界对女性的重要性, 133; and intelligence, 文化边界和才智, 90—94, 96—97; and public sector, 文化边界和公共部门, 190; role of education in, 文化边界在教育中的作用, 140, 186; stressed by intellectuals, 被知识分子强调的文化边界, 152, 162, 268注24, 278注68; weakening of, 文化边界的削弱, 145。See also exclusion, cultural; loose-boundedness; tight-boundedness, 也请参见文化排外；松散有界性；严密有界性
cultural capital, 文化资本, 3, 33, 90, 188
cultural centers, 文化中心, 131—132
cultural categories, 文化类别, 1, 3—4
cultural codes, 文化符码, 6, 9, 103
cultural diffusion, 文化扩散, 139—144
cultural diplomacy, 文化外交, 264注58
cultural institutions, 文化机构, 141—142
cultural laxity, American, 美国文化的宽松, 114—127, 131, 178
cultural peripheries, 文化中心周边地区, 131—132
cultural resources, 文化资源, 7
cultural and social specialists, 文化和社会专业人士, 150—163, 190, 265—266注8, 268注26、31
curiosity, 好奇心, xx, 98, 100, 168, 176
current events, 时事, 95
curriculum, 课程, 94, 140

索 引

Darnton, Robert, 达恩顿, 罗伯特, 279注80
data analysis, 数据分析, 221－223
Davis, Natalie Zemon, 戴维斯, 娜塔莉·泽蒙, 275注35, 279注80
decentralization of authority, 权力下放, 52－53
Della Fave, L. Richard, 德拉·法夫, L. 理查德, 247注14
democracy, 民主, 137
Democracy in America (Tocqueville),《论美国的民主》(托克维尔), 8, 59, 86
Democratic party, 民主党, 173
Derrida, Jacques, 德里达, 雅克, 8, 177, 189
deviance, 越轨, 115, 178, 234－235注16
diction, 措辞, 96
Diderot, Jacques, 狄德罗, 雅克, 142
dieting, 节食, 99
differentiation, 差异化, 118－120, 182
DiMaggio, Paul, 迪马乔, 保罗, 132, 234注15, 235注21, 255注27, 256注39, 257注67, 259注86, 260注1
discretion, 审慎, 102
dishonesty, 不诚实: descriptions of 关于不诚实的描述, 25－32; American views on, 美国人对不诚实的看法, 25－27; French views on, 法国人对不诚实的看法, 25, 27－30, 91

distancing behavior, 疏远行为, 10
Distinction (Bourdieu),《区分》(布迪厄) 181－182, 184－185, 186
divorce, 离婚, 27
Donnat, Olivier, 多纳, 奥利维埃, 254注24, 256注53, 258注77
Douglas, Mary, 道格拉斯, 玛丽, 257注66, 279注79、81
downward mobility, 向下流动, 7, 68, 163－165, 185, 246注1, 270注45
Durkheim, Emile, 涂尔干, 埃米尔, 9
dynamism, 活力, 35, 41, 42－43, 45, 60, 85

Eastern United States, 美国东部, xxv－xxvi, 119。See also New York, 也请参见纽约
eating habits, 饮食习惯, 107。See also cuisine, 也请参见烹饪
eclecticism, 兼收并蓄, 104
Ecole Nationale d'Administration, 法国国立行政学院, 94, 100
Ecole Normale Supérieure, 巴黎高等师范学院, 143
Ecole Polytechnique, 巴黎综合理工学院, 45
economic culture, 经济文化, 106
economic rationality, 经济理性, 151, 161, 163, 173
Economy and Society (Weber),《经济与社会》(韦伯), 55, 151
education, 受教育程度: and arts participation, 受教育程度和艺术参与, 109; Bourdieu on, 布迪厄

关于受教育程度的观点, 234注9; Catholic, 天主教的受教育程度, 57, 171, 252注7; and competitiveness, 受教育程度和竞争力, 47; and cultural boundaries, 受教育程度和文化边界, 4, 90, 141; as cultural resource, 作为一种文化资源的受教育程度, 7; and exclusion, 受教育程度和排他, 278注65; and increase in managers, 受教育程度和日益增多的经理人, 193; in France, 在法国的受教育程度, 45, 46, 47, 50, 57, 71, 104, 145, 186, 195—197; higher, 更高的受教育程度, 71, 91, 94, 141, 195—197; and humanist subculture, 受教育程度和人文主义亚文化, 53, 104; of interviewees, 受访者的受教育程度, 219—220; and minorities, 受教育程度和少数族裔, 263注53; national differences in, 受教育程度的国家差异, 139—141; reasons for acquiring, 获得教育的原因, xxii; pragmatic view of, 关于受教育程度的实用主义观点, 125—126; and social reproduction, 受教育程度和社会再生产, 186; in United States, 受教育程度在美国, 71, 125—126, 195—197, 255注33, 259注89; upper-middle class and, 中上阶层和受教育程度, 165; and work habits, 受教育程度和工作习惯, 234注12。See also college education; *grandes écoles*; teachers, 也请参见大学教育; "大学校"; 教师

educational homogamy, 教育同质婚配, 11

efficiency, 效率, 45, 52, 98

egalitarianism, 平等主义, xxvi, 6, 74, American, 美国的平等主义, 241注34; class, 阶级平等主义, 86; cultural, 文化平等主义, 8, 117, 125, 127, 131, 143, 177; and moral character, 平等主义和道德品质, 240注29; and moral exclusion, 平等主义和排他, 176; occupational, 职业的平等主义, 79; and socio-economic boundaries, 平等主义和社会经济边界, 137, 192

Elites in France (Suleiman),《法国精英》(苏莱曼), 45

eloquence, 口才, 93—94, 97, 98, 176, 253注10

entrepreneurship, 企业家精神, 44

environmentalism, 环保主义, 151, 157

equality, 平等: and hierarchalization, 平等和等级化, 42

Erikson, Kai, 埃里克森, 凯, 3

Erikson, R., 埃里克森, R., 270注41

Esquire,《时尚先生》, xxi

ethnicity, 族裔, 10, 11, 80, 146—147, 177, 192, 220, 236注33, 245注75, 251注50, 279注77

European values/CARA surveys, 欧洲价值观研究项目和使徒应用

研究中心的调查, 49, 60, 238注5; on authority, 欧洲价值观研究项目和使徒应用研究中心对权威的调查, 74; on conflict, 欧洲价值观研究项目和使徒应用研究中心对冲突的调查, 243注58; on managers, 欧洲价值观研究项目和使徒应用研究中心对经理人的调查, 244注70; on money, 欧洲价值观研究项目和使徒应用研究中心对金钱的调查, 65; on television, 欧洲价值观研究项目和使徒应用研究中心对电视的调查, 121; on trust, 欧洲价值观研究项目和使徒应用研究中心对信任的调查, 243注55; on volunteerism, 欧洲价值观研究项目和使徒应用研究中心对志愿服务的调查, 246注87; on work, 欧洲价值观研究项目和使徒应用研究中心对工作的调查, 241注35

examinations, 考试, 48

exclusion and exclusivism, 排他和排他主义: behaviors of, 行为上的排他和排他主义, 10; and class, 排他和排他主义与阶级, 86, 163, 167; antisocioeconomic, 反社会经济的排他和排他主义, 82—84; created by boundaries, 由边界创建的排他和排他主义, 6; cultural 文化上的排他和排他主义, xxiii, 88, 100—110, 115, 157, 164, 170—171, 255注28, 271注57; differences in potential for, 排他和排他主义潜在的差异, 12; and education, 排他和排他主义以及教育, 278注65; national differences in, 排他和排他主义的国家差异, 105; and occupation aggregates, 排他和排他主义以及职业总类, 156—158; moral, 道德上的排他和排他主义, 176—177, 185; reverse, 逆向排他和排他主义, 8; and religion, 排他和排他主义以及宗教, 55; socioeconomic, 社会经济排他和排他主义, xxiii, 63—64, 137, 162, 175—176, 180, 247注5

exercise, 实践, 99, 154注18

expertise, 专长, 90; American views of, 美国人对专长的观点, 94—95, 98, 176; compared with competence, 专长与能力的对比, 45, 61; French interest, 法国人对专长的兴趣, 92, 94

L'Express,《快报》, 111, 264注60

factualism, 求实精神, 93, 94, 96, 98, 242注43

familiarity, 亲近, 51

family, 家庭, 54, 68, 170, 265注6, 270注49、50

Fantasia, Rick, 范塔西亚, 里克, 255注37

Farkas, George, 法卡斯, 乔治, 234注12

Faunce, William, 福恩斯, 威廉, 247

注9
Fine, Gary Alan, 费恩, 加里·艾伦, 135
Finkelstein, Martin, 芬克尔斯坦, 马丁, 264注57
firm loyalty, 对公司的忠诚度, 52
First New Nation, The (Upset),《第一个新兴国家》(利普塞特), 8, 86
Fischer, Claude, 菲舍尔, 克劳德, 245注77
fitness, 锻炼, 99, 254注18
Fitzgerald, Frances, 菲茨杰拉德, 弗朗西斯, 258注72
flexibility, 灵活性, 31, 35, 36, 38—39, 49, 177
Fondation Nationale de Sciences Politiques, 国家政治科学基金会, 143
food. See cuisine, 食物。参见烹饪
formalism, 形式主义, 120—122
formative security, 与生俱来的安全感, 151
for-profit workers, 营利型劳动者, 161—162
Foucault, Michel, 福柯, 米歇尔, 111, 112, 142, 177, 237注48
Français moyen, 法国凡夫俗子, xix, 101, 104
fraternal organizations, 兄弟会, 77, 78
freedom, 自由, 69, 159, 177, 241注33, 273注15
Freemasons, 共济会, 162

French Revolution, 法国大革命, 136, 137
friendliness and friendship, 友好和友谊, 10, 24, 35, 48, 51, 127, 246注4; in American workplace, 美国工作场所中的友好和友谊, 52, 54, 60, 128, 134, 250注45、49; and honesty, 友好和友谊以及诚实, 36; male, 男性间的友好和友谊, 120, 121
fundamentalism, 原教旨主义, 55—56, 177, 273注16

Gans, Herbert, 甘斯, 赫伯特, 258注76
Ganzeboom, Harry, 甘泽伯姆, 哈里, 236注26
Gecas, Viktor, 格卡斯, 维克托, 254注19
gender, 性别, 3, 133—134, 192, 220, 251注51, 262注27、30
geographic mobility, 地理流动性, 8, 78, 86, 145—156, 190, 249注34
Giddens, Anthony, 吉登斯, 安东尼, 236注43, 274注21
Gielman, Eric, 吉尔曼, 埃里克, 261注22
Gieryn, Thomas, 吉伦, 托马斯, 233注5
Gilbert, J. B., 吉尔伯特, J. B., 257注64
Girard, Alain, 吉拉尔, 阿兰, 252注4
Glucksman, André, 格鲁斯曼, 安德烈, 252注6

Goffman, Erving, 戈夫曼, 欧文, 25, 39

Goldthorpe, J. H., 戈尔德索普, J. H., 270注41

Gourmet,《美食》, 108, 255注36

government, 政府, 193

G.Q.,《智族》, xxi

grandes écoles, "大学校", 45, 73, 78, 141, 195, 197, 201, 203, 253注10、11

Granier, Maurice, 格兰尼尔, 莫里斯, 278注65

Granovetter, Mark S., 格兰诺维特, 马克·S., 233注1

Greenhouse, Carol, 格林豪斯, 卡罗尔, 240注26

Griswold, W., 格里斯沃尔德, W., 262注36

Grobe, Robert P., 格罗布, 罗伯特·P., 234注12

group membership, 团体会员资格, 10—12

Habits of the Heart,《心灵的习性》, 35

habitus, 惯习, 181, 186, 278—279注76

Hall, John, 霍尔, 约翰, 276注48

Halle, David, 哈利, 大卫, 122, 250注40, 252注3, 259注84, 273注9

happiness, 幸福, xxiv

Hara Kiri,《切腹》, 245注79

hard work, 努力工作, 41, 51

Harris, Richard, 哈里斯, 理查德, 285注10

Hartz, Louis, 哈茨, 路易斯, 262注41

health care, 医疗保健, 71, 145

hierarchalization, 等级化, 259注86; and antiintellectualism, 等级化和反智主义, 125; and competition 等级化和竞争, 42; created by boundaries, 由边界创建的等级化, 6, 178; and differentiation, 等级化和差异化, 182; measured by worldly success, 以世俗的成功来衡量的等级化, xxix; and moral boundaries, 等级化和道德边界, 184; of taste, 品位的等级化, 115, 118

high culture, 高雅文化: American pursuit of, 美国人对高雅文化的追求, 108, 116, 121—122, 124—125, 131, 176, 186, 189, 261注10; and cultural boundaries, 高雅文化和文化边界, 4, 127; declining in France, 高雅文化在法国的衰落, 132; as focus of study, 高雅文化作为研究焦点, 3; national differences in, 高雅文化的国家差异, 8, 107, 108—109, 138; participation in, 参与高雅文化, 256注51、52和53; role of education in, 高雅文化在教育中的作用, 141; taken for granted, 被忽视的高雅文化, 168

Hispanics, 西班牙裔, 79, 234注8

historical repertoires, 历史剧目, 136—

139

Hochschild, Jennifer, 霍赫希尔德, 詹妮弗, 241注34
Hofstadter, Richard, 霍夫施塔特, 理查德, 257注63
Hofstede, Geert, 霍夫斯塔德, 盖尔特, 243注54, 274注13, 247注13
Hollinger, David, 霍林格, 大卫, 257注64
home repair, 房屋修缮, 116, 120, 258注77
hommes de principes (men of principles), 有原则的人, 53
homosexuality, 同性恋, 177
honesty, 诚实, xxvi, 4; American views on, 美国人对诚实的观点, 35－36, 39; in American workplace, 诚实在美国工作场所中的作用, 35, 128; and competence, 诚实和能力, 40; contrast between French and American conceptions of, 法国人和美国人之间对诚实的观念对比, 27－28, 131; French views on, 法国人对诚实的观点, 28－30, 239注9; and reliability, 诚实和可靠, 35; symbolic authority of, 作为象征性权威的诚实, 184。*See also* dishonesty, 也请参见不诚实
honnête homme, 诚实男人, 28, 29－30, 100－101
Honneth, Axel, 霍耐特, 阿克塞尔, 277注62
Horowitz, Ruth, 霍洛维茨, 露丝, 265注78
Hout, Michael, 豪特, 迈克尔, 260, 注97
Howe, Irving, 豪, 欧文, 257注61
Hughes, Michel, 休斯, 米歇尔, 255注27
humanist tradition, 人文主义传统: American views of, 美国人对人文主义传统的观点, 106; and education, 人文主义传统和教育, 104, 260注95; importance in bourgeois culture, 人文主义传统在资产阶级文化中的重要性, 49, 103－104; importance to French, 人文主义传统对法国人的重要性, 107, 244注68; and French moral traits, 人文主义传统和法国道德品质, 53－54, 61, 94, 128
humanitarianism, 人道主义, 179
humanness, 人性, 56
humility, 谦虚, 37, 51
Hunt, Lynn, 亨特, 林恩, 275注35
Hunter, James, 亨特, 詹姆斯, 265注6
Hurrelmann, Klaus, 胡尔曼, 克劳斯, 273注17

Iacocca, Lee, 艾柯卡, 李, 65, 75
impression management, 印象管理, 21, 34, 39
inadequacy, 不充足, 165－166
inclusion and trust, 容纳和信任, 10
income, 收入, 70, 146, 157, 197－200, 237注51, 268注25, 283注

47、48，285注8、13
independence，独立，160
Indianapolis，印第安纳波利斯，21，119，206—208
Indiana University，印第安纳大学，76，125—126
individualism，个人主义，6，30，35，137，139
inequality，不平等，5—6，9，175—177，184
inferiority，自卑感，94—95，117，237注56，246注2
informality，非正式，117
Inglehart, Ronald，英格尔哈特，罗纳德，245—246注82，253注17，272注59
innovation，创新，115
integration in workplace，工作场所的融合，38
integrity, personal，个人操守，4；American views on，美国人关于个人操守的观点，39；French views on，法国人关于个人操守的观点，31，32，49，50—51，52，54，60，71
intellectual honesty，智性诚实，25，29
intellectuals and intellectualism，知识分子和智性主义，89，123，127，142—144，147，156，256注41，257注56和注61，259注83；alienation of，知识分子和智性主义的疏离感，54，113，172；and capitalism，知识分子和智性主义以及资本主义，151；and cultural boundaries，知识分子和智性主义和文化边界，162，268注24，278注68；influence of，知识分子和智性主义的影响力，190，264注65；subculture of，知识分子和智性主义亚文化，110—114，161，256—257注54。See also anti-intellectualism，也请参见反智主义
intelligence，才智，xxi，4，90—94，96，127，167
interpersonal relations，人际关系，67，117，243注60，249注33、37
interview procedures，面试程序，15，18，19—23，32，221
isolation，隔离，77

Jackall, Robert，杰克考尔，罗伯特，35，240注27、30
Jackman, Mary and Robert，杰克曼，玛丽和罗伯特，200，250注46，279注83
Jacobinism，雅各宾派，137，138
James, Estelle，詹姆斯，埃斯特尔，264注74
"Jeopardy"，《危险边缘》，96
Jesuits，耶稣会会士，53
job security，工作保障，48，176，237注53
Jodi, Ellen，乔迪，艾伦，236注43
Judeo-Christian morality，犹太-基督教的道德观念，28—29，32，60
Junior League，女青年会，76

Kalberg, Steven, 卡尔贝格, 史蒂文, 265注2, 269注38

Kanter, Rosabeth, 坎特, 罗莎贝斯, 34, 60

Karabel, Jerome, 卡拉贝尔, 杰罗姆, 282注38

Katchadourian, Heran, 凯查杜里安, 赫兰, 271注53

Keller, Suzanne, 凯勒, 苏珊娜, 234注7

Kerckhoff, Alan, 基尔霍夫, 艾伦, 254注22, 272注4

Kohn, Melvin, 科恩, 梅尔文, 265注81

Kriesi, Hanspeter, 克里西, 汉斯彼得, 266注11

labor market, structure of, 劳动力市场的结构, 52, 193

labor movement, 劳工运动, 191

Ladd, Everett C., 拉德, 埃弗里特·C., 268注28

Lambert, Wallace, 兰伯特, 华莱士, 249注37

Landes, David, 兰德斯, 大卫, 242注47

language, 语言, 93, 127, 253注9、16

Lareau, Annette, 拉鲁, 安妮特, 234注11

Lash, Scott, 拉什, 斯科特, 251注55

Laumann, Edward O., 劳曼, 爱德华·O., 250注45

lawfulness, 守法, 27

leisure-time activities, 闲暇活动, 96, 98, 100, 109, 110, 116, 120, 254注24, 258注77

Lévi-Strauss, Claude, 列维-斯特劳斯, 克劳德, 185, 257注66

Le Wita, Béatrix, 勒维塔, 碧雅翠丝, 244注67

liberalism, 自由主义, 151, 152, 158, 235注23, 267注22, 268注28

lifestyle, 生活方式, 117, 119, 182

Ligue Notre-Dame, 圣母联盟, xxv, 55

linguistic competence, 语言能力, 90, 176

Lipovetsky, Gilles, 利波维茨基, 吉勒斯, 257注60

Lipset, Seymour Martin, 利普塞特, 西摩·马丁, 7, 8, 31, 86, 151, 234注6, 241注34, 263注47, 265注76

literary culture, 书面文化, 107, 109, 116, 142—143

Long, Elizabeth, 朗, 伊丽莎白, 109, 122

long-term planning, 长期计划, 35, 41, 43, 60, 176

loose-boundedness, cultural, 文化的松散有界性, 115—116, 118—120; and art, 文化的松散有界性和艺术, 122—123; and formalism, 文化的松散有界性和形式主义, 120—122; role of sports in, 体育运动在文化的松散有界性中的作用, 121

losers, 失败者, 35
lower classes, 下层阶级, 79
loyalty, 忠诚, 50, 52, 243注56
Luckman, Thomas, 勒克曼, 托马斯, 236注41
lycée St-Louis, 圣路易高中, 143
Lynd, Helen and Robert, 林德, 海伦和罗伯特, 284注1

McClelland, D. K., 麦克利兰, D. K., 247注13
Macleod, Jay, 麦克劳德, 杰伊, 272注7
McPherson, J. Miller, 麦弗逊, J.·米勒, 250注49
Macy, Michael W., 梅西, 迈克尔·W., 265－266注7、8
magazines, 杂志, 95, 108, 111, 142, 245注79, 254注24, 264注60
mainstream culture, 主流文化, 101, 104, 113, 114, 118; and American intellectuals, 主流文化和美国知识分子, 125, 158, 172, 259注91; and cultural specialists, 主流文化和文化专业人士, 158
managers and management, 经理人和管理者, 272注7; and cultural boundaries, 经理人和管理者以及文化边界, 89, 151－152; income of, 经理人和管理者的收入, 197－198; increase in, 经理人和管理者的增加, 163－164, 193; intelligence of French, 法国经理人和管理者的才智, 97; and morality, 经理人和管理者以及道德, 240注30; nomenclature of, 经理人和管理者的命名法, 283－284注55; and power, 经理人和管理者以及权力, 73, 74; professional associations of, 经理人和管理者的专业协会, 244注65; selection of, 经理人和管理者的选择, 244注70; traits valued by, 受经理人和管理者欢迎的性格特质, 177; women as, 女性作为经理人和管理者, 234注7
manners, 礼仪, 4, 117, 167
Mantoux, Thiery, 芒图, 蒂埃里, 272注58
Maritain, Jacques, 马里丹, 雅克, 244注68
market mechanisms, 市场机制, 145
masculinity, 男子气概, 121
mass media, 大众媒体, 7, 141, 142, 143, 176, 263注49。See also magazines; television, 也请参见杂志；电视
materialism, 物质主义, 8, 85, 131, 139, 172, 189, 251注60
maximization, 最大化, 180, 185, 277－278注62
Mechanics of the Middle Class (Zussman), 《中产阶级的机制》（祖斯曼）, 59－60
mediocrity, 平庸, 99
membership, 会员资格, 64, 75－78
Men and Women of the Corporation (Kanter), 《公司男女》（坎特）, 34

meritocracy, 精英政治, 175
Merton, Robert K., 默顿, 罗伯特·K., 247注14、15
methodology, 方法论, 14−15, 18
Meyer, John, 迈耶, 约翰, 139−140, 262注34
Michelat, Guy, 米歇拉, 盖伊, 244注69
Michelin, 米其林, 68
Midwest, 美国中西部: anti-intellectualism, 美国中西部的反智主义, 125; assets of, 美国中西部的优势, xxv; compared with New Yorkers, 美国中西部与纽约人的比较, 132; New Yorkers' views of, 纽约人对美国中西部的看法, 105−106, 255注29; and professional success, 美国中西部和职业上的成功, 38; representative of mainstream culture, 美国中西部代表的主流文化, 284注1; views of New Yorkers, 美国中西部对纽约人的看法, 27, 83, 252注64; views on affluence, 美国中西部对富裕的看法, 66
Miles, M. B., 迈尔斯, M. B., 286注11
military leadership, 军事领导, 73
Millman, Marcia, 米尔曼, 玛西娅, 254注18
Mills, C. Wright, 米尔斯, C.·赖特, 248注21
mobility, 流动性, 251注57, 270注49, 277注55; barriers to, 流动性的壁垒, 145; and cultural exclusion, 流动性和文化排他, 270注46; in France, 法国的流动性, 81, 147; geographic, 地理的流动性, 8, 78, 86, 145−156, 190, 249注34; and high culture, 流动性和高雅文化, 127; intergenerational, 代际流动性, 270注41; intragenerational, 代内流动性, 199, 260注97, 265注76, 270注42; and moral boundaries, 流动性和道德边界, 164−165, 176, 185, 270注47; professional, 职业流动性, 38−39, 47−48, 52, 134, 163−164, 199−200, 243−244注63; and socioeconomic boundaries, 流动性和社会经济边界, 270注43
money, 金钱, 138, 265注82; American views of, 美国人对金钱的看法, 66, 69−71, 85, 161, 248注20; French views of, 法国人对金钱的看法, 65−69, 72, 132, 159, 160, 171; as sign of ability, 作为能力信号的金钱, 64。See also income, 也请参见收入
moral boundaries, 道德边界, 261注13; American stress on, 美国人对道德边界的强调, 5, 13, 85, 274注23; Bourdieu on, 布迪厄对道德边界的看法, 184−185; defined, 定义道德边界, 4; and deviance, 道德边界和越轨, 234注16; French stress on, 法国人对道德边界的强调, 5, 132; and fundamentalism,

道德边界和原教旨主义, 56; importance in periphery, 道德边界在周边地区的重要性, 132; and mobility, 道德边界和流动性, 164－165; and public sector, 道德边界和公共部门, 190; and religion, 道德边界和宗教, 139; and tolerance, 道德边界和包容度, 274注24

moral character, 道德品质, 35; ambition and, 进取心和道德品质, 41; and class, 道德品质和阶级, 176; importance in American workplace, 道德品质在美国工作场所的重要性, 43, 134; importance to Midwesterners, 道德品质对美国中西部人的重要性, 131; and religion, 道德品质和宗教, 55－57; as status signal, 道德品质作为地位信号, 185

Moral Mazes (Jackall),《道德困境》(杰克考尔), 35

moral standards, 道德标准, 265注6; Bourdieu on, 布迪厄对道德标准的看法, 184, 277注54; and competence, 道德标准和能力, 44; concern for, 对道德标准的关注, xxiii, xxiv, 32, 184; as criterion for evaluation, 作为评估标准的道德标准, 24, 137, 247注5; Judeo-Christian, 犹太－基督教道德标准, 28－29, 60; low, 低道德标准, 25, 27－28, 32, 60; and social science literature, 道德标准和社会科学文献, 33, 238注1; and working class, 道德标准和工人阶级, 192

Mother Theresa, 特蕾莎修女, 186

narrow-mindedness, 狭隘, 89, 91
national character, 国民性格, 8, 47
national differences, 国家差异: Bourdieu on, 布迪厄对国家差异的看法, 278注67; in boundary work, 边界工作上的国家差异, 5－8, 13－14, 86－87, 130－134; in cultural boundedness, 文化有界性的国家差异, 127－128; in cultural innovation, 在文化创新上的国家差异, 117; and cultural diffusion, 国家差异和文化扩散, 139－148; in exclusiveness, 在排他性上的国家差异, 105; in high culture, 在高雅文化上的国家差异, 8, 86; historical, 历史上的国家差异, 136－139; in income, 在收入上的国家差异, 237注51; in interclass dynamics, 在阶级间动力学上的国家差异, 85; in street names, 在街道名称上的国家差异, 255注32; mixed evidence for, 混合证据的国家差异, 247注16; in moral standards, 道德标准上的国家差异, 60－61; in political behavior, 政治行为上的国家差异, 191; research on, 关于国家差异的研究, 234注15; in volunteering, 在志愿工作上的国家差异, 50

National Endowment for the Humanities, 美国国家人文基金会, 261

注11
national examination system, 国家考试制度, 48
national historical traditions, 民族历史传统, 6
negotiation, 协商, 49
neo-Durkheimian literature, 新涂尔干主义理论文献, 6, 279注79
networks, 关系网, 1
New Jersey, 新泽西, 208—210
New Class, 新阶级, 56, 152, 173, 190, 194, 235注23, 266注11
Newman, Katherine, 纽曼, 凯瑟琳, 246注1, 270注48
New Providence, 新普罗维登斯, 77
New York, 纽约: attraction for intellectuals, 纽约对知识分子的吸引力, 113; as interview site, 纽约作为访谈地点, 21—22, 208—210; importance of high culture in, 高雅文化在纽约的重要性, 235注22; Midwesterners' views of, 美国中西部人对纽约的看法, 27, 252注64; views on affluence, 纽约对富裕的看法; views of Midwesterners, 纽约对美国中西部人的看法, 105—106, 255注29
New York Review of Books, The, 《纽约书评》, 143
nonprofit organizations, 非营利组织, 141, 264注59, 286注5和注6
Nouvel Observateur, Le, 《新观察家》, 111

occupation, 职业, 267注21; and class, 职业和阶级, 79, 81, 86, 171; effect of college degree on, 大学文凭对职业的影响, 11; and identity, 职业对身份认同的影响, 150—162; of interviewees, 受访者的职业, 16—17, 154—155, 218—219, 238注5, 261—262注24; national patterns in, 职业的国民模式, 158—163, 242注45。*See also* managers and management, 也请参见经理人和管理者的职业
old-boy networks, 校友关系网, 143
openness, 开放, 53
opportunities, 机会, 96
Ortner, Sherry, 奥特纳, 雪莉, 373注2

parenthood. *See* child-rearing values, 为人父母。参见育儿观
Paris, 巴黎: as interview site, 作为访谈地点的巴黎, 22, 210—212; contrast with Clermont-Ferrand, 巴黎与克莱蒙费朗的对比, 51—52; contrast between new and established upper-middle class in, 巴黎新老中上阶层的对比, 169; views on affluence, 巴黎人对富裕的看法, 66, 131
Parmentier, Patrick, 帕尔曼蒂埃, 帕特里克, 253注14
partenariat. See teamwork, 合作。参见团队合作
participation, 参与, 49

patrimoine (wealth),积累的财富,67-68,103,170,242注47

patron,赞助人,202-203

peer respect,同侪尊重,xx

People magazine,《人物》杂志,255注26

Perin, Constance,佩林,康斯坦斯,206

Pernod,保乐力加,107

personal authenticity,个人的真实性,30

Personalist school,人格主义学派,53

personality types,人格类型,34

personal relations,个人关系,49,50

Peterson, Richard A.,彼得森,理查德·A.,255注27

phonies,虚伪者,25-26,32,60,123-124,238注3

Pierre, l'abbé,皮埃尔神父,xxv

Pinto, Diana,平托,戴安娜,257注57

Pitt-Rivers, Julian,皮特-里弗斯,朱利安,239注13

Pivot, Bernard,皮沃特,伯纳德,257注56

Pizzorno, Alessandro,皮佐诺,亚历山德罗,280注89

political attitudes,政治态度,151,152,157,244注69,266注18; of intellectuals,知识分子的政治态度,111-112,257注62; and moral character,政治态度和道德品质,31,32,54,267注17; tolerance in,对政治态度的包容度,116-117; of working class,工人阶级的政治态度,191

political culture,政治文化,106

political parties,政党,76,143,173

politicians,政客,92

popular culture,流行文化,113,114,132,245注79,255注27

populist tradition,平民主义传统,105,125,136-137,186

postmaterialism,后物质主义,253注17,272注59

poststructuralists,后结构主义者,189

Powell, Walter W.,鲍威尔,沃尔特·W.,235注21,260注1

powe,权力,192; defined,定义权力,237注48; and hierarchalization,权力和等级化,178,244注66; measure of success,权力作为成功的衡量标准,xxviii,4,248注26; and symbolic boundaries,权力和符号边界,180; valued by French,被法国人珍视的权力,65,71-74,84-85

power fields,权力场域,183,275注41,276注59

practical knowledge,实践知识,107

pragmatism,实用主义,37,40,51,96,98,113,125,126,127,134,136-137,143,176

predictability,可预测性,35,36

Presbyterianism,长老会,xxii

prestige,声望,158

pride: essential in life,在生活中必

不可少的自豪感, xx
Princeton University, 普林斯顿大学, 19, 20, 156, 238 注 60
problem-solving, 解决问题, 41
professional success, 职业上的成功, 4, 38, 64, 145, 192
professions libérales, 自由职业者, 48, 201—202
promiscuity, 滥交, 28, 30
promotions, 晋升, 52
Protestant Ethic and the Spirit of Capitalism, The (Weber),《新教伦理和资本主义精神》(韦伯), 47, 163
Protestant fundamentalism, 新教原教旨主义, 55—56
proximate environmental factors, 近因环境因素, 147—148
psychological growth, 心理成长, 133—134
Public Broadcasting System, 公共广播系统, 107, 141
public sector, 公共部门, 50, 144—145, 153, 266 注 12
Purdue University, 普渡大学, 76
Puritanism, 清教主义, 139

qualités de coeur (inner riches), 内在之美, 53
quality circles, 质量圈, 49, 73

race, 种族, 80, 81, 146—147, 191—192, 220, 234 注 8, 245 注 75, 251 注 50、53。See also ethnicity, 也请参见族裔
radio, 广播, 141
Rainwater, Lee, 瑞恩沃特, 李, 246 注 3, 271 注 57
rational choice theory, 理性选择理论, 179—181, 185, 274 注 28、29
Reader's Digest,《读者文摘》, 96
reading and reading material, 阅读和阅读材料, 95, 96, 108, 109, 111, 113, 253 注 15, 259 注 92
Reagan presidency, 里根总统任期, 163, 173
real estate values, 房地产价值, 77
Reason, 理性, 137—138
refinement, 精雅, xix—xx, 3, 102, 107, 119, 127, 138, 192
reliability, 可靠, 35
religion, 宗教信仰, 136, 192, 238 注 4, 245 注 78、79, 279 注 77; and achievement, 宗教信仰和成就感, 47; contribution of, to sense of contentment, 宗教信仰的贡献作为一种满足感, xxiv; French views of, 法国人关于宗教信仰的观点, 102, 170, 245 注 80; and group membership, 宗教信仰和团体会员资格, 76; and ideological cleavages, 宗教信仰和意识形态分歧, 263 注 47; and marital choice, 宗教信仰和婚姻选择, 11; and moral boundaries, 宗教信仰和道德边界, 54—58, 61; and symbolic boundaries, 宗教信仰和符号边界, 139。See also specific religions, 也

请参见具体宗教信仰
Republican ideals, 共和主义理想, 136, 137—138, 139
Republican party, 共和党, 173
research sites, 研究地点, 205—215
resiliency, 韧性, 35, 41, 43, 60
respect, 尊重, xxvi, 30
respectability, 体面, 57
responsibility, 责任, 45
Riesman, David, 里斯曼, 大卫, 258注68
Road Less Travelled, The,《少有人走的路》, 63
Robinson, Robert V., 罗宾逊, 罗伯特·V., 248注23, 278注65
Rockwell, Norman, 洛克威尔, 诺曼, 122
Rogers, Carl, 罗杰斯, 卡尔, xxv
role models, 角色模型, 91, 96, 186
Rosenberg, Morris, 罗森伯格, 莫里斯, 236注44
Rosenbaum, James, 罗森鲍姆, 詹姆斯, 236注37
Ross, George, 罗斯, 乔治, 264注65
Rotary Club, 扶轮社, 77
Roudet, Bernard, 鲁杰, 伯纳德, 246注85
Rousseau, Jean-Jacques, 卢梭, 让-雅克, 142
Rupnik, Jacques, 鲁普尼克, 雅克, 252注63
Rutgers University, 罗格斯大学, 260注96
Ryan, John, 瑞安, 约翰, 255注27

Sahlins, Marshall, 萨林斯, 马歇尔, 275注35
St.-Exupéry, Antoine de, 圣-埃克苏佩里, 安托万·德, xxv
St. Francis of Assisi, 圣方济各, 55, 186
salaud, 混蛋, 25, 30—31, 32, 54
sampling procedures, 抽样程序, 14—15, 217—221
Sartre, Jean-Paul, 萨特, 让-保罗, 91, 96, 112, 142
savings and loan scandal, 储贷丑闻, 133
Schatzman, Leonard, 沙茨曼, 莱昂纳德, 272注6
Schudson, Michael, 舒德森, 迈克尔, 135, 262注33
Schutz, Alfred, 舒茨, 阿尔弗雷德, 236注41
Schweisguth, Etienne, 施魏斯古特, 艾蒂安, 267注17
science and technology, 科学与技术, 106, 107, 163, 271注52
Scott, James C., 斯科特, 詹姆斯·C., 280注92
security, 安全, 69
self-actualization, 自我实现, 67, 90, 98—100, 133, 147, 151, 157, 159, 168, 176
self-direction, 自我导向, 43, 60, 176
self-employment, 自雇, 47, 51, 202, 266—267注15, 269—270注40
self-reliance, 自力更生, 34, 35
self-respect, 自尊, 30

Sen, Amartya, 森，阿马蒂亚, 274注27
seniority, 资历, 48, 163－172
sens critique, 批判意识, 92, 95, 98
service sector, 服务业, 193
Sewell, William, Jr., 休厄尔，小威廉, 180, 275注33, 注34、35, 276注48, 280注88
sexual behavior, 性行为, 27－28, 151, 177
Sheehan, Daniel, 西汉，丹尼尔, 234注12
Shonfeld, William K., 肖菲尔德，威廉·K., 249注30
Silver, Allan, 西尔弗，艾伦, 240注22
Simmel, Georg, 齐美尔，格奥尔格, 9
simplicity, 朴素, 51
sincerity, 真诚, xxvi
Singly, Francois de, 辛利，弗朗索瓦·德, 242注46
site selection, 地点的选择, 205－206
sociability, 社交能力, 48, 51
social acceptance, 社会认可, 64
social climbers, 钻营者, 25, 26－27, 32, 35, 36, 60, 252注64
social clubs, 社交俱乐部, 77, 78, 161－162
social elite, 社会精英, 64
social identity, 社会认同, 67
socialism, 社会主义, 112, 138, 157
Socialist party, 社会党, 172, 266注12

social justice, 社会正义, 53
social position, 社会地位, xxix, 65, 68
social reproduction, 社会再生产, 174, 175, 181－182, 186
social trajectory, 社会轨迹, 7, 148, 163－172, 267－268注23, 269注39, 275注21
socioeconomic boundaries, 社会经济边界, 260注6、7; American stress on, 美国人对社会经济边界的强调, 5, 64, 130, 137, 163, 247注12, 251注58; defined, 定义社会经济边界, 4, 63－65, 233注4; French tendency not to stress, 不强调社会经济边界的法国趋向, 5, 13, 65, 133, 145, 159; and inequality, 社会经济边界和不平等, 175－176; and mobility, 社会经济边界和流动性, 270注43; and moral boundaries, 社会经济边界和道德边界, 146, 152, 260－261注8、9; more important than other boundaries, 社会经济边界比其他边界更重要, 64, 85－86, 272注3; and occupational aggregates, 社会经济边界和职业总类, 267注21; and social trajectory, 社会经济边界和社会轨迹, 164－165; strengthening of, 社会经济边界的加强, 191; weakening of, 社会经济边界的削弱, 138－139
soft-spokenness, 谈吐温雅, 37
soif d'humain (thirst for human relation-

ships),对人际关系的渴望,53
Somers'D,顺序变量相关性,247注12
sophistication,老练,100,101－102,104－105,106,108－109,131
Southerners,美国南方人,109
specialization,专业化,97
Sperber, Dan,斯铂佰,丹,135
sports,体育运动,99,120,121,258－259注82
Sports Illustrated,《体育画报》,95
Stanford University,斯坦福大学,260注95,271注53
status signals,地位信号,157,189; and class,地位信号和阶级,175,182; cultural,文化地位信号,88－89,94,131,147; external,外在的地位信号,63; Faunce's work on,福恩斯关于地位信号的研究,247注9; mostly highly valued,最受重视的地位信号,183－184; socioeconomic,社会经济地位信号,64－65,138,145,192
stereotypes,刻板印象,189
Stinchcombe, Arthur L.,斯廷施凯姆,亚瑟·L.,235注17
Strauss, Anselm,斯特劳斯,安塞尔姆,272注6
structural characteristics of society,社会结构特征,134－136,144,275注33,280注86; proximate,近因社会结构特征,152,157,163,172,187
stupidity,愚蠢,40,91

subordination,从属,79
success,成功: as criterion for assessing superiority,成功作为评估优越感的标准,xxii,xxiii; French definition of,法国人对成功的定义,71－74; images of,成功的形象,xx; importance of,成功的重要性,xxvii,xxix; and socioeconomic boundaries,成功和社会经济边界,63,85。See also professional success,也请参见职业上的成功
Suleiman, Ezra,苏莱曼,埃兹拉,45,241注40
superiority,优越感,xxi,xxvii,117,237注56
Swidler, Ann,斯威德勒,安,235注21,262注33
symbolic boundaries,符号边界,5,157; as analytic tool,作为分析工具的符号边界,8,128; autonomy from structural factors,符号边界作为来自结构性因素的自主权,135; defined,定义符号边界,9－10,234注14; expressions of,符号边界的诠释,157; formal features of,符号边界的正式特征,6; and inequality,符号边界和不平等,5－6,175－177,181; literature on,关于符号边界的文献,6; and national character,符号边界和国民性格特质,86; and power,符号边界和权力,180; and socioeconomic inequality,符号边界和社会经济不平等,178; and social structure,

符号边界和社会结构, 187; variations in, 符号边界的变化, 7, 181

Tapie, Bernard, 塔皮耶, 伯纳德, 65
taste, 品位, 4, 148; American view of, 美国人对品位的看法, 116; importance to French, 品位对法国人的重要性, 88, 89, 100—102, 182; and social structure, 品位和社会结构, 187; women's stress on, 女性对品位的强调, 133
teachers, 教师, 93, 140, 159, 161, 263 注 54
teamwork, 团队合作: American emphasis on, 美国人对团队合作的强调, 31, 35—39, 52, 60, 134; French deemphasis on, 法国人对团队合作的不强调, 48, 49, 53
technical competence, 技术能力, 46
technology, 技术, 46
television, 电视, 96, 98—99, 258 注 78; American fondness for, 美国人对看电视的热衷, 116, 120—121; French, 法国的电视, 132, 141, 169; intellectuals and, 知识分子和电视, 111, 113; programming, 电视节目, 107, 233 注 2, 263 注 56; and socioeconomic status, 电视和社会经济地位, 100, 101, 233 注 3
Ten Commandments, 十诫, 27, 28, 29, 32, 54
Thélot, Claude, 塞洛, 克劳德, 242

注 46, 252 注 4
Theory Z, Z 理论, 73
Thomas, W. I., 托马斯, W. I., 8
Thompson, E.P., 汤普森, E.P., 275 注 35
tight-boundedness, 严密有界性, 123, 167, 179
Tilly, Charles, 蒂利, 查尔斯, 239 注 12
Time magazine, 《时代》周刊, 265 注 60
Tocqueville, Alexis de, 托克维尔, 亚历克西·德, 8, 59, 86
tolerance, 包容度, 115—117, 139, 166—167, 176—177, 257—258 注 68, 271 注 54, 274 注 24, 278 注 71
Trivial Pursuit, 《智力棋盘》, 96
Truffaut, Francois, 特吕弗, 弗朗索瓦, xix
Trump, Donald, 特朗普, 唐纳德, 65, 133, 176
trust, 信任, 243 注 55; as hallmark of inclusion, 信任作为容纳的标志, 10; importance in workplace, 信任在工作场所的重要性, 34—35, 36, 134, 240 注 23; and moral exclusion, 信任和道德排外, 176; role of church in, 教会在信任中扮演的角色, 57

Union nationale des professions libérales, 全国自由职业联盟, 202
universalism, 普世主义, 79, 86, 137,

175, 250注42
university system, 大学体系, 126, 142, 143, 197。See also college education, 也请参见大学教育
upper-middle class, 中上阶层: comparison of French and American, 法国中上阶层和美国中上阶层的对比, 194—203; defined, 定义中上阶层, 14, 200; first-generation, 第一代中上阶层, 165—167, 271注51; third-generation, 第三代中上阶层, 167—172, 271注57
upward mobility, 向上流动, 7, 163—165, 185, 270注42、47
Useem, Michael, 尤西姆, 迈克尔, 282注38
utilitarianism, 功利主义, 143

vacation destinations, 度假目的地, 107
valuation, 评估, 180
value rationality, 价值理性, 151, 159, 160, 161, 162
Vanneman, Reeve, 范尼曼, 里夫, 273注9、18
Varenne, Hervé, 瓦雷纳, 埃尔韦, 35, 240注29, 250注42
Veblen, Thorstein, 凡勃伦, 托斯丹, 103
Verret, Michel, 维雷, 米歇尔, 273注19
volunteerism, 志愿服务, 58—60, 61, 245注81, 246注83、84和87, 264注74

voter apathy, 选民的冷漠, 239注16
vulgarity, 粗俗, 101, 119, 167, 176, 254注23

Wald, Alan, 沃尔德, 艾伦, 257注64
Wang, Dr., 王博士, 96
Warhol, Andy, 沃霍尔, 安迪, xix
Warner, R. Stephen, 沃纳, R.·史蒂芬, 56
Warner, W. Lloyd, 沃纳, W.·劳埃德, 103
Waters, Mary, 沃特斯, 玛丽, 236注33
wealth, 财富, 4, 67—68, 145, 171。See also money; patrimoine, 也请参见金钱; 积累的财富
Weber, Max, 韦伯, 马克斯, 11, 35, 180; on high status signals, 马克斯·韦伯对高等地位信号的看法, 240注24; on rationality, 马克斯·韦伯对理性的看法, 151, 163; on power, 马克斯·韦伯对权力的看法, 237注48; on religion, 马克斯·韦伯对宗教信仰的看法, 55, 265注1; on trust, 马克斯·韦伯对信任的看法, 240注23; on work ethic, 马克斯·韦伯对职业道德的看法, 40, 47
Webster, G., 韦伯斯特, G., 257注54
welfare state, 福利国家, 71, 134, 144, 157, 163, 246注82
wit, 机智, 46
Wolfe, Alan, 沃尔夫, 艾伦, 280注90

women, 女性, 233注7

work ethic, 职业道德, 4, 152, 157, 241注35、36; French deemphasis of, 法国对职业道德的不强调, 43—44; importance of, 职业道德在美国的重要性, 54, 60, 85, 134, 173; and moral character, 职业道德和道德品质, 27, 35, 40—41, 176

working-class culture, 工人阶级文化 237注47, 272注5、6, 280注93; American, 美国的工人阶级文化, 85, 176—177, 191—192, 250注41, 273注9; Bourdieu on, 布迪厄对工人阶级文化的看法, 253注59; French, 法国的工人阶级文化, 51, 103; and national differentiation, 工人阶级文化和国家差异, 191; and social networks, 工人阶级文化和社会网络, 249注33

workplace, 工作场所, 237注47; American, 美国的工作场所, 35—43, 79, 98, 128, 134; cultural traits valued in, 工作场所的文化特征, 18, 60—61, 131, 177, 241注31; French, 法国的工作场所, 43—54, 97—98, 131, 147, 242注49, 242—243注54, 249注32; integration in, 工作场所的融合, 38; moral character in, 工作场所的道德品质, 33—54; women in, 女性在工作场所中, 262注27

Wuthnow, Robert, 伍斯诺, 罗伯特, 235注18、21, 237注48, 252注69, 262注36

Yankelovitch, Daniel, 扬克洛维奇, 丹尼尔, 254注20

Zablocki, Benjamin, 扎布洛奇, 本杰明, 256注54

Zelditch, Morris, 泽尔迪奇, 莫里斯, 274注25

Zelizer, Viviana, 泽利泽, 维维安娜, 66, 274注27

Zerubavel, Eviatar, 泽鲁巴维尔, 伊维塔, 9—10

Zolberg, Vera, 佐尔贝格, 薇拉, 254注25

Zussman, Robert, 祖斯曼, 罗伯特, 59—60, 75